Jeremy Rifkin
in Zusammenarbeit mit
Ted Howard

Entropie
Ein neues Weltbild

Nachwort
von
Nicholas Georgescu-Roegen

Aus dem Amerikanischen von
Christa Falk und Walter Fliss

Hoffmann und Campe

CIP-Kurztitelaufnahme der Deutschen Bibliothek

Rifkin, Jeremy:
Entropie – ein neues Weltbild / Jeremy
Rifkin. In Zusammenarbeit mit Ted Howard.
Nachw. von Nicholas Georgescu-Roegen. Aus
d. Amerikan. von Christa Falk u. Walter
Fliss. – 1. Aufl. – Hamburg : Hoffmann und
Campe, 1982
Einheitssacht.: Entropy: a new world view ⟨dt.⟩
ISBN 3-455-08712-4

Die Originalausgabe erschien unter dem Titel
Entropy: A New World View

Published by arrangement with The Viking Press

Umschlagentwurf Jan Buchholz und Reni Hinsch
Gesetzt aus der Times
Satzherstellung Fotosatz Otto Gutfreund, Darmstadt
Druck und Bindung Richterdruck, Würzburg
Printed in Germany

Für Nicholas Georgescu-Roegen,
der als beharrlicher Mahner und Lehrer
das Fundament für dieses Buch legte.

Danksagung

Bei der Herausgabe dieses Buches wirkten insbesondere mit: Noreen Banks und Dan Smith.

Unser besonderer Dank gehört Marilyn McDonald und Jeffrey Apter für ihre Hilfe bei der Bearbeitung und Fertigstellung des Manuskripts.

Ebenfalls möchten wir Jenny Speicher und Randy Barber von der Peoples Business Commission für ihren Beitrag danken.

Vor allem aber möchten wir uns bei Alan D. Williams, unserem Herausgeber bei Viking Press, bedanken; sein Glaube an die Wichtigkeit dieses Buches war eine stete Quelle der Ermutigung.

Inhalt

Teil drei

Entropie: Ein neues historisches Bezugssystem

Teil vier

Nichterneuerbare Energie und der nahende Entropieverzweigungspunkt

Teil fünf

Entropie und das industrielle Zeitalter

Teil sechs

Entropie: Ein neues Weltbild

Vorbemerkung des Autors

Hoffnung ist das Gefühl, das Ersehnte erreichen zu können. Dieses Buch handelt von der Hoffnung, die dann aufkeimt, wenn Illusionen zerstört und durch neue Werte ersetzt werden.

Einer Zivilisation, die mit dem modernen Bild einer Zukunft ohne physische Zwänge und materielle Grenzen aufgewachsen ist, werden die Auswirkungen des Entropiegesetzes zuerst ernüchternd, ja sogar düster erscheinen: Denn dieses Gesetz definiert die äußersten physikalischen Grenzen, die unserem Handlungsraum gesetzt sind.

Wenn wir fortfahren, die Wahrheit des Entropiegesetzes zu ignorieren und die Rolle, die es für die Festlegung des allgemeinen Kontextes, in dem sich unsere physische Welt entfaltet, spielt, werden wir das nur unter dem Risiko unserer eigenen Auslöschung tun können.

Nach der Lektüre dieses Buches werden einige weiter daran zweifeln, daß es physikalische Grenzen gibt, die dem menschlichen Handeln in der Welt Schranken setzen. Andere aber werden nur den Schluß ziehen, daß das Entropiegesetz ein gewaltiges kosmisches Gefängnis darstellt, aus dem es kein Entkommen gibt. Und schließlich wird es jene geben, die im Entropiegesetz die Wahrheit sehen, die uns befreien kann. Die erste Gruppe wird um jeden Preis versuchen, das existierende Weltparadigma aufrechtzuerhalten. Die zweite Gruppe wird ohne Perspektive leben. Die Menschen der dritten Gruppe aber werden die Vorboten des neuen Zeitalters sein.

Teil eins
Weltbilder

Einführung

Jeden Tag erwachen wir in einer Welt, die uns verworrener und ungeordneter vorkommt als die, die wir die Nacht zuvor verlassen haben. Nichts scheint mehr zu klappen. Unser Leben hat sich darauf reduziert, fortwährend an den Schäden in unserer Umgebung herumzulaborieren. Wir sind fortwährend am Stopfen und Flicken. Unsere Führer lamentieren und flüchten sich in Ausreden. Immer, wenn wir glauben, einen Ausweg aus der Krise gefunden zu haben, gibt es einen Rückschlag. Die herrschenden Kräfte fahren fort, die anstehenden Probleme mit Lösungen zu bekämpfen, die noch größere Probleme schaffen als die, die man zu lösen glaubte.

Da gibt es Unfälle in Kernkraftwerken, Schießereien an Tankstellen um Benzinvorräte, Verdoppelung und Verdreifachung der Inflationsraten und Verlust von Arbeitsplätzen, die steigende Gefahr eines thermonuklearen Krieges; am liebsten würden wir unsere Rolläden herunterlassen und verzweifelt ausrufen: Warum wird dagegen nichts unternommen?

Wenn wir uns umschauen, entdecken wir überall wachsende Berge von Abfällen und Unrat: Es quillt aus dem Boden, sickert in unsere Flüsse, entweicht in unsere Luft. Unsere Augen brennen, unsere Haut verfärbt sich, unsere Lungen kollabieren, und das einzige, was uns dazu einfällt, ist der Rückzug hinter die eigenen vier Wände.

Um uns herum entwickelt sich alles in immer rasanterem Tempo, doch anscheinend ohne Sinn und Ziel. Die gesamte Gesellschaft scheint in einen Sumpf hineingezogen zu werden.

Man sagt uns, daß es nirgendwo besser sei, und das ist richtig. Schaut man sich die Industriegesellschaften an, so scheinen doch alle, die sozialistischen wie die kapitalistischen, von einer gemeinsamen Krankheit befallen zu sein. Dieselbe unerbittliche Kraft der Desintegration zerrt an uns allen.

Die Welt droht auseinanderzubrechen. Wir müssen unseren Blick darauf richten, *wie* die Welt organisiert ist, weil in ihrer Organisation das Problem verborgen liegt. Denn es ist töricht, weiter einzelnen Verantwortlichen und einzelnen Ideologien die Schuld für die allumfassende Krise anzulasten. Natürlich gibt es Politiker und Ideologien, die dem Problem besser gerecht werden als andere. Doch so, wie die Dinge heute liegen, ist kein Staatsoberhaupt oder keine einzelne Ideologie dazu in der Lage, die weltweite Krise effektiv in den Griff zu bekommen, da alle dem gegenwärtigen Weltbild verhaftet sind, das Bild einer Welt, die in sich selbst krank ist und alles verseucht, was sie hervorgebracht hat.

Weltbilder

Immer in der Geschichte fühlte sich der Mensch verpflichtet, ein Bezugssystem zur Organisation seiner Lebensaktivitäten zu schaffen. Die Notwendigkeit, eine Ordnung zu errichten, die das Wie und Warum des täglichen Lebens erklärt, war wesentlicher kultureller Bestandteil einer jeden Gesellschaft. Interessant daran ist, daß den meisten Mitgliedern einer Gesellschaft nicht bewußt ist, inwieweit dieses Bezugssystem ihre Verhaltensweisen und die Wahrnehmung ihrer Umwelt bestimmt. Ein Weltbild ist in dem Maße erforderlich, wie es von Kindheit an so verinnerlicht wird, daß es unbefragt funktioniert.

Die meisten Menschen glauben, daß die Welt – infolge der stetigen Akkumulation von menschlichem Wissen und menschlicher Technik – sich in jeder Hinsicht fortwährend verbessert. Weiter glauben wir, daß der Mensch ein autonomes Wesen ist, daß die Natur eine Aufgabe für ihn bereithält, daß wissenschaftliche Beobachtung objektiv ist, daß der Mensch schon immer nach Privateigentum verlangte und daß es immer Konkurrenz zwischen den Individuen gegeben hat. In der Tat, all dies wird als Teil der menschlichen Natur angesehen und deshalb auch für unabänderlich gehalten. Das aber ist falsch, und in anderen Gesellschaftsformen und Zivilisationen zu anderen Zeiten wären Eigenschaften, die wir der menschlichen Natur zuschreiben, überhaupt nicht verstanden worden. Hier zeigt sich die Macht des Weltbildes. Sein Einfluß auf unsere Wahrnehmung von Realität ist so überwältigend, daß wir uns nicht einmal eine andere Art, die Welt zu sehen, vorstellen können.

Unser modernes Weltbild bildete sich vor etwa 400 Jahren, und obwohl es seitdem beträchtlich verfeinert und modifiziert worden ist, ist viel von seiner ursprünglichen Version erhalten geblieben. Wir leben unter dem Einfluß des Newtonschen Paradigmas aus dem 17. Jahrhundert. Unter hundert Leuten ist vielleicht einer, der die verwickelten Charakteristika der Newtonschen Mechanik erklären könnte; und dennoch liegt ihr Schatten immer noch über uns. Sie dominiert unser Denken und Handeln.

Heute entsteht ein neues Weltbild, das am Ende die Newtonsche *Weltmaschine* als organisierendes Bezugssystem der Geschichte ersetzen wird: Das Entropiegesetz wird als führendes Paradigma über den nächsten Abschnitt unserer Geschichte bestimmen. Albert Einstein bezeichnete es als Hauptgesetz der gesamten Wissenschaft; Sir Arthur Eddington hielt es für das oberste metaphysische Gesetz des gesamten Universums. Das Entropiegesetz ist gleich dem Zweiten Hauptsatz der Thermodynamik. Der Erste Hauptsatz besagt, daß der Betrag der gesamten Materie und Energie des Universums konstant ist und daß ihm weder etwas hinzugefügt noch genommen werden kann. Nur die Erscheinungsform kann sich ändern, nicht aber die Essenz. Der Zweite Hauptsatz stellt fest, daß Materie und Energie nur in eine

Richtung verändert werden können, nämlich von einer *nutzbaren* Form in eine *nichtnutzbare*, von einer *verfügbaren* in eine *nichtverfügbare*, von einer *geordneten* in eine *ungeordnete*. Die Grundaussage des Zweiten Hauptsatzes ist, daß alles im Universum eine Struktur besaß und sich unwiderruflich auf ein Chaos zubewegt. Entropie ist die Maßeinheit dafür, bis zu welchem Ausmaß die verfügbare Energie in einem beliebigen Subsystem des Universums in eine nichtverfügbare Form umgewandelt wird. Wann und wo immer auf der Erde oder im Universum eine geordnete Struktur geschaffen wird, geschieht dies nach dem Entropiegesetz auf Kosten einer größeren Unordnung in der jeweiligen Umgebung. Im Detail werde ich das Entropiegesetz im zweiten Kapitel erklären.

Für den Moment genügen einige einfache Beobachtungen, die der Leser zumindest so lange akzeptieren muß, bis wir eine gründliche Autopsie des herrschenden Weltbildes vornehmen und die verborgenen Dimensionen des neuen Entropieparadigmas erforschen. Das Entropiegesetz zerstört die Vorstellung von Geschichte als stetigem Fortschritt. Es zerstört die Vorstellung, daß Wissenschaft und Technologie eine geordnete Welt schaffen. In der Tat, das Entropiegesetz transzendiert unser modernes Weltbild mit der gleichen Überzeugungskraft wie einst die Newtonsche Weltmaschine das mittelalterliche Weltbild der Römischen Kirche ersetzte.

Schritt für Schritt wird uns das Entropiegesetz verstehen lehren, warum das bestehende Paradigma zusammengebrochen ist. Unsere Generation, gefangen zwischen dem alten Paradigma, mit dem wir groß geworden sind, und dem neuen, gerade auftauchenden Entropieparadigma, wird sich noch darüber wundern, wie wir jemals an Prinzipien und Axiome haben glauben konnten, die so offensichtlich falsch sind. Wir werden in das neue Paradigma stolpern wie Touristen in ein fremdes Land, mit Unbehagen und uns vorwärts tastend. Unfähig, unser gewohntes Weltbild vollständig über Bord zu werfen, werden wir das Entropieparadigma zunächst als parallele Vorstellung übernehmen, aber niemals vollständig mit ihm vertraut und niemals in der

Lage sein, es ganz mit unserer täglichen Routine zu verschmelzen. Der Generation unserer Enkel wird das entropische Weltbild bereits absolut selbstverständlich sein: Sie wird nicht mehr darüber diskutieren, sondern einfach danach leben, ohne sich seines Einflusses bewußt zu sein, wie wir uns des Einflusses der Newtonschen Mechanik nicht bewußt waren.

Schon wird der Rahmen des neuen Entropieparadigmas von Gelehrten auf der ganzen Welt ausgefüllt. In wenigen Jahren werden viele akademische Disziplinen durch das neue Entropiekonzept umgekrempelt sein. Es wird Versuche geben, das Entropiegesetz auf das existierende Weltbild aufzupfropfen, ein Vorhaben, das letztlich fehlschlagen muß. Politiker werden seine Bedeutung für die anstehenden Fragen verkünden, die von der Energieproblematik bis zur Abrüstung reichen. Theologen werden neue Interpretationen der Bibel liefern, die mit ihm in Einklang stehen. Techniker werden neue Problemlösungsstrategien entwickeln im Glauben, es vermeintlich quantifizieren und auf präzise Messungen reduzieren zu können. Wirtschaftswissenschaftler werden sich darum reißen, die klassische Wirtschaftstheorie mit seinen zentralen Aussagen in Einklang zu bringen. Psychologen und Soziologen werden die menschliche Natur im Lichte der Entropie neu untersuchen. Dies alles wird in den nächsten Jahren geschehen – und noch mehr.

Dann sind da natürlich noch jene, die sich hartnäckig weigern zu akzeptieren, daß die gesamte physische Realität sich nach dem Entropiegesetz richtet. Sie werden darauf bestehen, daß der Entropieprozeß nur für besondere Fälle gilt und jeder Versuch, ihn in weiterem Rahmen auf die Gesellschaft zu übertragen, einen Mißbrauch des Modells darstellt. Doch sie irren. Die Gesetze der Thermodynamik bilden den alles umspannenden wissenschaftlichen Rahmen für die Entfaltung jeglicher physischen Aktivität in dieser Welt. Mit den Worten des Nobelpreisträgers der Chemie, Frederick Soddy, »kontrollieren die Gesetze der Thermodynamik in letzter Instanz den Aufstieg und Fall politischer Systeme, die Freiheit oder die Versklavung von Nationen, die Unternehmungen von Handel und Industrie, den Ursprung von Reichtum und Armut und das allgemeine Wohlergehen der Völker«. Jede einzelne Aktivität der Menschheit in der physischen Welt ist dem ehernen Imperativ unterworfen, der sich im Ersten und Zweiten Hauptsatz der Thermodynamik ausdrückt.

Es sollte betont werden, daß das Entropiegesetz ausschließlich die physische Welt betrifft, in der alles endlich ist und wo alles Lebendige seinem Weg folgen muß und schließlich aufhört zu existieren. Es ist ein Gesetz, das Raum und Zeit beherrscht, aber es verstummt, wenn es um geistige Transzendenz geht. Die geistige Welt untersteht nicht dem ehernen Diktat des Entropiegesetzes. Der Geist entfaltet sich in immateriellen Dimensionen, dort gibt es keine Schranken oder festen Grenzen. Die Beziehung der physischen zur geistigen Welt ist die eines kleineren Teils zum großen, unbegrenzten Ganzen, innerhalb dessen sich dieser entfaltet. Während das Entropiegesetz die Welt von Raum, Zeit und Materie regiert, wird es selbst von der ursprünglichen geistigen Kraft beherrscht, die es hervorgebracht hat.

Die Art und Weise, wie eine Zivilisation ihre physische Realität organisiert, und die Bedeutung, die sie der materiellen Ebene der Existenz beimißt, bestimmen, wie günstig die Bedingungen für die Suche nach geistiger Erleuchtung sind. Je tiefer ein Weltbild in die materielle Seite des Lebens eingebunden ist, desto weniger förderlich ist es für die menschliche Suche nach geistiger Transzendenz. Je weniger eine Zivilisation der physischen Welt verhaftet ist, desto unbeschwerter kann die menschliche Gemeinschaft die Grenzen der materiellen Ebene überschreiten und eins werden mit der tiefen geistigen Essenz, die alles umfaßt.

Die Gesetze der Thermodynamik regieren also die physische Welt. Die Art, wie die Menschen mit diesen Gesetzen beim Aufbau eines Bezugssystems für die physische Existenzebene umgehen, ist von entscheidender Bedeutung dafür, ob die geistige Reise der Menschheit von Erfolg gekrönt sein wird oder scheitert. Ein gründliches Verständnis des Entropiegesetzes ist unabdingbare Voraussetzung für den physischen Kontext, von dem aus alle geistigen Reisen beginnen müssen.

Historiker und Anthropologen haben lange darüber spekuliert, warum ein bestimmtes Weltbild gerade zu einem bestimmten Zeitpunkt in der Geschichte und an einem bestimmten Ort auftaucht. Dieses Buch bietet eine Antwort an: Die Energiebedingungen unserer Welt sollen den großen Rahmen für ein neu entstehendes Weltbild abstecken. Aber bevor wir das begründen, ist es wichtig, daß wir unser Weltbild für einen Moment vergessen, gerade lange genug, um deutlich zu sehen, wie unsere eigene Wahrnehmung der Realität durch die Jahrhunderte hindurch geformt worden ist.

Die Griechen und die fünf Zeitalter: Zyklen und Verfall

Sicher waren Platon, Aristoteles und die anderen griechischen Philosophen ausgesprochen scharfe Denker. Im Gegensatz zu unserer Geschichtsbetrachtung war Geschichte für sie jedoch ein Prozeß kontinuierlichen Verfalls. Der römische Dichter Horaz grübelte einst darüber nach, »daß Zeit den Wert der Welt vermindert«[1]. Horaz kannte den Zweiten Hauptsatz der Thermodynamik noch nicht, aber in diesem Vers hat er den Inhalt des Entropiegesetzes vollständig zusammengefaßt. In der griechischen Mythologie wird die Geschichte als Folge von fünf Zeitaltern dargestellt, wobei jedes auf dem Weg des Verfalls weiter fortgeschritten und stärker degeneriert ist als das voraufgegangene. Der griechische Geschichtsschreiber Hesiod teilte diese Zeitalter in das Goldene, Silberne, Bronzene, Heroische und Eiserne ein. Das Goldene Zeitalter war der Höhepunkt, eine Periode des Überflusses und der Erfüllung:

»Golden war das Geschlecht der redenden Menschen, das erstlich die unsterblichen Götter, des Himmels Bewohner erschufen ... Und sie lebten dahin wie Götter ohne Betrübnis, fern von Mühen und Leid, und ihnen nahte kein schlimmes Alter, und immer regten sie gleich die Hände und Füße, freuten sich an Gelagen, und ledig jeglichen Übels starben sie, übermannt vom Schlaf, und alles Gewünschte hatten sie. Frucht bescherte die nahrungsspendende Erde immer von selbst, unendlich und vielfach. Ganz nach Gefallen schufen sie ruhig ihr Werk und waren in Fülle gesegnet, reich an Herden und Vieh, geliebt von den seligen Göttern.«[2]

Ein Denker wie etwa Thomas Hobbes hätte Hesiods Vorstellung vom Goldenen Zeitalter als Hirngespinst abgetan, denn er hielt den Ursprungszustand der Menschheit für eine »einsame, arme, schmutzige, tierähnliche und kurze Episode«. Heute jedoch würden Anthropologen eher mit Hesiods Interpretation der menschlichen Frühgeschichte übereinstimmen. Studien über die wenigen überlebenden Jäger-Sammler-Gesellschaften erinnern oft an Hesiods Bericht. Detaillierte Untersuchungen der afrikanischen Buschmänner und anderer Jäger-Sammler-Gruppen ergaben einige echte Überraschungen für diejenigen unter uns, die noch mit der Vorstellung leben, daß menschliche Geschichte eine fortschreitende Reise von der erschöpfenden Mühsal und Arbeit der frühen Primitiven zum komfortablen und gemächlichen »american way of life« des 20. Jahrhunderts gewesen ist.

Wir modernen Menschen sind stolz darauf, daß wir nur 40 Stunden in der Woche arbeiten müssen und drei oder mehr Wochen im Jahr Urlaub haben. Die meisten Jäger-Sammler-Gesellschaften würden solche Bedingungen als unerträglich empfinden. Tatsache ist nämlich, daß Jäger-Sammler in unserer Zeit nicht mehr als zwölf bis zwanzig Stunden pro Woche arbeiten und für Wochen und Monate in jedem Jahr überhaupt nicht »produktiv« sind. Statt dessen verbringen sie ihre Zeit mit Spielen, sportlichen Veranstaltungen, Kunst, Musik, Tanz, Zeremonien und Besuchen bei Nachbarn. Entgegen der gängigen Meinung zeigen Studien über die wenigen noch überlebenden Jäger-Sammler-Gesellschaften, daß einige von ihnen zu den gesündesten Völkern der Welt gehören. Ihre Kost ist nahrhaft, und viele – wie etwa die Buschmänner in Afrika – erfreuen sich bis ins hohe Alter guter Gesundheit, ohne die Hilfe der modernen

Medizin. Viele Jäger-Sammler-Gesellschaften legen größten Wert auf Zusammenarbeit, oft teilen sie alles miteinander. Sie sind weder sonderlich kampflustig noch aggressiv untereinander oder gegen andere Gruppen.

Nach Hesiod fand das Goldene Zeitalter ein abruptes Ende, und zwar als Pandora den Deckel jener Büchse öffnete, die alle Übel des Lebens enthielt. Von da an war jedes nachfolgende Zeitalter aufreibender und härter als das voraufgegangene. Das letzte Zeitalter ist nach der griechischen Mythologie das Eiserne. Hesiod schreibt dazu im 8. Jahrhundert vor Christus:

»Jetzt ja ist das Geschlecht ein eisernes; niemals bei Tage ruhen sie von Mühsal und Leid, nicht einmal die Nächte. Nicht ist der Vater dem Kind, das Kind dem Vater gewogen, nicht dem Wirte der Gast, der Gefährte nicht dem Gefährten... Bald versagen sie selbst den greisen Eltern die Ehrfurcht... Keiner wird mehr geschätzt, der wahr geschworen, und keiner, der gerecht und gut. Den Übeltäter, den Frevler ehrt man weit höher, es herrscht das Recht der Fäuste und keine Ehrfurcht und Scham.«[3]

Obgleich die Welt von der Gottheit geschaffen und daher vollkommen war, hielten die Griechen sie nicht für unvergänglich. In ihrem Schoße schon trug sie den Keim des Zerfalls. Geschichte ist demnach der Prozeß, in dem die ursprüngliche Ordnung der Dinge während des Goldenen Zeitalters in ihrer Vollkommenheit erhalten blieb, nur um im Laufe der folgenden Zeitalter langsam Opfer eines unausweichlichen Verfallsprozesses zu werden. Wenn schließlich das Universum im äußersten Chaos unterzugehen droht, greift die Gottheit erneut ein und stellt die ursprünglich vollkommenen Bedingungen wieder her. Dann beginnt der ganze Prozeß von vorn. Geschichte erscheint hier nicht als kumulativer Fortschritt auf einen vollkommenen Zustand zu, sondern als ein sich ewig wiederholender Kreislauf zwischen Ordnung und Chaos.

Diese Vorstellung von Geschichte als einem zyklischen Verfallsprozeß beeinflußte wesentlich die griechische Konzeption von der Ordnungsstruktur einer Gesellschaft. Platon und Aristoteles vertraten die Ansicht, die beste soziale Ordnung sei die mit den geringsten Veränderungen; in ihrem Weltbild hatte die Vorstellung von fortwährendem Wandel und Wachstum keinen Platz; denn Wachstum bedeutete nicht größeren Wert und größere Ordnung der Welt, sondern deren genaues Gegenteil. Wenn Geschichte die stetige Erosion des ursprünglich vollkommenen Zustandes und den Verbrauch der anfangs vorhandenen Gaben bedeutet, dann war der ideale Zustand der, in welchem der Verfallsprozeß so stark wie möglich verlangsamt wurde. Die Griechen assoziierten mit größerem Wechsel und Wachstum schnelleren Verfall und rascheres Chaos. Ihr Ziel war daher, der nächsten Generation eine Welt zu übergeben, die so weit wie möglich von »Veränderungen« verschont geblieben war.

Das christliche Weltbild

Stellen Sie sich eine Zeitmaschine vor, die Sie einem christlichen Leibeigenen aus dem Mittelalter von Angesicht zu Angesicht gegenüberstellen könnte. Das 13. Jahrhundert ist noch gar nicht so lange vorüber. Nur vierzig Generationen trennen uns heute von der Welt des Feudalismus. In der Tat, es gab vieles in der damaligen Welt, das Sie sofort wiedererkennen würden. In England legten Studenten schon in Cambridge ihre Abschlußprüfung ab, der *Beowulf* war bereits geschrieben, und es wurde auch eine Art Englisch gesprochen – obwohl es uns schwerfallen würde, es zu verstehen. Nun, abgesehen von den Sprachschwierigkeiten zwischen Ihnen und dem Leibeigenen hätten Sie einander nur wenig Interessantes mitzuteilen, von dem üblichen Gerede über das Wetter vielleicht einmal abgesehen. Der Grund für diese Fremdheit ist einfach: Sie würden gern etwas über sein Lebensziel, seine Weltanschauung erfahren. Was für einen Beitrag hoffte er für die Gesellschaft leisten zu können? Wie verbesserte er sein Schicksal? Was würde er seinen Kindern vererben können? Was für Vorstellungen hatte er von Glück und einem rechtschaffenen Leben? Sie würden vielleicht noch tiefer in seine

Psyche eindringen wollen und ihn nach Charakterzügen und Identitätsproblemen fragen.

Sie sollten aber nicht mit irgendeiner Art von Antwort rechnen. Wenn Sie in seinen Augen nur blankes Erstaunen wahrnehmen, so nicht etwa deshalb, weil Sie über seinen Kopf hinweg reden oder sein Verstand für den Austausch von Ideen noch nicht weit genug entwickelt ist; sondern eben nur, weil seine Vorstellungen vom Leben, von Geschichte und der Wirklichkeit so vollständig anders waren als unsere.

Das christliche Geschichtsbild, das während des gesamten Mittelalters Westeuropa prägte, hielt das Leben in dieser Welt nur für eine Vorbereitung auf ein nächstes. Das christliche Weltbild gab das griechische Konzept von Zyklen zwar auf, bewahrte aber die Vorstellung von Geschichte als einem Verfallsprozeß. In der christlichen Theologie hat Geschichte eine klar abgegrenzte Aufteilung in Anfang, Mitte und Ende – in der Form von Schöpfung, Erlösung und Jüngstem Gericht. Da nach seiner Ansicht menschliche Geschichte linear und nicht zyklisch verläuft, glaubt man auch nicht an einen Fortschritt auf irgendeine Art von vollkommenem Zustand hin. Im Gegenteil, Geschichte wird als ein andauernder Kampf betrachtet, in dem die Kräfte des Bösen fortfahren, Chaos und Verwirrung auf unserer Erde zu säen.

Von ähnlicher Bedeutung war die Lehre von der Erbsünde. Sie schloß die Möglichkeit für die Menschen aus, ihr Los im Leben jemals zu verbessern. In der Tat, die Vorstellung von Menschen, die Geschichte *machen* oder sie *verändern*, wäre völlig undenkbar gewesen. Für den mittelalterlichen Geist war die Welt letzten Endes ein straff geordneter Organismus, in dem Gott jedes Ereignis kontrollierte. Der christliche Gott war ein Individuum, das persönlich in jeden Aspekt des Lebens eingriff. Ob Dinge geschahen oder nicht geschahen, lag allein daran, ob Gott es wollte oder nicht wollte. Geschichte wurde von Gott gemacht, nicht von Menschen.

Nach der christlichen Theologie gab es nur Gottes Gebote, die gläubig erfüllt werden mußten. Wie der Historiker John Randall darlegt, sollte für den mittelalterlichen Christen »alles seine Bedeutung nicht aus und für sich selbst besitzen, sondern nur für die Pilgerschaft des Menschen«. Der Zweck jeder Handlung, jedes auftretenden Ereignisses war gebunden an den »Zweck, den es im göttlichen Plan erfüllte«[4].

Das christliche Weltbild stellte eine einheitliche und allumfassende Geschichtsauffassung bereit. In dieser großen theologischen Synthese gab es keinen Raum für ein individuelles Dasein. Aufgaben und Pflichten, nicht Freiheiten und Rechte hielten die mittelalterliche Gesellschaft zusammen und gaben dem Leben seine einheitliche Struktur. Wie bei den Griechen beruhte das mittelalterliche Konzept der Geschichte nicht auf Wachstum und materieller Bereicherung. Sinn des menschlichen Lebens war nicht, »Dinge zu erlangen«, sondern Erlösung zu suchen. Ausgerichtet auf diesen letzten Zweck, sah man die Gesellschaft als ein organisches Ganzes an, eine Art von göttlich gelenktem moralischem Organismus, in dem jede Person die ihr zugewiesene Rolle zu spielen hatte.

Auf das moderne Weltbild zu

Es läßt sich nicht feststellen, wie viele Professoren im Laufe der Geschichte Vorlesungen gehalten haben und wie viele Studenten diese Vorlesungen mit mehr oder weniger Interesse anhörten. Nur eine Handvoll dieser Vorlesungen haben je Geschichte gemacht. Jaques Turgot, Geschichtsprofessor an der Sorbonne, gehört zu denen, die einen Platz in diesem Club der Auserwählten verdient haben. Im Jahre 1750 betrat er einen Vorlesungssaal in Paris, nahm seine Aufzeichnungen heraus und begann eine zweiteilige lateinische Vorlesung über ein neues Konzept der Weltgeschichte. Turgot stritt gegen Thesen von Platon, Aristoteles, dem heiligen Paulus, dem heiligen Augustinus und denen aller anderen Geistesheroen der Antike und des Mittelalters. Als er seinen letzten Satz beendet und seine Vorlesungsnotizen zurück in seine Mappe gesteckt hatte, hatte er die gesamte Struktur des damaligen Geschichtsbildes verändert. Die Vorlesungen, so Frank Manuel, »legten den Grundstein für ein neues Modell der Weltgeschichte von der fernsten Vergangenheit bis zur Gegenwart und stellten die erste bedeutsame Ausprägung der Ideologie des Fortschritts in der modernen Zeit dar«[5].

Turgot bestritt sowohl die zyklische Natur der Geschichte als auch das Konzept von der stetigen Degradation. Er vertrat – und das recht kämpferisch – die Ansicht, daß Geschichte voranschreitet und jeder ihrer folgenden Abschnitte einen Fortschritt gegenüber dem voraufgegangenen darstellt. Im Gegensatz zur Stillstandsphilosophie der Griechen und der Theologen der Römischen Kirche verkündete er die Tugend stetigen Wandels und dauernder Bewegung. Turgot akzeptierte bereits, daß Fortschritt ungleichmäßig verläuft, sich gelegentlich festfährt, ja, daß es sogar gelegentlich Rückschritte gibt. Aber er hielt fest an der Überzeugung, daß Geschichte, im ganzen gesehen, einen allgemeinen Fortschritt in Richtung auf die Vervollkommnung des Lebens hier auf der Erde zeigt. Kühne Gedanken! Seine Zeit jedoch war reif dafür, denn weder verlor er seine Anstellung an der Universität noch wurde er von den kirchlichen Autoritäten verdammt. Ein wirklich radikaler Wandel hatte im europäischen Denken stattgefunden: in der Zeit zwischen dem Bau der großartigen Kathedrale von Chartres im 13. Jahrhundert und jener äußerst bemerkenswerten Vorlesung im Jahre des Herrn 1750. Aus dieser Veränderung entwickelte sich das moderne Weltbild. Die Geschichte seines Wachstums und seiner Rettung ist die Geschichte der Welt, deren Erben wir sind.

Obwohl wir uns dessen größtenteils nicht bewußt sind, läßt sich vieles von unserer Art zu denken, zu handeln und zu fühlen auf die winzigen Fäden und Fragmente zurückführen, die zu jenem historischen Paradigma verwoben wurden, das während jener Jahrhunderte des Übergangs Form und Gestalt annahm. Es ist in der Tat Ironie des Schicksals, daß es erst jetzt, da dieses Gewebe langsam ausfranst und sich aufzulösen beginnt, wirklich möglich ist zu sehen, aus welchem Stoff wir und unsere moderne Welt gemacht sind.

Das Maschinenzeitalter

Das moderne Zeitalter ist das Zeitalter der Maschine. Präzision, Geschwindigkeit und Genauigkeit sind die höchsten Werte. Wir fragen laufend: »Wie schnell geht das?« oder »Wie lange hast du gebraucht, um dorthin zu kommen?«. Das größte Kompliment, das wir jemandem machen können, besteht darin zu sagen, daß etwas so gut gemacht, ausgedacht oder geplant ist, daß es fast von selbst läuft. Wir lieben es, metallische Oberflächen aus Aluminium, Stahl oder Chrom anzufühlen. Nichts bereitet uns ein größeres ästhetisches Vergnügen, als einen Motor zu starten oder einen Schalter anzuknipsen. Unsere Welt ist eine Welt von Rollen, Hebeln und Rädern. In der Freizeit basteln wird an irgendwelchen Apparaten herum, in der Arbeitszeit beschäftigen wir uns damit, Präzisionsinstrumente einzustellen oder zu bedienen. Der Routineablauf unseres Alltags richtet sich nach einer Maschine – der Uhr. Wir kommunizieren mit Hilfe einer Maschine – dem Telefon. Wir lernen mit Hilfe von Maschinen – dem Taschenrechner, dem Computer, dem Fernsehapparat. Wir reisen mit Maschinen – dem Auto, dem Flugzeug. Wir sehen sogar mit Hilfe einer Maschine – dem elektrischen Licht. Die Maschine hat unseren Lebensstil und unser Weltbild geprägt. Das Universum ist für uns eine gigantische Maschine, die vor Äonen vom obersten Techniker, nämlich Gott, in Gang gesetzt wurde; so perfekt konstruiert, daß »sie von selbst läuft«, ohne auszusetzen, und mit einer Voraussagbarkeit ihres Ablaufs, die sich bis zum n-ten Grad ausrechnen läßt.

Wir sind fasziniert von der Exaktheit, die wir im Universum wahrnehmen, und suchen seine Großartigkeit hier auf der Erde nachzuahmen. Geschichte ist für uns eine dauernde Konstruktionsübung. Die Erde ist wie ein riesiges Materiallager mit allen erdenklichen Bauelementen, die nur noch zu einem funktionierenden System zusammengesetzt werden müssen. Unsere Arbeit ist niemals zu Ende. Es gibt immer neue Strukturen zu entwerfen und neue Aufgaben zu erfüllen, die alle das ständige Neuordnen von Teilen und die Erweiterung von Prozessen erfordern. Fortschritt wird gemessen an dem Perfektionsgrad der Maschine. Dauernd ist man dabei, lose Enden miteinander zu verbinden, Fehler auszumerzen und maschinelle Prozesse für jeden Aspekt des Lebens zu entwickeln. Das ist das historische Paradigma unseres Zeitalters. Wir leben unter dem Diktat der Maschine, und obwohl wir durchaus bereit sind, ihre Bedeutung für den äußeren Aspekt des Lebens anzuerkennen, gestehen wir uns nur ungern ein, wie weit sie ins Zentrum unseres Wesens vorgedrungen ist.

Die Maschine hat sich schon so fest in unser Ich »eingenistet«, daß man nur unter Schwierigkeiten ausmachen kann, wo sie aufhört und wo wir anfangen. Sogar die Worte, die aus unserem Munde kommen, sind nicht mehr unsere Worte, es ist Maschinensprache. Wir »messen« Beziehungen zu anderen Leuten daran, ob wir mit ihnen »synchron laufen«. Unsere Gefühle reduzieren sich auf gute oder schlechte »Schwingungen«. Wir fangen keine Unternehmungen mehr an, sondern »setzen uns in Bewegung«. Wir vermeiden »Reibung« bei der Arbeit, und anstatt uns zu konzentrieren, »stimmen wir uns ein«. Wenn wir uns Gedanken über das Leben anderer Menschen machen, sagen wir entweder »es läuft wie geschmiert« oder »es ist zusammengebrochen«. Ist das letztere der Fall, erwarten wir, daß es »repariert« oder »wieder zusammengesetzt« wird.

Die Architekten des mechanistischen Weltbildes

Jedes Weltbild hat seine Architekten – eben jene Baumeister, die den großen Rahmen entwerfen, den der Rest der Menschheit nur noch auszufüllen braucht. Es gab viele vorbereitende Entwürfe, bevor man sich über die endgültigen Pläne für das Maschinenzeitalter geeinigt hatte. Ungefähr in der Mitte des 18. Jahrhunderts wurden dann die Schlüsselelemente des mechanistischen Paradigmas sorgfältig in ein einheitliches Schema integriert. Die Welt war bereit, den Hebel auf das Zeitalter der Maschine umzustellen. Das mechanistische Weltbild legt Zeugnis ab vom

Wirken dreier Männer: Francis Bacon, René Descartes und Isaac Newton.

Francis Bacon legte mit einer heftigen Attacke gegen das Weltbild der alten Griechen die Grundlage für das Maschinenparadigma. Sein Werk *Novum Organum*, das im Jahre 1620 erschien, war ein propagandistisches Meisterwerk. Bacon bespöttelte die Werke von Platon, Aristoteles und Homer als »zänkisches Gelehrtengeschwätz«[6]. »Die Griechen«, höhnte er, »benehmen sich wie die Kinder: immer bereit zu schwätzen, aber unfähig, etwas zu schaffen; ihre Weisheit quillt über von Worten, ist aber arm an Taten.«[7] Bacon unterzog das griechische Weltbild einer gründlichen Revision und kam zu dem Schluß, daß es trotz all seiner großartigen Ansprüche »zu keinem einzigen Versuch geführt hatte, die Lebensbedingungen der Menschheit zu erleichtern und zu ihrem Nutzen zu verändern«[8]. Bacon sah die Welt mit anderen Augen. Er wollte nicht herumsitzen und nur die Natur betrachten, er suchte nach einer Methode, sie zu kontrollieren. Für die Griechen bestand der Sinn wissenschaftlicher Gelehrsamkeit darin, nach dem metaphysischen Warum der Dinge zu fragen, Bacon dagegen war der Ansicht, wissenschaftliche Gelehrsamkeit solle sich mit dem Wie der Dinge befassen. »Jetzt ist das wahre und gesetzmäßige Ziel der Wissenschaften kein anderes als dieses: das menschliche Leben mit neuen Entdeckungen und Mächten auszustatten.«[9]

Einige Passagen aus Bacons *Novum Organum* lesen sich mehr wie ein Werkstattbericht denn wie eine klassische philosophische Abhandlung. Wie oft haben wir zum Beispiel unseren Chef sagen hören, daß wir die Welt so nehmen sollten, wie sie ist, und nicht, wie wir sie gerne hätten? Unser Chef ist sich dessen höchstwahrscheinlich nicht bewußt, aber er zitiert damit Francis Bacon mit seiner Aufforderung, »im menschlichen Streben und Verstehen ein wahres Modell der Welt zu schaffen, so wie sie in Wirklichkeit ist, und nicht, wie sie unserer Vorstellung nach sein sollte«[10]. Bacon fährt fort zu erklären, daß nun eine neue Methode, mit der Welt umzugehen, an der Reihe sei, eine, die »die Grenzen des menschlichen Herrschaftsbereiches ausweitet und alles macht, was machbar ist«[11]. Die neue Methode, auf die Bacon anspielt, ist das wissenschaftliche Verfahren, das den Beobachter vom Beobachteten trennt und einen neutralen Bereich für die Entwicklung »objektiven Wissens« schafft. Nach Bacons Meinung würde objektives Wissen die Menschen in die Lage versetzen, »über die natürlichen Dinge zu gebieten – über den Körper, die Heilmittel, mechanische Energien und unendlich vieles andere dieser Art«[12].

Bacon ist der erste »no-nonsense«-Pragmatiker des modernen Zeitalters. Wenn Sie das nächste Mal jemanden sagen hören: »Versuchen Sie, objektiv zu sein!« oder »Beweisen Sie es mir!« oder »Nennen Sie mir nur die Fakten!«, denken Sie an Francis Bacon. Seine Vorstellung davon, wie die Welt fortan besser zu organisieren sei, entwickelte Bacon im Jahre 1620.

Kaum hatte er das Tor zum neuen Weltbild aufgestoßen, als René Descartes, von Haus aus Mathematiker, diese für die damalige Zeit abenteuerliche Theorie mit seiner Ankündigung des neuen Grundrisses ergänzte. Kurz darauf folgte ihm, gewissermaßen dicht auf den Fersen, Isaac Newton, der das notwendige Werkzeug mitbrachte, um den Laden zu eröffnen und mit dem Geschäft zu beginnen.

Descartes war nicht gerade ein bescheidener Mann. Er erkannte eine gute Idee sofort, wenn er sie sah. An einem kalten Tag war er, so berichten seine Biographen, wegen des rauhen Wetters zu Hause geblieben. Und da traf ihn die Idee wie ein Blitz aus heiterem Himmel. Der Schlüssel für das Verständnis der Welt, die Möglichkeit, ihre verborgenen Geheimnisse zu entziffern, sie für menschliche Zwecke zu kontrollieren, fand sich in *einem* Begriff: Mathematik.

»Indem ich mir dies ziemlich aufmerksam durch den Kopf gehen ließ, wurde mir schließlich deutlich, daß nur all das, worin Ordnung oder Maß untersucht wird, zur Mathematik gehört, und es nicht darauf ankommt, ob ein solches Maß in Zahlen, Figuren, Sternen, Tönen oder einem anderen beliebigen Gegenstand zu suchen ist, und daß es demnach eine allgemeine Wissenschaft geben müsse, die all das entwickelt, was bezüglich Ordnung und

Maß, noch ohne einem besonderen Gegenstand zugesprochen zu sein, zum Problem gemacht werden kann, und daß sie mit einem gar nicht weit hergeholten, sondern schon gewohnten und in Gebrauch befindlichen Namen als ›Mathesis Universalis‹ bezeichnet wird. Diese Wissenschaft nämlich soll die erste Vorschule der menschlichen Vernunft enthalten und sich bis zur Ermittlung der Wahrheit aus jedem beliebigen Gegenstand erweitern.«[13]

Descartes schloß mit seiner Beobachtung, die seitdem zum alles beherrschenden Axiom des mechanistischen Paradigmas wurde: »Und überhaupt, ich sage es frei heraus, ich bin überzeugt, daß sie wichtiger ist als jede andere von Menschen gelehrte Erkenntnis, ist sie doch die Quelle aller anderen.«[14] Hier sprach ein Mann mit vollster Überzeugung, der erste, der an das mechanistische Weltbild glaubte. Descartes verlor keine Zeit, seine Entdeckung in der Öffentlichkeit zu verbreiten. Als er im Jahre 1650 starb, war sein mathematisches Bild von der Natur von den führenden Köpfen Europas anerkannt.

Descartes führte alle Vorgänge in der Natur erfolgreich auf sich bewegende Materie zurück. Er reduzierte jegliche Qualität auf Quantität und verkündete dann, nicht von dem geringsten Zweifel geplagt, daß nur noch Raum und Ort von Bedeutung seien. »Gebt mir Ausdehnung und Bewegung«, sagte er, »und ich werde das Universum erschaffen.«[15] In Descartes' mathematischer Welt gab es keine Gerüche, keine Farben und keinen Geschmack; es gab nichts mehr, was schwitzte, tröpfelte oder spritzte. Was konnte schließlich sauberer sein und sich besser benehmen als Algebra und Geometrie? Mathematik verkörperte die absolute Ordnung, und damit hatte Descartes mit einem einzigen genialen Streich alles das aus der Welt verbannt, was irgendwie Unordnung, Chaos oder gar vitales Leben hervorrief. In Descartes' Welt hatte alles seinen festen Platz, und alle Beziehungen waren harmonisch. Die Welt bestand aus Präzision und nicht aus Verwirrung.

Das griechische Geschichtsbild mit seinem wachsenden Chaos und dem darauf folgenden Zerfall wurde als unmathematisch –

und daher als falsch – angesehen. Das christliche Weltbild kam kaum besser weg. Wie konnte man jemals die Arbeitsweise der natürlichen Ordnung präzise erkennen, wenn dauernd ein göttliches Individuum in den Lauf des Lebens eingriff? Um als Weltbild bestehen zu können, mußte das mechanistische Paradigma aber vor allem vollständige Vorhersagbarkeit gewährleisten. Da gab es keinen Raum für eine Gottheit, die die Betriebsregeln ändern konnte, wann immer sie es wünschte. Gott war damit taktvoll aus der Szene entfernt worden. Zuerst natürlich hatte man ihn zum genialsten Mathematiker erhoben, der den gesamten Plan ausgedacht und alles in Bewegung gesetzt hatte, bevor er sich anderen Aktivitäten im kosmischen Schauplatz zuwandte. Schließlich aber vergaß man ihn ganz einfach, denn die nachfolgenden Generationen erlagen mehr und mehr der Versuchung, die das neu entdeckte Paradigma hervorrief.

Descartes gab den Menschen den »Glauben«, daß sie die Wahrheit der Welt enträtseln und ihre Beherrscher werden konnten. Newton gab ihnen dann das Werkzeug dafür in die Hand. Er entdeckte die mathematische Methode, mechanische Bewegung zu beschreiben. Er behauptete, mit einem einzigen Gesetz erklären zu können, warum sich die Planeten auf vorgeschriebenen Bahnen bewegen und warum ein einzelnes Blatt auf eine ganz bestimmte Weise vom Baume fällt. Indem er die gesamte Natur den Gesetzen der Mathematik unterordnete, erklärte Newton, daß »alle Erscheinungen in der Natur auf der Wirkung bestimmter Kräfte beruhen, durch die die Teilchen eines Körpers, die – aus welchen Gründen auch immer – bisher noch unbekannt sind, entweder wechselseitig zueinander gedrängt werden und sich zu regelmäßigen Körpern zusammenfügen oder abgestoßen werden und sich voneinander entfernen«. Nach Newton gibt es drei Axiome: »Ein ruhender Körper bleibt im Zustand der Ruhe, und ein bewegter Körper bleibt in gleichförmiger, geradliniger Bewegung, wenn nicht eine äußere Kraft auf ihn ausgeübt wird; die Beschleunigung eines Körpers ist direkt proportional zur angewandten Kraft und zeigt geradlinig in die Richtung, in die die Kraft wirkt; für jede Kraft gibt es eine gleich große entgegengesetzte Reaktionskraft.«[16] Schon bald nachdem Newton seine mathematische Methode veröffentlicht hatte, wurde sie an allen größeren Universitäten der Alten Welt gelehrt. Sein Ruf drang bis in die entferntesten Winkel Europas. Nach seinem Tod im Jahre 1727 erhielt er ein wahrhaft königliches Begräbnis.

Das mechanistische Weltbild befaßte sich ausschließlich mit bewegter Materie, denn sie allein war exakten mathematischen Messungen zugänglich. Es war ein Weltbild zugeschnitten auf Maschinen, nicht auf Menschen. Weil sie die Qualitäten von den Quantitäten, die ja eigentlich eine untrennbare Einheit bilden, eliminierten, schufen die Architekten des Maschinenparadigmas ein kaltes, gefühlloses Universum, das ausschließlich aus toter Materie bestand. Von der Welt der reinen Materie zum reinen Materialismus war es nur noch ein kurzer Weg, wie wir im nächsten Abschnitt sehen werden.

Alfred North Whitehead hat vielleicht als einziger die Grenzen der Newtonschen Weltmaschine als historischem Paradigma vernichtend kommentiert. Er stellte fest, daß sich die Mechanik auf die Raum-Zeit-Beziehungen von bewegter Materie beschränkte und schloß daraus: »Sobald wir festgelegt haben, was wir unter einem bestimmten Ort in der Raum-Zeit verstehen, können wir dementsprechend die Beziehung eines besonderen Körpers zur Raum-Zeit festlegen, indem wir sagen, er sei gerade hier, an dieser Stelle. Und soweit es sich um die eindeutige Position handelt, muß darüber nichts weiter gesagt werden.«[17]

Das mechanistische Paradigma jedoch erwies sich als unwiderstehlich. Es war einfach, obendrein funktionierte es, und man konnte auf seiner Grundlage Voraussagen machen. Wie es schien, hatte man die langgesuchte Erklärung für die Wirkungsweise des Universums gefunden. Es gab also eine Ordnung der Dinge, und diese Ordnung ließ sich in exakte mathematische Formeln und wissenschaftliche Beobachtungen fassen. Zwar bemerkten die europäischen Gelehrten, daß die normalen gesellschaftlichen Aktivitäten der Menschen häufig verworren und chaotisch zu sein schienen. Das unberechenbare Verhalten der

Leute und die unvollkommene Arbeitsweise von Regierung und Wirtschaft schienen nicht zur wohlgeordneten mechanistischen Erklärung der Welt zu passen, die Bacon, Descartes und Newton geliefert hatten. Der Widerspruch wurde aber schnell gelöst: Wenn die Gesellschaft aus der mechanischen Ordnung ausscherte, konnte dies nur daran liegen, daß sie sich nicht an die Gesetze hielt, die das Universum regieren.

Man mußte also nur erkennen, in welcher Form genau die Naturgesetze für Menschen und soziale Institutionen galten, und sie dann anwenden. Das wäre natürlich ein langer und schwieriger Prozeß – jedoch kein unmöglicher mehr, da die Gesetze des Universums ja nun bekannt waren. Darüber hinaus würde es auch die Zeit und Mühe lohnen, denn das Ergebnis wäre am Ende eine perfekt geordnete Gesellschaft. Die Menschheit hatte nun einen neuen Sinn in den Vorgängen des Lebens entdeckt. Das mittelalterliche Ziel, das Heil in einer anderen Welt zu suchen, war bedeutungslos geworden. An seine Stelle trat die neue Idee, Vollkommenheit in *dieser* Welt zu suchen. Geschichte hielt man jetzt für eine fortschreitende Reise, die aus dem ziemlich ungeordneten und konfusen Zustand, in dem sich die Gesellschaft befand, zum wohlgeordneten und vollständig vorhersagbaren Zustand führte, den die Newtonsche Weltmaschine darstellte.

Sofort nahmen zwei Männer die Aufgabe in Angriff, die Beziehungen zwischen diesen universalen Gesetzen und den gesellschaftlichen Mechanismen aufzudecken. John Locke brachte die Funktionsweise von Staat und Gesellschaft mit dem Weltmaschinenparadigma in Übereinstimmung, Adam Smith leistete das gleiche für die Wirtschaftstheorie.

Wie die meisten Intellektuellen seiner Epoche war Locke tief beeindruckt davon, wie das mechanistische Modell einer scheinbar unbegreiflichen natürlichen Welt einen Sinn verliehen hatte. Aber warum, fragte er sich, verlief das gesellschaftliche Leben dennoch so chaotisch? Seine Antwort darauf war, daß die natürlichen Gesetze der Gesellschaft dadurch verletzt wurden, daß die soziale Ordnung auf irrationale Traditionen und Bräuche gegründet war, die vom Theozentrismus herrührten. Locke begann nun, die »natürliche« Grundlage für eine gesellschaftliche Ordnung rein rational zu bestimmen. Er kam sogleich zu dem Schluß, daß Religion nicht soziale Grundlage einer Gesellschaft sein könne, da Gott per definitionem unerkennbar ist. Wie kann das Unerkennbare eine angemessene Basis für ein menschliches Ordnungsprinzip darstellen? Und so erklärte Locke – ein tiefgreifender Bruch mit seinen philosophischen Vorgängern –, daß Religion zwar durchaus im privaten Bereich ihren Platz haben könne, die Prinzipien öffentlich-gesellschaftlicher Aktivitäten aber nicht bestimmen dürfe.

Nun also hatte Gott auch mit Angelegenheiten der Menschen nichts mehr zu schaffen, nachdem Bacon dem einstigen Weltenlenker schon den Einfluß auf die Naturgesetze bestritten hatte. Locke sah die Menschen nur noch allein im weiten Universum. Der Mensch wurde nun nicht länger als Teil eines göttlich gelenkten Organismus gesehen. Männer und Frauen wurden jetzt genau zu dem, worauf Bacon, Descartes und Newton die Natur reduziert hatten: rein physikalische Phänomene, die mit anderen Teilen von Materie in einem einzig mechanisch funktionierenden Universum in Wechselwirkung stehen. Wenn das wirklich so war, wie sollte dann eine soziale Ordnung gestaltet werden? Zu dieser Frage stellte Locke eine These auf, die bis heute das moderne Weltbild stark beeinflußt: Sobald wir nämlich nutzlose Gewohnheiten und Vorurteile abgelegt haben, argumentierte er, sehen wir, daß die Gesellschaft ausschließlich aus Individuen besteht, die sich ihre persönlichen Zielvorstellungen schaffen, aber dennoch nur einem einzigen Zweck dienen: die Vermehrung des Eigentums ihrer Mitglieder zu ermöglichen und diesen Besitz zu schützen. Die Vereinbarkeit von individuellem und gesellschaftlichem Egoismus wird zur alleinigen Basis für die Errichtung des Staates. Die Gesellschaft wird dadurch zwangsläufig materialistisch und individualistisch, da die Vernunft uns zu dem Schluß führt, daß dies die natürliche Ordnung der Dinge sei. Nach den Gesetzen der Natur ist jedes Individuum aufgerufen, seine Rolle als soziales Atom zu spielen, im Leben erfolgreich zu sein und persönlichen Reichtum anzuhäufen. Werturteile sind hier überflüssig; das Prinzip Eigennutz ist der einzige Mechanismus, nach dem die Gesellschaft funktioniert.

Nach Lockes Ansicht ist es Aufgabe des Staates, den Bürgern die Freiheit zu garantieren, von ihrer neu erworbenen Macht über die Natur auch Gebrauch zu machen, damit sie Wohlstand schaffen können. Seit den Tagen Lockes bis in unsere Zeit ist es die soziale Rolle des Staates gewesen, die Unterwerfung der Natur zu unterstützen, damit die Menschen den materiellen Wohlstand erwerben können, der für ihr Glück notwendig ist. »Die Negation der Natur«, erklärte Locke, »ist der Weg zum Glück. Die Menschen müssen sich vollständig von der Natur emanzipieren.«[18]

Aber mußte dieser dauernde und ungehemmte Wettstreit um Reichtum nicht zu einem heftigen Kampf aller gegen alle führen und würden dabei nicht zwangsläufig einige Mitglieder der Gesellschaft auf der Strecke bleiben? Keineswegs, sagte Locke, da die Menschen nicht von Natur aus schlecht oder verkommen seien, sondern im Innern ihres Wesens gut. Nur Armut und Mangel an Besitz machen sie schlecht. Da die Menschen von Natur aus habgierig sind, ist es daher nur notwendig, den Reichtum der Gesellschaft weiter zu mehren; dann wird die soziale Harmonie ebenfalls zunehmen. Man braucht sich nicht gegenseitig zu bekämpfen, weil »die Natur alles in ausreichendem Maße zur Verfügung stellt, ja, mehr als auch die noch Unversorgten nutzen könnten«[19]. Man kann den Menschen völlige Handlungsfreiheit gewähren, da sie ihr Eigeninteresse vor Auseinandersetzungen mit anderen bewahren wird. Lockes Philosophie war die der unbegrenzten Expansion und des materiellen Überflusses.

Sind dem Reichtum, den ein einzelner anhäufen darf, tatsächlich keine Grenzen gesetzt? Immerhin haben Philosophen von Aristoteles bis Thomas von Aquin den Standpunkt vertreten, daß Besitz über ein bestimmtes Maß hinaus das Glück des Individuums und der Gesellschaft behindert. Das ist nicht der Fall, erwiderte Locke. Er räumte zwar ein, daß es auf einer bestimmten Entwicklungsstufe für Angehörige primitiver Kulturen nicht ratsam sei, mehr Besitz aus dem Vorrat der Natur anzuhäufen, als ihnen ihr mangelhaftes Wissen erlaubt, denn die Naturschätze würden verderben und möglicherweise andere Mitglieder der Gemeinschaft ihrer Chance berauben, ihrerseits Wohlstand zu erwerben. Aber in einem Gemeinwesen, das auf Vernunft gegründet ist und das über Geld als Zahlungsmittel verfügt, ist das unbegrenzte Anhäufen von Eigentum erlaubt, ja sogar selbstverständlich, da gerade dies der Zweck des Geldes ist. Da Geld auch nicht verderblich ist, kann man unmöglich zuviel davon besitzen. Sicher werden einige Individuen mehr besitzen als andere, aber das ist auch nur natürlich, da die Welt »dem Fleißigen und Vernünftigen zum Gebrauche« gegeben ist. Wer seine Vernunft am besten gebraucht, der wird auch den größten Gewinn davontragen.[20]

Doch damit nicht genug. Die Aneignung von aus der Natur entnommenen Werten ist nicht nur ein gesellschaftliches Recht: Sie ist sogar Pflicht. Lockes Argumentation ist für jeden Umweltschützer ein Alptraum. Er schreibt nämlich, daß »Land, welches vollständig der Natur überlassen bleibt... reine Verschwendung ist«[21]. Natur hat nur dann einen Wert, wenn wir sie durch unsere Arbeit nutzbar machen:

»Jemand, der sich durch seine Arbeit ein Stück Land aneignet, vermindert nicht das gemeinsame Vermögen der Menschheit, sondern vermehrt es. Denn die zum Unterhalt des menschlichen Lebens dienenden Nahrungsmittel, die von einem Acre eingegrenzten Landes eingebracht werden, sind... zehnmal mehr als der Ertrag eines Acre ebenso reichen Landes, das als Gemeingut brachliegt. Wenn jemand Land abgrenzt und von zehn Acres eine größere Menge an Lebensmitteln einbringt, als er von hundert der Natur überlassenen einbringen könnte, kann man deshalb wirklich sagen, daß er der Menschheit neunzig Acres schenkt.«[22]

Mit dieser frühen Version des »Gießkannenprinzips« (je mehr ein Individuum produziert, desto größer ist der Nutzen für die Gesellschaft insgesamt) fährt Locke fort zu erklären, daß einer »soviel von diesen beständigen Dingen (Gold, Silber usw.) anhäufen durfte, wie er wollte. Denn die Überschreitung der Grenzen seines rechtmäßigen Eigentums lag nicht in der Vergrößerung seines Besitzes, sondern darin, daß irgend etwas ungenutzt verdarb.«[23]

Liest man Locke vor dem Hintergrund unserer heutigen ökologischen Probleme, befällt einen das ungute Gefühl, er wäre nicht eher zufrieden gewesen, bevor nicht auch der letzte Fluß auf der Erde tot, jedes Naturwunder mit Reklametafeln bedeckt und jeder Berg in Schutt verwandelt wäre, um irgend einen Nutzen daraus zu ziehen. Lockes Denken ist so materialistisch und ausschließlich auf Produktivität ausgerichtet, daß er die amerikanischen Indianer als eine Spezies Mensch verdammt, die in einem der reichsten Länder der Welt leben und sich aus Faulheit weigern, ihre Ressourcen auszubeuten: »Ein Häuptling in einem großen und fruchtbaren Gebiet ißt, wohnt und kleidet sich dort schlechter als ein Tagelöhner in England.«[24]

Nach Lockes Meinung ist die Bestimmung des modernen Menschen klar: Das Individuum ist reduziert auf die hedonistischen Aktivitäten der Produktion und Konsumtion, in denen es seinen Sinn und Zweck finden soll. Die Bedürfnisse der Menschen und ihre Hoffnungen, ihre Träume und Wünsche, all das wird beschränkt auf die Verfolgung des materiell ausgerichteten Eigennutzes.

Wie Locke so war auch Adam Smith besessen vom mechanistischen Weltbild und entschlossen, eine Wirtschaftstheorie aufzustellen, die den universellen Charakter des Newtonschen Paradigmas widerspiegelt. In seinem Werk *Der Wohlstand der Nationen* vertritt Smith die Ansicht, daß die Ökonomie genauso bestimmten Naturgesetzen gehorcht, wie es die Himmelskörper in ihrem Lauf tun. Wenn diese Gesetze befolgt werden, wird wirtschaftliches Wachstum das Ergebnis sein. Diese Gesetze würden jedoch durch staatliche Eingriffe und Kontrollen verletzt, die versuchten, die ökonomischen Prozesse künstlich zu steuern. Die Märkte expandierten daher nicht so schnell, wie es eigentlich möglich gewesen wäre, und die Produktion konnte sich nicht entfalten. Mit anderen Worten, jeder Versuch der Gesellschaft, die »natürlichen« ökonomischen Kräfte zu lenken, war ineffizient, und für Adam Smith war auf jeder Ebene Effizienz das oberste Gesetz.

Eine Untersuchung der ökonomischen Gesetze, erklärte Smith, wird uns unausweichlich zu der Schlußfolgerung führen, daß die wirkungsvollste Methode ökonomischer Organisation das »Laissez-faire« ist (das heißt, man läßt den Dingen ihren Lauf und erlaubt den Menschen, ohne jede Einschränkung zu handeln). Ähnlich wie Locke war auch Smith davon überzeugt, daß die Basis aller menschlichen Aktivität materieller Egoismus sei. Da dies nur natürlich sei, sollten wir die Selbstsucht nicht dadurch einengen, daß wir soziale Barrieren gegen ihre ungehinderte Ausbreitung errichten. Vielmehr sollten wir den Wunsch der Menschen nach Befriedigung ihrer individuellen Interessen als das anerkennen, was er eigentlich ist – ein durchaus vorteilhaftes Streben. Denn dadurch, daß jedes Individuum nur seinen Interessen folgt, kann Armut durch Überfluß überwunden werden:

»Der einzelne ist stets darauf bedacht herauszufinden, wo er sein Kapital, über das er verfügt, so vorteilhaft wie nur irgend möglich einsetzen kann. Und tatsächlich hat er dabei den eigenen Vorteil im Auge und nicht etwa den der Volkswirtschaft. Aber gerade das Streben nach dem eigenen Vorteil ist es, das ihn ganz von selbst oder vielmehr notwendigerweise dazu führt, sein Kapital dort einzusetzen, wo es auch dem Staat den größten Nutzen bringt.«[25]

Smith vermeidet grundsätzlich jeden Hinweis auf moralische Zusammenhänge in der Ökonomie, wie es Locke schon mit den sozialen Beziehungen getan hatte. Jeder Versuch, Ökonomie auch an moralischen Kategorien zu messen, störe nur das Wirken der »unsichtbaren Hand«, von der Smith behauptete, sie sei ein Naturgesetz, das die ökonomischen Prozesse leite, indem sie Kapitalinvestitionen, Arbeitsplätze, Ressourcen und die Produktion von Gütern dirigiere. Man könne wohl seine Vernunft gebrauchen, um dieses Gesetz zu verstehen, aber ebensowenig wie die Menschen in der Lage sind, die Gravitation zu beeinflussen, können sie das Wirken der »unsichtbaren Hand« aufheben. Da nichts effizienter sein kann als diese »natürliche« Kraft, die den Markt in vernünftiger Weise lenkt, gibt es keinen besseren Weg, Wohlstand zu schaffen, als durch freien Handel und freie Konkurrenz zwischen vernünftigen, erwerbsorientierten Individuen. Da der Zweck der Ökonomie in der stetigen Expansion des Marktes liegt, ist jedes Mittel recht, wenn es nur das Wachstum fördert.

Im Glauben, daß wir von Grund auf Egoisten sind, die nur ihren ökonomischen Vorteil verfolgen, werden in Smith' Theorie sämtliche menschlichen Wünsche zurückgeführt auf die Suche nach materiellem Überfluß, um die physischen Bedürfnisse befriedigen zu können. Es sind keine ethischen, sondern nur Nützlichkeitsentscheidungen zu treffen, indem jedes Individuum nur sein eigenes Selbstinteresse im Auge hat.

Bacon, Descartes, Newton, Locke und Smith – das waren die großen Köpfe, die für die Verbreitung des mechanistischen Weltbildes sorgten. Ihre Grundannahmen blieben bis heute bestehen. Sie lassen sich in ein paar kurzen Sätzen zusammenfassen. Erstens: Es gibt eine präzise mathematische Ordnung des Universums, die sich aus den Bewegungen der Himmelskörper ableiten läßt. Dagegen sind hier auf der Erde die meisten Dinge zunächst in einem chaotischen und verworrenen Zustand. Daher muß auf der Erde wieder die gleiche Ordnung geschaffen werden, die im übrigen Kosmos zu herrschen scheint. Damit erhebt sich die Frage nach der besten Anordnung des Naturstoffes, in dem sich die Ordnung des Kosmos widerspiegelt. Die Antwort lag darin – so nahm man an –, die Natur mit Hilfe der wissenschaftlichen Prinzipien der Mechanik so umzugestalten, daß sie dem materiellen Eigeninteresse der Menschen am meisten dienlich war. Die logische Schlußfolgerung aus diesem großartigen neuen Paradigma war, auf einen Nenner gebracht, die: Je mehr materiellen Wohlstand wir anhäufen, desto geordneter muß die Welt werden. Fortschritt bedeutet demzufolge die Anhäufung von immer mehr materiellem Überfluß, der dann zu einer immer genauer geordneten Welt führen muß. Wissenschaft und Technologie sind die Werkzeuge dafür. Dies ist im wesentlichen die Kernaussage des mechanistischen Weltparadigmas.

Das mechanistische Weltparadigma blieb im Laufe der Jahre von Kritik nicht verschont. Es wurde von vielen Seiten angegriffen, verlacht und mit Vorwürfen überhäuft. Einige seiner Prämissen sind sogar modifiziert worden; und dennoch, wenn man Descartes, Locke oder Smith heute liest, kann man nicht umhin festzustellen, wie modern sie klingen. Jedesmal, wenn ein Geschäftsmann, Politiker oder Wissenschaftler eine Rede zu einem aktuellen Thema hält, ist es, als seien diese schon längst verstorbenen Denker ihre Ghostwriter gewesen. Wenn daher die Äußerungen unserer Parlamentarier und anderer Vertreter der Öffentlichkeit immer stärker von der Realität abzuweichen scheinen und immer weniger geneigt und fähig sind, die Probleme zu erklären, die unsere Gesellschaft bedrohen, liegt die Schuld nicht nur bei ihnen. Schließlich sind es die Ideen von Descartes, Locke, Smith und ihren Kollegen, die vielfach heute noch die Methoden der Staats- und Wirtschaftslenkung bestimmen.

Das mechanistische Weltparadigma erlebte seinen größten Triumph mit dem Erfolg von Charles Darwins Publikation *Über den Ursprung der Arten* (1859). Darwins Theorie von der biologischen Evolution war ebenso eindrucksvoll wie die wissenschaftlichen Entdeckungen Newtons in der Physik. Sie hätte das mechanistische Weltbild vom Sockel stürzen und selbst ihre Gültigkeit für ein vollständig neues Organisationsprinzip der Gesellschaft anmelden können. Doch das geschah nie. Statt dessen wurden Darwins Theorien gewissermaßen als weitere Argumente für die Existenz der Newtonschen Weltmaschine benutzt. Das ganze Ausmaß der Folgerungen, die Darwins Theorie implizierte, wurde niemals bis in seine wichtigen Einzelheiten erforscht. Statt dessen griff man sich sofort einige mehr oberflächliche Aussagen seiner Theorie heraus und legte sie so aus, daß sie zu einer weiteren Bestätigung des mechanistischen Weltbildes wurden.

Sozialphilosophen wie Herbert Spencer beriefen sich auf Darwins Theorie über die Evolution der Arten als positivem Beweis für die Existenz des Fortschritts in der Welt. Spencer und die sogenannten Sozialdarwinisten verdrehten das Konzept der natürlichen Auslese in das vom Überleben des Stärkeren. Damit stabilisierten sie das mechanistische Weltbild, demzufolge das Eigeninteresse zu wachsendem materiellen Wohlstand und dieser wiederum zu wachsender Ordnung führt.

Das Überleben des Stärkeren wurde wie folgt interpretiert: Im Naturzustand befindet sich jeder Organismus in einem unbarmherzigen Kampf mit allen anderen Kreaturen. Die Sieger in diesem Kampf vererben ihre Eigenschaften ihren Nachkommen und erhalten ihre Art so erfolgreicher als andere, weil sie es am besten verstehen, ihren materiellen Egoismus durchzusetzen. Die Evolution selbst wurde als Prozeß stetig wachsender Ordnung gesehen, die automatisch daraus entsteht, daß jede nachfolgende Art besser ausgestattet ist, bessere Voraussetzungen dafür mitbringt, ihre individuellen Bedürfnisse zu befriedigen. Und so wurde Darwins Theorie zu einer kompletten Neuauflage der Hauptannahme des mechanistischen Weltbildes.

Das mechanistische Zeitalter wird durch diese Auffassung von Fortschritt charakterisiert. Auf den einfachsten Nenner gebracht, wird Fortschritt als der Prozeß betrachtet, in dem die »weniger geordnete« natürliche Welt von den Menschen dazu genutzt wird, eine geordnetere Umwelt zu schaffen. Oder anders gesagt, Fortschritt bedeutet, aus der natürlichen Welt etwas von größerem Wert zu schaffen, als im ursprünglichen Zustand vorhanden war. Naturwissenschaft ist in diesem Zusammenhang die Methode, durch die man die Arbeitsweise der Natur kennenlernt, um sie auf feste Prinzipien und Regeln zu reduzieren. Technologie ist dann folgerichtig die Anwendung dieser Regeln in bestimmten Fällen zu dem Zweck, Teile des natürlichen Prozesses in steuerbare Formen zu bringen, die deshalb von größerem Wert, besser strukturiert und geordnet sind als im ursprünglichen Zustand.

Das mechanistische Weltbild, das der Mathematik, der Wissenschaft und der Technologie, das Weltbild, welches in Anspruch nimmt, uns die Erfahrungen mit unserer Umwelt systematisch zu erklären, büßt langsam seine Überzeugungskraft ein, weil die Energievorräte der Umwelt, auf denen es beruht, allmählich ihrem Ende entgegengehen. (Dieses Argument wird später detaillierter erläutert.) Wenn es noch eine Geschichte geben wird, auf die sie zurückblicken können, werden spätere Generationen ungläubig ihren Kopf schütteln über die 400 Jahre, die wir das moderne Zeitalter nennen. Die Vorstellung von der Welt als Maschine wird ihnen genauso naiv vorkommen wie uns die fünf Zeitalter des griechischen Geschichtsbildes. Denn sie werden mit einem vollständig neuen Weltparadigma leben, dessen grobe Umrisse wir nun erforschen wollen.

Teil zwei

Das Entropiegesetz

Das Entropiegesetz

Der Anthropologe Max Gluckmann sagte einmal: »Wissenschaft ist jene Disziplin, in der sogar der Durchschnittsbürger dieser Generation jenen Punkt überschreiten kann, den der Genius der letzten Generation erreicht hat«.[1] Der Erste und der Zweite Hauptsatz der Thermodynamik werden heute in Einführungskursen der Physik gelehrt. Was sie aussagen, scheint einfach und allgemein bekannt zu sein. Doch der Weg bis zu ihrer endgültigen Formulierung war mühsam und besät mit komplexen Theorien und den Träumen, Spekulationen und kühnen Gedankengebäuden vieler hervorragender Geister. Während sich die Wissenschaftler über die wahre Bedeutung dieser zwei Gesetze die Köpfe zerbrachen, gehörten sie seltsamerweise schon längst zum Allgemeingut fast jeder Kultur dieser Erde. Wie oft haben wir das Sprichwort gehört »Alles hat seinen Preis« oder »Es lohnt nicht, über verschüttete Milch zu jammern«. Wenn Ihnen diese Sprichwörter vertraut sind und Sie deren Richtigkeit immer wieder in Ihrem täglichen Leben erfahren haben, dann wissen Sie etwas über den Ersten und Zweiten Hauptsatz der Thermodynamik.

Bei dem Begriff Thermodynamik assoziiert man eine äußerst komplizierte Materie. In Wirklichkeit ist sie sowohl das einfachste als auch das eindrucksvollste wissenschaftliche Konzept, das wir kennen. Beide Hauptsätze der Thermodynamik lassen sich in einem einzigen knappen Satz zusammenfassen:

»Der gesamte Energieinhalt des Universums ist konstant, und seine Gesamtentropie nimmt stetig zu.«[2]

Das bedeutet, es ist weder möglich, Energie zu schaffen noch sie zu zerstören. Der Energieinhalt des Universums hat sich von Anbeginn der Zeiten nicht geändert und wird sich auch bis zum Ende der Zeit nicht ändern. Der Erste Hauptsatz ist ein Erhaltungssatz. Er besagt, daß, obwohl Energie weder erschaffen noch zerstört werden kann, sie dennoch ihre Erscheinungsform verändern kann.

Der Wissenschaftspublizist Isaac Asimov gibt dafür ein einfaches Beispiel:

»Angenommen, wir nehmen eine bestimmte Menge an Wärme und wandeln sie in Arbeit um. Damit haben wir keine Energie zerstört, sondern sie nur an einen anderen Platz übertragen oder vielleicht in eine andere Energieform umgewandelt.«[3]

Um dies näher zu erläutern, betrachten wir einen Automotor. Die Energie im Benzin ist gleich »der Arbeit, die vom Benzinmotor verrichtet wird, plus der erzeugten Wärme, plus der Energie in den Auspuffgasen«.

Der wichtigste Punkt, den wir uns merken müssen, ist, daß wir keine Energie erschaffen können. Das einzige, was wir tun können, ist, Energie aus einem Zustand in einen anderen umzuformen. Sich darüber klarzuwerden, ist nicht einfach, wenn man dabei nicht bedenkt, daß alles aus Energie besteht. Die Gestalt, Form und Bewegung alles Existenten ist in Wirklichkeit nur eine Verkörperung der verschiedenen Konzentrationen und Zustandsformen von Energie. Ein menschliches Wesen, ein Wolkenkratzer, ein Auto und ein Büschel Gras stellen nur Energie in verschiedenen Zustandsformen dar. Wenn ein Wolkenkratzer dem Erdboden gleichgemacht wird oder ein Büschel Gras abstirbt, verschwindet die ihnen immanente Energie nicht. Sie wird lediglich wieder an die Umwelt zurückgegeben. Der Satz »Es gibt nichts Neues unter der Sonne« enthält mehr wissenschaftliche Wahrheit als man zunächst denkt. Mit dem nächsten Atemzug können Sie das beweisen. Gerade haben Sie etwa 50 Millionen Moleküle eingeatmet, die einst schon Platon eingeatmet haben könnte.

Hätte nur der Erste Hauptsatz Gültigkeit, wäre es kein Problem, Energie unbegrenzt zu verwenden, ohne daß sie jemals abnimmt oder gar ganz verschwindet. Wir wissen jedoch, daß dies nicht zutrifft. Wenn etwa ein Stück Kohle verbrennt, bleibt zwar die Energiemenge konstant, wird aber umgewandelt in Schwefeldioxid und andere Gase, die in den Raum entweichen. Obwohl während dieses Prozesses keine Energie verlorengeht, wissen wir, daß wir das Stück Kohle nicht noch einmal verbrennen können und keineswegs dieselbe (physikalische) Arbeit geleistet wird. Die Erklärung dafür findet sich im Zweiten Hauptsatz der Thermodynamik. Danach muß bei jeder Umwandlung von Energie in einen anderen Zustand »ein bestimmter Preis bezahlt werden«. Dieser Preis besteht in einem Verlust an verfügbarer Energie, die in Zukunft für keine Art von Arbeit mehr genutzt werden kann. Diesen Vorgang bezeichnet man als Entropie, und zwar im Sinne einer Maßeinheit.

Entropie nämlich ist jene Energiemenge, die nicht mehr in Arbeit umgewandelt werden kann. Der Begriff Entropie wurde zuerst im Jahre 1868 von dem deutschen Physiker Rudolf Clausius geprägt. Das zugrunde liegende Prinzip jedoch war schon 41 Jahre früher von einem französischen Armeeoffizier, Sadi Carnot, erkannt worden: Er entdeckte, daß eine Dampfmaschine deshalb arbeitet, weil ein Teil des Systems sehr kalt und der andere Teil sehr heiß war. Mit anderen Worten mußte, um Energie in Arbeit umzuwandeln, eine unterschiedliche Energiekonzentration (d. h. eine Temperaturdifferenz) in den verschiedenen Teilen eines Systems herrschen. Arbeit wird dann verrichtet, wenn Energie von einem höheren Konzentrationsniveau auf ein niedrigeres fällt, wenn also die Temperatur sinkt. Entscheidender jedoch ist, daß jedesmal, wenn sich das Energieniveau ändert, ein weiterer Verlust für die Arbeitskapazität entsteht. Wenn etwa Wasser über einen Staudamm in einen See stürzt, kann Elektrizität erzeugt und beispielsweise ein Wasserrad angetrieben werden. Dies gilt jedoch nur für die Phase des Sturzes. Flach fließendes Wasser könnte nicht einmal das kleinste Rad antreiben. Diese beiden Verhaltensweisen bezeichnet man als

Zustände mit verfügbarer oder auch freier Energie und als *Zustände mit nichtverfügbarer oder gebundener Energie.*

Entropiewachstum bedeutet, wie eingangs schon erwähnt, daß die »verfügbare« Energie abnimmt. In der Natur wird fortwährend eine bestimmte Energiemenge verbraucht, die dann jeder Art von Arbeitsprozeß für immer verlorengeht. Diese nichtverfügbare Energie ist ein entscheidender Faktor für das Problem der Umweltverschmutzung. Viele Menschen glauben, Umweltverschmutzung sei allein ein Ergebnis industrieller Produktion, und übersehen dabei, daß die Umweltzerstörung gleichzeitig aus der Summe der gesamten nicht mehr verfügbaren Energie resultiert. Abfall ist also gewissermaßen verschwendete und zerstreute Energie. Da nach dem Ersten Hauptsatz Energie weder geschaffen noch zerstört, sondern nur transformiert werden kann, der Zweite Hauptsatz diese Behauptung aber dahingehend einschränkt, daß ein Teil der Energie bei jedem Arbeitsprozeß zerstreut wird (Dissipation), ist Umweltverschmutzung nur ein anderer Name für Entropie; das heißt, sie stellt ein Maß für die nichtverfügbare Energie eines Systems dar.

Doch zurück zu Clausius, dem Mann, der den Begriff Entropie geprägt hat. Clausius fand heraus, daß in einem geschlossenen System die Unterschiede der Energieniveaus dazu neigen, sich auszugleichen. Jeder, der schon einmal einen heißen Schürhaken aus dem Feuer genommen hat, konnte dieses Phänomen beobachten, das Clausius in ein Gesetz gefaßt hat. Wenn ein rotglühender Schürhaken aus dem Feuer geholt und in die Luft gehalten wird, kühlt er sich bald ab, dagegen beginnt sich die Luft in seiner Umgebung zu erwärmen, und zwar weil Wärme immer vom wärmeren zum kälteren Gegenstand fließt. Fachleute nennen dies den Gleichgewichtszustand, weil die Energieunterschiede aufgehoben sind. Wasser auf einer ebenen Fläche befindet sich zum Beispiel in diesem Zustand. Systeme im Gleichgewichtszustand können im physikalischen Sinne nicht mehr arbeiten: Ihre Energie ist jetzt gebunden, also nicht verfügbar. Das heißt natürlich nicht, daß man das Wasser nicht wieder auf die Höhe des Damms und von dort wieder hinunterleiten könnte, auch der Schürhaken kann erneut erhitzt werden. Doch wird in jedem Fall eine neue Quelle freier oder verfügbarer Energie in diesem Prozeß verbraucht.

Im Gleichgewichtszustand hat also die Entropie ihren maximalen Grad. Alle Energie ist gebunden. Clausius faßte den Zweiten Hauptsatz der Thermodynamik in dem Schluß zusammen, daß »in der Welt die Entropie (der Betrag an nichtverfügbarer Energie) immer auf ein Maximum zustrebt«.

Wir beziehen verfügbare Energie aus zwei Quellen: aus unserem irdischen Vorrat und aus dem solaren Fluß der Sonne. Den Unterschied zwischen beiden Energieformen erklärt der Wirtschaftswissenschaftler Herman Daly so:

»Der irdische Vorrat besteht aus zwei Arten von Ressourcen: den in menschlichen Zeiträumen erneuerbaren und denen, die nur über geologische Zeiträume erneuerbar sind und für menschliche Zwecke als nicht erneuerbar betrachtet werden müssen. Irdische Vorräte mit niedriger Entropie lassen sich unterteilen in Energie und Material. Beide Quellen, die irdische und die solare, sind begrenzt. Irdische nicht erneuerbare sind begrenzt in der verfügbaren Gesamtmenge. Irdische erneuerbare sind es ebenfalls und verhalten sich, falls sie bis zur Erschöpfung ausgebeutet werden, wie nichterneuerbare... die solare Quelle ist praktisch unbegrenzt in ihrer Gesamtmenge, aber strikt begrenzt in Menge und Verteilung ihres Eintreffens auf der Erde.«[4]

Während die Energie der Sonne mit jeder Sekunde abnimmt, wird ihre Entropie erst lange, nachdem die verfügbaren irdischen Vorräte vollständig verbraucht sind, ihren maximalen Grad erreichen.

Jedesmal, wenn Sie sich eine Zigarette anzünden, nimmt die verfügbare Energie ab. Wie schon erwähnt, ist es natürlich möglich, für einen begrenzten Zeitraum und in einem bestimmten Bereich den Entropieprozeß umzukehren, aber nur dadurch, daß zugefügte Energie verbraucht und damit die Gesamtentropie der Umwelt erhöht wird. Diese Tatsache sollte auch die Euphorie gegenüber Recyclingverfahren etwas dämpfen. Viele Menschen glauben, daß fast alles, was wir verbrauchen, vollständig wiedergewonnen und dann erneut verwendet werden kann, wenn wir nur die entsprechenden Technologien entwickeln. Das trifft aber nicht zu. Obwohl effizientere Recyclingverfahren in Zukunft entscheidend für das ökonomische und ökologische Überleben unseres Planeten sind, gibt es keine Möglichkeit der hundertprozentigen Wiedergewinnung von Rohstoffen, also von Energie. Zum Beispiel beträgt für die meisten verwendeten Metalle die wirksame Recyclingquote heute durchschnittlich ungefähr 30 %. Recycling erfordert Aufwand an zusätzlicher Energie beim Einsammeln, Transport und der Verarbeitung gebrauchter Materialien, und das wiederum erhöht die Gesamtentropie in der Umwelt. Daher kann alle Materie nur durch den Verbrauch neuer Quellen verfügbarer Energie wiedergewonnen werden und das zum Preis wachsender Entropie in der gesamten Umgebung.

Ein Punkt, der nicht oft genug betont werden kann, ist, daß hier auf der Erde die Entropie der Materie kontinuierlich wächst und letztlich ihren maximalen Grad erreichen muß, und zwar weil die Erde im Verhältnis zum Universum ein geschlossenes System darstellt: ein System, das zwar Energie, nicht aber Materie mit seiner Umgebung austauscht. Mit Ausnahme von Meteoriten, die gelegentlich auf die Erde stürzen, und etwas kosmischem Staub bleibt unser Planet ein geschlossenes Subsystem des Universums. Wer etwa glauben sollte, der solare Energiezufluß könne dazu benutzt werden, Materie zu produzieren, wird von dem Ökonomen Nicholas Georgescu-Roegen eines Besseren belehrt. Er sagt nämlich, daß »nicht einmal in einem so phantastischen Motor, wie ihn das Universum darstellt, Materie in nennenswertem Ausmaß aus Energie allein geschaffen werden kann; statt dessen werden riesige Mengen Materie kontinuierlich in Energie umgewandelt«[5].

Die Sonne allein schafft noch kein Leben. Auch wenn man die Sonne von jetzt an bis zum endlichen Wärmetod des Sonnensystems in einem imaginären Gefäß auffinge, würde kein Funken Leben entstehen. Leben kann sich nur entwickeln, wenn Sonnenkraft und das geschlossene System von Materie, Mineralien und

Metallen auf dem Planeten Erde zusammenwirken. Die Sonnenenergie muß diese Materie umwandeln in Leben und das, was dieses Leben zu seiner Entfaltung braucht. Diese Wechselwirkung bewirkt die Dissipation des begrenzten Vorrats an irdischer Materie, die die Erdkruste bildet. Dieser feste Vorrat an irdischer Materie, aus der die Erdkruste besteht, wird kontinuierlich dissipiert, also zerstreut. Berge werden abgetragen, und in jeder Sekunde trägt der Wind in fruchtbaren Gegenden wertvollen Mutterboden ab. Das ist letztendlich der Grund, warum scheinbar erneuerbare Ressourcen, langfristig gesehen, realiter nicht erneuerbar sind. Denn während sie sich fortlaufend reproduzieren, erhöhen Leben und Tod der Organismen die Entropie auf der Erde, und das bedeutet, daß für die Entfaltung zukünftigen Lebens weniger Materie zur Verfügung steht.

Jeder Landwirt weiß, daß sogar mit Recyclingverfahren und bei überdurchschnittlich viel Sonnenenergie nicht fortwährend die gleiche Menge Heu auf demselben Flecken Erde produziert werden kann. Jedes Büschel Gras, das wächst, bedeutet, daß dort in Zukunft für weiteres Wachstum weniger Energie und weniger Materie, also schlechtere Lebensbedingungen, bestehen.

Wie alle andere Materie ist auch der Mutterboden Teil des Entropieflusses. Er enthält organische Stoffe und anorganische Mineralien, die etwa das Wachstum des Grases ermöglichen. Aber Mutterboden ist nur eine Konstellation von Energie und Materie. Er entsteht aus Gesteinsformationen und organischen Schutzhüllen, wie z. B. Muschelschalen, wird irgendwann in Staub transformiert, der vom Wind verweht oder ins Meer gespült wird. Mit anderen Worten: Mutterboden ist nicht etwa ein ewig konstanter Stoff, sondern nur eine partikuläre Konzentration im Entropiefluß. Auf kurze Sicht (im menschlichen Zeitmaßstab) ist es möglich, die Menge des Mutterbodens annähernd zu erhalten, nämlich wenn der Erosionsprozeß nicht schneller fortschreitet, als es der Natur gelingt, Gesteine und organische Abfälle wiederum in Humus zu verwandeln. Wiederum menschliche Zeitmaßstäbe zugrunde gelegt, erodiert jedoch Mutterboden häufig schneller, als die Natur ihn ersetzen kann. Und zwar einerseits, weil natürliche Kräfte (Sturm, Trockenzeiten, Überschwemmungen etc.) den Erosionsprozeß beschleunigen, und andererseits, weil der natürliche Regenerationsprozeß durch menschliche Eingriffe beeinträchtigt wird. Überkultivierung des Landes und Zerstörung des natürlichen Ökosystems führen zu einer Demineralisierung des Bodens und zu Bodenerosion. In geographisch isolierten Landschaften, etwa Trockengebieten oder Gebirgen, »erleidet« der Mutterboden deshalb eine überdurchschnittliche Erosion. Es dauert 100 Jahre, bis 30 Zentimeter Humusboden entstehen. Offensichtlich ist nach menschlichem Zeitmaß die Entropie des Mutterbodens ein reales, immer wiederkehrendes Phänomen. Diese Tatsache wird im Vierten Hauptsatz der Thermodynamik, der zuerst von Nicholas Georgescu-Roegen formuliert wurde, deutlich: »In einem geschlossenen System muß die materielle Entropie schließlich ihr Maximum erreichen.«[6]

Das ist für die meisten von uns nur schwer zu akzeptieren, da jedes Kind, wenn es in die elementaren Prinzipien der Biologie eingeführt wird, lernt, daß sich alle Materie in Kreisläufen bewegt. Das ist auch richtig und nur eine andere Fassung des Ersten Hauptsatzes der Thermodynamik, der besagt, daß Materie (und dementsprechend Energie) weder erschaffen noch zerstört werden kann. Leider wird dabei der Zweite Hauptsatz meistens außer acht gelassen. Er sagt aus, daß beim kontinuierlichen Recycling jedesmal ein Preis in Form von Wertminderung oder Degradation bezahlt werden muß. Angenommen, wir holen einen Klumpen Metall aus der Erdoberfläche und machen daraus einen Gebrauchsgegenstand. Während seiner gesamten Existenz verliert dieser Gegenstand aufgrund von Reibung und anderer Abnutzung fortwährend Moleküle. Diese abgelösten Metallmoleküle bleiben jedoch erhalten und finden vielleicht den Weg zurück in die Erde. Dann sind sie jedoch zufällig im Erdboden, haben also ihre konzentrierte Form verloren und damit auch ihre Fähigkeit zur Arbeit. Theoretisch ist es möglich, alle diese zufällig verstreuten Metallmoleküle wieder zusammenzuführen, aber nur um den Preis einer Entropiezunahme bei diesem Prozeß. Dafür nämlich wären eine mechanische Vorrichtung erforderlich, um die Metallmoleküle zu sammeln, und eine Energiequelle, um die Maschine anzutreiben. Da die Maschine selber aus Metall besteht, das aus der Erde gewonnen wurde, würde sie selbst eigene Metallmoleküle infolge von Reibung und allgemeiner Abnutzung verlieren, während sie die anderen zufällig verteilten Metallmoleküle wiedergewinnt. Gleichzeitig wird Energie verbraucht, um die Recyclingmaschine anzutreiben, und damit schließlich die Entropie erhöht.

Wenn freie Energie zu gebundener wird, gebrauchen wir den Begriff »Wärmetod«; für Materie heißt dieser Vorgang »Materiechaos«. Das Ergebnis in beiden Fällen ist Entropie; eine Zufallsverteilung von Materie und Energie, beide in weniger konzentrierter Form und weniger dazu geeignet, zur Arbeit genutzt zu werden.

Einige Wissenschaftler haben argumentiert, daß die Sonne mit ihrer Wirkung auf die Erdkruste auf lange Sicht irgendwie die zufällig verteilten Metallmoleküle wieder in konzentrierter Form zusammenbringen könnte. Dies mag statistisch möglich sein, hilft aber der Menschheit kaum, da dies nur in geologischen Zeiträumen, Milliarden von Jahren, möglich ist. Auf kurze Sicht und in speziellen geographischen Gebieten bleibt die Entropie von Materie und Energie ein real beobachtbares Phänomen.

Das Entropiegesetz muß man ebenso erfühlen wie verstehen. Die Essenz dieses Gesetzes ist die Essenz der Realität selbst, und seine Bedeutung zu erkennen, erfordert eine gehörige Portion Intuition. Aus diesem Grunde ist es sicher hilfreich, das Entropiegesetz unter anderem Blickwinkel zu betrachten.

Statt über Energieniveaus und Entropie kann man nämlich auch von verschiedenen Konzentrationsgraden sprechen. Warum beginnt nach dem Öffnen einer Parfumflasche der Duft in die Luft zu entweichen, und warum durchdringt er nach kurzer Zeit den gesamten Raum? Dann öffnen wir die Tür zu einem größeren Raum und bemerken einige Minuten später, daß man jetzt in beiden Räumen den Duft riechen kann, wenn auch viel weniger intensiv als vorher in dem einen Raum. Bertrand Russell erklärt diesen Prozeß so:

»Immer wenn sich in einem Gebiet eine große Menge an Energie befindet und in einem benachbarten Gebiet nur sehr wenig, tendiert die Energie dazu, von einem Bereich zum anderen zu wandern, bis Gleichgewicht hergestellt ist. Diesen ganzen Prozeß kann man als eine Tendenz zur Demokratie bezeichnen.«[7]

Noch einmal, dies ist nur eine andere Art, den Zweiten Hauptsatz zu verstehen. Energie bewegt sich immer von einem konzentrierten Zustand (in diesem Fall die Parfumflasche) auf einen mit geringerer Konzentration zu (die beiden großen Räume). Während des Prozesses wird die freie oder verfügbare Energie verbraucht oder dissipiert (der Duft verliert seine Intensität). Wenn man das Parfum auf molekularer Ebene betrachten könnte, würde man feststellen, daß sich die Moleküle, während sie in der Flasche verschlossen sind, gegenseitig mit unvorstellbarer Geschwindigkeit anziehen und abstoßen. Sobald man sie aus der Flasche entweichen läßt, beginnen die Moleküle ihre regellose Reise in den größeren Raum. Wenn sie anfangen, sich über den Raum auszubreiten, kollidieren sie weniger häufig miteinander, bis sie gleichförmig über den ganzen Raum verteilt sind.

Es ist oft versucht worden, das Entropiegesetz zu widerlegen. Das war ein beliebter Zeitvertreib von Wissenschaftlern ebenso wie von Philosophen. Die vielleicht eindrucksvollste Herausforderung auf diesem Gebiet stammt von zwei hochgeachteten Wissenschaftlern Ende des 19. Jahrhunderts, J. C. Maxwell und Ludwig Boltzmann. Beide Infragestellungen trugen jedoch letztendlich zu einer Bestätigung des Zweiten Hauptsatzes bei. Deshalb sollen sie hier erwähnt werden.

Maxwell stellte die Hypothese auf, daß, anhand einer rein theoretischen Konstruktion, intelligente Wesen, klein genug, um mit einzelnen Molekülen zu hantieren, gegen den Zweiten Hauptsatz der Thermodynamik verstoßen. Dieses Argument ist interessant, zeigt es doch, welch abenteuerliche Gedankensprünge ein Teil der Wissenschaftler vollzog, nur um den Zweiten Hauptsatz der Thermodynamik in Zweifel zu ziehen.

Maxwell ging von folgendem aus: Man füllt einen in zwei Hälften geteilten Behälter, verbunden durch eine kleine Tür, vollständig isoliert mit einem Gas »gleichmäßiger Temperatur«. Nun besagt das Entropiegesetz, daß bei gleichmäßiger Temperaturverteilung keine Arbeit verrichtet werden kann. Um diese These zu widerlegen, stellte Maxwell sich einen winzigen Dämon vor, der in der Tür zwischen den beiden Behälterhälften sitzt. Der Dämon, mit Adlerblick, würde dann die Tür öffnen und schließen, wobei er die Moleküle mit größerer Geschwindigkeit als der Durchschnittsgeschwindigkeit von links nach rechts passieren läßt und die mit einer geringeren Geschwindigkeit von rechts nach links. »Da Moleküle mit großer Geschwindigkeit einer hohen Temperatur entsprechen und Moleküle mit niedrigerer Geschwindigkeit einer niedrigen Temperatur, würde das Gas in der rechten Hälfte heißer und das Gas in der linken Hälfte kälter werden.« Muß man noch mehr sagen? »Sobald die Temperaturdifferenz hergestellt ist, könnte man sie dazu benutzen, einen Wärmemotor anzutreiben, der nutzbare Arbeit liefern würde.«[8]

Ausgehend von einem Zustand maximaler Entropie oder einem Gleichgewichtszustand mit gleichmäßiger Energieverteilung, versuchte Maxwell also, den Entropieprozeß umzukehren, ohne irgendeine andere Energiequelle zu benutzen. Wäre diese Konstruktion durchführbar, könnte in der Tat der Eindruck entstehen, der Zweite Hauptsatz sei widerlegbar.

Stanley Angrist und Loren Hepler bewiesen jedoch, daß nicht einmal der imaginäre Dämon in seinem Gasbehälter das Entropiegesetz hätte in Frage stellen können:

»Maxwell setzte voraus, daß sein Dämon in der Lage wäre, die Geschwindigkeit (nach Größe und Richtung) individueller Moleküle wahrzunehmen und dann entsprechend zu handeln... Wenn der Dämon in die eine Hälfte des isolierten Behälters mit einer gleichmäßigen Temperaturverteilung starrt, kann er gerade wegen dieser Gleichförmigkeit der Strahlung im ganzen Behälter nichts sehen. Die Gleichartigkeit im Behälter würde ihm nur erlauben, die thermische Strahlung und ihre Fluktuationen wahrzunehmen, aber er würde niemals Moleküle sehen können... Wir schließen also, daß der Dämon seine eigene Lichtquelle mitbringen muß, um das Strahlungsgleichgewicht im Behälter zu stören, und geben ihm daher eine Lampe mit, die es ihm ermöglichen soll, die Moleküle zu sehen. Die hohe Qualität der Lichtenergie, die in das System dringt, versorgt den Dämon mit der Information, die er zur Betätigung der Tür benötigt, um die schnellen Moleküle von den langsamen zu trennen. Obwohl der Dämon in der Lage ist, die durchschnittliche Ordnung des Gases zu erhöhen (und damit die Gesamtentropie zu verringern), muß in der Lichtquelle die Unordnung und Entropie zunehmen. Das heißt, daß für das Gesamtsystem, bestehend aus Lichtquelle, Dämon und Gas, ein Nettowachstum der Entropie zu verzeichnen ist, wie vom Zweiten Hauptsatz gefordert. Damit zeigt sich wieder, daß ein Perpetuum mobile unmöglich ist.«[9] Die einzige Tatsache, die dieses ganze Gedankenexperiment beweist, ist, »daß wir nichts umsonst bekommen, nicht einmal eine Beobachtung«[10].

Man sollte Maxwells Widerlegungsversuch aus einem Grunde nicht vergessen: Er ist symptomatisch dafür, wie hartnäckig sich eine Wissenschaftlergemeinde den Konsequenzen des Entropiegesetzes für Wissenschaft und Philosophie verweigerte. Ein weiteres Beispiel:

Ludwig Boltzmann war entschlossen, die klassische Physik vor den Erkenntnissen des Entropiegesetzes zu schützen. Er war weniger phantasievoll als Maxwell, stiftete aber doch einige Verwirrung. Boltzmanns »H-Theorem« ist ein bemerkenswerter Handstreich, geführt in der Absicht, den Zweiten Hauptsatz zu akzeptieren und ihm gleichzeitig seine radikale Schärfe zu nehmen. Boltzmann erkannte die Gültigkeit des Zweiten Hauptsatzes bis zu einem gewissen Punkt an. Er war bereit zuzugeben, daß in einem geschlossenen System die Entropie steigen kann. Nicht akzeptieren wollte er, daß dies zwangsläufig geschieht. Er vertauschte das Wort *sicher* mit dem Wort *wahrscheinlich* und versuchte damit, den Zweiten Hauptsatz in ein Wahrscheinlichkeits- oder statistisches Gesetz umzuwandeln. Boltzmann behauptete also, daß es zwar unwahrscheinlich, aber nicht unmöglich ist, daß sich Entropie von einem kälteren zu einem wärmeren Niveau bewegt. Es ist wichtig, sich ganz klarzumachen, worauf Boltzmanns Argumentation abzielt, da sie immer noch von vielen Wissenschaftlern ernst genommen wird. Sir Arthur Stanley Eddington trifft den neuralgischen Punkt, wenn er fragt, ob überhaupt und mit welcher Wahrscheinlichkeit Boltzmanns H-Theorem in der Wirklichkeit jemals zum Tragen kommt. Eddington geht von einem Behälter aus, der mittels einer Trennwand in zwei gleiche Hälften unterteilt ist. Die erste Hälfte enthält Luft, die zweite ein Vakuum. Die Trennwand zwischen den beiden Hälften wird entfernt, so daß sich die Luft gleichmäßig im Behälter ausbreiten kann. Eddington räumt ein, daß zu irgendeinem zukünftigen Zeitpunkt die Chance besteht, daß sich all die Milliarden Luftmoleküle, die über den gesamten Behälter diffundiert sind, in ihren individuellen zufälligen Bewegungen noch einmal alle zur exakt selben Zeit in der rechten Hälfte aufhalten. Aber wie wahrscheinlich ein solches Ereignis ist, das beschreibt Eddington folgendermaßen:

»Würde eine Horde Affen auf Schreibmaschinen herumhämmern, so ›könnten‹ sie alle Bücher des Britischen Museums schreiben. Die Chance dafür ist sogar entschieden größer als die, daß alle Moleküle in eine Hälfte des Gefäßes zurückkehren.«[11]

Noch genauer beschreibt Nicholas Georgescu-Roegen die Vergeblichkeit, das Entropiegesetz zu widerlegen. Er verdient es, ausführlicher zitiert zu werden, da seine Kritik der statistischen Thermodynamik exakt in die Auseinandersetzung zwischen mechanistischem und Entropieparadigma führt.

»Man muß freilich zugeben, daß der Laie durch das, was die Physiker in der neuen Wissenschaft, der statistischen Mechanik oder besser der statistischen Thermodynamik, groß anpreisen, dazu verführt wird, an einen ›Entropieschmuggel‹ zu glauben. Die bloße Existenz dieser Disziplin spiegelt die Tatsache wider, daß sich der menschliche Verstand trotz aller Evidenz mit der Zähigkeit blinder Verzweiflung an der Idee einer Wirklichkeit festklammert, die nur aus Ortsveränderungen besteht und aus nichts anderem. Ein Ausdruck dieser Idiosynkrasie war Ludwig Boltzmanns tragischer Kampf, eine thermodynamische Wissenschaft zu etablieren, deren Grundlage ein Gemisch aus der Starrheit der mechanischen Gesetze und der spezifischen Unsicherheit, die an der Vorstellung von Wahrscheinlichkeit haftet, war... Nach dieser neuen Disziplin wäre sogar ein Haufen Asche in der Lage, einen Boiler zu erhitzen. Ebenso könnte ein Leichnam wieder lebendig werden und ein zweites Leben führen – in exakter Umkehrung des ersten. Nur, die Wahrscheinlichkeit für solche Ereignisse ist phantastisch gering. Wenn wir solche ›Wunder‹ noch nicht mit eigenen Augen gesehen haben, behaupten die Verteidiger der statistischen Mechanik, dann nur deshalb, weil wir eine ausreichende Zahl von Aschenhaufen und Leichen noch nicht beobachtet haben.«[12]

Wir haben den Zweiten Hauptsatz aus der Perspektive betrachtet, aus der sich Energie aus verfügbaren Zuständen in nicht verfügbare und von hohen Konzentrationen zu niedrigen bewegt. Es gibt jedoch noch eine andere Betrachtungsweise des Zweiten Hauptsatzes, die tiefgreifendste von allen. Das Entropiegesetz enthält ebenfalls die Aussage, daß sich die Energie in einem abgeschlossenen System aus einem geordneten in einen ungeordneten Zustand bewegt. Bei minimaler Entropie, die Konzentration ist am größten und die verfügbare Energie maximal, herrscht auch die größte Ordnung. Im Gegensatz dazu besteht bei maximaler Entropie – die verfügbare Energie ist vollständig dissipiert – die größte Unordnung.

Dies stimmt mit unserer täglichen Erfahrung überein. Überläßt man die Dinge sich selber, machen sie keine Anstalten, sich zu geordneteren Strukturen zu organisieren. Um sie wieder zu ordnen, muß man zusätzliche Energie aufwenden. Betrachten wir einen geordneten Stapel Spielkarten, der sich in einem Zustand maximaler Ordnung oder minimaler Entropie befindet. Wirft man ihn auf den Boden, werden sich die Karten zufällig und ungeordnet verteilen. Wenn man sie nun aufsammelt und wieder in ihre ursprüngliche Ordnung bringt, wendet man mehr Energie auf als zuvor dafür, sie zu verstreuen.

Es muß betont werden, daß immer, wenn das Entropiewachstum an einem Ort abnimmt, die genannten Gründe zu einer Entropiesteigerung in der Umgebung führen. Diese verstreute Energie wird dem Reservoir an verstreuter Energie hinzugefügt, das sich als Summe aller voraufgegangenen Entropieprozesse akkumuliert hat. Die Konsequenzen für die Gesellschaft sind in der Tat verblüffend. Angrist und Hepler: »Jede lokale, von Menschen oder Maschinen bewirkte Entropieabnahme wird begleitet von einer noch stärkeren Entropiezunahme in der Umgebung, und damit wird die geforderte Steigerung der Gesamtentropie aufrechterhalten.«[13]

Albert Einstein überlegte einmal, welchem der naturwissenschaftlichen Gesetze der höchste Rang gebühre:

»Eine Theorie ist um so eindrucksvoller, je einfacher ihre Prämissen sind und je differenzierter sie zueinander in Beziehung zu setzen sind und je ausgedehnter der Bereich ihrer Anwendbarkeit. Aus diesem Grund machte die klassische Thermodynamik einen tiefen Eindruck auf mich. Sie ist die einzige physikalische Theorie universellen Inhalts, von der ich überzeugt bin, daß sie im Rahmen der Anwendbarkeit ihrer grundlegenden Konzepte niemals umgestoßen wird.«[14]

Kosmologie und der Zweite Hauptsatz

Wann immer sich Wissenschaftler in Spekulationen über den Zweiten Hauptsatz ergehen, taucht letztendlich die Frage nach dessen Gültigkeitsbereich auf. Ist zum Beispiel das Entropiegesetz auch anwendbar auf die Makrowelt der Sterne und Galaxien, die das Universum bilden? Das ist tatsächlich der Fall, denn das Entropiegesetz stellt die Grundlage der meisten kosmologischen Theorien dar. Als erster zog im Jahre 1854 der Wissenschaftler Benjamin Thompson die Konsequenzen aus dem Zweiten Hauptsatz für die Kosmologie. Nach Thompson zeigt uns das

Entropiegesetz, daß »während eines bestimmten Zeitraums innerhalb der Vergangenheit die Erde für den Menschen in seiner gegenwärtigen Erscheinungsform unbewohnbar gewesen sein muß und es in absehbarer Zeit auch wieder sein wird, wenn sich nicht Dinge ereignet haben oder noch ereignen sollten, die unmöglich sind nach den Gesetzen, denen die gegenwärtig bekannten, in der materiellen Welt ablaufenden Vorgänge unterworfen sind«[15].

Zwei Jahre später formulierte Helmholtz auf der Grundlage des Entropiegesetzes eine Theorie, die zur kosmologischen Standardtheorie avancierte. Seine Theorie vom »Wärmetod« besagt, daß die Uhr des Universums allmählich abläuft und es schließlich den Zustand maximaler Entropie erreichen und den Wärmetod erleiden wird. Die gesamte verfügbare Energie ist dann verbraucht und jegliche Aktivität erloschen. Der Wärmetod des Universums entspricht einem Zustand ewiger Ruhe.

Die heute am weitesten verbreitete Theorie über den Ursprung und die Entwicklung des Universums ist die Urknalltheorie (Big Bang). Zuerst konzipiert von Canon Georges Lemaître, postuliert dieses Modell, daß die Existenz des Universums mit der Explosion einer unvorstellbar dichten Energiequelle begann. Als sich diese Energie ausdehnte, begann sich ihre Geschwindigkeit zu verlangsamen und Galaxien, Sterne und Planeten zu bilden. Während des weiteren Ausdehnungs- und Diffusionsprozesses verliert sie immer mehr von ihrer Ordnung und wird schließlich einen Punkt maximaler Entropie erreichen, beziehungsweise endlich den Gleichgewichtszustand im Wärmetod. Die Urknalltheorie stimmt überein mit den Aussagen des Ersten und Zweiten Hauptsatzes. Nach ihr begann das Universum mit vollständiger Ordnung und bewegt sich seitdem auf einen Zustand immer größerer Unordnung zu. Diese Theorie ist uns keineswegs fremd. Sowohl die Griechen des Altertums als auch das mittelalterliche christliche Weltbild stimmen in vielem mit dem Weltbild der Kosmologen überein.

Es mutet tatsächlich seltsam an, daß wir in der modernen Welt bereitwillig eine Entwicklungsgeschichte des Universums akzeptieren, die mit einem harmonischen Zustand beginnt und sich auf Zerfall und Chaos zubewegt, zugleich aber die Vorstellung nicht aufgeben wollen, daß die Erdgeschichte genau den entgegengesetzten Verlauf nimmt, nämlich sich aus dem Chaos zu einer fortschreitend geordneteren Welt entwickelt. Dieser Widerspruch ist so eklatant, daß die Versuche aus der Vergangenheit, andere kosmologische Theorien aufzustellen, die das Entropiegesetz umgehen, nicht allzusehr überraschen sollten. Einige Jahre lang war die Theorie von der »kontinuierlichen Erzeugung«* en vogue. Drei junge Wissenschaftler, Fred Hoyle, Thomas Gold und Hermann Bondi, stellten im Jahre 1948 die Hypothese auf, daß während der Expansionsphase des Universums der Wärmetod oder der Zustand maximaler Entropie dadurch vermieden werden kann, daß dem Universum von »außen« »negative« Entropie zugeführt wird. Wenn der Energieverlust** durch die genau richtige Menge an negativer Entropie kompensiert wird, würde das Universum bis in alle Ewigkeit laufend neue Galaxien bilden, während gleichzeitig andere ausbrennen – eine Art kosmisches Perpetuum mobile. Auf diese Weise wäre trotz der Energieverluste in einigen Teilen des Universums durch das Energiewachstum in anderen Gebieten des Kosmos sichergestellt, daß das Gesamtsystem nicht den Zustand absoluter Ruhe erreicht.

Die Theorie von Hoyle, Gold und Bondi hat sich jedoch nicht durchsetzen können. Nachfolgende wissenschaftliche Experimente haben sie in Frage gestellt. In den sechziger Jahren begannen Astronomen die Anzahl der Radioquellen nach ihrer Verteilung in Raum und Zeit zu bestimmen. Um die Theorie von der kontinuierlichen Erzeugung zu beweisen, hätten Hoyle, Gold und Bondi zumindest deutlich machen müssen, daß es keine wesentlichen Änderungen in der Häufigkeitsverteilung der Ra-

* Bekannter als »steady-state«-Modell. Der Begriff »kontinuierliche Erzeugung« bezieht sich ursprünglich auf eine ständige Erzeugung von Materie, was in bezug auf die Entropie die hier beschriebene Wirkung hat. (Anm. d. Übers.)

** Die positive Entropie des Universums nimmt nach dem Zweiten Hauptsatz ständig zu. Zunahme an positiver Entropie ist äquivalent dem Verlust an negativer Entropie [$\triangle S = (-\triangle S)$]. (Anm. d. Übers.)

dioquellen von der Vergangenheit bis in die Gegenwart gegeben hat. Die Ergebnisse waren für die Theorie von der kontinuierlichen Erzeugung niederschmetternd, denn offensichtlich existierten in der kosmischen Vergangenheit mehr Radioquellen, als heute festzustellen sind, also eine erneute Bestätigung der Urknalltheorie und des Zweiten Hauptsatzes, wonach die Entropie des Universums auf ein Maximum und den Wärmetod zustrebt.

Immer mehr wissenschaftliche Ergebnisse entkräfteten die Theorie von der kontinuierlichen Erzeugung und untermauerten zugleich die Urknalltheorie. Man fand heraus, daß Quasare, die zu den entferntesten bekannten Objekten gehören, ähnlich den Radioquellen in der kosmischen Vergangenheit viel häufiger vorkamen. Den letzten vernichtenden Schlag erlitt das Modell von der kontinuierlichen Erzeugung durch die beiden Wissenschaftler Penzias und Wilson mit ihrer Entdeckung der »kosmischen Mikrowellen-Hintergrundstrahlung«. Die Theorie von der kontinuierlichen Erzeugung mit ihrer Darstellung der Vorgänge im Universum bot einfach keine Erklärung für dieses Phänomen.

Es wurden auch noch andere Theorien aufgestellt. Die zyklische Theorie beispielsweise besagt, daß das Universum für alle Zeiten eine endlose Reihe von Expansions- und Kontraktionsphasen durchläuft. Nach diesem Modell stellt der letzte Urknall nur einen in einer unendlichen Kette dar. Wenn unser jetziges expandierendes Universum sein Entropiemaximum erreicht, beginnt es sich wieder auf einen mehr und mehr geordneten Zustand zuzubewegen, bis es eine kritisch geringe Masse von der Größe eines Atomkerns erreicht hat. In diesem Zustand wird es wieder hinauskatapultiert in die kosmischen Weiten, und alles beginnt von vorn. Zum gegenwärtigen Zeitpunkt muß man die zyklische Theorie wohl noch in den Bereich der Spekulation verweisen, da nur sehr wenig Experimente ihre zentrale Aussage bestätigen oder widerlegen. Das einzige, was wir im Moment mit Sicherheit feststellen können, ist, daß für unser winziges Sonnensystem und den Planeten Erde das Entropiegesetz »den höchsten Rang unter den Naturgesetzen« einnimmt.

Zeit, Metaphysik und Entropie

Nirgendwo spielt das Entropiegesetz eine wichtigere Rolle als bei der Definition von Zeit. Der heilige Augustinus schrieb: »Wenn mich jemand fragt, weiß ich, was Zeit ist, aber wenn ich versuche, es jemandem zu erklären, der mich fragt, weiß ich es nicht mehr.«[16] Der Zeitbegriff im mechanistischen Weltbild unterscheidet sich sehr von demjenigen des entropischen Weltbildes. Nach Auffassung der klassischen Physik kann die Zeit in entgegengesetzte Richtungen laufen. Da die Newtonschen Axiome auf der Mathematik basieren, muß jede Bewegungsänderung von Materie der Theorie nach reversibel sein. Stellen wir uns zum Beispiel einen Film vor, der Billardbälle zeigt, die zusammenstoßen. Wir lassen jetzt den Film rückwärts laufen. Er zeigt immer noch sinnvolle Bilder, obwohl er in umgekehrter Richtung abläuft. Solange wir uns mit einfacher bewegter Materie, im Newtonschen Sinne, beschäftigen, kann die Zeit gleichermaßen als +t und −t dargestellt werden. Nehmen wir aber nun an, wir würden einen zweiten Film laufen lassen, der die herabstürzenden Wassermassen der Niagarafälle zeigt. Sobald wir diesen zweiten Film rückwärts abspulen, sieht alles lächerlich aus. Das Wasser fließt jetzt vom Fuß bis auf die Spitze der Fälle. Obwohl nach dem Newtonschen Modell, das auf der Mathematik beruht, das Wasser theoretisch seine Bewegungsrichtung umkehren und nach oben fließen könnte, wissen wir, daß dies nie der Fall sein wird. Die Erklärung dafür liefert der Zweite Hauptsatz der Thermodynamik.

Sprüche wie »Die Zeit wartet nicht«, »Die Zeit bleibt nicht stehen«, »Man kann die Zeit nicht zurückdrehen« zeigen, daß die Zeit, so wie wir sie erfahren, irreversibel ist. Zeit bewegt sich nur in eine Richtung, nämlich in die Zukunft. Diese Vorwärtsrichtung ist dann wieder eine Funktion des Entropiewachstums. Die Zeit spiegelt die Energieänderung in Richtung von Konzentration auf Diffusion und von Ordnung in Richtung auf Unordnung wider. Wenn sich der Entropieprozeß umkehren ließe, dann könnte jeder Prozeß rückgängig gemacht werden. Mit den Worten von Lord Kelvin: »Aus Schlamm würden sich wieder Felsbrocken formen und mit dem Berggipfel verbinden, von dem sie einst abgebrochen sind.«[17]

Zeit fließt vorwärts, weil sich Energie immer aus einem verfügbaren Zustand in einen nichtverfügbaren bewegt. Unser Bewußtsein nimmt dauernd Entropieänderungen in unserer Umgebung wahr. Wir sehen, wie unsere Freunde alt werden und sterben. Wir sitzen am Feuer und beobachten, wie rotglühende Kohle sich langsam in kalte weiße Asche verwandeln. Diese Erfahrungen bestätigen die Wirkung des Zweiten Hauptsatzes, den irreversiblen Prozeß der Dissipation von Energie in der Welt. Was bedeutet die Redewendung: »Die Uhr der Welt läuft ab«? Einfach folgendes: Wir erfahren das Verstreichen der Zeit als sukzessive Abfolge von Ereignissen, die Energie verbrauchen und so die Gesamtentropie steigern. Wenn man also sagt, die Zeit der Welt laufe ab, so heißt das nichts weiter, als daß die nutzbare Energie der Welt kontinuierlich weniger wird. Mit den Worten von Sir Arthur Eddington gesprochen ist »Entropie der Pfeil der Zeit«.

Sowohl die Weltanschauung der alten Griechen als auch das christliche Weltbild des Mittelalters mit ihrer Vorstellung von Geschichte als einem Prozeß, der sich von der Ordnung zum Zerfall hin bewegt, spiegelt ein Verständnis der wahren Richtung des Zeitpfeils und des Entropieprozesses wider. Nur indem das Entropiegesetz übersehen wurde, konnte das herrschende Weltparadigma der Newtonschen Mechanik die Illusion nähren, daß Zeit ein autonomer Faktor sei, unabhängig vom Wirken der Natur. Die Entfremdung der Zeit von der Natur nahm ihren Anfang mit Descartes' Vorstellung von der strukturellen Organisation der Welt, die eine völlige Trennung von Mensch und Natur voraussetzte. Um die Natur manipulieren und dazu für die materiellen Interessen der Menschen ausbeuten zu können, war eine vollständige Neutralität zwischen Beobachter und Beobachtetem angenommen worden. Und darin liegt die Crux der wissenschaftlichen Methode.

Ist man aber einmal darauf verfallen, die Welt so zu strukturieren, daß Mensch und Natur als völlig beziehungslos zueinander betrachtet werden, kann die reale Wechselwirkung zwischen Leben, Zeit und Energie erst gar nicht erkannt und muß das Entropiegesetz geleugnet werden. Von daher ist es nicht schwer zu verstehen, wie Locke und seine Freunde ein Weltbild entwerfen konnten, das dem real existierenden völlig widerspricht. Während nach dem Entropiegesetz alle Dinge in der Natur nur aus einem nutzbaren in einen nicht nutzbaren Zustand überführt werden können, vertrat Locke genau den gegenteiligen Standpunkt. Mit der Behauptung, daß alles in der Natur so lange Abfall war, bis es Menschen in die Hand nahmen und es in nützliche Gegenstände verwandelten, »bewiesen« Locke und die anderen Architekten des herrschenden mechanistischen Paradigmas, daß die Welt in Wirklichkeit vom Chaos zur Ordnung vorwärtsschreitet. Sie kamen denn auch konsequent, aber irrtümlich zu folgendem Schluß: Je schneller der Mensch sich die Natur nutzbar macht, desto größer ist der Fortschritt in der Welt, desto geordneter ist sie und desto mehr Zeit wird gespart.

Diese Vorstellung von Zeit und Geschichte ist der unseren entropischen genau entgegengesetzt. Wie bereits erwähnt, existiert unser Begriff von Zeit nur so lange, wie Energie zur Verrichtung von Arbeit zur Verfügung steht. Die Menge an wirklich aufgewandter Zeit spiegelt genau die Menge an verbrauchter Energie wider. Wenn die verfügbare Energie des Universums abnimmt, verringert sich auch die physikalische Arbeitskapazität und damit jede Art von Prozeß oder Ereignissen, was bedeutet, daß immer weniger Zeit zur Verfügung steht. Wenn schließlich der Gleichgewichtszustand des Wärmetods erreicht ist, wird jedes Geschehen aufhören. Dann wird es nach unserer Definition auch mehr Zeit geben, denn nichts wird sich mehr ereignen. Je schneller daher die verfügbare Energie verbraucht wird, desto weniger Arbeit, also Ereignisse überhaupt und dementsprechend weniger Zeit bleiben übrig. Tatsache ist also, daß wir Zeit niemals dadurch sparen können, daß wir mehr Energie verbrauchen. Im Gegenteil, je mehr Energie wir aufwenden, desto mehr Zeit verbrauchen wir. Wenn Sie das nächste

Mal jemand fragt, wieviel Zeit Sie durch einen größeren Energieaufwand gespart haben, um etwas schneller fertigzustellen, denken Sie an das Entropiegesetz, die Richtung der Zeit und an unser Geschichtsbild, wie es sich in den letzten 400 Jahren entwickelt hat.

Es gibt noch einen weiteren Aspekt im Zusammenhang mit Entropie und Zeit, der unsere Aufmerksamkeit verdient. Während uns die Entropie die Richtung der Zeit angibt, macht sie keine Aussage über die Geschwindigkeit. Der Entropieprozeß vollzieht sich nicht nach den Maßeinheiten einer Uhr, sondern ändert permanent seine Geschwindigkeit.

Jede Veränderung, also jede Arbeit, läßt die Entropie wachsen – manchmal schneller, manchmal langsamer. Die Geschwindigkeit hängt beispielsweise davon ab, wie viele Kinder geboren werden, wie viele Grasbüschel absterben, wie viele Autos produziert werden, wie viele Regentropfen auf den Boden fallen oder wie stark der Wind weht.

Menschen haben sich schon immer damit beschäftigt, ob die Geschichte vorherbestimmt ist oder ob wir ein gewisses Maß an freiem Willen haben, um das Geschehen zu beeinflussen. Mehr als jedes andere Konzept, das uns hätte Antwort geben können, hat das Entropiegesetz zur Klärung dieser Frage beigetragen. Dadurch, daß er die Richtung der Zeit festlegt, steckt der Zweite Hauptsatz die Grenzen für unser Handeln ab. Wir können weder die Zeit noch den Entropieprozeß umkehren. Aber wir können unseren freien Willen dazu benutzen, die Geschwindigkeit des Entropieprozesses zu beeinflussen. Jede unserer Handlungen beschleunigt oder verlangsamt den Entropieprozeß. Durch die Art, wie wir leben und uns verhalten, entscheiden wir darüber, wie schnell oder langsam die verfügbare Energie in der Welt zerstreut wird. Diese Tatsache ist ein Schnittpunkt, an dem Wissenschaft Metaphysik und Ethik berührt. Auf die weitreichenden Implikationen dieser Verbindung von freiem Willen, Bestimmung und Entropieprozeß werden wir in späteren Kapiteln genauer eingehen, wenn wir uns näher mit dem Wesen von Technologie und Wirtschaftstheorie befassen.

Leben und der Zweite Hauptsatz

Wenn die Gesamtentropie der Welt unabänderlich zunimmt, wie läßt sich dann die Existenz des Lebens erklären? Lebewesen weisen doch ein hohes Maß an biologischer Ordnung auf. Die Evolution selbst scheint die stetige Akkumulation von Ordnung aus Unordnung darzustellen. Niemand würde leugnen, daß ein kleines Kind während seines Wachstums an Energie gewinnt; und wir wissen, wie exakt organisiert all die Milliarden Moleküle sind, aus denen selbst niederes tierisches und pflanzliches Leben besteht. Stellt also die Evolution des Lebens den Zweiten Hauptsatz in Frage? Nein! Die Wissenschaftler waren sich über diesen Punkt lange Zeit im unklaren. Jetzt erkennen sie an, daß Leben, wie alles andere in der Welt, in jeder seiner einzelnen Phasen vom Entropiegesetz regiert wird. Harald Blum sagt in seinem grundlegenden Buch *Time's Arrow and Evolution* (Der Pfeil der Zeit und die Evolution) zu diesem Thema: »Die geringe lokale Entropieabnahme, die sich in der Bildung von Organismen zeigt, ist mit einem viel größeren Anwachsen der Entropie des Universums gekoppelt.«[18]

Lebende Wesen sind durch die Aufnahme von freier Energie aus der Umgebung in der Lage, sich in eine Richtung zu entwikkeln, die dem Entropieprozeß genau entgegengesetzt ist. Die ursprüngliche Quelle dieser frei verfügbaren Energie ist die Sonne. Das Überleben sämtlicher Pflanzen und Tiere ist von Sonnenenergie abhängig – entweder direkt wie im Fall der Photosynthese bei den Pflanzen oder indirekt im Fall der Tiere, die von Pflanzen oder anderen Tieren leben. Mit den Worten des Nobelpreisträgers Erwin Schrödinger überlebt jedes Lebewesen »durch die kontinuierliche Aufnahme von negativer Entropie aus seiner Umwelt... Wovon ein Organismus sich ernährt, ist negative Entropie; er saugt fortwährend Ordnung aus seiner Umwelt auf.«[19]

Anders gesagt, alle lebenden Wesen haben die natürliche Neigung, sich auf einen Gleichgewichtszustand zuzubewegen. Wir Menschen beispielsweise verbrauchen jedesmal Energie, ob wir angestrengt nachdenken oder nur mit dem Finger schnippen. Um uns selbst vor der Auflösung in den Gleichgewichtszustand des Todes zu bewahren, benötigen wir einen konstanten Zufluß an freier Energie (negativer Entropie) aus unserer Umwelt. Wer das anzweifelt, hat wahrscheinlich noch keinen toten Körper gesehen. Bereits Stunden nach dem Tod beginnt sich der Körper vollständig aufzulösen, bedingt durch ein molekulares Chaos.

Wissenschaftler aller erdenklichen Disziplinen hatten deshalb so viel Mühe herauszufinden, wie sich die Existenz lebender Systeme mit dem Zweiten Hauptsatz in Einklang bringen läßt, weil sich die Gleichgewichts-Thermodynamik mit geschlossenen Systemen beschäftigt – Systemen, in denen zwar Energie, nicht aber Materie mit der Umgebung ausgetauscht werden kann. Lebende Systeme aber sind offene Systeme. Beides, Materie und Energie, wird mit der Umwelt ausgetauscht. Lebende Systeme können niemals einen Gleichgewichtszustand erreichen. Der tritt erst mit dem Tode ein. Lebende Wesen halten sich also dadurch in einem Zustand außerhalb des Gleichgewichts, daß sie fortwährend verfügbare Energie aus ihrer Umgebung aufnehmen. Diesen Zustand nennt man »stationär«. Hört der Fluß von Energie und Materie durch einen lebenden Organismus auf, wird auch der stationäre Zustand aufgehoben, und der Organismus treibt auf das Gleichgewicht und den Tod zu. Für lebende Systeme ist daher der Fluß freier Energie, nicht die Entropie, von größter Bedeutung. Den Zweig der Wissenschaft, der sich damit beschäftigt, nennt man Nichtgleichgewichts-Thermodynamik. Obwohl Systeme, die sich außerhalb des Gleichgewichts befinden, nicht auf dieselbe Art erklärt werden können wie Gleichgewichtssysteme, gehorchen sie doch dem Zweiten Hauptsatz, wie wir im folgenden sehen werden.

»Jedes lebende Wesen«, sagt Bertrand Russell, »verhält sich in gewisser Weise wie ein Imperialist, der sich selbst und seinen Nachkommen soviel wie möglich aus seiner Umgebung einzuverleiben sucht.«[20] Bei dieser Assimilation von Energie dissipiert aber jedes lebende Wesen auf diesem Planeten die Energie wieder, während sie durch sein System fließt, und bewirkt damit, daß sie zumindest zu einem Teil in der Zukunft nicht mehr verfügbar ist. Sogar die kleinste Pflanze erhält ihre eigene Ordnung nur auf Kosten einer größeren Unordnung in ihrer Umgebung aufrecht. Die Pflanze z. B. überlebt durch Photosynthese: Sie saugt negative Entropie aus den Sonnenstrahlen auf. Dabei nimmt sie nur einen winzig kleinen Teil der Sonnenenergie auf und nutzt ihn, der Rest wird zerstreut. Verglichen mit der unscheinbaren Entropieabnahme in der Pflanze ist der Energieverlust in ihrer Umgebung unverhältnismäßig groß.

Anschaulicher läßt sich die Entropiezunahme anhand einer normalen Nahrungskette zeigen. Der Chemiker G. Tyler Miller macht dies am Beispiel einer einfachen Nahrungskette deutlich. Die Kette besteht aus Gras, Grashüpfern, Forellen und Menschen. Nun kann zwar nach dem Ersten Hauptsatz Energie nicht verlorengehen. Nach dem Zweiten Hauptsatz jedoch wird mit jedem Schritt in der Nahrungskette verfügbare Energie in nichtverfügbare umgewandelt und daher die Unordnung in der gesamten Umwelt vergrößert. Und genau das geschieht. Auf jeder Stufe des Prozesses, wenn der Grashüpfer das Gras frißt, der Frosch den Grashüpfer, die Forelle wiederum die Kaulquappe und so weiter, geht Energie verloren. Jedesmal, wenn ein Lebewesen ein anderes frißt, werden, wie Miller feststellt, »ungefähr 80 bis 90 % der Energie einfach verschwendet und als Wärme an die Umgebung abgegeben«[21]. Nur zwischen 10 und 20 % der aufgenommenen Energiemenge bleiben im Gewebe des entsprechenden Tieres zum Transfer auf die nächste Stufe der Nahrungskette übrig. Bedenken wir für einen Moment die Anzahl von jeder Spezies, die notwendig ist, um die nächsthöhere Spezies vor dem Abgleiten ins Entropiemaximum zu bewahren. »Dreihundert Forellen sind nötig, um einen Menschen für einen bestimmten Zeitraum zu ernähren. In derselben Zeit müssen die Forellen 90 000 Kaulquappen (Jungfrösche) fressen, die Frösche 27 Millionen Grashüpfer und die wiederum 1000 Tonnen Gras.«[22]

Damit also ein Mensch seinen hohen Grad von »Ordnung aufrechterhalten kann, benötigt er die Energie, die in 27 Millionen Grashüpfern oder 1000 Tonnen Gras enthalten ist. Gibt es also noch irgendeinen Zweifel daran, daß jedes lebende Wesen seine eigene Ordnung nur um den Preis aufrechterhalten kann, daß es größere Unordnung (oder Dissipation von Energie) in der Gesamtumgebung schafft?

Energie fließt kontinuierlich durch jeden lebenden Organismus, tritt auf einem hohen Niveau in das System ein und verläßt es wieder auf einem niedrigeren. Organismen überleben durch ihre Fähigkeit, negative Entropie aus ihrer Umgebung zu akkumulieren. Der Kampf ums Überleben hängt davon ab, wie gut ein Organismus ausgestattet ist, um sich verfügbare Energie zu verschaffen. Der Biologe Alfred Lotka gehörte zu den ersten, die Energiedurchfluß und biologische Evolution zueinander in Beziehung setzten. Lotka meinte, daß jede Spezies als eine verschiedene Form von »Umwandler« angesehen werden könne, der freie Energie in sich aufnimmt und sie nutzt. Jeder Umwandler (›transformer‹) oder Organismus ist mit einem Arsenal von Einrichtungen ausgestattet, die er dazu nutzt, Energie aus der Umgebung aufzunehmen.

Nach Lotka »weist die enge Verbindung der Hauptsinnesorgane Augen, Ohren, Nase, Geschmacksknospen, Empfindungsnerven der Fingerspitzen mit dem oberen Ende des Körpers (dem Kopf) und dem Mundende auf ein und dieselbe Erkenntnis hin«[23]. Und die lautet: Die Organismen sind von ihrer Bestimmung her Energiekollektoren und -transformatoren. Wären sie nicht so, sondern anders strukturiert, könnten sie nicht überleben. Aus dem Blickwinkel der Evolution vertritt Lotka die Anschauung, daß die natürliche Auslese diejenigen Organismen begünstigt, die in der Lage sind, »die gesamte Masse des Systems, die Zirkulationsrate der Materie und den gesamten Energiefluß durch das System zu erhöhen... solange noch ein ungenutzter Rest von Materie und verfügbarer Energie vorhanden ist«[24].

Die Behauptung Lotkas, daß die natürliche Evolution diejenigen Organismen bevorzugt, die den Energiefluß durch das System maximieren, ist inzwischen modifiziert worden (unter anderem auch von Lotka selbst). Die am weitesten verbreitete Meinung heißt jetzt: Die Maximierung des Durchflusses stellt das gewöhnliche Verhalten in den frühen Entwicklungsphasen eines ökologischen Systems dar, und zwar solange noch ein Überschuß an verfügbarer Energie vorhanden ist. Wenn jedoch verschiedene Spezies sich in einem vorgegebenen ökologischen Habitat auszubreiten beginnen, werden sie gezwungen, sich der Aufnahmekapazität der Umgebung dadurch anzupassen, daß sie weniger Energie effizienter verwerten. Die frühe Stufe mit maximalem Durchfluß wird allgemein als Kolonisierungsphase bezeichnet und die spätere Stufe minimalen Durchflusses als klimaktische Phase (Höhepunkt des Systems; Anm. d. Übers.).

Unter diesen Voraussetzungen wird es allerhöchste Zeit, daß der Homo sapiens aus seiner Kolonisierungsphase in die klimaktische Phase eintritt. Die Menschen, insbesondere in den Industriegesellschaften, fahren jedoch fort, ihre Aktivitäten so zu regeln, daß sie den Energiedurchfluß sowohl in den menschlichen als auch in den sozialen Systemen erhöhen. Die jetzige weltweite soziale und ökologische Krise ist eine Krise des Übergangs. Im nächsten Zeitalter wird sich die Menschheit in der klimaktischen Phase befinden und ihre Aktivitäten so einrichten, daß der Energiedurchfluß in den menschlichen und sozialen Prozessen minimal wird. Wenn das nicht geschieht, wird die Menschheit den Weg anderer Spezies der Vergangenheit gehen, die nicht fähig waren, diesen alles entscheidenden Übergang zu vollziehen.

Wir sind daran gewöhnt, die biologische Evolution als Fortschritt zu begreifen. Jetzt aber gelangen wir zu der Erkenntnis, daß jede höhere Spezies in der Evolutionskette immer größere Mengen an Energie aus einer nutzbaren in eine nicht nutzbare Form transformiert. Im Evolutionsprozeß ist jede folgende Spezies komplexer und daher besser zur Transformation von Energie ausgestattet. Das Unbehagen, die Tatsache zu akzeptieren, daß je höher eine Spezies in der Kette steht, desto größer der Energiedurchfluß und demzufolge die Unordnung ist, die in der gesamten Umwelt dadurch erzeugt wird, ist verständlich, aber gefährlich.

Das Entropiegesetz besagt, daß die Evolution die gesamte für das Leben auf diesem Planeten verfügbare Energie dissipiert. Unsere Vorstellung von der Evolution sträubt sich gegen diese Erkenntnis. Wir glauben, daß die Evolution auf irgendeine magische Weise den allgemeinen Wert und die Ordnung auf der Erde verbessert. Jetzt, da Unordnung und Chaos in unserer Umwelt so offensichtlich sind, beginnen wir unsere Vorstellungen von Evolution, Fortschritt und der Schaffung materieller Werte kritisch zu überdenken. Mehr über die Konsequenzen daraus in nachfolgenden Kapiteln.

Lassen wir Erklärungen und Rationalisierungen einmal beiseite: Es führt kein Weg daran vorbei, daß Evolution in der Welt immer größere Inseln der Ordnung auf Kosten eines wachsenden Meeres von Unordnung schafft. Bei etwas redlicher Auseinandersetzung mit dem heutigen Stand der Wissenschaft müßten Biologen oder Physiker diese Tatsache eigentlich zugeben. Doch wer ist schon bereit, das in einem Vorlesungssaal oder gar in der Öffentlichkeit auch zur Sprache zu bringen?

Wer sich dieser Diskussion entzieht und sich der entropischen Deutung der Evolution verweigert, ist dem herrschenden Weltparadigma so verhaftet, daß ihm alle anderen Möglichkeiten, seine Gedanken zu organisieren, völlig unakzeptabel erscheinen. Ein derartiges Verhalten dürfte auf die meisten Menschen zutreffen. Bevor wir aber nicht wirklich den Zweiten Hauptsatz als Grundlage sowohl des Lebens als auch die seiner Evolution anerkannt haben, werden wir unfähig sein, den Übergang aus unserer gegenwärtigen Kolonisierungsphase in die klimaktische Phase zu vollziehen.

Exosomatische Instrumente und Energie

Obgleich alle lebenden Wesen in einen dauernden Kampf verstrickt sind, verfügbare Energie aus ihrer Umwelt für sich zu gewinnen, stehen nur dem Homo sapiens äußere Hilfsmittel zur Verfügung, die ihm diesen Prozeß erleichtern. Andere Lebewesen müssen sich auf ihre eigene Anatomie, ihre Sinnesorgane verlassen, um Energie aufzunehmen. Wir Menschen jedoch haben aufgrund unseres hochentwickelten Nervensystems und Gehirns erfolgreich unseren natürlichen biologischen Apparat durch alle erdenklichen Werkzeugarten ergänzt. Wissenschaftler und Anthropologen bezeichnen diese Instrumente als *exosomatisch*, im Gegensatz zu den *endosomatischen* Organen, mit denen wir geboren werden.

Wenn wir über exosomatische Instrumente sprechen, schließen wir damit den gesamten Bereich von Werkzeugen ein, die wir zur Gewinnung, Transformation und Verarbeitung von verfügbarer Energie in unserem System benutzen. Wir entwickeln Werkzeuge und Maschinen, um Energie aus der Umwelt zu gewinnen; wir bauen Häuser, um die Wärme einzuschließen und unseren Körper warmzuhalten; wir bauen Straßen, Brücken und neue Verkehrswege, um den Transport von Energie von einem Platz zum anderen zu erleichtern; wir ersinnen neue Begriffe, ökonomische Institutionen und wählen Regierungen, um die Verarbeitung und Verteilung von Energie besser zu organisieren.

Alle diese exosomatischen Aktivitäten machen einen großen Teil menschlicher Kultur aus. Gesellschaftliche Entwicklung schließlich ist im Grunde genommen der Versuch, Bereiche von Ordnung zur Erweiterung der menschlichen Überlebensmöglichkeiten zu schaffen. Da wir Menschen, wie alle anderen Lebewesen, aufgrund unserer Fähigkeit überleben, einen ständigen Energiedurchfluß aufrechtzuerhalten, dient unsere Kultur als Instrument dafür, Energie aus der weiteren Umgebung zu beschaffen. Der Erste und der Zweite Hauptsatz der Thermodynamik stellen daher – genauso wie für den Rest des Universums – auch für jede Kultur und Zivilisation die obersten Organisationsprinzipien dar. Die Annahme, daß uns diese Gesetze hier nichts angehen, ist ebenso gefährlich wie die Vorstellung, daß wir ohne einen ständigen Energiezufluß überleben können.

Wenn wir all die vielschichtigen Aktivitäten, die eine Kultur ausmachen, auf wenige Kategorien vereinheitlichen und auflisten würden, stünden ohne Zweifel die Begriffe *Transformieren, Austauschen* und *Abführen* von Energie an oberster Stelle der Liste. Immer hat man mit einem oder mehreren dieser Prozesse gerade zu tun. Aber es fällt uns häufig schwer, diese Prozesse als das zu erkennen, was sie sind, weil sie zu sehr mit Aktivitäten assoziiert sind, die überhaupt keine Beziehung zur Natur zu haben scheinen. Wenn wir uns aber die Mühe machen, die durch Kultur tradierten Interpretationen für einen Moment außer acht zu lassen, werden wir bemerken, daß wir es fortwährend mit verfügbarer Energie zu tun haben, die transformiert, ausgetauscht und abgeführt wird. Wenn Ihnen das unwahrscheinlich vorkommt, testen Sie es selbst. Beobachten Sie einen Tag lang alles, womit Sie in Berührung kommen: Dinge, die Sie sehen, hören, berühren, riechen, fühlen oder konsumieren; Dinge, die Sie bekommen oder weitergeben. Dann versuchen Sie, jeden Gegenstand oder dergleichen in beide Richtungen zu verfolgen, zurück zu seiner ursprünglichen Quelle und nach vorn zu seiner letztlichen Bestimmung. Mit hundertprozentiger Sicherheit werden Sie feststellen, daß sich alles aus irgendeiner Form von Rohmaterial (verfügbarer Energie) entwickelt, um dann irgendwo als unbrauchbarer Abfall (nichtverfügbare Energie) zu enden.

Energie ist die Grundlage menschlicher Kultur, ebenso wie sie Grundlage des Lebens ist. Daher hat letzten Endes in jeder Gesellschaft derjenige die Macht in Händen, der die exosomatischen Instrumente für die Transformation, den Austausch und die Abfuhr von Energie, kontrolliert. Klassenschranken, Ausbeutung, Privilegien und Armut sind alle dadurch bestimmt, wie der Energiefluß einer Gesellschaft strukturiert ist. Wer die exosomatischen Instrumente kontrolliert, kontrolliert auch den Energiefluß. Diese Leute bestimmen, wie die Arbeit in einer Gesellschaft und die Werte dieser Arbeit verteilt werden.

Es ist ein abenteuerliches Unterfangen, sich durch die zahlreichen Traktate politischer und ökonomischer Philosophen der letzten Jahrhunderte zu arbeiten. Alle diese großen Geister reden über Naturgesetze, den Gesellschaftsvertrag, die Dialektik der Produktionsverhältnisse und die Natur der Macht, aber kaum einer erwähnt die Bedeutung des Energieflusses oder gar das Entropiegesetz. Es ist richtig, daß das Entropiegesetz erst im späten 19. Jahrhundert wissenschaftlich formuliert wurde. Das ist noch keine ausreichende Erklärung dafür, die Erkenntnisse früher Denker einfach zu ignorieren. Die Griechen der Antike und christlichen Gelehrten des Mittelalters hatten den Zweiten Hauptsatz auch noch nicht in Worte gefaßt, aber sie hatten seine zentrale Aussage in ihre Kultur und ihr Weltbild integriert.

Eine ganze Anzahl von Politik- und Wirtschaftswissenschaftlern wird den Einfluß des Entropieparadigmas auf jede wissenschaftliche Disziplin, einschließlich der eigenen, nicht akzeptieren wollen. Dennoch werden sich in den nächsten Jahren einige grundlegende Konzepte unseres politischen und ökonomischen Denkens, die wir lange für unumstößlich hielten, radikal ändern.

Nicht in jeder Disziplin werden durch das Entropieparadigma so viele Grundsätze als Dogmen entlarvt werden wie gerade in den Politik- und Wirtschaftswissenschaften. Viele Anthropologen etwa haben längst erkannt, daß die Energiebasis einer gegebenen Umwelt die primäre Determinante für die Prägung einer Kultur ist. Sie klassifizieren die Hauptperioden der Geschichte nach den Änderungen, die die Menschen an der Organisation ihrer Umwelt vorgenommen haben. Aus diesem Grund ist es wichtig, einen Blick auf die Unterscheidungsmerkmale einiger dieser Epochen zu werfen – und auf deren gemeinsamen roten Faden, der sie alle durchzieht: Es ist das Entropiegesetz.

Teil drei

Entropie: Ein neues historisches Bezugssystem

Geschichte und Entropieverzweigungspunkte

Nach der Lektüre des nun folgenden Kapitels würden die Historiker einwenden, daß die Welt viel komplizierter sei. Es wären doch Feinheiten, Nuancen, verborgene Bedeutungen und unbewußte Triebkräfte in Betracht zu ziehen. Arnold Toynbee bestünde darauf, daß Sozialgeschichte in Wirklichkeit eine Abfolge kultureller und umweltbedingter Herausforderungen und Reaktionen sei. Oswald Spengler hätte eingeworfen, die Geschichte der Zivilisation sei ein zyklischer Prozeß von Geburt, Reife und Tod – wie das Leben selbst. Ortega y Gasset hätte seine Theorie verteidigt, daß Geschichte nichts anderes als ein Nivellierungsprozeß sei, in dem die ungeheure Kreativität charismatischer Minderheiten von den Massen übernommen, absorbiert und damit fade und leblos wird. Marx hätte erklärt, Geschichte sei in Wirklichkeit dialektisch und materialistisch und daß jede sich entfaltende Realität bereits den Keim ihrer eigenen Zerstörung und den Embryo einer neuen Realität, die sie ersetzen wird, in sich trüge.

Geben wir uns jedoch einfach damit zufrieden, daß alle diese Männer, die unser modernes Weltbild so entscheidend prägten, einen Teil des historischen Puzzles erkannt haben. Doch wie bei jedem anderen Puzzle auch, ist es immer sehr viel schwieriger, die getrennten Einzelteile richtig zusammenzufügen, wenn man nicht weiß, was das Puzzle im ganzen darstellt. Der Schlüssel für das Verständnis dieses Geschichtspuzzles liegt im Entropiegesetz.

Gewöhnlich fangen wir auf persönlicher Ebene erst dann an, über einen radikalen Wechsel unserer Handlungsmuster nachzudenken, wenn wir an unserer gegenwärtigen Einstellung zum Leben scheitern. Wir alle kennen das Gefühl, in einer persönlichen Krise zu stecken, das Trauma, unser Leben einer genaueren Bestandsaufnahme unterziehen und die Furcht, uns etwas Neuem und Unerforschtem ausliefern zu müssen. Genau zu diesem Zeitpunkt beginnen wir, zuweilen ungestüm, über Auswege nachzudenken. Unsere mentalen und emotionalen Kräfte werden mobilisiert, und wir suchen heftig und verzweifelt nach Alternativen. Schließlich stoßen wir auf die eine oder andere uns sinnvoll erscheinende, und wir nehmen sie zumindest so lange an, bis wir in die nächste Krise geraten.

Private Geschichte unterscheidet sich oft erstaunlich wenig von gesellschaftlicher. In beiden Fällen kennzeichnet Glück die ruhigen Perioden und Krisen die erfinderischen. Die meisten, nicht alle, modernen Historiker sind in diesem Punkt jedoch genau entgegengesetzter Ansicht. Wir wollen uns für einen Moment genauer mit ihren Argumenten befassen.

Die Überfluß- oder Freizeittheorie besagt, daß größere Änderungen in den Verhaltens- und Arbeitsweisen der Menschen dann auftreten, wenn sie genügend Überfluß oder Mehrwert geschaffen haben, der es ihnen erlaubt, in der Freizeit zu denken, zu experimentieren und zu basteln. Als Beispiel dafür gelten etwa die Jäger-Sammler-Gesellschaften. Nach herrschender Meinung hätten sie niemals den Übergang zum Ackerbau geschafft, wenn sie nicht vorher genug Überfluß angehäuft hätten. Dieser Auffassung liegt der Gedanke zugrunde, daß Menschen am Rande des Hungertodes »es schwer finden würden, Vorräte für ein zukünftiges Ereignis – die Ernte – zu opfern«.[1] Anders gesagt, hungrige Leute würden nicht weitere fünf oder sechs Monate im Jahr jagen und sammeln, nur weil sie die Felder bestellen müssen.

Dieser Gedankengang klingt zunächst überzeugend, aber einer

genaueren Prüfung kann er nicht standhalten. Nehmen wir einmal an, daß eine Jäger-Sammler-Gesellschaft einen Überschuß an Vorräten gesammelt hat. Das hieße, daß ihnen ihre Umwelt mehr Tiere, Nüsse, Früchte und Beeren zur Verfügung stellt, als sie für die Befriedigung ihrer Bedürfnisse braucht. Warum sollte sie dann aber auf die Idee kommen, ihre ganze Lebensweise radikal zu ändern und sich in eine unsichere, riskante und unerforschte neue Existenz zu wagen, um plötzlich Ackerbau und Viehzucht zu betreiben? Man stürzt sich nicht in existenzbedrohende Abenteuer, wenn es einem gut geht – außer man ist völlig verrückt. Da wir nur ungern eine »verrückte-Leute-Geschichtstheorie« unterstellen wollen, muß die scharfe Denkweise, die hinter der Freizeit- und Überflußtheorie steht, irgendwo anders ihren Ursprung haben. So ist es auch. Und jetzt sollte es nicht überraschen, daß sich diese Art zu denken direkt auf das herrschende Maschinenparadigma zurückführen läßt. Nach dem modernen Weltbild stellt die Geschichte eine ununterbrochene Linie des Fortschritts dar, in der der Überschuß einer jeden Periode den Gewinn an freier Zeit liefert, der zur Erfindung neuer Werkzeuge und Technologien notwendig ist, die ihrerseits wiederum zu mehr materiellem Überfluß führen, der mehr freie Zeit für die Entdeckung noch entwickelterer Werkzeuge und Technologien schafft. Das ökonomische und soziale Gefüge unserer Welt wird fortlaufend optimiert, verbessert und vergrößert, und unser eigenes Leben wird dabei sicherer und bequemer. Das ist unser Weltbild. Und da es nicht zutrifft, ist es kaum verwunderlich, daß wir so oft die Übersicht verlieren. Tatsächlich hat sich die Welt genau entgegengesetzt zu unserer konditionierten Denkweise entwickelt.

Alle Anzeichen sprechen dafür, daß die Jäger-Sammler sich dem Ackerbau aus reiner Not zugewendet haben. Tierische und pflanzliche Nahrung wurden immer weniger. Neue Gebiete, also geographische Expansion, war mit den primitiven Mitteln dieser Gesellschaften äußerst schwierig, wenn nicht unmöglich. Die Überlebenschance diktierte das Experimentieren. Neue Ideen wurden ausprobiert. Schritt für Schritt gewann der Ackerbau die

Überhand, zugleich erwies sich die alte Jäger-Sammler-Lebensweise als immer weniger ökonomisch. Untersuchungen der wenigen noch existierenden Jäger-Sammler-Gesellschaften bestätigen die »Theorie vom Zusammenhang zwischen Verarmung und Experiment«. Doch sind die Jäger und Sammler keineswegs das einzige Beispiel für einen derart epochalen Wechsel in der Geschichte.

Es gibt genug Zeugnisse anderer, größerer Änderungen in der menschlichen Kultur; und sie zeigen ohne Ausnahme, daß die großen Umwälzungen nicht als Resultat der Anhäufung von Reichtum und Überschuß auftraten, sondern als Ergebnis der Dissipation der existierenden Vorratsquellen. Und das bedeutet, daß die Geschichte eine Reflexion des Zweiten Hauptsatzes ist. Der Gesamtentropieprozeß bewegt sich immer auf ein Maximum zu. Mit jedem einzelnen Ereignis wird ein bestimmter Betrag an Energie für immer dissipiert. Im Laufe der Geschichte werden kritische Punkte dann erreicht, wenn der akkumulierte Entropiezuwachs zu einem qualitativen Wechsel in der Energiequelle selbst führt, die die Umgebung bietet. An diesen kritischen Übergangspunkten werden die alten Methoden unwirksam. Die Entropie der Umgebung wird so hoch, daß eine Verlagerung auf eine neue Energiebasis stattfindet, begleitet von der Schaffung einer neuen Art von Technologie und einem neuen Rahmen sozialer, ökonomischer und politischer Institutionen.

Das Entropiegesetz sagt uns ebenfalls, daß jeder dieser qualitativen Wechsel radikaler ist und größere Ansprüche an die Energiegewinnung stellt als der voraufgegangene. Auf jeder weiteren Stufe nämlich sinkt der Vorrat an verfügbarer Energie in der Welt auf ein niedrigeres Niveau. Die Unordnung innerhalb der politischen, sozialen und ökologischen Strukturen nimmt stetig zu, die verfügbare Energie ständig ab. Da das Überleben des Menschen von der verfügbaren Energie abhängt, bedeutet dies, daß die Aufrechterhaltung menschlichen Lebens immer härter wird und mehr Arbeit, nicht weniger, erfordert, um weiterhin in einer immer kargeren Umwelt zu existieren. Weil ein Tag nicht lang genug ist, um die durch das knappere Energieumfeld geforderte zusätzliche Arbeit zu leisten, müssen auf jeder Stufe der Geschichte komplexere und energieintensivere Technologien entwickelt werden, nur um ein bescheidenes Niveau menschlicher Existenz zu gewährleisten.

Verfechter des Newtonschen Paradigmas können sich mit dieser Art der Betrachtung nicht befreunden. Sie werfen ein, daß ausgefeiltere Technologien weiterhin größeren Überfluß erzeugen werden, weil sie weniger effiziente menschliche Energie durch effizientere nichtmenschliche Energie ersetzen, also das menschliche Leben entlasten. Das ist ihr Begriff von Fortschritt. Es ist in der Tat nicht ungewöhnlich, kulturellen Fortschritt am wachsenden Gebrauch nichtmenschlicher Energie zu messen. In den Jäger-Sammler-Gesellschaften waren die Menschen in weitem Maße von ihrer eigenen Muskelkraft als primärer Energiequelle abhängig. Ein Erwachsener ist durchschnittlich in der Lage, ungefähr ein Zehntel einer Pferdestärke zu entwickeln. Vergleicht man diese Zahl mit den Tausenden an Pferdestärken in der Maschinenkraft, die dem durchschnittlichen Amerikaner heute als Ergebnis moderner Technik zur Verfügung stehen, so wird doch offensichtlich – sagen die Vertreter des Newtonschen Paradigmas –, daß Geschichte Fortschritt ist und es den Menschen jetzt besser geht als in der fernen Vergangenheit. Hinter dieser Denkweise verbirgt sich eine wesentliche Annahme: nämlich die, daß je größer der Energieumsatz einer Gesellschaft ist, desto effizienter sei sie auch, desto größeren Fortschritt mache die Zivilisation und desto geordneter würde die Welt.

Es wird höchste Zeit, derart gefährliche Dogmen gründlich in Zweifel zu ziehen. Zwar ist richtig, daß jede größere technische Entwicklung im allgemeinen den Prozeß der Energiegewinnung und ihren Durchfluß durch das System beschleunigt. Doch man erinnere sich, daß Energie niemals geschaffen oder zerstört werden kann; sie kann nur in eine Richtung transformiert werden, von einer verfügbaren Form in eine nichtverfügbare. Daher hat jede sogenannte Steigerung der Effizienz, im Sinne der neuen Technologien, deren Aufgabe die Beschleunigung des Energieumsatzes ist, nur den gesamten Prozeß der Dissipation von

Energie und Unordnung in der Welt vorangetrieben. Während sich der Energieumsatz beschleunigte, verkürzte sich der Zeitraum zwischen jeder neuen Entropieverzweigung. Es dauerte viele Millionen Jahre, bis die Umwelt, von der die Jäger-Sammler-Gesellschaft lebte, keine Existenzgrundlage mehr bot und die Menschen sich der landwirtschaftlichen Produktion zuwenden mußten. Es dauerte Tausende von Jahren, bis die Menschen schließlich von der landwirtschaftlichen zur industriellen Produktionsweise überwechselten. Innerhalb von nur wenigen hundert Jahren haben die Menschen die Ressourcen (nichterneuerbare Energiequellen) der industriellen Umwelt erschöpft und stehen nun vor einem neuen Entropieverzweigungspunkt.

Außerdem ist im Gegensatz zur herrschenden Meinung der Aufwand an immer mehr Energie für das Überleben einer Person nicht effizienter – das heißt, wenn Effizienz richtig definiert ist als Verringerung von Arbeit. Gerade das Gegenteil ist der Fall. Arbeit ist in letzter Instanz nichts anderes als das Verbrauchen der verfügbaren Energie. Heute, in der modernen industriellen Welt »müssen« wir für unser Leben tausendmal mehr Energie aufwenden, als man vor einer Million Jahre brauchte. Wenn wir uns in dem Glauben gewiegt haben, daß die Arbeit, weil sie von Maschinen und nicht mit Muskelkraft verrichtet wird, irgendwie »weniger« geworden sei, dann irren wir uns.

In der Geschichte hat es Kulturen gegeben, die für lange Zeiträume in der Lage waren, im selben Energieumfeld zu überleben. Ihnen gelang der Übergang von der Kolonisierungsstufe zu der klimaktischen Stufe ihrer Existenz. Für alle diese Kulturen bedeutete die Anpassung an die gegebene Umwelt eine Verlangsamung des Energieumsatzes und damit eine Verlangsamung des Entropiezuwachses in der gesamten Umwelt. Natürlich ist es sogar in den am besten angepaßten klimaktischen Systemen unmöglich, einen notwendig erfolgenden Wechsel im Energiefeld zu verhindern. Die Frage ist immer nur die, wie schnell oder wie langsam diese aufeinanderfolgenden Entropieverzweigungen erreicht werden. Es ist interessant zu beobachten, daß gerade die Kulturen, die sich in ihrer Umgebung in einem »stationären

Zustand« befanden, dahin tendierten, die Welt als ein völlig geschlossenes System zu sehen, ein System, das sie schon ausgefüllt hatten und aus dem es kein Entkommen gab. Für sie war »leben innerhalb ihrer Grenzen« zur zweiten Natur geworden.

Das moderne Weltbild jedoch spiegelt eine ganz andere Konzeption wider. Das Maschinenparadigma legt den Nachdruck auf die bewegte Materie. Es legt das Hauptgewicht auf Ortsveränderung und Entfernung. Grenzen sind Zeichen der Niederlage. Der Geist unseres Zeitalters ist geprägt von Expansion und Eroberung. Leider jedoch verdoppelt sich heute die menschliche Bevölkerung alle vierzig Jahre, und jeder Winkel auf dem gesamten Erdball wird eines Tages besetzt sein; dann gibt es gewissermaßen nur noch Stehplätze. So wird es für uns immer aufwendiger, Quellen verfügbarer Energie zu erschließen, und immer schwieriger, Plätze zur Lagerung unserer Energieabfälle zu finden. Eines Tages werden wir vor der Situation stehen, uns buchstäblich gegenseitig umzulaufen. Die Kolonisierungsphase des Homo sapiens ist unwiderruflich vorbei.

Doch gleichwohl die Zeichen unübersehbar auf Sturm stehen, weigern sich immer noch ganz besonders Hartnäckige, das Offensichtliche zu akzeptieren. Der Pioniergeist ist auch heute noch lebendig, besonders unter den Raumfahrtenthusiasten, die glauben, daß wir mit der Kolonisierung für immer fortfahren und nach Ausbeutung des eigenen eben andere Planeten ausbeuten können. Ihre Erwartungen sind unrealistisch. Würde man nur den Bevölkerungszuwachs »aussiedeln«, der in sechs Tagen auf der Erde geboren wird, müßten wir mit dem gesamten Bruttosozialprodukt eines Jahres dafür bezahlen. Außerdem belehren uns die Astronomen darüber, daß das nächstgelegene Sonnensystem mit Planeten, deren klimatische Bedingungen den unseren eventuell vergleichbar wären, zehn Lichtjahre entfernt ist. Unsere gegenwärtige Technologie wäre gar nicht in der Lage, einen derartigen fiktiven Transport vorzunehmen, und wir würden über hundert Jahre brauchen, um sie soweit zu entwickeln. Unsicher wäre dann immer noch, ob auf fraglichen Planeten Leben überhaupt möglich ist. Die Idee schließlich, wertvolle

Ressourcen könnten auf anderen Planeten abgebaut und zur Erde geschickt werden, und zwar in den Mengen, wie wir sie brauchen, ist erst recht lächerlich. Die Kosten für den Abbau zusätzlicher Ressourcen auf der Erde sind schon kaum noch zu verantworten. Energie von anderen Planeten zur Erde zu transportieren wäre ein mit Sicherheit unerschwingliches Unterfangen.

Nur durch die bewußte Entscheidung, die physikalischen Grenzen dieses geschlossenen Systems, das wir den Planeten Erde nennen, zu respektieren, können wir die radikale Anpassung vollziehen, die für das Fortbestehen unserer Spezies erforderlich ist. Unser Überleben und das Überleben aller anderen Lebensformen hängen nun von unserer Bereitschaft ab, mit der Natur Frieden zu schließen und mit dem Rest unseres Ökosystems anpassungsfähig zusammenzuleben. Wenn wir so handeln und dem natürlichen Recyclingprozeß die Zeit zugestehen, die er braucht, um die Wunden zu heilen, die wir der Erde zugefügt haben, dann können wir und alle anderen Lebensformen noch ein langes und gesundes Dasein auf diesem Planeten erwarten.

Wenn wir dagegen mit unserer Kolonisierung fortfahren, berauben wir uns der kleinen Chance, die heute noch im Recyclingprozeß liegt. Wir werden schließlich den kritischen Punkt erreichen, an dem die Materie-Energie des Planeten so gering sein wird, daß sogar bei einer völligen Kehrtwendung zu einem klimaktischen Verhalten der Entropiezuwachs nicht mehr auszugleichen ist und so eine Fortsetzung des Lebens auf der Erde äußerst unwahrscheinlich macht.

Der Übergang von der Kolonisierungsphase zum klimaktischen Existenzmodus ist der tiefgreifendste Wandel, den unsere Spezies jemals nachvollziehen mußte. Dieser Scheideweg liegt nun vor uns.

Der letzte große Energieverzweigungspunkt

Die Geschichte folgt in der Tat dem Entropiegesetz, wie ein kurzer Überblick über zwei bedeutende Epochen zeigen wird. Wegen der Relevanz für die Entwicklung des modernen Weltparadigmas und die Art, wie wir unseren Lebensstil hier in den Vereinigten Staaten organisiert haben, wollen wir einen kurzen Blick auf Westeuropa zwischen dem 4. und 19. Jahrhundert werfen. Die Historiker teilen diese Spanne von 15 Jahrhunderten in zwei Epochen: nämlich die mittelalterliche Ära und die industrielle Ära. (Die Renaissance wird allgemein als Übergangszeit zwischen beiden Zeitaltern betrachtet.)

Populäre Lehrbücher führen im allgemeinen den Übergang von der mittelalterlichen zu der modernen Ära auf ein großes Wiedererwachen des menschlichen Geistes zurück – als ob sich aus irgendeinem seltsamen Grund die gesamte Menschheit entschlossen hätte, mit dem Denken aufzuhören und für mehrere Jahrhunderte in einen Winterschlaf zu fallen. Während sich die Gelehrten viel Gedanken über die Bedeutung der protestantischen Reformation, den Aufstieg des Bürgertums und des Kapitalismus und über die Eröffnung neuer Handelswege während dieser großen Metamorphose machen, verwenden nur wenige ihre Zeit darauf, überhaupt einmal nach der tieferliegenden Ursache für diese Umwälzungen zu fragen. Zwischen dem 13. und 16. Jahrhundert befand sich Westeuropa an einem Energieverzweigungspunkt. Holz, Energielieferant im Mittelalter, wurde zunehmend knapper. Der Bevölkerungszuwachs verschärfte die Verknappung. Also wechselte man auf der Suche nach Alternativen vom Holz zum Energieträger Kohle. Dieser Wechsel von einer Energiegewinnung, die auf Holz basierte, zu einer, die sich auf Kohle gründete, veränderte die ganze Organisationsstruktur des Lebens in Westeuropa grundlegend. Der Übergang vom Holz zur Kohle als Energiequelle war der Hauptfaktor für die Abdankung der mittelalterlichen Ära und die Heraufkunft der Industriellen Revolution.

Ein Besucher Europas wäre heute wahrscheinlich beeindruckt

davon, wie gut genutzt jedes verfügbare Fleckchen Erde dort ist. Alles scheint in sauber arrangierte geometrische Muster und Formen aufgeteilt zu sein. Sogar die offenen Flächen sehen wie abgemessen aus und erwecken den Eindruck, daß der gesamte Kontinent schon von Anbeginn der Zeiten peinlich genau geplant und bis ins letzte allerfeinste Detail geformt worden ist. Es bedarf schon einiger Phantasie, sich vorzustellen, daß der Kontinent noch im 4. Jahrhundert von den Alpen bis zu den Karpaten dicht bewaldet war.

Die Landschaftsstruktur in Westeuropa unterschied sich sehr stark vom Land im Mittleren Osten. Der Boden dort war in seiner Zusammensetzung sehr leicht; im feuchteren Klima Westeuropas war der Boden häufig zäh und schwer und daher viel mühsamer zu bearbeiten. Dieser Unterschied trug zu einigen wesentlichen Änderungen bei der Kultivierung des Landes bei, die die zukünftige Entwicklung des Kontinents tiefgreifend beeinflußten.

Der alte römische Ritzpflug war nicht stark genug, die reicheren und schwereren Böden Europas umzuwenden. In der Mitte des 6. Jahrhunderts begannen slawische Bauern eine neue, schwerere Pflugart zu verwenden, die Räder und zwei Schneiden hatte. Der sogenannte Kreuzpflug bestand aus »einer vertikalen Schneide, um die Furche zu ziehen, einer horizontalen Pflugschar und einem Streichbrett, um die Narbe umzuwenden«[2].

Der neue Kreuzpflug veränderte die gesamte Organisation des bäuerlichen Lebens. Wegen seines großen Gewichts konnte er nur von einem Gespann von acht Ochsen gezogen werden. Da keine einzelne Bauernfamilie so viele Ochsen besaß, mußten die Gespanne gemeinsam genutzt werden. Auch war es mit dem neuen Kreuzpflug nicht länger praktisch, das Land in Parzellen aufzuteilen. Der große, schwere Pflug arbeitete am besten auf weiten, offenen Feldern. Aus diesen beiden Gründen wurde der gemeinschaftliche Ackerbau auf den meisten Feudalgütern in Nordeuropa zur Regel.

Um das 9. Jahrhundert hatte sich der Kreuzpflug auf dem ganzen Kontinent verbreitet. Seine einzigartige Wirkung beim

Pflügen fruchtbarer Flußbodenerde führte zur kilometerweiten Abholzung tiefliegenden Waldlandes, das eine expandierende Bevölkerung in immer größere Flächen kultivierten Landes verwandelte.

Zwei andere technologische Entwicklungen folgten der Einführung des Kreuzpfluges. In den Teilen Nordeuropas, wo der Boden fruchtbarer war, nahm infolge des starken Bevölkerungszuwachses auch der Bedarf an landwirtschaftlichen Produkten zu. Als Antwort darauf mußte die traditionelle Zwei-Felder-Wirtschaft einer Drei-Felder-Wirtschaft weichen. Beim Zwei-Felder-System lag eine Hälfte des Landes immer brach, um die Fruchtbarkeit des Bodens zu erneuern; mit dem Drei-Felder-System lag jedes Jahr nur ein Drittel des Bodens brach. Doch hatte dieser Wechsel noch andere Vorteile. Erstens stieg die Produktivität um ein Drittel; zweitens mußte man ein Neuntel weniger pflügen als vorher. Aber natürlich wurden die kurzfristigen Vorteile, nämlich gestiegene Erträge, damit bezahlt, daß der Boden schneller ausgelaugt war als bei der Zwei-Felder-Wirtschaft. Durch die intensivere Bodennutzung beschleunigte die Drei-Felder-Wirtschaft die Dissipation der Energie des Bodens und damit den Entropieprozeß.

In der Drei-Felder-Wirtschaft wurden nun statt Ochsen Pferde eingesetzt, die doppelt so schnell arbeiteten, aber eben auch mit Getreide und Heu gefüttert werden mußten. Der gestiegene Ertrag aus der Drei-Felder-Wirtschaft lieferte den Überschuß an Hafer, der für die Ernährung von Arbeitspferden gebraucht wurde. Effizient eingesetzt werden konnten die Pferde aber erst nach drei wichtigen »technischen« Erfindungen: Im 11. Jahrhundert wurden Pferdekummet und Hufeisen erfunden, das Tandemgeschirr wurde verbessert. Diese drei Hilfsmittel ermöglichten es den Pferdegespannen, die schwereren Kreuzpflüge zu ziehen und damit die Bodenbearbeitung stark zu beschleunigen.

Der Kreuzpflug, die Drei-Felder-Wechselwirtschaft und die Pferdegespanne sorgten für einen erheblichen Produktivitätszuwachs auf dem vorhandenen Land und spornten zur Erschließung größerer Flächen Neulands an. Der landwirtschaftliche Überfluß führte vom 9. bis zum 12. Jahrhundert zu einem stetigen Bevölkerungszuwachs, der wiederum dazu, das vorhandene Ackerland übermäßig auszubeuten und noch mehr Waldgebiete für zusätzliche Anbauflächen zu roden. Ein Circulus vitiosus war in Gang gesetzt, wie er jedem größeren Entropieverzweigungspunkt vorausgeht. Um die Mitte des 14. Jahrhunderts war der Verzweigungspunkt erreicht. Bodenerschöpfung und eine immer stärkere Waldverknappung drohten der Bevölkerung von West- und Nordeuropa.

Der Historiker William McNeill schreibt darüber:

»Viele Teile Nordwesteuropas hatten im 14. Jahrhundert eine Art Sättigungsgrad an Menschen erreicht. Der große Ausdehnungsboom, der um 900 begann, führte zu einer Replikation von Gütern und Feldern über die gesamte Fläche des Landes, bis, zumindest in den am dichtesten besiedelten Regionen, nur noch spärliche Wälder übrigblieben. Da Waldland für die Lieferung von Brennstoff und als Quelle für Baumaterial lebensnotwendig war, schufen steigende Verknappungen ernste Probleme für die Besiedelung durch den Menschen.«[3]

Die ohnehin schon kritische Versorgungslage auf dem Lande verschlimmerte sich, denn auch die expandierende Bevölkerung in den Städten mußte ernährt werden. Im 11. Jahrhundert entwickelten sich Städte zu Handelszentren für die landwirtschaftlichen Überschüsse. Nun, da die Bevölkerung schneller wuchs als der landwirtschaftliche Ertrag, gab es keine landwirtschaftliche Produktion mehr, mit der sich hätte Handel treiben lassen. Die Städte verloren ihre wirtschaftliche Grundlage. Das gesamte ökonomische, soziale und politische Gefüge des Mittelalters begann auseinanderzubrechen. Es war an jenem kritischen Punkt angelangt, der nur durch eine neue Energiebasis überwunden werden konnte.

Um das Ausmaß der Energiekrise im Mittelalter zu begreifen, ist es wichtig zu verstehen, von welch entscheidender Bedeutung für die menschliche Existenz das Holz in diesen Zeiten war. Wie fossile Brennstoffe heute, wurde Holz damals für fast alles gebraucht. Lewis Mumford stellte eine Liste mit einigen Einzelheiten auf:

»Die Werkzeuge des Zimmermanns waren, bis auf die Schneide, aus Holz; der Rechen, das Ochsenjoch, der Karren, der Wagen waren aus Holz; ebenso der Waschzuber im Badehaus, der Eimer wie auch der Besen, und in bestimmten Teilen Europas die Schuhe des armen Mannes. Holz diente dem Bauern und dem Textilarbeiter: Der Webstuhl und das Spinnrad, die Öl- und die Weinpresse waren aus Holz, und sogar hundert Jahre nach ihrer Erfindung war die Druckerpresse noch aus Holz. Selbst die Rohre, die das Wasser in die Städte transportierten, waren häufig Baumstämme; die Zylinder von Pumpen... die Schiffe natürlich waren aus Holz gebaut... die wichtigsten Maschinen der größeren Handwerksbetriebe waren ebenfalls aus Holz.«[4]

Mumford faßt die Bedeutung des Holzes für das damalige Leben in der Beobachtung zusammen, daß »als Rohmaterial, als Werkzeug, als Maschine, als Gebrauchs- und Nutzgegenstand, als Brennstoff und als Endprodukt Holz die vorherrschende Ressource war«[5].

Obwohl das Abholzen der Wälder für die Kultivierung des Bodens den Holzvorrat stark reduzierte, waren eher der sich ausbreitende Handel und die beginnende Industrialisierung Ursachen für den fortschreitenden Holzmangel. Die neue Glas- und Seifenindustrie benötigte große Mengen an Holzasche. Aber es waren die Eisenproduktion und der Schiffbau, die die größte Nachfrage stellten. Im 16. und frühen 17. Jahrhundert war die Holzkrise in England so akut, daß königliche Kommissionen eingesetzt wurden, um das Abholzen der Wälder zu regulieren. Die Verordnungen erwiesen sich jedoch als nutzlos. In den dreißiger Jahren des 16. Jahrhunderts war Holz schon zweieinhalbmal so teuer wie im späten 15. Jahrhundert.

Um der Holzkrise zu entfliehen, wich man auf Kohle aus. Aber es ging beileibe nicht nur einfach darum, eine Energiebasis durch eine andere zu ersetzen. Der Wechsel vom Holz zur Kohle veränderte die Kulturen Europas, denn Holz war eine für den gesamten Lebensbereich wichtige Grundlage, Kohle dagegen nur ein Energielieferant.

Es begann in England im 13. Jahrhundert unter Heinrich II. Die Bewohner von Newcastle hatten kein Brennholz und froren sich buchstäblich zu Tode. Der König stimmte dem Abbau von Kohle als alternativer Energiequelle zu.

Im 15. Jahrhundert schrieb Papst Pius II., daß er sich bei einem Besuch in Schottland über den Anblick zerlumpter Leute verwundert habe, die sich vor den Kirchentüren anstellten, um »Stücke aus schwarzem Stein als Almosen zu empfangen, mit denen sie zufrieden fortgingen. Diese Sorte Stein verbrannten sie anstelle von Holz, wovon es in ihrem Lande keines mehr gab.«[6] Um 1700 etwa hatte in England die Kohle das Holz als Energiebasis endgültig ersetzt. Innerhalb der nächsten 150 Jahre war das auch im größten Teil Westeuropas der Fall.

Heute halten wir den Ersatz von Holz durch Kohle für einen großen Fortschritt. Die Menschen damals dachten anders darüber: Kohle wurde mit Verachtung und als eine minderwertige Energiequelle angesehen. Ihre Verarbeitung verursachte viel Schmutz. Edmund Howes beklagte 1631, daß »die Einwohner im allgemeinen gezwungen sind, ihr Feuer mit See- oder Steinkohle zu machen, sogar in den Gemächern ehrenwerter Persönlichkeiten«[7].

Kohle war außerdem schwieriger zu gewinnen und zu verarbeiten als Holz. Es erforderte erheblich mehr Aufwand und Energie, sie in eine nutzbare Form zu bringen. Der Grund dafür findet sich wieder einmal in der Wirkung des Zweiten Hauptsatzes. Die verfügbare Energie in der Welt wird fortwährend dissipiert. Die leichter zugänglichen Energiequellen werden stets zuerst genutzt. Jede spätere Gesellschaft stützt sich auf eine weniger leicht verfügbare Energieform als die voraufgegangene. Es ist schwerer, Kohle zu gewinnen und sie zu verarbeiten, als Bäume zu fällen. Es ist noch komplizierter, nach Öl zu bohren und es zu verarbeiten, und noch aufwendiger ist es, Atome für die Kernenergiegewinnung zu spalten. Richard Wilkinson blickt in seinem Buch *Poverty and Progress* (Armut und Fortschritt) auf die ökonomische Entwicklungsgeschichte des Menschen zurück:

»Im Laufe der ökonomischen Entwicklung war der Mensch immer wieder dazu gezwungen, die Ressourcen, von denen er abhängig war, gegen andere auszutauschen, und auch die Methoden, die er zu ihrer Ausbeutung anwandte, mußten geändert werden. Er mußte sich allmählich mit immer komplizierteren Verarbeitungs- und Produktionstechniken befassen, wenn er von leicht zu weniger leicht ausbeutbaren Ressourcen überwechselte... Im weitesten ökologischen Sinn bedeutet ökonomische Entwicklung die Entwicklung intensiverer Ausbeutungsmethoden der natürlichen Umwelt.«[8]

Wilkinsons These ist korrekt. Auch wenn ignorante Politiker und Fortschrittsfetischisten sie nicht akzeptieren wollen. Viel zuviele Menschen sind immer noch davon überzeugt, daß Geschichte sich in großen Sprüngen vorwärts bewegt, immer dann, wenn wieder eine »bessere« Methode, Arbeit zu bewältigen, auftaucht. Tatsächlich sind diese besseren Methoden in Wirklichkeit nur unterschiedliche Verfahren, Dinge zu tun, verursacht durch die Notwendigkeit, sich an kompliziertere, weniger leicht ausbeutbare Energieumgebungen anzupassen. Und, wie Wilkinson meint, jede neue Art, bestimmte Dinge zu tun, erfordert mehr Aufwand an Arbeit (oder Energie) als die alten Methoden – obwohl die Arbeit mit Hilfe nichtmenschlicher Energiequellen verrichtet wird. Die Entwicklung der Dampfmaschine ist dafür ein gutes Beispiel.

Als wir die Industrielle Revolution in der Schule behandelten, stellte man uns das so dar, daß eines Tages ein gescheiter junger Mann namens James Watt in seiner Garage oder wo auch immer bastelte und dort etwas erfand, das er die Dampfmaschine nannte. Er trat damit an die Öffentlichkeit, die neue Erfahrung feierte Triumphe, und im Nu war das Industriezeitalter da. Kein Lehrer erwähnte jenen Griechen namens Hero, der im 3. Jahrhundert vor Christus eine Dampfmaschine entworfen hatte, die aber nur als Spielzeug und zum Amüsement am königlichen Hof diente. Der Gedanke, sie zu Arbeitszwecken zu verwenden, tauchte gar nicht auf, denn dafür gab es ja genug Sklaven. Dies nur als Bemerkung am Rande, die Geschichte um die Entwicklung der modernen Dampfmaschine muß man kennen, weil sie sehr anschaulich demonstriert, daß größere technologische Änderungen (nicht gerade Verbesserungen existierender Technologien) auf Änderungen der Energiebedingungen in der Umwelt folgen.

Die moderne Dampfmaschine war dazu bestimmt und wurde zuerst dazu benutzt, den Kohleabbau zu erleichtern. Als die Kohlegruben tiefer in die Erde getrieben werden mußten, um die tiefer liegenden Schichten abzubauen, wurde es immer schwieriger, die Gruben zu belüften und die gehauene Kohle durch die Schächte ans Tageslicht zu fördern. Im 17. Jahrhundert entstand in den Minen noch ein weiteres Problem. Von einer bestimmten Tiefe an traf man auf den Grundwasserspiegel, und die Schächte mußten entwässert werden. Diese Probleme erforderten eine technische Lösung. Die Dampfmaschine war die Antwort. 1698 ließ Thomas Savery sich die erste Dampfpumpe patentieren.

Die im Bergbau verwendete Dampfpumpe war nur die erste einer langen Reihe mechanischer und struktureller Innovationen, die sich direkt auf die neue Energiequelle Kohle zurückführen ließen. So war zum Beispiel das Problem des Kohleabbaus mit der Einführung der Dampfpumpe gerade gelöst, als ein zweites und gleichermaßen gewichtiges Problem auftauchte – nämlich wie man die Kohle zu den verschiedenen Märkten im Lande transportieren konnte. Kohle war sehr schwer und konnte nicht einfach mit Pferdekarren über Land gezogen werden. Englische Straßen waren zum größten Teil ungepflastert. Das Eigengewicht der Kohle verursachte riesige Furchen in den Straßen, die es praktisch unmöglich machten, während der Regenzeiten zu fahren. Die Straßen hatten sich dann in Schlammlöcher verwandelt. Gleichzeitig stiegen die Preise für das Futter der Transportpferde in beinahe unerschwingliche Höhe. Da die Verknappung von Ackerland kritische Ausmaße annahm, war es unmöglich, genug Nahrung für Menschen und Pferde zugleich zu erzeugen. Not macht erfinderisch. Der Mensch konstruierte Dampflokomotiven und Eisenbahnschienen. Ähnlich der Dampfpumpe war die Dampflokomotive eine direkte Antwort auf die Probleme, die sich aus der neuen Energiequelle Kohle ergaben. Die Dampfpumpe und die Dampflokomotive bildeten gleichsam die Grundlage für die nun folgende industrielle Ära.

Die Dampfpumpe und die Dampflokomotive waren viel komplexere, mehr Energie verbrauchende Technologien als die Axt, das Pferd und der Karren der Holzära. Darüber hinaus war die Energiegewinnung sowohl ökologisch als auch technisch weit schwieriger geworden. Die ganze Geschichte hindurch verliefen qualitative Veränderungen der Technologie immer in Richtung auf größere Komplexität und deshalb größeren Energieaufwand, da sich jede größere Änderung in der Umwelt auf schlechter verfügbare, schwerer erreichbare Energiequellen zubewegte.

Die Einstellung auf jeweils neue Umweltbedingungen erfordert nicht nur größeren Arbeitsaufwand. Das Neue wird zunächst als minderwertiger Ersatz für das Alte angesehen. Erst aus größerer Distanz gilt es dann plötzlich als Fortschritt, gewöhnlich dann, wenn sich die neue Methode etabliert hat. Die Meinung zum Neuen kann jedoch rasch wieder ins Negative umschlagen. Vor die Wahl gestellt, Dosennahrung oder frische, natürliche Nahrung zu kaufen, würde sich heute kaum noch jemand für die Konserve entscheiden, obwohl sie lange Zeit als überlegene Alternative angespriesen wurde. Dennoch machen sich wohl die wenigsten Menschen klar, daß frische Lebensmittel nicht nur besser schmecken, sondern auch mit weit weniger Energieaufwand herzustellen sind als Konserven.

Wilkinson führt noch ein anderes treffendes Beispiel an: die Kleidung. In prähistorischen Zeiten kleideten sich die Menschen gewöhnlich in Leder. Als Tierfelle immer knapper wurden, mußten sie durch Schafwolle ersetzt werden. Im 17. und 18. Jahrhundert machte der zunehmende Bevölkerungsdruck in Europa die Schafhaltung immer unökonomischer. »Schafe fressen Menschen« wurde ein Schlagwort jener Zeit, und Forderungen wurden laut, mehr Weideland in Getreideanbauflächen umzuwandeln. Doch wie sollte dann der Wollbedarf gedeckt werden? Auch hierfür fand sich eine Lösung: Baumwolle, die billig in den

Überseekolonien angebaut und ins Mutterland importiert werden konnte. Der neue Rohstoff war nicht gerade ein befriedigender Ersatz. Friedrich Engels schreibt in seinem Buch *Die Lage der arbeitenden Klasse in England:*

»Die arbeitende Klasse... ist auch fast nie im Stande, überhaupt einen Faden Wolle zur Kleidung zu verwenden. Die schweren Baumwollzeuge aber, obwohl dicker, steifer und schwerer als wollenes Tuch, halten dennoch Kälte und Nässe viel weniger ab als dieses... Der Baumwollensamt (fustian) ist sogar sprichwörtlich die Tracht der Arbeiter geworden – fustian-jackets – so werden die Arbeiter genannt und nennen sich selbst so im Gegensatz zu den Herren in wollenem Tuch (broad cloth), welches letztere ebenfalls als Bezeichnung für die Mittelklasse gebraucht wird.«[9] Inzwischen ist die einst als minderwertig verurteilte Baumwolle in der Textilindustrie ein teures Material geworden. Wer nur wenig Geld für Kleidung ausgeben kann, kauft synthetische Ware.

Obwohl minderwertiger, benötigte man für jedes neu hergestellte Textilmaterial mehr Aufwand an Arbeit (Energie) für dessen Produktion als für das voraufgegangene. Es kostete nicht viel Arbeit, ein Tier zu töten, ein Fell zu gerben und daraus Kleider für die ganze Familie zu machen. Das Füttern und Weiden von Schafen, das Scheren und Spinnen von Garn und das Nähen wollener Kleidungsstücke bedeutete, daß eine ganze Menge mehr menschlicher und nichtmenschlicher Energie verbraucht wurde. Beim Anbau und der Verarbeitung von Baumwolle muß noch mehr Energie aufgewandt werden. Die Produktion von Synthetics, beginnend mit Ölbohrungen, fortgeführt mit aufwendigen chemischen Verfahren, verbraucht ein Maß an Arbeit (Energie) pro Kleidungsstück, das, verglichen mit dem Töten von Tieren und der Gerbung ihrer Felle, astronomisch hoch ist.

Und diesen Aberwitz nennen wir Fortschritt. In den nächsten beiden Kapiteln werden wir sehr viel detaillierter darauf eingehen, wie Veränderungen in der Technologie den Arbeitsinput pro Outputeinheit steigern und so den Entropieprozeß beschleunigen.

Technologie

»Der König trägt keine Kleider!« Dieses Gefühl überkommt einen, wenn man zum erstenmal erkennt, was Technologie eigentlich ist. Entfernt man alles Mystische, was sich um sie herumrankt, so bleibt – nackt und bloß – nur ein »Transformator« übrig. Keine Technologie, die jemals ein menschlicher Genius erdachte, ist mehr als ein Transformator von Energie aus dem Schatzhaus der Natur.

Es ist eine Ironie des Schicksals, daß wir in dem Maße, wie Technologie komplexer wird, Eigengesetzmäßigkeiten entwikkelt und irreversible Abhängigkeiten schafft, immer stärker davon überzeugt sind, sie sei völlig unabhängig von der Natur, so als würde die Technologie selbständig Energie erzeugen können oder mittels irgendeines mysteriösen Prozesses den vorhandenen Energiequellen weitere hinzufügen. Tatsache ist, daß Technologie niemals Energie erzeugt; sie verbraucht nur verfügbare Energie. Kein noch so raffinierter wissenschaftlicher Fortschritt kann den Zweiten Hauptsatz der Thermodynamik außer Kraft setzen. Fassen wir diese Gesetze noch einmal zusammen: Erstens, die gesamte Materie-Energie in der Welt ist konstant; sie kann weder erzeugt noch zerstört, sondern nur von einem Zustand in einen anderen umgeformt werden. Zweitens, die Transformation von Energie geschieht immer von einer verfügbaren Form in eine dissipierte Form oder aus einem geordneten in einen ungeordneten Zustand. Technologie ist der Transformator – nicht mehr und nicht weniger.

Obwohl dieser logische Zusammenhang jedem einleuchten sollte, überlassen wir uns weiter dem Wahn, daß Technologie uns aus der Abhängigkeit von unserer Umwelt befreien könnte, während doch genau das Gegenteil der Fall ist. Leben ist kein geschlossenes System. Menschen können, wie alle anderen Lebewesen, nur im Energieaustausch mit der Umwelt überleben. Ohne einen stetigen Energiezustrom aus der Umwelt würden wir alle innerhalb weniger Tage zugrunde gehen. Die Technologie vergrößert unsere Abhängigkeit von der Natur, genauso wie sie uns physisch weiter von ihr entfernt. Wir sind abhängiger geworden mit unserem wachsenden Bedarf an Energie, die letztendlich immer aus natürlichen Ressourcen stammt.

Auch verharren wir hartnäckig in dem Glauben, daß Technologie größere Ordnung in der Welt schafft, während doch wiederum genau das Gegenteil der Fall ist. Das Entropiegesetz sagt uns, daß jedesmal, wenn verfügbare Energie verbraucht wird, die Unordnung irgendwo in der Umgebung größer wird. Der massive Energiedurchfluß in der modernen Industriegesellschaft erzeugt massive Unordnung in der Welt, in der wir leben. Je schneller wir unsere Technologie ausfeilen, desto stärker beschleunigen wir den Entropieprozeß, desto schneller dissipiert die verfügbare Energie. Wir steuern also rasch und unaufhaltsam auf eine Auflösung der natürlichen Strukturen zu.

Kurz, wir leben in einer alptraumhaften Orwellschen Welt. Wir sind inzwischen davon überzeugt, daß die Art, wie wir an die Dinge herangehen, eine Welt schafft, die ganz unterschiedlich ist von der, die wir wirklich meinen. Genau wie in Orwells *1984*, wo die Gesellschaft überzeugt war, daß Krieg Frieden sei und Lüge Wahrheit bedeute, haben wir uns eingeredet, daß, was realiter Unordnung ist, Ordnung sei, Verschwendung einen Wert darstelle und ein Mehr an Arbeitsaufwand weniger Arbeit sei.

Je tiefer unsere Welt im Chaos versinkt, desto weniger sind wir willens, die Ursache des Problems zu erkennen. Statt dessen verstricken wir uns nur noch fester in unserem technologischen Netz, verteidigen es gegen jede Kritik, unfähig zu erkennen, wie unsere Umwelt leidet, und noch weniger fähig zu sehen, was die geschädigte Umwelt wiederum uns antut. Wir klammern uns weiter an die Fiktion, wir seien sicher umhüllt und geschützt, obwohl doch unsere Schutzlosigkeit gegenüber den Gefahren einer Welt zunimmt, zu deren fragmentarischer Unordnung wir selbst beitragen.

Externe Kosten

In letzter Zeit ist es Mode geworden, von den »externen Kosten« der Technologie zu reden. Der Begriff bezeichnet die unvorhergesehenen Kosten, die sich aus sogenannten Sekundäreffekten eines bestimmten Produkts, eines Verfahrens, eines Programms oder einer Dienstleistung ergeben. Auch dem Laien ist dieser Begriff inzwischen vertraut. Wenn sich ein Kernkraftwerksunfall ereignet und radioaktive Niedrigstrahlung in die Umwelt abgegeben wird, taucht sogleich die Frage auf, wer für welchen Schaden aufkommt – die Öffentlichkeit, der Betreiber, der Hersteller oder der Staat. In diesem Fall spricht man von externen Kosten. Wann immer Politiker oder Wirtschaftswissenschaftler von »externen Kosten« reden, vermitteln sie den Eindruck, daß es sich hier nur um ärgerliche Nebeneffekte handle, die unsere technologische Entwicklung eben gelegentlich begleiten. Diese Nebeneffekte seien zwar oft recht teuer, müßten aber in Kauf genommen werden, da der ungleich größere Nutzeffekt den entstandenen Schaden nicht nur ausgleiche, sondern bei weitem übertreffen werde. Genau das aber trifft nicht zu. »Externe Kosten« sind nur ein bequemer Trick, das Entropiegesetz zu überlisten und seine Konsequenzen zu umgehen. Die durch jede neue Technologie geschaffene Unordnung ist kein *Neben*effekt. Auch schlagen die »externen Kosten« langfristig nicht weniger zu Buche als der Nutzen, der aus einer bestimmten Technologie entsteht, nur eben negativ. Wäre dies nicht so, könnte die Technologie für sich beanspruchen, den Zweiten Hauptsatz in Frage zu stellen, und sie hätte wirklich den Status der Unantastbarkeit, den wir ihr verliehen haben, verdient. In Wahrheit ist jede Technologie eine Insel der Ordnung, die vorübergehend auf Kosten einer größeren Unordnung in ihrer Umgebung existiert. Vor zwanzig Jahren hätte das kein Amerikaner glauben wollen. Damals glaubten wir alle, daß die Vorzüge der Technologie deren Mängel immer ausgleichen würden. Wenn die Technik manchmal versagte und so unerwünschte Nebeneffekte entstanden, suchte man die Lösung in der Entwicklung und Anwendung neuer Technologien, die die Fehler der alten zudeckten. Preist man der Öffentlichkeit heute neue Technologien an, die für die Gesellschaft von großem Nutzen sein sollen, muß man wahrscheinlich mit einer skeptischen Reaktion rechnen. Gleich ob es sich um eine neue Methode der Energienutzung oder ein neues Wunderheilmittel handelt, die Antwort lautet häufig: »Erst einmal abwarten und sehen.« Während, oberflächlich betrachtet, der Nutzen die Mühe wert wäre, nagt doch in jedem von uns der Zweifel, weil wir nicht wissen, ob nicht früher oder später der vermeintliche Fortschritt größere Probleme schafft, als es die sind, zu deren Überwindung man seinen Weg beschritt. Kernkraft, radioaktive Niedrigstrahlung und – als Folge davon – Krebs. Größere und schnellere Autos, Kohlenmonoxidvergiftung und Verschmutzung. Das Entropiegesetz wählt nicht aus. Es wirkt überall, zu jeder Zeit. Jacques Ellul, Autor von *The Technological Society* (Die technologische Gesellschaft) und vielleicht bekanntester Technologiekritiker, stellt fest: »Die Geschichte zeigt, daß jede Anwendung einer Technik von Anfang an bestimmte unvorhersehbare Sekundäreffekte mit sich bringt, die sich verhängnisvoller auswirken, als es das Fehlen dieser Technik gewesen wäre.«[10]

Wenn Ihnen das nächste Mal ein Technologe, Politiker oder Industrievertreter erzählt, er könne die Sekundäreffekte eliminieren, die automatisch mit einem bestimmten Programm, Produkt oder Verfahren verbunden sind, sei es durch bessere Planung, bessere Führung oder bessere Konstruktion, denken Sie an den Zweiten Hauptsatz der Thermodynamik. Es ist wahr, daß sich Sekundäreffekte vorübergehend durch die Anwendung einer zusätzlichen Technologie beseitigen lassen. Aber die Lösung wird unweigerlich zu einer größeren Unordnung führen als der, zu deren Beseitigung sie angewendet wurde. Ellul sagt dazu: »Jede folgende Technik kam auf, weil die voraufgegangene die Notwendigkeit für die folgende schuf.«[11]

So wirkt der Zweite Hauptsatz, um den wir uns eben nicht herumlügen können. Dennoch fragen wir uns, wie es kommt, daß trotz der größeren Technisierung unsere Welt immer schlechter funktioniert und die Ordnung auseinanderzufallen droht.

Wie jemand Feuer mit Benzin zu löschen versucht. Je schneller wir die ›Transformatoren‹ vervielfachen, desto schneller wird die verfügbare Energie verbraucht, und desto schneller steigen Dissipation und Unordnung. Die Probleme breiten sich schneller aus als Lösungen dafür gefunden werden können.

Viele Leute argumentieren auch damit, daß die ganze Geschichte hindurch jede Kultur die Technologie benutzt hat und mehr oder weniger in der Lage gewesen ist, sich ihr ohne katastrophale Konsequenzen anzupassen. Warum sollte uns nicht das gleiche gelingen? Was diese Leute übersehen, ist der wesentliche Unterschied zwischen der Technik in der modernen Kultur und der Technik in den voraufgegangenen Kulturen. In allen anderen Zivilisationen der vorindustriellen Ära war Technik auf die Funktionen ihres ureigensten Gebiets beschränkt: Sie wurde als Werkzeug benutzt, nicht aber als ein Modus, das ganze Leben zu organisieren. Im Weltmaschinenparadigma wurde die Technik zur allgemeinen Methode, sämtliche Aktivitäten des Lebens zu organisieren. Man versucht bewußt, sie in jeden Aspekt unseres täglichen Lebens einzubringen, weil man damit das Ziel verfolgt, alles voraussagbar und synchron zu machen. Solange nämlich Teilbereiche unserer Kultur noch von technischen Prozessen ausgeschlossen bleiben, sind sie nicht voraussagbar und daher unkontrollierbar. Man ist aber davon überzeugt, daß das System als Ganzes niemals wirklich reibungslos funktionieren kann, solange sich noch einige verborgene Winkel der Voraussagbarkeit und Kontrolle entziehen.

Mit unseren Bemühungen, Technik und Ordnung in alle Aktivitäten des Lebens zu bringen, beschleunigen wir nur den Transformations- und Entropieprozeß. Der Wissenschaftler Eugene Schwartz verglich in seinem Buch *Overskill* unsere Anstrengungen, eine technologische Gesellschaft zu schaffen, mit einem riesigen Eichhörnchenkäfig, »in dem die Techniker schneller und schneller laufen müssen, um am gleichen Platz zu bleiben. Anders als im Eichhörnchenkäfig jedoch fallen sie, je schneller sie laufen, desto mehr zurück. Jede Quasilösung hat eine Multiplikationswirkung auf die verbleibenden Probleme.«[12] Mehr noch, jede neue Problemgruppe ist schwieriger zu lösen als die voraufgegangene, da die Entropie der Umgebung mit jedem abgelaufenen Ereignis gewachsen ist und die verfügbare freie Energie abgenommen hat. Es wird schwieriger, Ordnung aufrechtzuerhalten, und teurer, Ordnung zu schaffen. Je mehr wir versuchen, die Technik über die gesamte Kultur auszubreiten, desto mehr zerfällt die Gesellschaft. Der ganze Prozeß der Komplexität, wachsender Probleme, wachsender Entropie und wachsender Unordnung schreitet exponentiell voran, und das macht die moderne Weltkrise so beängstigend.

Damit wir über das Wort *exponentiell* nicht gedankenlos hinweglesen, sehen wir uns einmal an, was es im Zusammenhang mit den Problemen einer technologischen Gesellschaft bedeutet. Exponentielles Wachstum verläuft im Gegensatz zum linearen Wachstum potenziert. Der Ökologe G. Tyler Miller erklärt das so: Wenn Sie ein Stück Papier nehmen, das ca. ein Hundertstel Millimeter dick ist, und es nur 35mal falten, würde das die Strecke von Los Angeles bis New York City ergeben. Wenn Sie das Papier 42mal falten, würde es von dem Ort, an dem Sie sich gerade befinden, bis zum Mond reichen. Und wenn Sie es nur ein paarmal mehr falten, sagen wir etwa 50mal, würde sich das Papier über 1,4 Milliarden Kilometer erstrecken, von Ihnen bis zur Sonne. Das exponentielle Verhalten der technologischen Position ist eine Fahrt ohne Rückfahrkarte in den Untergang des Lebens und des Planeten Erde.

Schwindende Erträge der Technologie

Amerikanische Wirtschaftsmagazine sind voll von Artikeln, die den Niedergang der amerikanischen Technologie beklagen. Das ist von großer Bedeutung, da technologischer Fortschritt immer die wichtigste Stütze für die ökonomische Überlegenheit Amerikas in der Welt war. Für den plötzlichen Abstieg werden verschiedene Gründe angegeben. Manche Leute machen eine schlechtere akademische Ausbildung dafür verantwortlich. Andere machen sinkende Profitraten und Investitionshindernisse dafür verantwortlich. Es wird argumentiert, daß Regierungsvorschriften und Restriktionen den Zeitraum zwischen der Entdekkung neuer Produkte und Verfahren und ihrer Einführung auf dem Markt zu sehr vergrößern und damit Kosten und Risiko der Forschung erhöhen. Noch andere führen die Flaute auf Umweltschutzvorschriften zurück, von denen Forschung und der Einsatz des Endproduktes entschieden beeinträchtigt werden.

In Hearings vor dem Vereinigten Wirtschaftskomitee des Kongresses im Jahre 1976 äußerten viele Technologie-Experten sogar die Vermutung, daß die sinkenden Erträge ein weltweites Phänomen seien und Amerikas großer technologischer Fortschritt in der Vergangenheit wahrscheinlich niemals wiederholt werden könne. Ein Hearing-Teilnehmer schockierte die Kongreßversammlung mit der Feststellung, daß es in den letzten zehn Jahren, während derer Milliarden von Dollars in Forschung und Entwicklung investiert wurden, nur zwei technologische Durchbrüche mit 100 %igem Verkaufserfolg gegeben hat – bügelfreie Hosen und Taschenrechner. Kein sehr eindrucksvolles Ergebnis. Bei all diesen Streitereien zu den Fragen, wer oder was verantwortlich zu machen sei und was man tun könne, hatten anscheinend nur wenige Experten begriffen, worin die Ursache für die schwindenden Erfolge der Technologie lag.

Kehren wir zu unserem Ausgangspunkt zurück. Technologie ist nicht irgendeine Art unabhängiger, autonomer Kraft. Sie ist nur ein Transformator von Energie. Daher folgen größere Durchbrüche in der Technologie dicht auf den Wechsel der Energiequelle. Spezifische Technologien werden nämlich dafür entwickelt, die Energie spezifischer Energieumgebungen zu transformieren. (Man erinnere sich zum Beispiel daran, daß die Dampfmaschine, die die Basistechnologie der Industriellen Revolution war, erfunden wurde, um die Energie, die als Kohle unter der Erde lag, zu transformieren.) Auf den frühen Stufen einer neuen Energieumgebung breitet sich die neue Art von Technologie in jede Richtung aus. Das ist der Zeitraum, in dem die technologische Basis einer neuen Energieumgebung gelegt wird. Da wird viel experimentiert, und ein ganzes Spektrum technologischer Folgeentwicklungen entsteht kurz hintereinander. Häufig verringern sich auch die Kosten für die Folgeentwicklungen in dem Maße, wie die Technologie verfeinert wird. Sowie sich jedoch die Technologie ausbreitet und den Energiefluß durch das System erhöht, bewegt sich die Entropie der Umgebung stetig auf ein Maximum zu, und die Erträge des gesamten Energieflusses beginnen zu sinken. Gesteigerte Energiegewinnung wird teurer und komplizierter. Die mit der Energienutzung zugleich geschaffene Unordnung steigt, übt wachsenden Druck aus und erlegt neuen technologischen Alternativen weitere Einschränkungen auf. Ein kritischer Punkt ist erreicht, wenn der existierende »Typ« von Technologie das Niveau der Energietransformation, von dem die Gesellschaft inzwischen abhängig geworden ist, nicht mehr aufrechterhalten kann. Von diesem Punkt an wird weniger Anstrengung für neue technologische Entwicklungen aufgewendet und dafür den Verbesserungen existierender Technologien mehr Aufmerksamkeit gewidmet in dem doppelten Bemühen, sowohl die Probleme, die durch die gestiegene Unordnung entstanden sind, zu lösen, als auch die Energiebedürfnisse angesichts einer erschöpften Energiebasis zu befriedigen. Das genau ist es, was heute in den Vereinigten Staaten geschieht.

Der Präsident von Mobil Oil, Rawleigh Warner jr., stellt dazu fest: »Die Industrie ist dazu gezwungen worden, immer mehr ihrer Forschungsgelder für die Einhaltung von Umweltschutz-, Gesundheits- und Sicherheitsvorschriften auszugeben – und sich damit immer weiter von längerfristigen Anstrengungen zu entfernen, die auf einen größeren wissenschaftlichen Fortschritt gerichtet waren.«[13] Einige Industrien, wie Eisen und Stahl, verwenden jetzt über 20 % ihres gesamten Kapitalaufwands für Umweltverschmutzungs-Kontrolleinrichtungen.[14] Eine Studie der Brookings Institution kam zu dem Ergebnis, daß solche Ausgaben für eine 17–20 %ige Abnahme der wirtschaftlichen Wachstumsrate in einem Jahr verantwortlich sind. Dieselbe Studie schätzt, daß in der Mitte der achtziger Jahre die jährlichen Geschäftsausgaben für umweltschutzbezogene Einrichtungen 40 Milliarden Dollar (Stand 1975) übersteigen werden.[15] Zur selben Zeit veröffentlichte das National Petroleum Institute eine Schätzung, daß infolge der zur Neige gehenden Energiebasis in den nächsten Jahren zusätzlich 172 Milliarden Dollar aufzuwenden sind, um schwieriger ausbeutbare Quellen fossiler Brennstoffe zu erforschen und zu erschließen.[16]

Schließlich bricht die Technologie zusammen, wenn sich die Energieumgebung, für die sie entwickelt worden war, ihrem eigenen Entropieverzweigungspunkt nähert. Kürzlich gestanden die Redakteure von *Newsweek* in einer Titelgeschichte unter der Überschrift ›Innovation‹ diese grundlegende Tatsache ein: »Die Aushöhlung der technologischen Vorrangstellung Amerikas ist bis zu einem gewissen Grad natürlich unvermeidbar. Die Vereinigten Staaten können sich nicht länger auf den natürlichen Reichtum ihres Landes verlassen... die Ressourcen sind erschlossen und teilweise erschöpft.«[17]

Es sollte betont werden, daß sich um einen bestimmten Typ von Energiefluß die führenden Technologien und Techniken in der Regel zu einem gemeinsamen Energieband zusammenfügen. Die Art der wirtschaftlichen Institutionen, die Form des Transport- und Kommunikationssystems, die Lage, Struktur und Funktion von Groß- und Kleinstädten leiten sich alle von einem gemeinsamen Energiefluß ab. Wenn dieser Energiefluß einen Entropieverzweigungspunkt erreicht hat und ein neuer Energierahmen entsteht, werden die verschiedenen technologischen Strukturen des alten Energieflusses entweder radikal verändert, oder – noch häufiger – sie sind zum Sterben verurteilt, wenn die alte Energiequelle erschöpft ist. Sogar eine oberflächliche Betrachtung der technologischen und institutionellen Veränderungen, die beim Übergang der Gesellschaft von der Holz- zur Kohlebasis und von der Kohle- zur Ölbasis stattfanden, bestätigt diese einfache Beobachtung.

Entwicklung der Institutionen

Die Historiker haben beobachtet, daß auf einer bestimmten Stufe in der Entwicklung einer Kultur oder Zivilisation ein Prozeß der Universalisierung einsetzt. Das heißt, es wird der Versuch unternommen, die verschiedenen wirtschaftlichen und politischen Aktivitäten zentral zu kontrollieren. Schließlich ist der Punkt erreicht, wo eine weitere Vereinigung unmöglich ist und Kultur und Zivilisation zusammenbrechen und zu zerfallen beginnen. Bevor aber dieser Punkt erreicht ist, versucht man jede neue Krise mit einem Maximum an zentralisierter Kontrolle aufzufangen. Sicherlich war das bei allen Industrienationen der Fall. Jede neue soziale und wirtschaftliche Krise wird vom Establishment unweigerlich mit einer neuen Form von Kontrolle und neuen Vorschriften beantwortet, und immer mehr Autorität wird von weniger Leuten ausgeübt. Selten wird eine Krise dadurch gelöst, daß man die Macht dezentralisiert und Verantwortung und Kontrolle auf eine größere Anzahl Menschen verteilt. Die Tendenz, daß gesellschaftliche Vorgänge und Institutionen immer umfänglicher, komplexer und zentralisierter werden, gilt auch für verschiedene Formen von Technologie. Die Ursache dafür liegt wieder einmal in der Wirkung des Entropiegesetzes.

Auch wirtschaftliche und politische Institutionen sind Energietransformatoren. Ihre Aufgabe ist es, den Energiestrom leichter durch das Kultursystem zu leiten. Auf der ersten Stufe eines neuen Energieumfelds sind die wirtschaftlichen und politischen Institutionen allgemein flexibler, und zwar, weil auf dieser frühen Stufe der Energiefluß primär dazu genutzt wird, neue Technologien für die neue Energieumgebung zu schaffen. Während nur etwas Energie durch die größeren Systeme fließt, wird noch viel bei der Entwicklung der ›Umwandlungsmaschinerie‹ verschwendet. Auf dieser Stufe dienen die ökonomischen und politischen Institutionen mehr als Designer und Koordinatoren. Ihre Aufgabe ist zunächst die Innovation, und sie benötigen daher ein großes Maß an Manövrierfähigkeit.

Sogar in Gesellschaften, die schon zu Beginn der neuen technologischen Entwicklung großes Gewicht auf die Reglementierung der Bevölkerung legen, müssen die ökonomischen und politischen Institutionen immer noch relativ flexibel und unkompliziert bleiben, um die technologischen Alternativen und die Voraussetzungen für ihre Erforschung voll auszuschöpfen.

In der Anfangsphase einer solchen Umwälzung wird die Gesellschaft immer von einem Großteil des Energieflusses ausgeschlossen, denn der wird in den Aufbau einer neuen Basis von Energietransformatoren geleitet. Die harten Lebensbedingungen und der Dirigismus werden im allgemeinen erduldet, da die Bevölkerung verzweifelt ist und die ungeheure Entbehrung und Unordnung erfahren hat, die die letzten Stadien des alten Energierahmens begleiteten. Dies galt sicher auch für die Millionen europäischer Bauern, die im 17., 18. und 19. Jahrhundert vom Land in die Slums der Städte flohen. So schlecht die Bedingungen in den Industriestädten und Fabriken auch waren, sie waren nicht schlechter als die Bedingungen auf dem Land, wo Holzmangel, ausgelaugter Boden und rascher Bevölkerungszuwachs Hunger und Elend verbreiteten.

Auf der zweiten Stufe eines neuen Energierahmens fließt dann immer mehr Energie direkt durch das Sozialgefüge. Auf dieser Stufe hat sich die technologische Ausgangsbasis etabliert. Von nun an beginnt die Technologie zu expandieren. An diesem Punkt setzt die Eigendynamik des Entropieprozesses ein. Der Energiedurchfluß schafft größere sekundäre Unordnung in seinem gesamten Wirkungsbereich.

Dabei entstehen gewissermaßen drei allgemeine Arten von Unordnung: Die erste ist das Ergebnis der Transformation von Energie in verschiedene Produkte und Dienstleistungen; die zweite entsteht aus dem Energieaustausch zwischen Individuen und Gruppen; und die dritte ergibt sich aus der Lagerung von Energieabfällen. Wie schon gesagt, hängt das Überleben der Menschen vom Energiefluß ab, und sie befinden sich ständig im Prozeß der Transformation, des Austausches und der Ablagerung von Energie. So beeinflußt die Energieflußlinie unser Wirtschaftsleben. Jedesmal, wenn wir einem Produkt unsere eigene

Arbeit hinzufügen oder eine Dienstleistung verrichten, verbrauchen wir Energie und erhöhen damit die Gesamtentropie der Umgebung. Jedesmal, wenn wir Geld für ein Produkt oder eine Dienstleistung ausgeben, symbolisiert das gesetzliche Zahlungsmittel den Preis für Energie, die wir zuvor verbraucht haben. Geld ist letzten Endes nichts anderes als gespeicherter Energiekredit. Löhne und Gehälter dienen als Bezahlung für geleistete Arbeit oder eben verbrauchte Energie. Jedesmal, wenn wir etwas wegwerfen, sei es ein alter Mantel oder die Essensreste von gestern, wird wieder Energie vergeudet. Auf jeder Stufe in der Flußlinie wird Energie transformiert, ausgetauscht oder abgelagert. Während des gesamten Prozesses wird Energie zerstreut, und fortwährend steigt in der Umgebung die Entropie. Art, Erscheinungsbild und Ausmaß der Unordnung hängen daher vom Aufbau der Energieflußlinie ab. Die Art, wie die Arbeit in einer Gesellschaft zugewiesen wird (die Transformation der Energie), wie die Energie zwischen verschiedenen Leuten, Gruppen und Einrichtungen verteilt wird (Austausch der Energie) und wie die Abfälle auf jeder Stufe des Durchflußprozesses beseitigt werden (Energieablagerung), bestimmt die soziale, wirtschaftliche und politische Natur der entstehenden Unordnung.

So wie die Unordnung entlang der ganzen Flußlinie steigt, wird auch der Fluß selbst in seiner Bewegung behindert. Um einen maximalen Durchbruch aufrechtzuerhalten, muß die sich immer schneller im ganzen System ausbreitende Unordnung fortwährend wieder beseitigt und neue Ordnung hergestellt werden. Ökonomische und politische Institutionen erweitern ihre Funktionen und dehnen ihren Einflußbereich aus. Sie übernehmen allmählich eine Art Wartungs- und Reparaturfunktion. Die Bürokratien wachsen mit jeder weiteren Krise. Wenn die Unordnung an jedem Punkt der ganzen Flußlinie so groß wird, daß sie das weitere Funktionieren eines Teils oder gar der ganzen Gesellschaft bedroht, veranlaßt das die zuständigen Institutionen, das Hindernis zu beseitigen. Unter dem Druck, die steigende soziale und wirtschaftliche Unordnung abzufangen und zu zügeln und den maximalen Durchfluß zu gewährleisten, blähen sich die

Institutionen auf. In periodischen Abständen, wenn es ihnen nicht länger gelingt, das drohende Chaos im Griff zu behalten, bersten die Institutionen auseinander. Wenn das geschieht, werden neue, noch größere und stärker zentralisierte Institutionen aufgebaut, um aus der Unordnung wieder Ordnung zu gestalten, und so fort.

Gleichzeitig versucht der Staat – wenn das möglich ist –, seinen Einflußbereich geographisch zu erweitern, daß heißt auf neue Territorien auszudehnen, um an neue Quellen noch verfügbarer Energie zu gelangen. Jede imperialistische oder kolonialistische Expansion dient dazu, neue Energiequellen zu sichern. Natürlich erfordern neue Eroberungen wiederum einen noch größeren Energieaufwand, um Armeen, Waffen und Bürokratien bereitzustellen, die die neuen Territorien in Besitz nehmen und verwalten. Die staatlichen Institutionen werden noch größer und stärker zentralisiert.

Schließlich erreicht die Gesellschaft Stufe drei, wo der ganze Komplex ihrer Institutionen (ihre wirtschaftliche und politische Organisationsstruktur) so stark zentralisiert und ausgebaut worden ist, daß die Aufrechterhaltung des Systems mehr Energie erfordert, als dieses sich leisten kann. Jeder, der sich schon einmal die eskalierenden Kosten angesehen hat, die für die Unterhaltung gewaltiger multinationaler Konzerne und riesiger Staatsbürokratien aufgebracht werden müssen, kommt nicht um die Feststellung herum, daß in ihre Funktionsfähigkeit immer mehr Energie (oder Arbeit) investiert werden muß, sie dabei aber immer weniger Leistung liefern. Der Institutionenkomplex, der doch den Energiefluß durch die Kultur erleichtern sollte, wird zum Parasiten, der einen Großteil des verbliebenen Energievorrats auffrißt. Der gesamte Verlauf des Energieflusses verlangsamt sich, und die Gesellschaft beginnt dahinzusiechen. Auf den letzten Stufen kann auch der Institutionenkomplex nicht mehr mit genügend Energie versorgt werden. Ist dieses Stadium erreicht, beginnen die Strukturen sich aufzulösen. Die Gesellschaft wird zunehmend verwundbar gegenüber Eroberungsversuchen anderer Nationen oder inneren Aufständen und Revolutionen. Ein Entropieverzweigungspunkt ist erreicht. Aufstieg und Fall des antiken Ägypten, Mesopotamiens, Roms und der Zivilisationen des Fernen Ostens sind alle klassische Beispiele für den Verlauf dieses Prozesses. Aber auch jede andere größere Zivilisation, die wir kennen, ist denselben Weg gegangen.

Ist dieser Weg unvermeidlich? Die Antwort lautet ja, jedenfalls solange es die meisten menschlichen Gesellschaften vorziehen, auf der Kolonisierungsstufe zu verharren, anstatt den Schritt auf die klimaktische Stufe der Existenz hin zu tun.

In der Kolonisierungsphase liegt das Schwergewicht immer auf der Vermehrung des Energieflusses. Wie wir aber schon gesehen haben, beschleunigt ein wachsender Energiestrom immer den Entropieprozeß und beschleunigt die Akkumulation von Unordnung, was zu größerer institutioneller Kontrolle, Komplexität und Zentralisierung führt. Nebenbei gesagt, wird der Begriff *Kolonisierung* nicht zufällig benutzt. Die Kolonisierung der Überseegebiete durch die großen imperialistischen Mächte im 18. und 19. Jahrhundert ist ein anschauliches Beispiel für die gerade skizzierte These der historischen Entwicklung. Koloniale Administrationen sollten dazu dienen, den Energiefluß von den Kolonien zum Mutterland zu erhöhen. Sowie der Entropieprozeß voranschritt und die Unordnung wuchs, mußten die kolonialen Administrationen ihre Bürokratien und Armeen vergrößern und deshalb mehr Energie aus dem allgemeinen Fluß zur Sicherung ihrer eigenen Existenz abzweigen. Endlich konnten die Besatzungsarmeen und kolonialen Administrationen nicht länger von den Mutterländern versorgt werden und wurden so zu Parasiten der lokalen Energieversorgung. Darauf reagierte die eingeborene Bevölkerung im Regelfall mit Rebellion und Umsturz.

Nur in einem klimaktischen Bezugssystem kann der Prozeß stetig steigender Komplexität und Zentralisierung verzögert werden. Durch die Verminderung des Energiedurchflusses wird der Entropieprozeß verlangsamt (aufgehalten werden kann er nie) und damit auch das Fortschreiten der Unordnung. Wenn der Energiedurchfluß konstant auf einem niedrigen Niveau gehalten wird, können die Institutionen, die für seine Leistung durch das soziale System verantwortlich sind, in einem stationären Zustand mit niedriger Wachstumsrate gehalten werden. Nur wenn eine Gesellschaft immer mehr Energie aus ihrer Umwelt herauspreßt, nehmen Zahl und Umfang der Institutionen (und anderer Technologien) zu, und zwar sowohl hinsichtlich ihrer Komplexität als auch hinsichtlich ihres Dirigierens. Eine klimaktische Existenzweise bevorzugt also kleine, dezentralisierte Institutionen; eine Existenzweise, die sich der Kolonisierung verschrieben hat, begünstigt große, zentralisierte Institutionen.

Spezialisierung

Spezialisierung geht Hand in Hand mit steigender Komplexität und Zentralisierung. In einer technologischen Gesellschaft wird alles zu einer Komponente der expandierenden sozialen Maschine – einschließlich der Menschen. Als Folge der immer komplexeren und stärker zentralisierten Funktionen der Gesellschaft insgesamt wird jede einzelne Funktion immer stärker verfeinert, begrenzter und abhängiger von allen anderen Funktionen des Systems. Nur so kann dieses überleben.

Jeder, der nur ein wenig von Maschinen versteht, wird folgendes nicht zu leugnen wagen: Je einfacher eine Maschine konstruiert ist und je weniger Teile sie hat, desto weniger störanfällig ist sie auch. Eine vergleichsweise einfache Maschinerie ist also flexibler und kann leichter an wechselnde Bedürfnisse angepaßt werden. Im Gegensatz dazu hat unsere technologische Gesellschaft ihre Funktionen so spezialisiert, daß das ganze System zusammenzubrechen droht, wenn auch nur ein Teil der Maschinerie versagt.

Am 9. November 1965 erfuhren etwa 30 Millionen Amerikaner am eigenen Leib, was in einer überspezialisierten Gesellschaft geschehen kann, wenn nur eine winzige spezialisierte Funktion für einen Augenblick ausfällt. An diesem Tag versagte am späten Nachmittag ein kleines elektrisches Relais in einem Elektrizitätswerk in Ontario. Innerhalb von Minuten war fast der gesamte nordöstliche Teil der Vereinigten Staaten ohne Elektrizität. Tausende fanden sich auf einmal eingeschlossen in Fahrstühle und U-Bahn-Waggons. Die Straßenbeleuchtung erlosch. Daraufhin bildeten sich dichte Verkehrsstaus entlang der gesamten Ostküste. Als es Abend wurde, versank dieser Teil des Landes in totaler Finsternis. Es gab weder Licht noch Wärme, noch eine der anderen vielen Segnungen der technologischen Gesellschaft, von denen unser Überleben inzwischen abhängig geworden ist.

Wir finden weniger dramatische, aber ebenso prägnante Beispiele für die Verwundbarkeit unserer überspezialisierten Gesellschaft auch in unserem Alltag. Wenn beispielsweise ein Stahlarbeiterstreik in Gary zu lange dauert, verliert womöglich jemand seinen Arbeitsplatz, auch wenn er Kassierer in einem Kaufhaus in Denver ist. Wenn die großen drei Autohersteller ihre Produktion einschränken oder gar ganz einstellen, müssen die Zulieferindustrien, die alles vom Glas bis zu den einzelnen Plastikteilen für die Autos liefern, ebenfalls ihre Produktion empfindlich zurückschrauben. Da einer von sechs Arbeitsplätzen direkt oder indirekt von der Autoindustrie abhängt, erleidet die Wirtschaft bei längerer Produktionsverlangsamung oder -einstellung schwerwiegende Krisen. Die Kaufkraft der Konsumenten würde sinken, und der Kassierer aus dem Warenhaus in Denver würde sich selbst in der Schlange der Arbeitslosen wiederfinden, weil weniger gekauft wird.

Technologische Spezialisierung schränkt den Wirkungsbereich jeder Funktion in der Gesellschaft so ein, daß es absolut unmöglich ist, eine bestimmte Funktion einer anderen Aufgabe anzupassen. Jede Komponente ist ganz spezifisch darauf ausgerichtet, ihre Aufgabe zu erfüllen, und für jede andere ungeeignet. Wenn sich das Wesen der Aufgabe ändert, wird die Komponente wertlos. Das gleiche gilt im Falle menschlicher Spezialisierung. Jeden Tag stoßen wir auf die Grenzen des Spezialistentums. Von einem Facharzt für Fußkrankheiten etwa kann man kaum medizinische Hilfe bei irgendwelchen anderen physischen Unpäßlichkeiten erwarten. Einem auf Antitrustgesetze spezialisierten

Rechtsanwalt sollte man nicht gerade seine Ehescheidung anvertrauen. Das *Dictionary of Occupational Titles* führt jetzt schon über 20 000 spezialisierte Berufe in Amerika auf. Wir sind an jenem Punkt angelangt, wo jeder von uns immer mehr über einen immer kleineren Bereich weiß.

Überspezialisierung, sagen die Biologen, ist einer der Hauptfaktoren für das Aussterben einer Spezies. Wenn sich eine Spezies in einem ganz bestimmten Ökosystem überspezialisiert, verliert sie gewöhnlich die Fähigkeit, sich einem Wechsel der Umweltbedingungen anzupassen. Sie besitzt nicht die Flexibilität und Vielseitigkeit, um den Übergang zu vollziehen. Wir sind heute so überspezialisiert und der vorhandenen Energieumwelt so angepaßt, daß wir viel von der Flexibilität verloren haben, die für den Übergang in einen radikal neuen Energierahmen erforderlich wäre.

Weltbilder und Energieumgebungen

Unsere Diskussion führt uns nun zu folgenden zentralen Fragen: Warum konnte sich damals das Paradigma der Newtonschen Weltmaschine durchsetzen? Warum hat es heute immer noch Einfluß auf uns? Warum taucht erst jetzt, hundert Jahre nach der Formulierung des Zweiten Hauptsatzes der Thermodynamik, das Entropiegesetz als konkurrierendes Paradigma auf?

Wie wir schon gesehen haben, ist die Grundlage allen Lebens Energie, die letztendlich Sonnenenergie ist. Technologien und Institutionen haben in der Geschichte als Transformator gedient, die den Energiefluß aus der Umwelt durch die menschlichen und sozialen Systeme erleichterten. Die jeweils spezifischen Technologien und Institutionen, von menschlichen Kulturen entwickelt, waren eine Reflexion der jeweiligen Ernergieumgebungen, in denen sie entstanden. Der Grund dafür heißt: Unterschiedliche Energieumgebungen erfordern unterschiedliche Transformatoren. Gleichermaßen sollte nun deutlich geworden sein, daß auch das von einer betreffenden Kultur oder Zivilisation entwickelte

Weltbild eine Reflexion der Energieumgebung ist, zu der es gehört. Ein solches Weltbild erklärt gewissermaßen, warum das Leben in einer bestimmten Weise organisiert wird. Sobald sich die Energieverhältnisse ändern, müssen die Menschen ihre Art, an die Dinge heranzugehen, ebenfalls ändern – insbesondere die Art, wie sie Energie aus der Umwelt transformieren. Wenn Menschen diesen grundlegenden Wechsel vollzogen haben, ändert sich auch ihr Weltbild. Das neue Bezugssystem muß reflektiert, eingeordnet, erklärt und schließlich akzeptiert werden. Das bedeutet nicht etwa, daß eine bestimmte Energieumwelt nur ein bestimmtes Weltbild prägen kann. Tatsächlich haben einander ähnliche Energieumgebungen recht unterschiedliche Weltbilder hervorgebracht. Jedoch, was für ein Weltbild auch immer entsteht, es muß zumindest vereinbar und in Harmonie mit der Energieumgebung sein, mit der es in Wechselbeziehung steht. Die verschiedenen Weltbilder der einzelnen Jäger-Sammler-Kulturen wären in jeder landwirtschaftlichen Produktionsweise absolut unbrauchbar, wie auch alle landwirtschaftlichen Kulturen Weltbilder entwarfen, die in der Industriegesellschaft keinen Platz hätten. Eine bestimmte Energieumgebung steckt also den großen Rahmen ab, innerhalb dessen die Menschen ihre Art von Weltanschauung wählen.

Nehmen wir zum Beispiel das Newtonsche Weltmaschinenparadigma. Es tauchte auf im 17. und 18. Jahrhundert, als die europäischen Kulturen den Übergang aus einer Umwelt, die auf erneuerbaren Energiequellen beruhte, zu einer Umwelt vollzogen, die sich zum erstenmal in der Geschichte auf nichterneuerbare Energieformen stützte. Mit dem Wechsel zu nichterneuerbaren Energieformen bewegte sich die Menschheit aus einer Welt, die von Zyklen und dem Fließen von Energien gekennzeichnet war, in eine Welt der Mengen und Vorräte. Die Weltanschauungen änderten sich ebenso radikal.

Kulturen, die um die Transformation erneuerbarer Energiequellen angesiedelt waren, empfanden die Welt als einen kontinuierlichen Prozeß von Kommen und Gehen. Die Zyklen von Geburt, Leben, Tod und Wiedergeburt waren qualitative Vorgänge.

Das Weltbild der antiken Griechen und der mittelalterlichen Christen spiegelt die Realität einer Energieumgebung wider, die auf lebendigen, erneuerbaren Energiequellen beruht.

Stellen wir einmal die Eigenschaften erneuerbarer Energiequellen denen nichterneuerbarer gegenüber. Kohle und Öl sind leblose Quantitäten. Sie können geteilt und wieder geteilt werden, und die einzelnen Teile werden immer noch dieselben Eigenschaften aufweisen wie das Ganze. Ein Stück Kohle unterscheidet sich in seiner Zusammensetzung kaum von einem Klumpen Kohle, während der Aufbau eines Pflanzenblattes völlig verschieden vom Stamm oder den Wurzeln ist. Nichterneuerbare Ressourcen stellen einen festen, begrenzten Vorrat dar. Sie können leicht quantifiziert werden. Sie sind präzise meßbar. Sie können geordnet werden. Erneuerbare Ressourcen dagegen verändern sich fortlaufend und sind dauernd im Fluß. Sie sind kaum präzise zu messen. Mit seinen mathematischen Formeln, seiner Betonung von Messung und Ort und Entfernung war das Newtonsche Weltmaschinenparadigma wie maßgeschneidert für die effektive Ausbeutung einer Energiebasis von nichterneuerbaren Ressourcen.

Die Gelehrten haben sich oft darüber gewundert, warum gerade die Vorstellung vom unbegrenzten Fortschritt neben der Idee von der Welt als Maschine auftrat. Die Antwort findet sich ebenfalls in der nichterneuerbaren Energiebasis. Hier gab es zum erstenmal einen gigantischen, endlos scheinenden Vorrat gespeicherter Sonnenenergie – der Wert aus 3 Milliarden Jahren, um genau zu sein. Wenn einer energiehungrigen Gesellschaft dieser unerschöpflich scheinende Vorrat zur Verfügung steht, tritt die Vorstellung von Zyklen und Perioden leicht in den Hintergrund. Mit diesem Schatz von in Milliarden Jahren gespeicherter Sonnenenergie gab es nun keine Veranlassung mehr, darauf zu warten, daß die Sonne jeden Tag aufgeht und auf uns scheint, Energie und neues Leben schaffend. Wir besaßen all die Energie, die wir brauchten, um die Sonne zu ersetzen, und würden niemals mehr zu berücksichtigen, daß die Natur ihren Lauf nimmt. So verlor die Zeit ihre Verbindung zu der natürlichen

Entfaltung der Dinge. Zeit wurde daran gemessen, wie schnell wir die gespeicherte Sonnenenergie ausbeuten konnten, die tief in den Kohleflözen und Ölreservoirs gespeichert lag. Ist es dann noch ein Wunder, wenn unter dem Newtonschen Paradigma die Zeit beschleunigt und verlangsamt werden, vorwärts- und zurücklaufen kann?

Mit nichterneuerbarer Energie konnten wir die Sonne nach Belieben aus- und einschalten. Wir konnten die Sonne doppelt solange scheinen lassen, wenn wir es wünschten, da wir »gespeicherte Sonne« benutzten – Sonne, die wir aus der Erde holen und nach Belieben manipulieren konnten. Mit nichterneuerbaren Energiequellen gelangten die Menschen zunehmend zu der Überzeugung, daß sie nicht mehr länger von der Natur abhängig waren und daß sie die Welt zu ihrem eigenen Vorteil neu ordnen konnten. Wir mußten uns nicht mehr länger mit den Vorstellungen von Vergeudung, Verfall und Unordnung beschäftigen. Zeit konnte kontrolliert, Energie erschaffen und materieller Fortschritt gesichert werden.

Die Newtonsche Weltmaschine lieferte die Erklärung für diese neue Art, das Leben und seine Organisation zu sehen. Heute wird sie herausgefordert und bald aufgegeben werden, da wir gerade im Begriff sind, den Übergang von einer nichterneuerbaren Energiebasis zu erneuerbaren Energiequellen noch einmal zu vollziehen.

Teil vier

Nichterneuerbare Energie und der nahende Entropieverzweigungspunkt

Die Energiekrise

Sucht! Kaum ein anderes Wort bezeichnet das Verhalten der amerikanischen Gesellschaft gegenüber der Energiekrise besser als dieser Befehl. Die Statistiken sind erdrückend. Mit nur 6 % der Weltbevölkerung verbrauchen die Vereinigten Staaten über ein Drittel der Weltenergie.[1] Auch der Energieverbrauch anderer hochindustrialisierter Staaten verblaßt neben dem Amerikas. In Schweden und der Bundesrepublik zum Beispiel ist der Energieverbrauch nur halb so hoch wie in den Vereinigten Staaten, obwohl ihr Lebensstandard dem unseren vergleichbar ist.[2] Die Vereinigten Staaten verbrauchen pro Jahr mehr Energie als alle Länder Westeuropas zusammen, obwohl deren Bevölkerung die unsere sogar um 75 % übersteigt.[3]

Zwar ist es unmöglich, die genaue Menge unseres Energiedurchflusses zu erfassen; aber betrachten wir nur einmal die Statistiken der Elektrizitätserzeugung. 1970 erzeugten die Vereinigten Staaten 1,7 Billionen Kilowattstunden Strom aus Öl, Erdgas, Kohle und nuklearen Quellen. Das war mehr, als die anderen vier größten Verbrauchernationen der Welt zusammen produzierten – die Sowjetunion, Japan, Westdeutschland und Großbritannien.[4]

Wenn man den Energieverbrauch der Vereinigten Staaten dem der Länder der Dritten Welt gegenüberstellt, wird der Unterschied so groß, daß sich Vergleiche eigentlich erübrigen.

Wie sollte man wohl den relativen Energiemehr- oder auch -minderverbrauch errechnen, wenn man bedenkt, daß in einem Land wie Haiti der Energieverbrauch pro Kopf 31 kg Kohle im Jahr, der Pro-Kopf-Verbrauch in den Vereinigten Staaten dagegen 10 433 kg entspricht?[5]

Abgesehen von dem schon existierenden enormen Ungleichgewicht im Energieverbrauch erwartet man, daß sich Amerikas zusätzlicher Bedarf an Energie in den nächsten 20 Jahren verdoppeln wird.[6] Wenn diese exponentielle Wachstumsrate anhält, so die Schätzung, würde innerhalb von nur 200 Jahren jeder Quadratzentimeter verfügbaren Landes in den gesamten Vereinigten Staaten für Kernkraftwerke gebraucht, um die wachsenden Energieanforderungen zu erfüllen.[7]

Darüber hinaus rechnet man bis zum Jahr 2000[8] mit einer Vervierfachung des weltweiten Energiebedarfs. Das ist überwiegend eine Folge des explodierenden Bevölkerungswachstums. Die Bevölkerungsstatistiken sind atemraubend. Jeden Tag werden auf diesem Planeten 333 000 Kinder geboren. Zieht man die Zahl der 134 000 Toten pro Tag davon ab, beträgt der Nettozuwachs der Weltbevölkerung immer noch 200 000 Menschen in 24 Stunden. Das bedeutet 73 Millionen Menschen mehr im nächsten Jahr – und sie alle brauchen verfügbare Energie zum Überleben.[9]

Das Bevölkerungsproblem kann man nur begreifen, wenn man es historisch betrachtet. Es dauerte 2 Millionen Jahre, bis die menschliche Bevölkerung die Zahl von einer Milliarde erreichte. Für die zweite Milliarde brauchte sie nur hundert Jahre. Für die dritte nur 30 Jahre, nämlich den Zeitraum von 1930 bis 1960. Für die vierte Milliarde benötigte sie nur 15 Jahre. Zwischen 1960 und 1975 wuchs die Weltbevölkerung mit einer Rate von 2 % pro Jahr von 2½ Milliarden auf 4 Milliarden Menschen an. Mit einer laufenden jährlichen Wachstumsrate von 1,7 % wird sich die Weltbevölkerung bis zum Jahr 2015 wiederum verdoppelt haben – auf 8 Milliarden Menschen – und dasselbe noch einmal im Jahre 2055 – auf 16 Milliarden Menschen.[10]

Exponentielles Bevölkerungswachstum stellt eine ungeheure

Belastung für die Energiebasis der Welt dar. Nach einer Studie der Vereinten Nationen, ausgeführt von dem Wirtschaftswissenschaftler und Nobelpreisträger Wassily Leontief, wird der Verbrauch an einfachen Mineralien auf das Fünffache und der Nahrungsmittelverbrauch auf das Vierfache steigen, wenn wir mit einer nur mäßigen weltweiten Wachstumsrate in den vor uns liegenden Jahren rechnen.[11]

Noch bemerkenswerter ist die Hochrechnung vieler internationaler Wirtschaftswissenschaftler, nach der allein die Befriedigung der Minimalbedürfnisse der expandierenden Weltbevölkerung es erfordern wird, in den nächsten 30 Jahren »Häuser, Krankenhäuser, Häfen, Fabriken, Brücken und jede andere Art von Bauwerken in einer Anzahl zu errichten, die den gesamten bis heute von der menschlichen Rasse ausgeführten Konstruktionen gleichkommt«[12]. Diese Arbeit wird einen astronomisch hohen Aufwand an nichterneuerbarer Energie verbrauchen. Wenn wir einmal von den weltweiten Energieproblemen absehen, denen wir heute schon gegenüberstehen – Verknappung, in die Höhe schnellende Preise, wachsende Umweltverschmutzung und Abfallhalden –, so sollte mehr als deutlich werden, daß weder der einzelne Staat noch die weltweite Staatengemeinschaft insgesamt den hochgerechneten zukünftigen Energiebedarf decken können, ganz gleich, welche Anstrengungen wir unternehmen. Die Realität ist, daß uns der verfügbare Vorrat an nichterneuerbarer Energie ausgeht und wir uns gefährlich nahe auf einen Entropieverzweigungspunkt zubewegen. Obgleich die Statistiken variieren, sind sich die Experten mehr oder weniger einig darüber, daß das Zeitalter billiger nichterneuerbarer Energie vorbei ist.

Eine kürzlich veröffentlichte Studie, durchgeführt unter der Schirmherrschaft des MIT und unter Beteiligung von Experten aus Industrie, Regierung und akademischem Bereich aus 15 Ländern, kam zu dem Ergebnis, daß die weltweite Versorgung mit Öl »bei den wachsenden Forderungen schon vor dem Jahr 2000 nicht mehr sichergestellt werden kann«[13]. Nach diesem Bericht ist es wahrscheinlich, daß die Welt zwischen 1985 und

1995 eine Ölkrise erleben wird, auch wenn die Energiepreise um 50 % steigen.[14] Eine andere Studie, durchgeführt von der einflußreichen trilateralen Kommission – einer internationalen Organisation, zu deren Mitgliedern einige der mächtigsten wirtschaftlichen und politischen Führer der westlichen Welt zählen –, unterscheidet sich kaum in ihrer Voraussage. Die Kommission kommt zu dem Schluß, daß der globale Ölbedarf Mitte der neunziger Jahre das Angebot übersteigen wird.[15] Im *Bulletin of Atomic Scientists* schreibt der Wirtschaftswissenschaftler Emile Benoit aus Columbia, daß die existierenden Reserven innerhalb von 25 Jahren erschöpft sein werden, wenn der internationale Ölverbrauch mit der gegenwärtigen Rate weiterwächst.[16]

In seinem Buch *The Twenty-ninth Day* rechnet der Ökologe Lester Brown vor, daß es genug ausbeutbare Ölreserven gibt, um jeden Amerikaner mit ca. 500 Barrel Öl zu versorgen. Raffiniert aber, sagt Brown, liefert ein Barrel Öl ungefähr 151 Liter Benzin. Wenn der durchschnittliche Amerikaner nun 16 000 km pro Jahr in einem großen Wagen fährt, der 23 Liter pro 100 km verbraucht, würde er in weniger als 12 Jahren seinen gesamten restlichen Anteil an den Weltölreserven aufbrauchen.[17]

Synthetische Brennstoffe

Da die Ölreserven immer knapper werden und es immer kostspieliger wird, sie zu fördern, zu verarbeiten und zu verbrauchen, versucht man auf andere nichterneuerbare Energiequellen umzusteigen. Nehmen wir zum Beispiel synthetische Brennstoffe – gegenwärtig zum Retter der modernen Industriegesellschaft hochgejubelt. In Wirklichkeit ist der Begriff »synthetische Brennstoffe« eine falsche Bezeichnung. Alle sogenannten synthetischen Brennstoffe werden aus nichterneuerbaren Ressourcen gewonnen.

Amerikanische Politiker preisen zur Zeit die Vereinigten Staaten als »das Saudi-Arabien der Kohle«. Die tatsächlich vorhandene Menge ist allerdings nicht annähernd so hoch, wie oft geschätzt wird. Regierungsbürokraten bestehen darauf, daß das Land genug Kohle für 500 Jahre Energieversorgung besitze. Sie erwähnen aber nicht, daß die Kohlereserven, wie man allgemein weiß, bei einer jährlichen Wachstumsrate von 4,1 % des Kohleverbrauchs nur 135 Jahre ausreichen werden.[18] Obwohl dies noch ziemlich beeindruckend klingt, reduziert sich die absolute Zeitspanne auf ein paar Generationen, wenn man bedenkt, daß das Land die Kohleproduktion steigern wird, um den zunehmenden Mangel an Öl auszugleichen. In dem Maße, wie wir den Abbau der restlichen Kohle vorantreiben, können wir voraussehen, daß exorbitante Kosten, höhere Inflation und weitere Umweltverschmutzung das Resultat sein werden.

Momentan wird geplant, bis 1990 eine Million Barrel synthetischer Brennstoffe auf Kohlebasis herzustellen. Noch bevor der Plan das Zeichenbrett verlassen hatte, teilte ein Offizieller des Weißen Hauses einem Reporter vertraulich mit, daß »dies das Zeug dazu habe, einer der verrücktesten Pläne zu werden, den die Regierung je geschmiedet hat«[19]. Es ist nicht schwer einzusehen, warum.

Erstens erfordert die gegenwärtige Technologie der Kohleverflüssigung über eine Tonne Kohle, die gewonnen, auf eine hohe Temperatur erhitzt und unter Druck gesetzt werden muß, um nur drei oder vier Barrel Öl herauszupressen. Es wird nicht nur eine ungeheure Menge Energie für den Raffinierungsprozeß gebraucht, sondern es müssen auch jedes Jahr über 100 Millionen Tonnen Kohle mehr als die jetzige Fördermenge gewonnen werden. Wahrscheinlich ist es nicht einmal möglich, die nötige Kohle zu gewinnen, weil für jede Stufe der synthetischen Brennstofferzeugung enorme Mengen Wasser verbraucht werden. So heißt es in einem Gutachten, das viel Aufmerksamkeit erregte: »Wenn alle Kohleminen, Kraftwerke und Verflüssigungs- oder Vergasungsanlagen, die jetzt geplant sind, gebaut würden, brauchten sie das Drei- bis Vierfache der gegenwärtig im ganzen Land verbrauchten *Gesamtmenge* an Wasser, nachträgliche Bedarfserhöhungen nicht eingeschlossen.« (Hervorhebung im Original)[20] Um die Regierungspläne noch dubioser zu machen, sollen die meisten Kohlelager und projektierten synthetischen Brennstoffanlagen im Westen gebaut werden, dem Teil des Landes, wo ohnehin schon recht wenig Wasser vorhanden ist.

Zweitens muß zur Herstellung von synthetischen Brennstoffen eine ganze industrielle Infrastruktur von Grund auf aus dem Boden gestampft werden. Gegenwärtig gibt es nur eine Anlage zur Erzeugung synthetischer Brennstoffe im ganzen Land. Sie liegt in Cattlesburg/Kentucky und benötigt zur Gewinnung von 625 Barrel Öl 250 Tonnen Kohle, gerade genug, um eine einzige Tankstelle zu versorgen. Um eine Million Barrel pro Tag zu produzieren, wie von der Regierung geplant, müssen mindestens 20 Anlagen mit einer Tagesproduktion von 50 000 Barrel gebaut werden. Die Regierung schätzt die Kosten auf 2 Milliarden Dollar pro Anlage, aber eine Studie der Rand Corporation, die auf früheren Kostenschätzungen und Kostenüberschreitungen in anderen Energiebereichen basiert, sagt voraus, daß das synthetische Brennstoffprogramm mindestens 100 % mehr pro Anlage kosten wird. Die Gesamtkosten des synthetischen Brennstoffprogramms würden sich der Rand-Studie nach auf rund 100 Milliarden Dollar belaufen, das ist viermal soviel wie der Gesamtbetrag, der in das zehnjährige Apolloprogramm gesteckt wurde. Darüber hinaus entstehen noch versteckte Kosten. Gewaltige Pipelinesysteme müßten gebaut und das Transportsystem verstärkt werden, um die Beförderung von Milliarden Tonnen zusätzlicher Kohle zu ermöglichen. Alles in allem, so schätzt die *New York Times*, dürfte das Programm zur synthetischen Brennstofferzeugung 300 Milliarden Dollar kosten.[21]

Sogar diese astronomische Summe mag sich als zu niedrig erweisen. Da es in diesem Land noch nicht eine einzige synthetische Brennstoffanlage der empfohlenen Größe gibt, kommen sicher noch unerwartete Fertigungsprobleme hinzu. Aber da sich die Regierung auf ein Crash-Programm verpflichtet hat – um die Produktion von synthetischen Brennstoffen in einem Jahrzehnt von täglich 625 Barrel auf über eine Million zu steigern –, werden die Baumaßnahmen in einem sehr engen Zeitplan durchgeführt werden müssen. Dies »kann sowohl höhere Kosten als auch eine minderwertige Systemausführung zur Folge haben«[22]. Die synthetische Brennstoffanlage in Cattlesburg zum Beispiel kostet fast viermal mehr als vorhergesagt. Bau- und Konstruktionsprobleme sind wahrscheinlich denen in der Kernkraftindustrie vergleichbar, die ihre Reaktoren viel zu oft für lange Zeit stillegen mußten.

Auch stellt sich die Frage, welche Standorte man für die zwanzig riesigen Anlagen wählt. Im letzten Jahrzehnt ist es gerade gelungen, eine Fläche für den Bau nur einer größeren Ölraffinerie bereitzustellen. Das ist größtenteils auf die natürliche Abneigung der Bewohner gegen den Bau von riesigen, umweltverschmutzenden Anlagen in ihrer Umgebung zurückzuführen. Während also offenbar jeder immer mehr Brennstoff verbrauchen will, ist keiner bereit, die dementsprechenden Anlagen in seiner Nähe zu dulden.

Tatsächlich gibt es nur wenige Standorte, die sich auch nur entfernt für synthetische Brennstoffanlagen eignen. Eine Department-of-Energy-Study (DOE) kommt zu dem Ergebnis, daß nur 41 Landkreise im ganzen Land über genügend Kohlereserven und Wasser verfügen, um eine große synthetische Brennstofferzeugungsanlage adäquat zu versorgen. Einige dieser Landkreise, beispielsweise in den kohlereichen Staaten Montana, Wyoming, Colorado und North-Dakota, haben weniger als 1000 Einwohner. Das DOE schätzt, daß eine typische synthetische Brennstofferzeugungsanlage zusätzlich 20 500 Einwohner in jeden Landkreis bringen wird. Das wird den Bau zusätzlicher Gemeindeeinrichtungen erfordern – Kanalisation, Häuser, Straßen, Müllabfuhr, Schulen usw. Das DOE schätzt weiter, daß jeder Gemeinde 70 Millionen Dollar an zusätzlichen Kosten aufgebürdet werden.[23]

Neben allen diesen Problemen machen die gefährlichen Umweltbelastungen, die bei der Verbrennung großer Mengen Kohle in jeglicher Form entstehen, das Projekt der synthetischen Brennstofferzeugung absolut untragbar. Die Verwüstung des Landes, unvermeidliche Begleiterscheinung des Kohleabbaus, die gigantischen luftverschmutzenden Brennstoffabriken sind erst der traurige Anfang einer fragwürdigen Entwicklung.

Eine Studie der National Academy of Sciences (NAS) stellt fest: »Als erster Faktor, der für die Einschränkung der Energieproduktion aus fossilen Brennstoffen in Frage kommt, dürften sich in den nächsten Jahrhunderten die Auswirkungen auf das Klima erweisen, die sich aus der Freisetzung von Kohlendioxid ergeben.« Gesteigerter Kohleverbrauch führt zur Emission gewaltiger Kohlendioxidmengen in die Atmosphäre. Das Kohlendioxid bewirkt einen Wärme- oder »Treibhaus«-Effekt, indem es die Abstrahlung von Wärme in den Weltraum verhindert. Der NAS-Report besagt, daß sich die Kohlendioxidkonzentration in den nächsten 75 Jahren verdoppeln könnte und damit »eine Temperaturerhöhung um 3 °C bis 6 °C in den mittleren Breitengraden und 9 °C bis 12 °C in der Nähe der Pole bewirken würde«. Die Wirkung auf das Pflanzen- und Tierleben des Planeten wäre verheerend. Das gesamte ökologische Gleichgewicht auf der Erde würde ernstlich gestört. Neben anderen Folgen würden die Polkappen schmelzen und damit weltweit den Wasserspiegel der Ozeane erhöhen. Die meisten größeren Hafenstädte der Welt würden in den steigenden Fluten ertrinken. Dramatische Änderungen der Temperaturverhältnisse würden zur Auslöschung eines großen Teils unserer Pflanzen- und Tierwelt führen. Die kurze Zeitspanne der Klimaveränderung – 75 Jahre oder weniger – würde ihnen jede Möglichkeit einer evolutionären Anpassung nehmen. (Die meisten Pflanzen- und Tierarten würden Millionen von Jahren brauchen, um sich solchen quantitativen Änderungen in der Erdatmosphäre genetisch anzupassen.)[24]

Der NAS-Report steht mit seinen Aussagen nicht allein. Viele Berichte sind in den vergangenen Jahren zum gleichen Ergebnis gelangt. Das World Watch Institute warnt, wenn die gegenwärtigen Emissionsraten von Kohlendioxid noch einige Jahrzehnte lang so hoch blieben, würde der resultierende weltweite Temperaturanstieg klimatische Änderungen bewirken, die »vielleicht die Ausmaße der Eiszeiten erreichen«[25].

Die Herstellung synthetischer Brennstoffe vergrößert dieses

Problem beträchtlich. Der Council on Environmental Quality (CEQ) stellt fest, daß der Gebrauch synthetischer Brennstoffe die Geschwindigkeit, mit der der Treibhauseffekt voranschreitet, verdoppeln wird, da synthetische Brennstoffe mehr Kohlendioxid freisetzen als herkömmliche. Um dieselbe Menge Wärme und Arbeit zu erzeugen, geben synthetische Brennstoffe 1,4mal soviel Kohlendioxid ab wie Kohle, 1,7mal soviel wie Öl und 2,3mal soviel wie Erdgas. Sollten sich die Vereinigten Staaten mit ihrer Energieversorgung auf synthetische Brennstoffe festlegen, so warnt der CEQ, könne dies dazu führen, daß bis zum Ende des Jahrhunderts die Polkappen abschmelzen.[26]

Die Gesetze der Thermodynamik sagen aus, daß die Transformation von Energie wieder Energie verbraucht. Die Nettoenergie ist die Energie, die nach Abzug der zur Herstellung gebrauchten Energie übrigbleibt. Unter diesem Gesichtspunkt sind synthetische Brennstoffe in keinem Sinne effizient. Eine Anlage zur Brennstoffsynthese mit einer Tagesproduktion von 50 000 Barrel wird dreimal soviel Kohle verbrauchen wie ein 1000 Megawatt-Kohlekraftwerk. Wenn wir zusätzlich die Energiemenge in Betracht ziehen, die erforderlich ist, um die Kohle abzubauen, Stahl für den Bau der Kraftwerkskolosse zu produzieren und Pipelines und neue Transportsysteme zu bauen, so finden wir, daß synthetische Brennstoffe aus Kohle gerade 17 BTUs* und Ölschiefer nur 6,5 BTUs für jede BTU liefern, die man für ihre Erzeugung benötigte, während Öl 50 BTUs für jede zu seiner Produktion verbrauchte BTU liefert.

Andere Aspekte des Brennstoffsyntheseprogramms weisen ähnliche Probleme auf. Nehmen wir zum Beispiel Ölschiefer. Es sind 1½ Tonnen Ölschiefer erforderlich, um nur ein Barrel Öl zu produzieren, dabei aber werden zwei Barrel Wasser verbraucht. Ölschiefer setzt ebenfalls hochgiftige Dämpfe frei, die beseitigt werden müssen. Bei der Gewinnung von Öl aus Teersänden müssen ca. 2400 kg Sand abgebaut und erhitzt werden, um nur ein einziges Barrel Öl zu produzieren. Wiederum ist der

* Abkürzung von *B*ritish *T*hermal *U*nit (Anm. d. Übers.)

Nettoenergieertrag sehr klein gegenüber der großen Energiemenge, die zur Transformation einer Energieform (Schiefer und Teersände) in eine andere (flüssiges Öl) nötig ist. Es wird geschätzt, daß sogar unter Anwendung der fortschrittlichsten technologischen Extraktionsprozesse mit Ölschiefer nur etwa 2 % des gegenwärtigen Energiebedarfs in den Vereinigten Staaten gedeckt werden könnte.[27]

Kernspaltung

Bis vor kurzem ruhte die Hoffnung für eine Energiealternative auf der Kernkraft. Heute erweist sich diese Hoffnung als Illusion. Schon vor dem Beinahe-Schmelzen des Reaktorkerns in Three Mile Island im März 1979 begann sich für das »friedliche Atom« eine düstere Zukunft abzuzeichnen. Die Probleme der Kernenergiegewinnung konnten von der Industrie bislang nicht gelöst werden.

Außergewöhnlich hohe Produktionskosten haben neben ernsten Gesundheits- und Sicherheitsrisiken zu einer starken Reduktion der Anzahl der geplanten Kernkraftwerke geführt. Das Wachstum der Nuklearenergie ist jetzt auf weniger als ein Drittel dessen geschrumpft, was man einst in vielen Ländern geplant hatte. In den Vereinigten Staaten wurden 1973 36 und 1974 27 neue Kernkraftwerke bestellt. 1975 gingen die Bestellungen auf 4 Kraftwerke, 1976 auf 2 zurück, 1977 gab es eine magere Steigerung von 4 Bestellungen.[28] Abgesehen von der Tatsache, daß die Errichtung eines Kernkraftwerks bis zu 2 Milliarden Dollar kosten kann, entlarven verborgene Kosten den Mythos von der »billigen Energie«, der Atomenergie. Ein 1978 veröffentlichter Kongreßreport stellt fest:

»Im Gegensatz zur weitverbreiteten Meinung ist die Kernenergie keine billige Energiequelle mehr. Wenn die noch unbekannten Kosten des Umgangs mit radioaktivem Müll und verbrauchten Brennelementen, der Stillegung und Endablagerung am Schluß in die Grundkosten einbezogen sind, *dürfte sich die Kernenergie als viel teurer erweisen*, als es konventionelle Energiealternativen wie zum Beispiel die Kohle sind (Hervorhebung im Original).«[29]

Zusätzlich zum Kostenfaktor schafft die Kernenergie viele soziale und gesundheitliche Probleme, für die es einfach noch keine Lösung gibt. Die Gewinnung des für die Spaltung benötigten Urans kann nicht nur zu Krebs und anderen Krankheiten unter den Bergleuten führen, sondern auch ernstliche gesundheitliche Nebenwirkungen für die Bewohner der Umgebung zur Folge haben. Bereits 100 Millionen Tonnen Uranrückstände (metallhaltige Abfälle, die nach der Gewinnung des Urans zurückbleiben) haben sich im südwestlichen Teil der Vereinigten Staaten angehäuft. Dieser Abfall hat eine radioaktive Halbwertzeit von 80 000 Jahren. In Colorado, wo diese Rückstände von Baufirmen als Baumaterial in Schulen und Häusern verwendet wurden, haben Ärzte einen Anstieg der angeborenen Geburtsfehler bei Kindern festgestellt, deren Eltern in Gebäuden leben oder arbeiten, die aus diesen Rückständen gebaut wurden.[30]

Auch die Reaktoren selbst sind keineswegs sicher. Der Three-Mile-Island-Unfall war jedoch die schwerwiegendste aller Pannen, denen amerikanische Atommeiler immer wieder ausgesetzt waren. Jeder Reaktor im Land gibt ständig kleine Mengen radioaktiven Materials an die Umwelt ab. Natürlich ist die Industrie schnell mit der Erklärung bei der Hand, daß die Strahlungsabgabe unter den offiziell als akzeptiert benannten Grenzen liegt. Verschwiegen wird dabei jedoch, daß die Mediziner längst die potentielle Gefährlichkeit jeder Strahlungsmenge belegen können, gleich wie groß sie ist. Jede Strahlungsdosis ist eine Überdosis. Es genügt schon ein radioaktives Teilchen, das in eine Zelle eindringt, um Krebs oder genetische Mutationen auszulösen. Dieser Vorgang kann aber heimtückisch langsam ablaufen. Bis zu zwei Jahrzehnten kann es dauern, bis die Krankheit ausbricht oder erkennbar wird. Die sozialen und die Umweltschäden für die Zukunft sind also nicht abzusehen. Die Union of Concerned Scientists (USC) hat geschätzt, daß um das Jahr 2000 bis zu 15 000 Amerikaner an den direkten Folgen kleinerer Reaktorunfälle und Lecks gestorben sein werden. Sollte das »China-Syndrom« Wirklichkeit werden, so sagt die UCS voraus, würden 100 000 Menschen sterben, und Tausende von Quadratkilometern Land wären auf Jahre hinaus radioaktiv verseucht.[31]

Fast noch bedrohlicher ist die Tatsache, daß jeder Kernreaktor pro Jahr 200 bis 270 kg Plutonium erzeugt. Plutonium ist das Grundmaterial für den Bau von Atombomben. Bei der gegenwärtigen Rate erzeugt jeder Reaktor im Land jährlich genug Plutonium, um bis zu 40 Atomwaffen herzustellen. Innerhalb von zwei Jahrzehnten wird es international genug spaltbares Material geben, um 20 000 Atombomben zu bauen. Jetzt schon werden 300 kg Plutonium aus Reaktoren und Lagerplätzen im ganzen Land vermißt.[32] Da heute das technische Wissen für den Bau einer Atombombe schon in sämtlichen Bibliotheken des Landes nachgeschlagen werden kann, ist die fortwährende Plutoniumproduktion für manch einen geradezu eine Einladung, selbst Atomsprengsätze herzustellen und womöglich auch zu verwenden. In einer Studie des Office of Technology Assessment, *The Effects of Nuclear War*, wurde festgestellt, daß ein relativ kleiner Sprengsatz, gezündet vielleicht von Terroristen, mehrere Hochhäuserblocks im dichtbebauten Innenstadtbereich völlig zerstören könnte. Dabei würde 1000mal mehr Strahlung freigesetzt, als die obere erlaubte Toleranzgrenze für Strahlenbelastung des Menschen festlegt, und tödlicher Fall-out würde auf die Vorstädte niederrieseln. In Wirklichkeit bedarf es also nicht einmal einer »richtigen« Bombe, um unvorstellbares Ausmaß an Leid, Zerstörung und Tod zu verursachen. Wenn Plutonium in der freien Luft über einer Stadt zerstäubt würde, wären 100 Quadratkilometer für 100 000 Jahre radioaktiv verseucht.[33]

Wie bereits erwähnt, ist auch das Problem der Atommüllagerung noch nicht gelöst. Entgegen allen Anstrengungen, die die Kernforschung unternommen hat, trotz der Entwicklungsarbeit und den Milliarden von Dollar, die in den Bau der bestehenden Kraftwerke geflossen sind, haben die Wissenschaftler, die Energiegesellschaften und die Regierung noch kein sicheres Rezept dafür, wie man den Atommüll wieder los wird. Harvey Brooks von der Harvard University, der dem National-Academy-of-Sciences-Komitee zur Atommüllbeseitigung vorsitzt, sagt zu diesem Thema: »Ich würde voraussagen, daß, sollte sich die Kernenergie letzten Endes als sozial nicht akzeptabel erweisen, dies in erster Linie auf die Meinung der Öffentlichkeit über das Problem der Atommüllablagerung zurückzuführen ist.«[34]

Ende 1976 lagerten in den Vereinigten Staaten 3000 Tonnen abgebrannter Brennelemente in Lagerbecken. Bis 1983 wird die Menge erwartungsgemäß auf 13 000 Tonnen steigen. Sogenannter fester Abfall – verseuchte Kleider und Arbeitsgegenstände – erweisen sich als weiteres ungelöstes Problem. Schon gibt es 370 000 Kubikmeter fester radioaktiver Abfälle, die 1000 kg Plutonium enthalten. Und die Kernindustrie schätzt, daß sich die Gesamtmenge hochradioaktiver flüssiger Abfälle bis zum Jahr 2000 auf 450 Millionen Liter belaufen wird.[35] Unter den vielen Plänen, diesen riesigen Berg von Atommüll »sicher« zu lagern, ist kein einziger, der die vorhandenen Bedenken ausräumen könnte. Es gibt einfach keine Garantie dafür, eine tödliche Substanz für Tausende von Jahren sicher zu lagern. Diese Tatsache legt eine abenteuerliche Vision nahe: Die Vereinigten Staaten existieren gerade 200 Jahre. Menschliche Zivilisation gibt es erst einige tausend Jahre. Und nun stelle man sich vor, wir besäßen wirklich die Kühnheit zu glauben, wir könnten ein Programm zur Lagerung tödlichen radioaktiven Materials für einen Zeitraum entwickeln, der die Dauer der gesamten menschlichen Kultur bis heute übersteigt.

Lassen wir die langfristigen Fragen einmal beiseite, so bleibt die Tatsache bestehen, daß es der Industrie noch nicht einmal gelungen ist, adäquate Lagerungsmethoden für die achtziger Jahre zu entwickeln. Schon bei der heute noch kleinen Menge an Atommüll gibt es dauernd Berichte über Lecks und Unfälle auf Atommülldeponien. Strahlungslecks wurden auf der Atommülldeponie der US-Regierung in Richland/Washington, entdeckt. Über 1,9 Millionen Liter flüssigen radioaktiven Mülls sind aus den Lagertanks der Anlage ausgeflossen. Im Juni 1978 schloß der Staat Kentucky sein Lagergelände für nukleare Abfälle bei Maxey Flats. Eine Untersuchung der EPA hatte gezeigt, daß »radioaktive Teilchen nach außen wandern«. Über ähnliche Lecks auf Deponien wurde berichtet – aus Oak Ridge/Tennessee; Ocean City/Maryland und aus der Gegend von San Francisco/Kalifornien.[36]

Auch wenn sich die Kernenergie in den Vereinigten Staaten weiter auf ein niedriges Niveau einpendelt, wird es notwendig sein, nach der Jahrhundertwende alle zwei bis drei Jahre neue Deponien zu finden, um den anfallenden Atommüll aus Vergangenheit und Gegenwart unterzubringen. Das wird wiederum strengste Bewachung und bewaffnetes Wachpersonal erfordern, das rund um die Uhr auf 250 000 Jahre hinaus jeden Lagerplatz bewacht, um ein Austreten radioaktiver Flüssigkeit in die Biosphäre zu verhindern. Das nämlich ist die Durchschnittszeit, die verstreicht, bis einige der radioaktiven Abfälle abgebaut und damit unschädlich geworden sind.

Kernfusion

Obwohl die Kernenergie Probleme schafft, die unüberwindlich erscheinen, haben ihre Verfechter nur wenig von ihrer Euphorie verloren. Vor zwanzig Jahren versprach man den Amerikanern, die Energie aus der Kernspaltung würde ein Zeitalter »grenzenloser, sauberer und spottbilliger« Energie einleiten. Und obwohl sich heute dieser Mythos durch Unfälle wie den in Three Mile Island als reine Prahlerei herausgestellt hat, wird für eine neue nukleare Zukunft geworben: die Kernfusion. Die Versprechungen ihrer Befürworter erinnern geradezu gespenstisch an jene, die vor zwei Jahrzehnten von den Advokaten der Kernspaltung gemacht wurden.

Technisch gesehen ist die Fusion das Gegenteil der Spaltung. Anstatt einen Atomkern zu teilen, wie bei der Kernspaltung, verschmilzt man bei der Fusion zwei Kerne verschiedener Atome. Fusionsenergie ist nicht neu; sie entsteht fortwährend in der Sonne und setzt die lebenspendende Energie frei, die sich auf unserem Planeten in Milliarden von Jahren so überreichlich angesammelt hatte. In den fünfziger Jahren lernten die Wissenschaftler die Fusionsenergie zu entfesseln: Sie bauten die Wasserstoffbombe. Jetzt hoffen sie, eine Methode zu finden, die ungeheure Energie auszubeuten, die bei einer solchen Explosion erzeugt wird, indem sie die Reaktion in einem Fusionskraftwerk ablaufen lassen.

Die Befürworter dieser Technologie argumentieren, daß der Fusionsprozeß effizienter sei als die Spaltung, weit weniger radioaktiven Abfall erzeuge und sich eines Tages auf Wasserstoff als Brennmaterial stützen könne, von dem man glaubt, daß er in fast unbegrenzter Menge aus dem Ozean gewonnen werden kann. In einem gewissen Sinne ist die Fusionsenergie ein modernes Äquivalent zum Perpetuum mobile. Aber wie das Entropiegesetz schon das Funktionieren eines Perpetuum mobile verhindert, so erlegt es auch der Entwicklungsfähigkeit der Fusionsenergie harte Einschränkungen auf.

Erstens: Niemand kann mit Sicherheit sagen, ob eine kontrollierte Fusionsreaktion überhaupt aufrechtzuerhalten ist. Um wirtschaftlich zu arbeiten, muß ein Reaktor 100 Billionen Wasserstoffkerne in jedem Kubikzentimeter des Reaktorkerns verschmelzen. Bis jetzt konnte eine kontrollierte Fusionsreaktion nur für den Bruchteil einer Sekunde aufrechterhalten werden. Wenn die Reaktion nicht verlängert werden kann, wird der Fusionsprozeß unermeßlich viel mehr Energie verbrauchen, als er erzeugen kann. In optimistischen Einschätzungen spekuliert man, daß die Kernfusion nicht vor dem Jahr 2025 ökonomisch sinnvoll Energie liefern wird, und das ist wohl kaum früh genug, der Energiekrise zu begegnen, die uns jetzt bedrängt.[37]

Zweitens: Obwohl es mehrere Arten der Fusionstechnologie gibt, wird gegenwärtig nur der Typ erforscht, den man Deuterium-Tritium-Reaktion nennt, weil bei diesem Prozeß Moleküle dieser zwei Elemente miteinander verschmolzen werden. Tritium wird aus Lithium gewonnen, einem nichterneuerbaren Rohstoff, der fast so selten vorkommt wie Uran. Fusionsenergie ist also nicht grenzenlos nutzbar; sie kann nur so lange produziert werden, wie der Weltvorrat an Lithium reicht. Ein Fusionskraftwerk wird ebenfalls riesige Mengen an anderen nichterneuerbaren, energieintensiven Rohstoffen benötigen, die schon jetzt immer knapper werden. Dazu gehören etwa die Stoffe Niob und Vanadium. Jedes 1000-Megawatt-Kraftwerk wird den zusätzlichen Abbau von 12,8 Millionen kg Kupfer notwendig machen, einem Metall, das ebenfalls schon relativ knapp ist.[38]

Drittens: Die »Sauberkeit« eines Fusionsreaktors ist von einer ganz besonderen Art! Die Bergleute gehen bei der Gewinnung des Lithiums genauso große Gesundheitsrisiken ein wie bei der Arbeit in den Uranminen. Man kann auch nicht behaupten, daß bei Fusionsreaktoren kein Abfall entsteht. Eine große Fusionsanlage dürfte etwa 250 Tonnen radioaktiven Abfall pro Jahr erzeugen.[39] Die Probleme der Eindämmung würden dieselben bleiben wie bei den Kernspaltungsreaktoren.

Darüber hinaus gibt es enorme technische und Wartungsprobleme, die mit jeder möglichen Ausführungsform eines Fusionsreaktors verbunden sind. Unter anderem experimentieren Wissenschaftler mit der Deuterium-Tritium-Fusion, weil diese bei Temperaturen von 100 Millionen °C eintritt. (Der Wasserstoff-Bor-Reaktor, der mit Meerwasser als Brennstoff gefüllt werden kann, hat eine Reaktionstemperatur von 3 Milliarden °C.) Diese schwindelerregenden Zahlen gewinnen eine besondere Bedeutung, wenn man sich vor Augen führt, daß wir zur Zeit keine Materialien kennen, die dieser Hitze und der exorbianten Strahlung auf Dauer standhalten könnten. Dr. Bowen R. Leonard jr., Chef des Batelle Pacific Northwest Laboratory, ist davon überzeugt, daß die bei der Reaktion erzeugte Hitze und Strahlung die Fusionsenergie unerschwinglich teuer machen werde: »Strahlung dieser Größenordnung zerstört die Härte von Stahl oder anderen materiellen Strukturen ... und macht sie sehr schnell so brüchig, daß sie eine Gefahr darstellen. Dauernd müßten Teile ausgetauscht werden, und Zusammenbrüche wären an der Tagesordnung.«[40] Einige Teile des Bauwerks, wie zum Beispiel die dem Reaktionsgebiet am nächsten liegenden Mauern, müßten jedes Jahr ausgetauscht werden; aber wegen der intensiven Radioaktivität könnte kein Mensch die Wartungsarbeiten ohne Gefahr für Leib und Leben durchführen. Eine neue Generation von Industrierobotern müßte zu schwindelerregenden Kosten entwickelt werden. Auch weiß noch niemand, wie lange eine Anlage arbeiten wird, aber Schätzungen bewegen sich in der Größenordnung von 25 Jahren. Sobald die Betriebskapazität der Anlage überschritten ist, muß demontiert, abtransportiert und vergraben werden.

Amory Lovins, Physiker und Verfechter der Sonnenenergienutzung, bemerkt, daß die Fusionsenergie neben all diesen technischen und Ressourceproblemen »eine Art repräsentiere, an die Probleme heranzugehen, die wir gar nicht wollen: eine komplexe, teure, nur langfristig entwickelbare, zentralisierte, hochtechnisierte Art, Elektrizität zu erzeugen«. Alle Anwendung von Nukleartechnologie komme ihm so vor, als wolle man mit einer Motorsäge Butter schneiden.[41]

Mineralische Rohstoffe

Energie – ob in Form von Öl, Kohle, Uran oder Sonnenenergie – kann man nicht isoliert betrachten. Wenn wir Energie aus unserer Umwelt gewinnen wollen, müssen wir mit nichterneuerbaren Rohstoffen Bohrtürme, Fördervorrichtungen und anderes Gerät herstellen. Und wenn wir mit der Energie Arbeit verrichten wollen, kann das nur mittels der Investition von noch mehr nichterneuerbaren Rohstoffen geschehen, etwa in Maschinen und Fabriken. Aus diesem Grund ist die Erschöpfung der Energievorräte nur ein Teil der Geschichte von den physikalischen Grenzen, deren Zeugen wir zur Zeit werden. Der Vorrat an fast jedem wichtigen Rohstoff, der zur Aufrechterhaltung und zum Wachstum einer hochindustrialisierten Wirtschaft nötig ist, neigt sich auf der ganzen Erde schnell seinem Ende zu. Jedes Jahr braucht allein die US-Wirtschaft annähernd »18 000 kg zusätzlicher Rohstoffe pro Person für Kraftwerke, Transportwesen,

Maschinen, Häuser, Brücken, medizinisches Gerät und größere Anlagen«[42].

Es ist Amerika, das in erster Linie den Weltvorrat an wertvollen Rohstoffen verschlingt. Wie das Innenministerium der Vereinigten Staaten feststellt, produziert oder importiert die US-Wirtschaft 27 % der Weltbauxitproduktion, 18 % der Welteisenerzproduktion und 28 % der Weltproduktion an Nickel.[43] Um mit dem amerikanischen Lebensstandard gleichzuziehen, müßte der Rest der Welt mehr als das 200fache des gegenwärtigen Rohstoffaufkommens verbrauchen (eine Verdoppelung der Weltbevölkerung von heute bis zum frühen 21. Jahrhundert vorausgesetzt). Obwohl der amerikanische Lebensstandard das Ziel der meisten Entwicklungsländer ist, wird dies offensichtlich nur ein Wunschtraum bleiben.[44]

Viele Experten sagen voraus, daß die Weltwirtschaft innerhalb von 75 Jahren oder weniger (bei gegenwärtigen Verbrauchsraten) »die momentan als wiederverwertbar bekannten Ressourcen ungefähr der Hälfte der auf der Welt jetzt nutzbaren Metalle ausgebeutet haben wird«[45]. Dr. Preston Cloud, ein Geologe am U.S. Geological Survey, ist einer dieser Experten. Als Zeuge vor dem U.S. Joint Committee of the Congress sagte Cloud im Jahr 1978, daß zu den gefährdeten Ressourcen Anfang des nächsten Jahrhunderts Kupfer, Gold, Antimon, Wismut und Molybdän gehören werden.[46] Um das Jahr 2050 werden den Vereinigten Staaten die ausbeutbaren Vorräte an Zinn, handelsüblichem Asbest, Niob, Flußspat, Glimmer, reinem Phosphor, Strontium, Quecksilber, Chrom und Nickel ausgehen.[47]

Erhöhte Abhängigkeit von Importen bei den meisten Schlüsselrohstoffen, zusammen mit verstärktem Kampf um die knappen restlichen Reserven wird die Preise, aber auch den Einfluß der rohstoffexportierenden Länder erhöhen – genauso wie es beim Öl mit den OPEC-Ländern der Fall war. Der Fluß nichterneuerbarer Rohstoffe durch die Gesellschaft wirkt sich ebenfalls auf den Verbrauch erneuerbarer Rohstoffe aus. Es ist zwar richtig, daß Wälder und Fische lebende Organismen sind, die sich selbst vermehren; der jährliche Verbrauch dieser Ressourcen scheint aber schneller zu wachsen, als er ergänzt werden kann. Letzten Endes überbeansprucht ein hochentropisches Wirtschaftssystem die erneuerbaren Ressourcen bis zu dem Punkt, an dem sie für praktische Zwecke selbst nicht mehr erneuerbar sind. Vor Beginn der fossilen Brennstoffära stützte sich die Menschheit zur Energiegewinnung fast ausschließlich auf Wälder, Fischfang, Gras- und Getreideland. Jetzt wird jedoch klar, daß jedes dieser Systeme seinen Produktivitätshöhepunkt erreicht oder schon überschritten hat. Die weltweite Holzproduktion ist seit 1967 ständig gefallen. Der Fischfang erreichte 1970 seinen Höhepunkt, und jetzt sind viele traditionelle Fischfanggebiete im Grunde »leergefischt«. Die Getreideproduktion, gemessen in Kilogramm pro Kopf und Jahr, erreichte ihren Höhepunkt 1976, während bei der Nutzung von Weideland der Pro-Kopf-Ausstoß an Wolle, Hammel- und Rindfleisch langsam zurückgegangen ist.[48]

Trotz der Evidenz der Statistiken, die sich auf Studien der Vereinten Nationen, des Kongresses, der Universitäten, auf Reports und Hearings stützt, klammern sich immer noch einige Unbelehrbare daran fest, daß es bei den gegenwärtigen Wachstumsraten genug nichterneuerbare Ressourcen gebe, um die gesamte Weltbevölkerung für immer zu versorgen – oder zumindest noch für eine geraume Zeit. Ihre Annahmen entbehren jedoch jeder Grundlage.

So wird beispielsweise häufig angeführt, daß der gesamte Planet ja schließlich aus Rohstoffen bestehe. Was dabei übersehen wird, ist, daß nur ein winziger Bruchteil davon nutzbar oder potentiell gewinnbar ist. Nehmen wir einmal – als rein theoretische Konstruktion – an, das gesamte Gewicht der Erde ließe sich in produktive Energie umwandeln. Bei einer gegenwärtigen Wachstumsrate von 3 % für die 10 führenden Rohstoffe würden wir innerhalb von einigen hundert Jahren buchstäblich das Äquivalent des Gewichts der ganzen Erde abbauen. Das ist keine sehr lange Zeit, wenn man sich vor Augen führt, daß die Menschen seit über 3½ Millionen Jahren auf der Erde leben und die Erde selbst 4 Milliarden Jahre länger existiert.

Andere Leute führen ins Feld, daß die vom Meeresboden gewonnenen Manganknollen uns mit Nichteisenmetallen versorgen könnten. Nach Meinung einiger Experten könnte uns diese Quelle »ein Viertel des jährlichen Ausstoßes an Kupfer liefern, das Dreifache des Jahresaufkommens an Nickel und die sechsfache Menge Mangan«. Dieselben Experten glauben, daß es möglich sei, diese Zahlen irgendwann in der Zukunft zu vervierfachen. Diese Berechnungen sind nur so lange beeindruckend, wie man sie nicht in Beziehung zum exponentiellen Wachstum setzt. Bei den gegenwärtigen Steigerungsraten des Verbrauchs wird die Nachfrage nach Kupfer in einigen hundert Jahren das Neunzigfache des jetzigen Stands erreicht haben, bei Nickel das Achtundzwanzigfache und bei Mangan das Siebzehnfache, und damit praktisch die kurzfristigen Vorteile zunichte machen, die, in Jahren oder Jahrzehnten gemessen, aus diesen zusätzlichen Vorräten entstehen könnten.[49]

Substitution, Recycling und Erhaltung

Es gibt auch Leute, die weiter daran glauben, daß die existierenden Vorräte an nichterneuerbaren Rohstoffen unbeschränkt erhalten werden könnten, entweder indem man die knapperen Rohstoffe durch weniger knappe ersetzt oder indem ein effizienteres Recycling der gegenwärtig gebrauchten Rohstoffe erfolgt. Substitution würde wegen der raschen vorwärtsschreitenden Verknappung der meisten wichtigen Metalle nur wenig Gewinn bringen. Wie William Ophuls ausführt: »Ersatzstoffe (wie Kupfer statt Aluminium) sind insgesamt weniger effizient als das Material, welches sie ersetzen, und die Ausführung einer bestimmten Funktion erfordert daher mehr Energie.«[50] Außerdem sind einige Rohstoffe wegen ihrer einzigartigen Eigenschaften unersetzbar.

Das Recyclingverfahren scheint uns schon eher aus dem Dilemma der Rohstoffknappheit zu helfen. Schon jetzt deckt Recycling ungefähr die Hälfte des jährlichen Bedarfs an Antimon, ein Drittel des Bedarfs an Eisen, Blei und Nickel und ein Viertel unseres Bedarfs an Quecksilber, Silber, Gold und Platin. Es sollte jedoch nicht vergessen werden, daß auch das Recycling dem Zweiten Hauptsatz der Thermodynamik unterworfen ist. Jedesmal, wenn ein Rohstoff zurückgewonnen wird, geht ein Teil davon unweigerlich und unwiederbringlich verloren. Wie schon früher erwähnt, erreicht die Effizienz des Recycling heute im Durchschnitt rund 30 % bei den am meisten verwendeten Metallen. Recycling trägt aber zusätzlich zur Umweltverschmutzung bei und erfordert einen größeren Energieeinsatz, um das verstreute Material »zu sammeln, zu transportieren und umzuformen«. Wie die Substitution von Metallen verschafft uns auch Recycling in Anbetracht der vorhandenen Wachstumsraten beim Rohstoffverbrauch nur eine geringe, vernachlässigbare Zeitspanne – ein paar Jahrzehnte, im Höchstfall 50 Jahre. Obwohl ein effizienteres Recycling für die Zukunft wesentlich ist, weisen die Zahlen darauf hin, daß kaum mehr als 1 % unseres gesamten Rohstoffbedarfs in der näheren Zukunft durch Recycling gedeckt werden kann.[51]

Das Verfahren der Erhaltung ist, wie das Recycling, ohne Zweifel von Wert; aber ebenso wie dieses kann es nur eine Teillösung darstellen. Es wird häufig darauf hingewiesen, daß Länder in Europa mit einem vergleichbaren Lebensstandard nur die Hälfte des Pro-Kopf-Energieverbrauchs der Vereinigten Staaten haben. (Die richtige Antwort darauf heißt, daß auch bei einem halb so großen Energieumsatz wie dem der Vereinigten Staaten die grundsätzlichen Probleme exponentiellen Wachstums, der Rohstoffverknappung, Umweltverschmutzung und ähnlicher Dinge weiterbestehen. Schließlich ist auch Europa kein Umweltschutzparadies.) Obgleich das Prinzip der Erhaltung absolut wesentlich für die Lösung unserer Probleme ist, sind die Verhältnisse gegenwärtig so, daß jeder vorgebrachte Erhaltungsvorschlag in seinem Wirkungsbereich dadurch sehr eingeschränkt ist, daß er in die existierende Hoch-Energie-Infrastruktur eingefügt werden muß. Jeder Versuch, das Verfahren der Erhaltung über die engen Grenzen seiner Möglichkeiten hinaus auszudehnen, die gegenwärtig durch die Infrastruktur gegeben sind, kann nur zu ernsten Verschiebungen an verschiedenen Stellen des Energieflusses führen.

Die momentan von Bundesebene ausgehenden Bemühungen, den Elektrizitätsverbrauch dadurch zu drosseln, daß man die Thermostate der Klimaanlagen höher einstellt, zeigen im kleinen die Art von Ordnung, die durch Sparmaßnahmen in einem System erreicht wird, das auf einen hohen Energiedurchfluß zugeschnitten ist. Amerikas Sucht nach Klimaanlagen ist schon sprichwörtlich. Die erste Luftkühlanlage wurde 1922 in einem Kino installiert. Heute verbrauchen die Amerikaner allein während der drei Sommermonate mehr Elektrizität für Klimaanlagen als die Bevölkerung der Volksrepublik China zur Deckung ihres jährlichen Gesamtbedarfs. Und China hat viermal soviel Einwohner![52]

Anfangs eher technische Spielerei und Annehmlichkeit, wurde die Klimaanlage zu einem wesentlichen Bestandteil unseres Sozialsystems. Während der letzten zwei Jahrzehnte, als der Energiedurchfluß noch nie dagewesene Größenordnungen erreichte, wurden die Gebäude in jedem Teil des Landes – vom World Trade Center in New York bis zu den Holiday Inns in Kalifornien – mit Fenstern gebaut, die sich nicht öffnen ließen. Zu dieser Zeit ging man noch davon aus, es gäbe genug Elektrizität, um den Komfort einer ganzjährig laufenden Klimaanlage in einer vollkommen abgeschlossenen Umgebung zu garantieren. Wenn jetzt die Thermostate höher eingestellt werden, heißt das, daß die Bewohner solcher Gebäude die Temperatur ihrer Räume auch mal mit Frischluftzufuhr regulieren müssen. Also müssen Millionen von Fenstern in Hunderttausenden von Bauwerken ausgetauscht werden – unleugbar ein massiver Einsatz von Energie, Rohstoffen, Zeit und Arbeitskräften.

Dieser Versuch, Elektrizität einzusparen, hat aber noch andere Folgen. Wärme- und Kühlsysteme in vielen neuen Gebäuden sind speziell darauf angelegt, am wirkungsvollsten bei Temperaturen unterhalb der gesetzlichen Vorschrift zu arbeiten. Um die jetzige höhere Temperatur zu erreichen und die Vorschrift zu erfüllen, fanden einige Hausmeister heraus, daß sie die Luftschächte heizen mußten.

Die Liste derartiger Folgeerscheinungen ließe sich beliebig fortsetzen. Zahlreiche Abläufe und Vorgänge, die wir als selbstverständlich ansehen, sind speziell für eine klimatisierte Welt konstruiert. Computer beispielsweise brauchen, um richtig zu funktionieren, eine niedrige Luftfeuchtigkeit und kühle Luft; wenn die Klimaanlage abgestellt ist, können sie nicht arbeiten. In Banken hat man herausgefunden, daß ein Heraufsetzen des Thermostats den Leim der Briefumschläge verflüssigt: Sie werden klebrig, wenn die Luftfeuchtigkeit steigt. Viele Stammgäste in Restaurants haben schnell festgestellt, daß ihre Lieblingsgerichte so angelegt waren, daß die bei ihrer Zubereitung aus den Küchenöfen ausströmende Hitze nur mit Klimaanlagen unter Kontrolle gehalten werden konnte.

Änderungen der Thermostateinstellung haben sogar biologische und psychologische Auswirkungen. Viele von uns haben sich gewissermaßen so gründlich an die Klimatisierung angepaßt, daß uns die Sommertemperaturen und die Luftfeuchtigkeit, die die Menschheit während des weit überwiegenden Teils ihrer Geschichte leicht ertragen hat, jetzt offenbar unzumutbar sind. Eine Untersuchung zeigt, daß Büroangestellte in weniger klimatisierten Räumen tatsächlich signifikant weniger leisten als Angestellte in vollklimatisierter Umgebung. Wieder einmal läßt das Entropiegesetz uns seine Wirkungen spüren.

Dies ist nur eins von Zehntausenden von Beispielen, die wir anführen könnten. Alle belegen die dringende Notwendigkeit, soviel wie möglich zu sparen. Aber Sparmaßnahmen haben nur insofern eine Auswirkung, als das System von seiner Konzeption her überhaupt in der Lage ist, einen geringeren Energiedurchfluß zu verkraften. Eine industrialisierte, urbanisierte Gesellschaft ist aber für das genaue Gegenteil konzipiert – den Energiefluß zu maximieren. Setzt man diese grundlegende Tatsache des modernen Lebens voraus, so können Sparmaßnahmen innerhalb der existierenden Hoch-Energie-Infrastruktur nur ein Linderungsmittel in unserer Krise sein.

Teil fünf
Entropie und das industrielle Zeitalter

Wirtschaft

Die industrialisierten Länder, und besonders die Vereinigten Staaten, nähern sich einem Entropieverzweigungspunkt. Nach 400 Jahren geht der Welt die nichterneuerbare Rohstoffbasis aus, die die industrielle Ära mit einem massiven Durchfluß gespeicherter Sonnenenergie versorgte. Auf jeder Stufe des Energiedurchflusses erhöhte sich die Unordnung, und die technologischen und institutionellen Transformatoren werden immer komplexer, konzentrierter, spezialisierter und störanfälliger.

Man muß kein Wirtschaftswissenschaftler sein, um die Zusammenhänge zu verstehen. Da wir alle von der Umwandlung, dem Austausch und der Ablagerung von Energie in ihren vielfältigen Formen leben, erfahren wir die enormen Erschütterungen im Energiefluß gewissermaßen hautnah, wenn sich die Gesellschaft immer näher auf einen Entropieverzweigungspunkt zubewegt.

Nirgendwo läßt sich das Dilemma deutlicher demonstrieren als bei den verheerenden Auswirkungen der Inflation. Bei jeder größeren Meinungsumfrage in den letzten fünf Jahren setzte das amerikanische Volk die Inflation an die erste Stelle aller vorhandenen Probleme. Die Wirtschaftskolumnistin Sylvia Porter schreibt dazu:

»Wenn der Kampf gegen die Inflation nicht mit mehr Entschlossenheit und Einfallsreichtum geführt wird, müssen wir, das Volk, unser Schicksal allmählich selbst in die Hand nehmen. Die

Wut der sechziger Jahre dürfte dann ein Kinderspiel sein gegen den Wahnsinn der achtziger Jahre.«[1]

Porter und andere Kolumnisten lassen jedoch den direkten Zusammenhang zwischen der Inflation von heute und der Erschöpfung unserer nichterneuerbaren Energiebasis völlig außer acht. Da es immer kostspieliger wird, die weniger leicht ausbeutbaren Vorräte an verfügbarer Energie zu gewinnen, steigen die Kosten, die mit den Transformations-, Austausch- und Ablagerungsprozessen verbunden sind, auf der ganzen Energieflußlinie weiter an. In der Folge klettern auch die Preise sowohl für die Produzenten als auch für die Verbraucher in die Höhe. Die Unordnung, die sich inzwischen aus dem vergangenen Durchfluß akkumuliert hat, verursacht zusätzliche wirtschaftliche und soziale Kosten, was die Preise für Produzenten und Konsumenten weiter steigen läßt. Die Inflationsspirale dreht sich immer schneller, während die Energieumgebung immer stärker ausgelaugt wird. Der Grund dafür ist einfach: Es wird immer teurer, immer komplexere Technologien zur Gewinnung und Verarbeitung der restlichen Energie zu finanzieren, und immer mehr Geld wird für die Kontrolle und Verwaltung all der Unordnung, die aus der Dissipation der Energie während des Durchflußprozesses entsteht, gebraucht.

Wie Dr. Barry Commoner, einer unserer »Spitzen«-Energieexperten feststellt, haben alle grundlegenden Energiequellen, auf die wir uns stützen, dasselbe Manko:

»Da sie entweder nichterneuerbar oder mit unnötigen komplexen Technologien überfrachtet – oder beides – sind, machen sie fortlaufend größere Kapitalinvestitionen erforderlich, ihre Produktion wird zunehmend teurer, und – auf dem freien Markt des privaten Unternehmertums – ihr Preis steigt.«[2]

Commoner verweist dann auf Statistiken, die beweisen, wie das Entropiegesetz diesen ganzen Vorgang bewirkt. 1960 wurden für jeden in die Energieproduktion investierten Dollar 2 250 000 BTUs Energie produziert. 1970, stellt Commoner fest, wurden pro investiertem Dollar nur 2 168 000 BTUs Energie produziert. Nur drei Jahre später, 1973, war die Zahl auf 1 845 000 BTUs pro investiertem Dollar gefallen. In nur dreizehn Jahren war die »Produktivität des Kapitals in der Energieproduktion« um 18 % zurückgegangen.[3] (Nebenbei bemerkt wurden diese Zahlen dem Wert des Dollars von 1973 angepaßt, um den Einfluß der Inflation zu eliminieren.)

Da es teurer wird, weniger leicht verfügbare Energie aus der Umwelt zu gewinnen, wächst die Geldmenge weiter an, die aus dem übrigen Geldstrom abgezweigt werden muß, um neues Kapital für die Energieindustrie bereitzustellen. Die Energieindustrie wird über 900 Milliarden Dollar brauchen, um ihre Produkte im nächsten Jahrzehnt finanzieren zu können. Über die Hälfte dieses Betrags jedoch wird von außen aufgebracht werden müssen, da die Industrie nicht genug Kapital zurückbehalten hat, um ihre Geschäfte aus eigener Kraft zu finanzieren.[4] Das heißt, daß Geld, das normalerweise in andere Wirtschaftszweige investiert worden wäre, zur Unterstützung der Energieindustrie abgezweigt werden muß. In den frühen siebziger Jahren flossen annähernd 24 % des gesamten in die US-Industrie investierten Kapitals in die Unterstützung der Energieproduktion. Man schätzt, daß um 1985 über ein Drittel der gesamten Kapitalinvestitionen für die Energieproduktion abgezweigt werden muß, nur um den voraussichtlichen Bedarf decken zu können.[5]

Je mehr Geld in die Energieproduktion gesteckt wird, desto stärker wächst die Konzentration, Komplexität und Macht der Energietransformatoren – der Maschinerie und der Institutionen. Heute besitzen Amerikas Energieinstitutionen 181 Milliarden Dollar in Vermögenswerten oder »29 % der Vermögenswerte (und des Umsatzes) der 500 größten Gesellschaften in den Vereinigten Staaten«! Energiegesellschaften wie Mobil Oil, Exxon und Texaco sind so groß, daß zwanzig von ihnen momentan für 18 % unseres gesamten Bruttosozialprodukts einstehen.[6] Bei Kosten, wie sie für eine neue Erdölraffiniere anfallen, 500 Millionen Dollar, und für ein neues Kernkraftwerk, 1 bis 2 Milliarden Dollar, können sich nur noch diese Multis leisten, im Energiespiel mitzumischen.[7]

Energie ist selbstverständlich die Grundlage jeder wirtschaftlichen Aktivität. Wenn daher die Kosten an der Quelle steigen, werden sie an jede folgende Stufe der Energieflußlinie in Form von höheren Preisen weitergegeben. Letzten Endes bezahlt der Endverbraucher die Rechnung, und zwar in Form von Geldentwertung.

Das Exploratory Project for Economic Alternatives, eine Forschungsgruppe in Washington, führte kürzlich eine detaillierte Untersuchung über die grundlegenden Ursachen der Inflation durch. In ihrem Abschlußbericht kam sie zu dem Ergebnis, daß bei den vier wichtigsten Verbraucherbedürfnissen – Energie, Nahrung, Wohnung und Gesundheitsfürsorge – die steigenden Preise an die gestiegenen Kosten gekoppelt sind, die mit der Transformation und dem Austausch von Energie zusammenhängen. Obwohl das einleuchtend genug klingt, konzentriert sich das etablierte ökonomische Denken weiter auf Sekundäreffekte wie Löhne, Finanz- und Geldpolitik.

Bei 80 % der amerikanischen Familien verschlingen die vier Grundbedürfnisse über 70 % des Haushaltsbudgets. Die Studie isolierte jeden dieser Bedürfnisbereiche und verfolgte dann die Ursache für die Inflation bis zu ihren Quellen – der Ausschöpfung nichterneuerbarer Energiequellen und den wachsenden technologischen, strukturellen und institutionellen Kosten, die von der weiteren Aufrechterhaltung des Energiedurchflusses herrühren. Zum Beispiel verschlingt allein die Energie – Benzin, Elektrizität, Brennstoffe, Öl und Kohle – fast 12 % des durchschnittlichen Haushaltsbudgets. Die Studie fand heraus, daß die Energieinflation dem »Durchschnittsamerikaner jährlich 1 % seiner Kaufkraft geraubt hat.«[8]

Im Falle von Nahrungsmitteln, die im durchschnittlichen Familienbudget mit ungefähr 28 % zu Buche schlagen, ist die Inflationsrate um 8 % oder mehr pro Jahr gestiegen. Der Bericht führte den Inflationstrend zurück auf die höheren Energiekosten, die mit Anbau, Verarbeitung, Transport, Verpackung und Vertrieb landwirtschaftlicher Produkte verbunden sind, ebenso wie auf die weltweit gestiegene Nachfrage nach amerikanischen Nahrungsmitteln.[9] Im Bereich des Wohnungswesens und der

Gesundheitsfürsorge waren wiederum die höheren Kosten für nichterneuerbare Energie die Wurzel der Inflationsspirale. Das alles liegt daran, daß sich jede ökonomische Aktivität von der gerade vorherrschenden Energiebasis herleitet.

Inflation ist also letzten Endes ein Maß für den Entropiezustand der Umwelt. Je mehr sich die Entropie dem Maximum nähert, desto teurer wird die Erhaltung des gesamten Energieflusses. Wie schon gezeigt, steigen die mit der Energietransformation verbundenen Kosten, wenn es schwieriger wird, die Energiequellen zu erschließen, abzubauen und zu verarbeiten. Die Kosten des Energieaustauschs zwischen Institutionen, Bereichen, Gruppen und Individuen steigen ebenfalls und spiegeln die mit Gewinnung und Verarbeitung verbundenen, gestiegenen Kosten wider.

Wir haben schon gesehen, wie schließlich der Verbraucher die höheren Kosten in Form von höheren Preisen für die Grundbedürfnisse zu spüren bekommt. Auch der Lohnempfänger ist betroffen. Und zwar deshalb, weil trotz steigender Löhne die reale Kaufkraft nicht mit dem Anstieg der Lebenshaltungskosten mithält. »Der durchschnittliche Wochenverdienst, in konstanten Dollars gerechnet (korrigierter Verbraucherpreisindex), lag 1976 noch unter dem Stand von 1971.«[10] Die wachsende Kluft zwischen Löhnen und realer Kaufkraft wird gerade von jenem Geld verursacht, das von der Arbeitsseite abgezweigt wird, um die gestiegenen Kosten für den Energiefluß zu decken. Das läuft nämlich so: Wenn die Kosten am Anfang der Energieflußlinie steigen, werden sie an jede folgende ökonomische Institution die ganze Linie hinunter weitergegeben. Um die steigenden Kosten zu kompensieren, versuchen alle Institutionen auf der ganzen Energieflußlinie von den Produzenten bis zum Einzelhandel ihre Lohnkosten zu reduzieren, um die gegenwärtige Profitrate zu halten. Das Ergebnis sind geringere »Real«-Löhne und geringere Kaufkraft. Weniger Kaufkraft heißt in Wirklichkeit, daß die Verbraucher immer weniger in der Lage sind, ihre Energiebedürfnisse zu befriedigen: Nahrung, Kleidung, Gesundheitsfürsorge etc. Mit anderen Worten und wie schon früher erwähnt, beginnt sich der Energiefluß durch die menschlichen Systeme zu verlangsamen, wann immer mehr Energie (oder Geld) abgezweigt wird für die Aufrechterhaltung all der Institutionen und der Maschinerie, die für den Energiefluß selbst zuständig sind.

Während der Verbraucher unter höheren Preisen und der Arbeiter unter niedrigeren Reallöhnen zu leiden hat, leidet der Steuerzahler unter den steigenden Kosten, verursacht von Abfall und Unordnung, die auf der ganzen Energieflußlinie entstanden sind. Der Steuerzahler zahlt für das Aufräumen und Wegschaffen der riesigen Abfallberge, die durch den Fluß der Energie durch das System geschaffen wurden. Nach dem Jahresbericht des President's Council on Environmental Quality mußten die Steuerzahler 1977 fast 16 Milliarden Dollar für Umweltschutzmaßnahmen berappen, und man erwartet, daß die Kosten um 20 % pro Jahr steigen. Der Rat schätzt, daß die Gesamtkosten für Umweltschutzmaßnahmen im Laufe der nächsten zehn Jahre 361 Milliarden Dollar übersteigen werden, von denen ein Großteil aus Steuergeldern finanziert wird.[11]

Der Steuerzahler zahlt schließlich auch für die ökonomische und soziale Unordnung, die aus dem speziellen Verlauf des Energieflusses entstehen. So sind zum Beispiel bestimmte soziale Gruppen am Rande des Transformations- und Austauschprozesses angesiedelt, und zwar, weil das System Arbeitsplätze und Einkommen auf bestimmte Weise verteilt. Wenn nun die Entropie der Umgebung wächst, und die Kosten auf der ganzen Flußlinie eskalieren, fühlt dieser Teil der Bevölkerung als erster den ökonomischen Druck. Sowie immer mehr Angehörige der ärmeren Klasse aufgrund der sich verschärfenden ökonomischen Situation von der Energieflußlinie der Gesellschaft ausgeschlossen werden, muß der Staat einspringen und für ihre Energiebedürfnisse in Form von Sozialhilfe und anderen Unterstützungen sorgen. Auch Arbeitslosigkeit ist letztlich ein Ergebnis des Entropieprozesses. Je schneller die Energie zur Neige geht, desto mehr Menschen sind entweder arbeitslos oder unterbeschäftigt. Staatliche Institutionen auf allen Ebenen, von der lokalen bis zur Bundesebene, müssen ihr Engagement ausweiten, um diesen

Opfern an der vordersten Front der sich verschärfenden Energiekrise zu Hilfe zu kommen.

Der Staat muß seine Bemühungen auch auf anderen Gebieten verstärken, die direkt von der steigenden Arbeitslosigkeit und Armut betroffen sind, wie etwa bei der Verbrechensbekämpfung und der öffentlichen Gesundheitsfürsorge. Zusätzlich müssen dem Energiefluß noch mehr Steuergelder entnommen werden, um die wachsenden Kosten für die Aufrechterhaltung dieser Bürokratien zu zahlen. Heute sind schon 16 % der amerikanischen Arbeitskräfte bei einer öffentlichen Institution oder staatlichen Einrichtung anderer Art beschäftigt.[12] Diese staatlichen Institutionen wachsen in dem Maße weiter, wie sie gezwungen sind, Abhilfe für die fortschreitende soziale und ökonomische Unordnung zu schaffen. Wie bei den ökonomischen Institutionen jedoch endet das damit, daß die staatlichen Stellen immer mehr Geld zu ihrer eigenen Aufrechterhaltung verbrauchen, auf diese Weise die Steuerlast vergrößern und den für den menschlichen Gebrauch bestimmten Energiedurchfluß weiter verringern. Dieser heimtückische Umverteilungsprozeß, der den Menschen Energie zugunsten der Aufrechterhaltung und Vergrößerung der Wirtschafts- und Staatsbürokratien nimmt, läuft immer schneller ab, bis der gesamte soziale Mechanismus an einem Entropieverzweigungspunkt vollständig zusammenbricht.

Mittlerweile sollte deutlich geworden sein, daß die klassische Wirtschaftstheorie die der Weltwirtschaft drohende Krise nicht lösen kann. Weder in den sozialistischen noch in den kapitalistischen Wirtschaftsanalysen findet das Entropiegesetz Beachtung. Doch der Zweite Hauptsatz ist das oberste Prinzip, nach dem jede ökonomische Aktivität gesteuert werden muß. Das Versäumnis, diese unumstößliche Wahrheit zur Kenntnis zu nehmen, zu akzeptieren und die gesamte Wirtschaftspolitik danach auszurichten, verkürzt den Weg zum ökonomischen und ökologischen Untergang des Planeten.

Heute, 200 Jahre nachdem Adam Smith den Grundstein für die moderne Wirtschaftstheorie legte, strukturieren sowohl sozialistische als auch kapitalistische Länder ihre Wirtschaftsmodelle nach den Grundzügen der klassischen mechanistischen Doktrin.

Die kapitalistischen Wirtschaftswissenschaftler betrachten das Wirtschaftsgefüge weiterhin als ein System, in dem sich Angebot und Nachfrage gegenseitig regeln, vergleichbar den Schwingungen eines Pendels. Nehmen Sie irgendein Einführungsbuch in die Wirtschaftswissenschaften zur Hand, und Sie werden erfahren, daß Wirtschaft nichts anderes ist als das Auf und Ab von Angebot und Nachfrage. Wenn die Verbrauchernachfrage für einen Artikel oder eine Dienstleistung steigt, werden die Händler dementsprechend ihre Preise erhöhen, um aus der Situation Vorteil zu ziehen. Wenn die Preise zu hoch werden, sinkt die Nachfrage oder wendet sich anderen Artikeln oder Dienstleistungen zu. So sind die Händler gezwungen, ihre Preise bis zu dem Punkt zu senken, an dem die Nachfrage wieder aufflackert, und so geht es immer weiter. Viele Modifikationen und Verbesserungen wurden im Laufe der Jahre hinzugefügt, aber das grundlegende Konzept des Marktmechanismus von Angebot und Nachfrage ist immer noch Mittelpunkt jedes klassischen ökonomischen Denkens.

Sozialistische Wirtschaftswissenschaftler lehnen den Marktmechanismus zwar ab, jedoch stimmen sie mit den kapitalistischen Ökonomen darin überein, daß sich die gesamte ökonomische Umwelt niemals erschöpft. Woher die neuen Vorräte auch immer kommen sollen, sowohl die kapitalistischen als auch die sozialistischen Ökonomen sind der Meinung, daß man mit einer neuen Technologie immer einen Weg finden kann, bisher unerschlossene Ressourcen zu entdecken und auszubeuten. Die Rohstoffbasis selbst wird als unerschöpflich betrachtet.

Nach der kapitalistischen und auch der sozialistischen Theorie verwandelt jede ökonomische Aktivität Wertloses in Werte. Man erinnere sich an die Vorstellung Lockes, derzufolge alles in der Natur als wertlos angesehen wird, bis es menschliche Arbeit in etwas Wertvolles verwandelt, mit dem Handel getrieben und das in der Gesellschaft verbraucht werden kann. Durch die völlige

Umkehrung des Ersten und Zweiten Hauptsatzes hat die moderne Wirtschaftstheorie die Grundlage jeder ökonomischen Aktivität vollständig fehlinterpretiert. Erinnern wir uns: Der Erste Hauptsatz der Thermodynamik sagt aus, daß die gesamte Materie-Energie unveränderlich ist und weder erschaffen noch zerstört, sondern nur umgewandelt werden kann. Der Zweite Hauptsatz besagt, daß Energie nur in eine Richtung transformiert werden kann, von einer verfügbaren Form in eine nichtverfügbare oder von einer verwendbaren in eine nichtverwendbare. Wann immer Energie aus der Umwelt genommen und der Gesellschaft zugeleitet wird, dissipiert auf jeder Stufe ein Teil von ihr und wird zu Abfall, bis sie am Ende der Kette ganz, einschließlich desjenigen Teils, der zu Produkten transformiert wurde, in der einen oder anderen Form als Abfall endet.

Die meisten Wirtschaftswissenschaftler begreifen diese simple Tatsache offenbar nicht. Sie haben sich der Idee verschrieben, daß die Bearbeitung der natürlichen Rohstoffe durch den Menschen mehr Wert schafft, nicht weniger. Da das Maschinenkapital als Ergebnis aus ehemaliger menschlicher Arbeit betrachtet wird, glaubt man auch von ihm, daß es größeren wirtschaftlichen Wert erschafft. Offenbar wollen diese Wirtschaftstheoretiker nicht begreifen, daß Menschen und Maschinen die in Produkte transformierte Energie und damit auch die Materie nicht vermehren können. Sie können nur vorhandene verfügbare Energievorräte aus einem nutzbaren Zustand in Abfall verwandeln und auf diesem Weg nur einen »temporären Nutzen« schaffen.

Die Wirtschaftswissenschaftler klammern sich hartnäckig an die Vorstellung, daß menschliche Arbeit und Maschinenarbeit nur Werte schaffen, weil sie an das Paradigma permanenten und unbegrenzten materiellen Fortschritts glauben. Aber wir wissen aus dem Zweiten Hauptsatz, daß jedesmal, wenn menschliche Energie oder mechanische Energie oder irgendeine andere Form von Energie zur Erschaffung irgendwelcher Werte oder Produkte verbraucht wird, dies nur um den Preis größerer Unordnung und steigender Abfallberge geschieht. Auch wissen wir, daß die Werte, die wir schaffen, letzten Endes als Müll oder vergeudete

Energie enden. »Materieller« Fortschritt in dem Sinne, daß man einen dauernden Vorrat an nutzbaren Gütern schafft, ist also eine Illusion.

Daraus ergeben sich recht ungewöhnliche Konsequenzen. Betrachten wir für einen Moment das Konzept der Produktivität. Sowohl kapitalistische als auch sozialistische Systeme definieren Produktivität als Geschwindigkeit pro Outputeinheit. Das oberste Gesetz also heißt, eine gegebene Aufgabe so schnell wie möglich zu verrichten. Ein angemesseneres thermodynamisches Maß der Produktivität würde den Nachdruck auf die Entropie legen, die pro Outputeinheit entsteht, im Gegensatz zur Geschwindigkeit pro Outputeinheit. Vor einigen Jahren untersuchte man, wieviel Energie zur Herstellung eines Automobils benötigt wird. Die Studie kam zu dem Ergebnis, daß viel mehr Energie verbraucht wurde, als in Wirklichkeit zur Herstellung des Autos notwendig war. Wofür wurde die ganze zusätzliche Energie aufgewendet? Um das Auto schneller vom Fließband zu bekommen! Je mehr Wert man auf schnelle Energietransformation legt, desto mehr Energie wird über das Maß hinaus verbraucht, das für die Herstellung des Produkts notwendig ist. Ein Großteil der in der modernen industriellen Wirtschaft verschwendeten Energie ist der Preis, den wir für unser Produktionstempo zahlen.

Es ist schon interessant, daß jeder, dem schon einmal während der Fahrt auf einer einsamen Landstraße das Benzin fast ausgegangen wäre, den Unterschied verstanden hat, der zwischen der Definition von Produktivität als Geschwindigkeit pro Outputeinheit und der von Entropieproduktion pro Outputeinheit besteht. Mit der Aussicht, daß ihm das Benzin ausgeht und ohne zu wissen, wann die nächste Tankstelle kommt, bleiben dem Fahrer zwei Möglichkeiten. Er kann beschleunigen, um die nächste Tankstelle schneller zu erreichen. Oder er kann langsam fahren. Es überrascht nicht, daß die meisten von uns in dieser Situation im allgemeinen mit Beschleunigung reagieren in dem Glauben, die höhere Geschwindigkeit würde irgendwie unsere Chancen, die Tankstelle zu erreichen, vergrößern. In Wahrheit ist das Gegenteil der Fall. Dadurch daß man das Benzin vernünftiger verbraucht, kann man eine größere Entfernung zurücklegen. Man braucht zwar länger, aber trotz der verlorenen Zeit hat man aufgrund der Benzineinsparung die weitaus bessere Chance, eine Tankstelle zu erreichen. In Begriffen thermodynamischer Effizienz ist also Produktivität ein Maß der pro Outputeinheit produzierten Entropie, nicht der Geschwindigkeit pro Outputeinheit.

Das Entropiegesetz sagt uns ebenfalls, daß jedesmal, wenn wir die durch Menschen- oder Maschinenarbeit aufgewendete Energiemenge vergrößern, die Entropieabnahme oder der höhere Wert des Produkts zu einem weiteren Anstieg der Unordnung in der gesamten Umwelt führt. Solange daher Produktivität in Begriffen wie Geschwindigkeit pro Outputeinheit gemessen wird, solange wird zur Umwandlung von Rohstoffen in wirtschaftlich nützliche Produkte mehr Energie als notwendig verbraucht, und dieser erhöhte Energiedurchfluß wird in größerer Unordnung oder Entropie resultieren, wofür die Gesellschaft letzten Endes zahlen muß.

Solange es reichliche Vorräte an fossilen Brennstoffen und den speziellen Metallen gab, die für die Einrichtung und Aufrechterhaltung der industriellen Lebensform gebraucht wurden, schien es logisch, Produktivität in Begriffen wie Geschwindigkeit pro Outputeinheit zu messen. Jetzt, da die vorhandene Materie-Energie-Basis langsam zur Neige geht und sich die Entropie aus vergangenen ökonomischen Unternehmungen in einem Maße anhäuft, das die Aufnahmefähigkeit des Systems übersteigt, müssen die Wirtschaftswissenschaftler den Begriff der Produktivität gründlich neu formulieren, um ihn den Anforderungen thermodynamischer Effizienz im wirtschaftlichen Konversionsprozeß anzupassen.

Die Wirtschaftswissenschaft hat noch nicht verstanden, daß »das Entropiegesetz die grundlegende physikalische Koordinate des Mangels ist«[13]. Nirgends tritt das klarer in Erscheinung als bei der Diskussion des Regierungshaushaltes. Obwohl man allgemein erkannt hat, daß eine Gesellschaft nicht schneller konsumieren kann, als sie produziert, ist den Wirtschaftswissenschaftlern das Faktum entgangen, daß der letzte Budgetausgleich nicht innerhalb der Gesellschaft stattfindet, sondern zwischen der Gesellschaft und der Natur. Dieser Mangel an Einsicht in einem größeren, auf die Umwelt bezogenen Kontext, in dem sich wirtschaftliche Aktivität eben abspielt, ist dafür verantwortlich, daß die Wirtschaftswissenschaft das Problem der Haushaltsdefizite nicht lösen kann. Einen ausgeglichenen Haushalt kann es nur dann geben, wenn die Gesellschaft nicht schneller konsumiert, als die Natur produzieren kann. Ökosysteme arbeiten so nah wie möglich am stationären Zustand (die Gesetze der Thermodynamik sagen uns, daß es unmöglich ist, einen vollkommen stationären Zustand zu erreichen). Der gesamte Umwandlungsprozeß von niedriger zu hoher Entropie läuft mit einer Geschwindigkeit ab, die auf die Fähigkeit des Systems, ein relatives Gleichgewicht zwischen Produktion und Konsumtion zu halten, abgestimmt ist. Abfall wird erzeugt, absorbiert und zur Wiederverwendung »recycled«, um einen ausgeglichenen ökologischen Kreislauf aufrechtzuerhalten. Obwohl ein hundertprozentiges Recycling thermodynamisch unmöglich ist, nähern sich natürliche Ökosysteme dem idealen Zustand eines ausgeglichenen Haushalts von Produktion und Konsumtion so weit wie möglich an.

Ökonomische Aktivität ist lediglich ein menschlicher Eingriff in den ökologischen Kreislauf, wobei man sich den niederentropischen Input borgt, ihn in vergängliche Gebrauchsgegenstände umwandelt und schließlich in Form von Hochentropiemüll in den ökologischen Kreislauf zurückleitet. Wenn die Gesellschaft niederentropische Materie und Energie nutzt und in Gebrauchsgegenstände verwandelt, dann erhöht der Abfall das Defizit mit einer Geschwindigkeit, die den natürlichen Umwandlungsprozeß bei weitem übersteigt. Der Müll wird schneller in das System zurückgeschleust, als er absorbiert und »recycled« werden kann, und bringt damit eine wachsende Unordnung in der Umwelt und eskalierende externe Kosten für die Gesellschaft hervor. Gleichzeitig erschöpft sich der verfügbare Vorrat an Materie und Energie schneller, als ihn die Natur reproduzieren kann, was einen zunehmenden Mangel in der Natur und steigende Versorgungskosten für die Gesellschaft zur Folge hat. Man muß natürlich wissen, daß sogar dann, wenn die Gesellschaft versuchte, ihren Haushalt mit der Natur auszugleichen, und wirklich lernen sollte, nicht schneller zu konsumieren, als die Natur produziert, es unmöglich ist, ein wachsendes Defizit zu vermeiden. Bestenfalls kann man das Tempo des Entropieprozesses verlangsamen. Denn jedweder Gebrauch von nichterneuerbaren Rohstoffen wie Öl und Naturgas erhöht automatisch das Defizit. Diese nichterneuerbaren Ressourcen stellen für alle praktischen Zwecke einen festen Grundstock an ökologischem Kapital dar, das nur einmal verbraucht werden kann.

Dadurch, daß man den Verbrauch der nichterneuerbaren Ressourcen einschränkt und erneuerbare Ressourcen nur so schnell verbraucht, wie sie ohne ernsten Schaden für den ökologischen Kreislauf wieder ersetzt werden können, ist es möglich, das Defizit zwischen gesellschaftlicher Konsumtion und natürlicher Produktion zu verringern.

In engem Zusammenhang mit dem falschen Verständnis von einem ausgeglichenen Haushalt und dessen, was Defizite wirklich bedeuten, steht das Problem von Geldkreislauf und Staatsverschulden. Immer wieder haben einige Wissenschaftler, wie z. B. Frederick Soddy und Herman Daly, auf den offensichtlichen Widerspruch aufmerksam zu machen versucht, der zwischen den sozialen Konventionen in bezug auf Geld und Schulden auf der einen Seite und dem natürlichen Entropiefluß auf der anderen Seite besteht; aber ihre Kritik wurde von den Wirtschaftstheoretikern ignoriert. Geld ist zum Beispiel eine Form nationaler Schuld. Es stellt ein Pfandrecht gegenüber dem gesamten materiellen Besitz der Gemeinschaft dar, das ein einzelner, wann immer es ihm gefällt, gegen wirklichen materiellen Besitz einlösen kann. Dabei übersehen die Ökonomen jedoch, daß die Gemeinschaft nicht unbegrenzt materiellen Reichtum schaffen kann. Die Gesetze der Thermodynamik setzen der Schaffung und Akkumulation von materiellem Reichtum Grenzen. Ein Limit dafür aber, wieviel Geld produziert und in Umlauf gebracht werden kann, gibt es nicht. Das Problem wird an der Einführung von Krediten und Zinseszinsen deutlich. Vor über 50

Jahren erklärte der Chemiker und Nobelpreisträger Frederick Soddy:

»Schulden unterliegen mehr den Gesetzen der Mathematik als denen der Physik. Im Gegensatz zum Besitz, der den Gesetzen der Thermodynamik unterliegt, verrotten die Schulden nicht mit zunehmendem Alter und werden auch nicht im Laufe des Lebens verbraucht. Im Gegenteil, sie wachsen um etliche Prozent pro Jahr nach den bekannten mathematischen Gesetzen der Zins- und Zinseszinsrechnung.«[14]

Der Ökonom Herman Daly legt die unvermeidlichen Folgen dar, die entstehen, wenn die Gesellschaft das mathematische Modell der Zinseszinsrechnung der physikalischen Realität der Thermodynamik gegenüberstellt. Während die Schulden, so erklärt er, über Zinseszinsen laufend zunehmen, kann wirklicher materieller Reichtum nicht mit derselben Geschwindigkeit weiterwachsen, »da er aufgrund seiner physischen Beschaffenheit der zerstörerischen Kraft der Entropie unterliegt«[15]. Frederick Soddys Analyse wiederholend, kommt Daly zu dem Schluß:

»Da der Reichtum nicht fortwährend so schnell wachsen kann wie die Schulden, muß die Eins-zu-Eins-Relation zwischen den beiden an einem bestimmten Punkt aufgehoben werden – das heißt, es muß zu einer Nichtanerkennung oder Aufhebung der Schulden kommen. Das positive Feedback der Zinseszinsen muß durch Gegenkräfte, die zur Nichtanerkennung der Schulden führen, ausgeglichen werden, wie zum Beispiel durch Inflation, Bankrott oder durch eine räuberische Besteuerung, alles Dinge, die Gewalt hervorrufen.«[16]

Auf jeder Stufe des gesamten Produktions- und Austauschprozesses wird Arbeit verrichtet, da Menschen und Maschinen Energie aufwenden. Ein Teil der Energie wird vom Produkt absorbiert und ein Teil verschwendet. Das bedeutet: Je mehr Energie verlorengeht, desto mehr Stufen gibt es im ökonomischen Prozeß. Das gleiche Prinzip wie in der einfachen, in Kapitel II beschriebenen Nahrungskette wirkt auch im Produktionsprozeß. In hochindustrialisierten Gesellschaften vermehren sich die Stufen des ökonomischen Prozesses zunehmend, was bedeutet, daß auf der ganzen Linie immer mehr Energie dissipiert wird; und die resultierende Unordnung schafft noch größere und weiter reichende Probleme für die Gesellschaft.

Diese Tatsache läßt sich oft an lächerlich einfachen Beispielen demonstrieren. Nehmen Sie zum Beispiel Ihre Frühstückssemmel. Wie wir im nächsten Kapitel zeigen werden, ist der reine Produktionsprozeß beim Anbau von Weizen in der modernen petrochemischen Landwirtschaft äußerst ernergieeffizient. Sobald das Getreide jedoch erst einmal geerntet ist, treiben wir dank unserer Leidenschaft für bearbeitete Nahrungsmittel die dümmliche Verschwendung auf die Spitze. Hier sind nur einige der Energieschritte aufgezählt, die zur Herstellung Ihrer Frühstückssemmel unternommen werden. (1) Der Weizen wird von einem mit fossilem Brennstoff angetriebenen, aus nichterneuerbaren Rohstoffen hergestellten Traktor zu (2) einer großen, zentralen Bäckerei mit vielen Maschinen gebracht, die äußerst ineffizient raffinieren, anreichern, die Semmeln backen und verpacken. In der Bäckerei wird der Weizen (3) raffiniert und häufig (4) gebleicht. Da diese Prozesse zwar schönes, weißes Brot ergeben, dem Weizen aber lebenswichtige Nährstoffe entziehen, wird (5) das Mehl dann wieder mit Niacin, Eisen, Thiamin und Riboflavin angereichert. Als nächstes wird, um sicherzustellen, daß die Semmeln auf dem langen Transportweg in die Läden nicht verderben (dort allerdings liegen sie für viele Tage oder gar Wochen in den Regalen), als Konservierungsmittel (6) Kalziumpropionat zugesetzt, zusammen mit Teigzusätzen (7) wie Kalziumsulfat, Monokalziumphosphat, Ammoniumsulfat, Pilzenzyme, Kaliumbromat und Kaliumjodat. Dann wird das Brot (8) gebacken und in einen (9) Pappkarton gesteckt, der (10) bunt ist, um Ihre Aufmerksamkeit zu erregen.

Der Karton mit den Semmeln wird in eine (11) Plastiktüte (aus Erdölprodukten hergestellt) gesteckt, die dann mit einem (12) Plastikband (ebenfalls aus Erdölprodukten hergestellt) verschlossen wird. Die verpackten Frühstückssemmeln werden (13) auf einen Lastwagen verladen, der sie (14) zu einem klimatisierten, neonbeleuchteten Lebensmittelgeschäft bringt. Und schließlich (15) fahren Sie zwei Tonnen Metall (nämlich Ihr Auto) zu dem Geschäft und wieder zurück und stecken (16) die Semmeln in den Toaster. Zu guter Letzt werden Sie den Pappkarton und die Plastiktüte wegwerfen, die dann als fester Müll (17) abgelagert werden müssen. Eine Semmel enthält 130 Kalorien.

Zehntausende von Kalorien werden bei diesem Herstellungs- und Vertriebsverfahren verbraucht und das obwohl medizinische Erkenntnisse längst den Verdacht nahelegen, daß sowohl die Zusätze wie auch der Mangel an Faserstoffen in raffiniertem Brot eine ernste Gefahr für unsere Gesundheit darstellen. Am Ende war die Energie, die aufgewendet wurde, um die Semmel zu produzieren und zu verkaufen, verschwindend gering im Vergleich zu der Energie, die auf jeder Stufe dieses Prozesses vergeudet wurde.

Von der gesamten im Nahrungsmittelsystem verbrauchten Energie fließen in Wirklichkeit weniger als 20 % in die Erzeugung von Nahrungsmitteln. Die restlichen 80 % werden bei der Verarbeitung, Verpackung, Verteilung und Zubereitung der Nahrungsmittel verbraucht. Fast doppelt soviel Energie wird zur Herstellung einer Frühstückssemmel (33 %) verbraucht wie zur Erzeugung des Getreides, aus dem sie gemacht wurde (18 %).[17]

Die Nahrungsmittelindustrie ist zur Zeit der viertgrößte industrielle Energieverbraucher der Nation – nach der Metall-, der chemischen und der Erdölindustrie. Einige Quellen geben an, daß die Nahrungsmittelverarbeitung gegenwärtig nahezu 6 % des Energiebudgets im Land verbraucht. Die Industrie handelt offenbar nach der Devise, je mehr desto besser. So stieg etwa der Pro-Kopf-Verbrauch an Nahrungsmitteln in den Vereinigten Staaten zwischen 1963 und 1971 um 2,3 %. Die Gesamtproduktion an Verpackungsmaterial aber wuchs um 33,3 % und die Anzahl der Verpackungen um 38,8 %.[18]

Zusammen mit dem Anstieg des Verpackungsmaterials ist eine neue Industrie entstanden. Eine ganze Armee von »Nahrungsmitteltechnologen« ist emsig dabei, dafür zu sorgen, daß unsere Lebensmittel auch ja die richtige künstliche Farbe, den ebenso künstlichen Duft und Geschmack erhalten, von denen sie glauben, daß sie zu mehr Konsum reizen. Nichts bleibt dem Zufall überlassen. Ein Nahrungsmitteltechnologe drückt das so aus: »Es ist schwer, es mit Gott aufzunehmen, aber wir kommen voran.« Sie tun es in der Tat. Für ca. 500 Milliarden Dollar jährlich werden unserer Nahrung synthetische Chemikalien zugesetzt – insgesamt 2500 verschiedene Präparate. 1979 konsumierte jeder Amerikaner im Durchschnitt 4 kg an Zusätzen, fast die doppelte Menge wie 1970. 18 Millionen kg Farbstoffe jährlich bilden den Schlußpunkt in der Nahrungsmittelversorgung, eine gut 16mal größere Menge, als man 1940 verwendete. Heute essen wir mehr synthetische Beigaben als natürliche Stoffe.[19]

Bequemlichkeit in Form denaturierter Lebensmittel wird allerorten angepriesen, um den einzelnen von zeitaufwendiger Essenszubereitung zu befreien. Dabei wird jedoch eine Kettenreaktion erzeugt, die der Menschheit immer mehr Entropie beschert. Das bißchen Zeit, das man in der Küche spart, wird mehr als aufgewogen durch die Menge an Arbeitszeit (menschlicher Energie), die damit zugebracht wird, das Geld zu verdienen, um die erhöhten Preise für bearbeitete Nahrungsmittel zu bezahlen. Jeder Schritt der Nahrungsmittelbearbeitung benötigt Energie, und während die Energie durch die Nahrungskette fließt, werden wir Zeuge, wie sich die Macht in den Händen von immer weniger Gesellschaften der Nahrungsmittelindustrie konzentriert, wie die amerikanische Ernährungsweise immer ungesünder wird und der Verbrauch von nichterneuerbarer Energie zunimmt.

Die Nahrungsmittelbearbeitung steht stellvertretend für andere größere Industrien – wie die petrochemische, die Auto-, Lastwagen- und Luftfahrtindustrie und die synthetische Faserherstellung –, die alle in der Ära hohen Energieflusses groß wurden. Alle schaffen scheinbar größeren Wert (mehr Produkte, mehr »Bequemlichkeit«), dagegen verschwenden sie in Wirklichkeit die wertvollen Energieressourcen des Planeten. Nochmals, das Wirtschaftssystem nährt die Illusion, daß eine besser geordnete, materiell wertvollere Welt geschaffen wird, weil die Aufmerksamkeit in erster Linie auf vergrößerten Wert oder Entropieabnahme gerichtet ist, selten aber einmal auf die Dissipation von Energie und Entropiezunahme.

Wäre das Entropiegesetz voll anerkannt, müßte sich die Gesellschaft mit der Vorstellung abfinden, daß jedesmal, wenn wir einen Teil des Vorrats an verfügbarer Materie und Energie verbrauchen, zweierlei geschieht: Erstens haben auf die eine oder andere Art der einzelne, die Institutionen, die Gemeinden oder die Gesellschaft am Ende mehr für die bei der Herstellung des Produkts entstandene Unordnung zu zahlen als an Nutzen aus dem Gebrauch des Produkts entsteht; zweitens entsteht jedesmal ein Vorgriff auf die Energievorräte, so daß in Zukunft weniger verfügbare Energie verbraucht werden kann.

Diese Erkenntnis stellt unser bisheriges Weltbild auf den Kopf. Das gesamte Weltbild der Aufklärung ist geprägt von den Prinzipien der Newtonschen Mechanik, der Cartesianischen Mathematik und der Baconschen wissenschaftlichen Methodologie. Kapitalistische und sozialistische Systeme versuchen die physische Welt auf der Basis dieser grundlegenden Konzepte zu organisieren. Zentraler Punkt dieser drei Ideen ist die Vorstellung einer absoluten Wiederholbarkeit (die wissenschaftliche Methode) und der absoluten Reversibilität eines jeden Prozesses (universale Mathematik und mechanische Prozesse). In der realen Welt jedoch ist nichts zweimal auf dieselbe Weise zu beobachten, und keine Erscheinung ist reversibel. Das Entropiegesetz sagt uns, daß sich jede physikalische Realität nur in eine Richtung entfaltet und daß es, obwohl es in der Mathematik für jedes $+t$ ein $-t$ gibt, im physikalischen Ablauf der Welt um uns keine solche Reversibilität gibt. Es ist in der Tat verwirrend, daß wir in den vergangenen paar Jahrhunderten versucht haben, die Welt auf der Grundlage von Mechanik, Mathematik und der wissenschaftlichen Methode zu organisieren, während die wirkliche Welt mit diesen zentralen Annahmen von Reversibilität und absoluter Wiederholbarkeit gar nicht übereinstimmt. Wenn wir die hohe Energieproduktion verherrlichen, fördern wir in Wirklichkeit einen immer größeren Verbrauch des endlichen Vorrats an Ressourcen auf diesem Planeten. Von dieser Warte aus gesehen, müßte der Begriff Brottosozialprodukt eigentlich in Brottosozialkosten umbenannt werden, da verbrauchte Ressourcen für die Zukunft nicht mehr verfügbar sind.

Auch der Begriff *Verbrauch* ist eine irreführende Bezeichnung, da nichts jemals verbraucht wird. Ein Ding wird benutzt, gewöhnlich für eine sehr kurze Zeitspanne, und dann weggeworfen. Die entsprechenden Statistiken sind erschütternd. In unserem Staat werden jährlich 11 Millionen Tonnen Eisen und Stahl, 800 000 Tonnen Aluminium, 400 000 Tonnen andere Metalle, 13 Millionen Tonnen Glas und 60 Millionen Tonnen Papier weggeworfen. Dazu rechne man 17 Milliarden Dosen, 38 Milliarden Flaschen und Gläser, 7,6 Millionen ausrangierte Fernsehapparate und 7 Millionen alte Autos.[20] Auf die Einzelperson berechnet sind die Zahlen nicht weniger erschreckend. 1974 verbrauchte der Durchschnittsamerikaner 10 Tonnen mineralischer Rohstoffe, inklusive 600 kg Metalle und 8600 kg an nichtmineralischen Rohstoffen. Im Laufe seines Lebens verbraucht jeder Amerikaner im Durchschnitt ungefähr 700 Tonnen mineralischer Rohstoffe, inklusive fast 50 Tonnen Metalle. Wenn wir noch fossile Brennstoffe und Holz dazurechnen, steigert sich der Pro-Kopf-Verbrauch auf über das Doppelte, auf 1400 Tonnen. In diesen Angaben sind weder Wasser noch Nahrungsmittel enthalten.[21]

Die Welt könnte unmöglich ein zweites Amerika verkraften. Schaut man sich diese Zahlen an, so wird einem klar, daß schon *ein* Amerika mehr ist, als sich die Welt leisten kann. Man stelle sich vor, in allen Staaten dieser Erde würde soviel produziert und konsumiert, wie es die Amerikaner tun. Man hat geschätzt, daß ein Amerikaner mit durchschnittlichem Einkommen einen Lebensstil pflegt, der der von 200 menschlichen Sklaven verrichteten Arbeit entspricht.[22] Buckminster Fuller spricht das an, wenn er sagt, wir besäßen 200 »Energiesklaven«, die von nichterneuerbaren Ressourcen abhängen. Man kann diesen ernormen Energieverbrauch auch vergleichen mit den Kalorien, die ein Mensch zum Leben braucht. Die durchschnittliche menschliche Nahrungsaufnahme besteht aus 2000 Kalorien täglich. Doch schon die Menge an Energiekalorien, die jeder einzelne von uns täglich verbraucht – in unseren Autos, durch unseren Stromverbrauch, unsere bearbeiteten Nahrungsmittel und so weiter –, beläuft sich auf ungefähr 200 000 Kalorien, mehr als das Hundertfache des absolut notwendigen Bedarfs.[23] Ausgedrückt in Begriffen des Energieverbrauchs entsprechen unsere Energiebedürfnisse denen von mehr als 22 Milliarden Menschen, obwohl die Vereinigten Staaten »nur« 225 Millionen Einwohner haben.

Die Verfechter der klassischen Wirtschaftstheorie lassen die Bedürfnisse zukünftiger Generationen völlig außer acht. Wenn wir als Käufer und Verkäufer auf dem freien Markt zusammenkommen, treffen wir unsere Entscheidungen auf der Grundlage des relativen Überflusses oder Mangels an Waren, die uns interessieren. Nicht einer erhebt seine Stimme für das Recht kommender Generationen. So treiben wir Raubbau an den natürlichen Ressourcen und verurteilen damit unsere Nachkommen, in einer von Rohstoffen ausgepowerten Welt zu leben. Stellen Sie sich vor, alle kommenden Generationen der nächsten 100 000 Jahre könnten irgendwie um das Öl mitbieten, das unsere Generation aufbraucht. Offensichtlich würde der Preis für Öl so ansteigen, daß es unerschwinglich wäre, wenn zukünftige Generationen an Entscheidungen über die Einteilung der heutigen Ressourcen teilnehmen könnten.

Die Illusion vom materiellen Fortschritt hält sich hartnäckig in jedem größeren wirtschaftlichen und sozialen Unternehmen, einfach weil der Zweite Hauptsatz der Thermodynamik nicht beachtet wird. Nehmen wir zum Beispiel die Bereiche der Landwirtschaft, des Transportwesens, des Städtebaus, des Militärwesens, des Erziehungs- und des Gesundheitswesens. In allen sechs Bereichen sind wir zu der Überzeugung gelangt, daß wir gewaltige Fortschritte gemacht haben und daß der Fortschritt »permanent« ist, obwohl gegegentlich Hindernisse und Stagnation auftreten. Bei näherer Untersuchung stellt sich heraus, daß diese Vorstellung eine gefährliche Illusion ist. Sie wird als solche entlarvt vom Zweiten Hauptsatz der Thermodynamik.

Auf den folgenden Seiten werden wir sechs Gebiete als Fallstudien zur Wirkung des Entropiegesetzes bei ökonomischen und sozialen Aktivitäten näher untersuchen. Die Reaktionsmuster aller angesprochenen Bereiche wiederholen sich auf jedem Sektor der modernen Gesellschaft.

Landwirtschaft

»Danket Gott für die amerikanische Landwirtschaft!« Um unsere Landwirtschaft beneidet uns die ganze Welt. Die goldgelben Weizenfelder, die sich Kilometer um Kilometer über die flache Ebene von Kansas erstrecken, die mechanisierten Milchwirtschaftsbetriebe, die über das ländliche Wisconsin verstreut sind, die saftigen Obstplantagen, die ganz Südkalifornien bedecken, sie alle werden gepriesen und gelten als Vorbild für Staaten in aller Welt. Jonathan Swift bemerkte einmal, daß der Mann, der zwei Ähren Getreide erntet, wo vorher nur eine wuchs, das Los der gesamten Menschheit verbessert.[24] Kann man leugnen, daß die amerikanische Landwirtschaft die kühnsten Erwartungen übertroffen hat? Seit 1940 ist die Getreideproduktion in den Vereinigten Staaten jährlich um 2 % gestiegen. 1972 erzielte die amerikanische Landwirtschaft die höchsten Erträge ihrer Geschichte.[25] Wo sonst, sagte der frühere Landwirtschaftssekretär Clifford Hardin, kann ein Mensch 75 000 Hähnchen in einer modernen, mechanisierten Hähnchenmästerei aufziehen oder 5000 Rinder in einem automatisierten Fütterungsbetrieb ernähren.[26]

Heute verhungern auf der Erde über 100 Millionen Menschen jährlich. Weitere 1½ Milliarden Menschen, fast ein Drittel der Erdbevölkerung, gehen jede Nacht hungrig zu Bett.[27] Mit der erwarteten weltweiten Verdoppelung der Bevölkerung in den nächsten Jahrzehnten wird die Nachfrage nach Nahrungsmitteln größer sein als je zuvor in der Geschichte. Die amerikanische Landwirtschaft produziert schon jetzt 20 % des Weltaufkommens an Weizen und Futtergetreide und exportiert über die Hälfte davon in Länder rund um den Erdball.[28] Sicher, wirft man einen Blick auf die Statistiken, kann man nur schwer leugnen, was jedermann ohnehin für eine Binsenweisheit hält: daß die amerikanische Landwirtschaftstechnologie außergewöhnlich effizient ist. Doch in Wahrheit trifft leider das Gegenteil zu. Ein Farmer mit einem Ochsen und einem Pflug erzielt pro aufgewandter Energie einen größeren Ertrag als die riesigen mechanisierten Landwirtschaftsfarmen des modernen Amerika, so unglaubwürdig diese Rechnung zunächst auch erscheinen mag.

Ein mit nur einfachen Hilfsmitteln ausgerüsteter Bauer kann in der Regel 10 Kalorien Energie pro aufgewandter Kalorie produzieren. In der modernen Landwirtschaft kann ein Farmer in Iowa bis zu 6000 Kalorien für jede an menschlicher Arbeit eingeflossene Kalorie produzieren, doch entpuppt sich die augenscheinliche Effizienz als gewaltige Illusion, wenn man die gesamte andere während des Produktionsprozesses aufgewandte Energie einkalkuliert. Um »nur eine Dose Korn mit 270 Kalorien« zu produzieren, verbraucht der Farmer 2790 Kalorien, wovon ein Großteil aus der Energie besteht, die nötig ist, den Maschinenpark der Farm zu betreiben, und aus der Energie, die in den synthetischen Düngern und den Pestiziden enthalten ist, mit denen das Getreide behandelt wird. Der amerikanische Farmer verbraucht so für jede produzierte Nahrungskalorie 10 Kalorien an Energie.[29]

Die heutige Landwirtschaft verbraucht 12 % der gesamten Energie der US-Wirtschaft.[30] Wo sich die traditionelle Landwirtschaft einst zur Kultivierung auf menschliche und tierische Arbeitskraft verließ, auf natürliche Dünger und Wechselwirtschaft, um den Boden zu düngen und seine Fruchtbarkeit zu erhalten, und auf natürliche Schädlingsbekämpfung, um Ernteschäden unter Kontrolle zu halten, wurde das alte System in unseren Tagen von einer ausgeklügelten Maschinerie und petrochemischen Produkten ersetzt.

Je größer der Energiedurchfluß infolge Etablierung einer komplexen Maschinerie und petrochemischer Produkte wurde, desto zentralisierter wurde die Landwirtschaftsindustrie. Während die Kosten für die Deckung der Energiebedürfnisse der US-Landwirtschaft eskalierten, wurde der kleine Familienbetrieb von seinem Gelände verdrängt und durch riesige Landwirtschaftsgesellschaften ersetzt. Heute besitzen 29 Gesellschaften über 21 % der gesamten Anbaufläche in Amerika.[31] Wenn Sie sich das nächste Mal zu Tisch setzen, denken Sie daran: Ihr Truthahn stammt wahrscheinlich von Greyhound, Ihr Schinken von ITT, Ihr Gemüse von Teneco, Ihre Kartoffeln von Boeing und Ihre Nußmischung von Getty.[32] Die Landwirtschaftsgesellschaften kontrollieren momentan 51 % der Produktion unseres Frischgemüses, 85 % unserer Zitrusernte, 97 % der Produktion unserer Brathähnchen und 40 % unserer Eierherstellung.[33] Nur die großen Gesellschaften können die steigenden Kapitalkosten verkraften, die mit einer mechanisierten, auf Energie beruhenden Landwirtschaft verbunden sind. So schätzt man etwa, daß sich allein die Kosten für die Maschinenparks der Farmen zwischen 1950 und 1971 verdreifacht haben, von 12,1 Milliarden Dollar auf 33,8 Milliarden Dollar.[34]

In derselben Zeitspanne stieg der Verbrauch von anorganischen Stickstoffdüngern um das Siebenfache – von 1 Million Tonnen 1950 auf 7 Millionen Tonnen im Jahr 1970.[35] Der Gebrauch von Pestiziden nahm sogar noch mehr zu.[36] Diese Dünger und Pestizide werden alle aus fossilen Energiequellen gewonnen. Es ist nicht falsch zu sagen, daß die Nahrung, die wir heute zu uns nehmen, eher »auf Öl gewachsen« ist als auf Mutterboden. Auch trifft es zu, daß jährlich immer mehr Öl erforderlich ist, um dieselbe Menge an Nahrungsmitteln zu produzieren. Nach einer maßgeblichen Studie war zur »Erzielung des gleichen Getreideertrags« 1968 fünfmal mehr Stickstoffdünger notwendig als 1949. Mit anderen Worten, es mußte fünfmal mehr Energie oder Arbeit aufgewendet werden, um dieselben Ergebnisse zu erzielen.[37] In der Landwirtschaft wird nämlich, ebenso wie in jedem anderen Wirtschaftszweig, bei jeder Energieinvestition ein Teil der Energie vom Produkt absorbiert und ein Teil dissipiert. Um die Erträge zu steigern, fuhren die amerikanischen Farmer damit fort, mehr Energie zu verbrauchen. Während etwas von dieser Energie den Output steigern half, wurde gleichzeitig mehr und mehr verschwendet. Der Wert der marginalen Entropieabnahme in Form von leicht ansteigenden Erträgen wurde durch die größere Zunahme an dissipierter Energie in der Gesamtumwelt verkleinert. Ein Großteil der dissipierten Energie versickert und trägt zur Verschmutzung unseres Landes, der Flüsse und der Seen bei. Umweltverschmutzung durch Nitrate, die beim Auswaschen der Düngemittel entstehen, ist für mehr als die Hälfte unserer Wasserverschmutzung und für zwei Drittel der Umweltverschmutzung durch feste Abfälle verantwortlich.

Chemische Pestizide stellen den anderen großen Energieinput in der modernen Landwirtschaft dar. Die Verwendung von Pestiziden wuchs von 90 600 kg im Jahr 1950 auf über 725 Millionen kg im Jahr 1976.[38] Dieser gigantische Zuwachs hängt zu einem gut Teil mit der Art von Landwirtschaftstechnologie zusammen, auf die wir uns festgelegt haben. Die Vereinigten Staaten haben den gemischten Ackerbau durch Monokulturen ersetzt, um den Output zu erhöhen. Monokulturen sind besonders anfällig für Schadinsekten, da sie deren natürlichen Feinden keinen ausreichenden Lebensraum bieten. Wird so das natürliche Gleichgewicht gestört, müssen massive Dosen chemischer Pestizide gegen die Schädlinge eingesetzt werden. Die Ergebnisse dieses Verfahrens waren jedoch alles andere als erfolgreich. Untersuchungen haben gezeigt, daß trotz des großen Einsatzes an chemischen Pestiziden in den vergangenen dreißig Jahren ein Drittel der gesamten Ernte von Schädlingen vernichtet wurde.[39] Die Erklärung dafür ist einfach: Die Schädlinge haben sich dem Chemikalienbombardement angepaßt, sie sind resistent geworden. Nach dem Jahresbericht des Council on Environmental Quality der Regierung gibt es jetzt »305 Spezies von Insekten, Mücken und Zecken..., von denen man weiß, daß sie genetische Anlagen besitzen, die resistent gegen eines oder mehrere chemische Pestizide sind«[40]. Weil die Schädlingspopulationen weiterhin mehr Resistenz entwickeln, müssen noch mehr und noch giftigere Chemikalien angewandt werden, die wiederum noch widerstandsfähigere Schädlinge hervorbringen. Dieser Kreislauf wird auf jeder Stufe immer teurer und brutaler.

Die Langzeitwirkung der Pestizideskalation auf die Ökologie

des Bodens ist »erschreckend«, sagt der Landwirtschaftsexperte Deryel Ferguson. Wie andere, die sich mit dem Problem zu beschäftigen beginnen, warnt er davor, daß der durch Pestizide hervorgerufene Schaden für den Boden eine Gefahr von unkalkulierbarem Ausmaß darstellt. »Jedes Gramm fruchtbaren Bodens enthält Millionen von Bakterien, Pilzen, Algen, Protozoen und kleinen wirbellosen Tierchen wie Würmer und Gliederfüßler.«[41] Ferguson legt dar, daß alle diese Organismen eine wesentliche Rolle für die Erhaltung »der Bodenfruchtbarkeit und Bodenstruktur« spielen. Pestizide zerstören diese Organismen und ihr winziges, aber komplexes ökologisches Habitat und beschleunigen damit stark den Entropieprozeß im Boden. Das Endergebnis ist eine starke Auslaugung des Bodens und Erosion. Der Gebrauch von Chemikalien, sowohl von Pestiziden wie von Kunstdünger, ist zum Teil verantwortlich für die Zerstörung von 4 Milliarden Tonnen Mutterboden, der jedes Jahr in Nebenflüssen ausgewaschen wird.[42]

Wie der Council for Agricultural Science feststellt, »leidet ein Drittel der gesamten Anbaufläche an Bodenverlusten, die zu groß sind, als daß sie ohne schrittweise, aber letzten Endes verheerende Verringerung der Produktivität eingedämmt werden könnten«[43]. Die National Academy of Science schätzt jetzt, daß ein Drittel des gesamten wertvollen Mutterbodens auf den Farmen in den Vereinigten Staaten schon für immer verloren ist.[44] Wenn der Mutterboden erodiert, muß entsprechend mehr Kunstdünger zugefügt werden, um das Defizit auszugleichen. Im Jahre 1974 hätte man chemische Kunstdünger im Wert von 1,2 Milliarden Dollar gebraucht, um die durch Bodenerosion verlorengegangenen Nährstoffe zu ersetzen.[45] Unsere Landwirtschaftstechnologie ist also in einem Teufelskreis von größeren Energieinfusionen in Form von Kunstdünger und Pestiziden und größeren Verlusten in Form von Bodenerosion und zunehmend resistenten Schädlingen gefangen.

Während mehr und mehr Energie in die amerikanische Landwirtschaft fließt, nimmt die Entropie in der gesamten Umwelt zu. Die wachsende Unordnung in Form von Umweltverschmutzung und Bodenerosion erhöht die Gesamtkosten sowohl für die Gesellschaft allgemein als auch speziell für den Landwirtschaftssektor. Die gestiegenen Kosten führen zu einer erneuten Ausweitung und Zentralisierung der ökonomischen Institutionen, die die Landwirtschaft kontrollieren. Während sich die riesigen Landwirtschaftsunternehmen noch mehr ausdehnen, brauchen sie immer mehr Energie, nur um ihre elementaren Funktionen aufrechtzuerhalten. Zusätzliche Energie wird also aus der Gesamtflußlinie abgezweigt und geht so dem Gesamtbedarf verloren. Am Ende dieses Prozesses steht der Verbraucher als Opfer an der Kasse des Supermarkts von nebenan, der die wöchentlich steigenden Preise für die Lebenshaltungskosten bezahlen muß.

Jede Stufe dieses energieintensiven Landwirtschaftsprozesses wird in dem Maße eskalieren, wie wir uns dem Entropieverzweigungspunkt für nichterneuerbare fossile Brennstoffe nähern. Die Frustration und der Ärger an den Tankstellen im Sommer 1979 waren nur ein Vorgeschmack auf das, was in der Lebensmittelversorgung in den nächsten Jahren auf uns zukommen wird.

Transportwesen

Unser Transportwesen ist angeblich das fortschrittlichste der Welt. Wir wenden mehr Zeit dafür auf, »Reisezeit« einzusparen, als für jede andere wirtschaftliche Aktivität. Das Transportwesen beträgt zur Zeit 21 % unseres Bruttosozialprodukts.[46] Über 80 % unserer Geldmittel für das Transportwesen werden für Pkw und Lastwagen ausgegeben.[47] Zusammen verbrauchen alle unsere größeren Transportmittel über 25 % der gesamten in die Wirtschaft investierten Energie.[48] Doch auch diese Zahlen geben die im Transportwesen verbrauchte Gesamtenergie nicht annähernd richtig wieder, da sie die Kosten für Herstellung und Unterhaltung der ganzen Transportmaschinerie noch gar nicht einschließen. Wenn man diese Zahlen noch dazu rechnet, frißt die amerikanische Transportindustrie realiter über 41 % der pro

Jahr verbrauchten Energie – wie Dr. William E. Mooz von der Rand Corporation feststellt.[49]

Im Gegensatz zur allgemein herrschenden Meinung ist Amerikas Transportsystem, genau wie das Landwirtschaftssystem, im Laufe der Jahre immer ineffizienter geworden. Das heißt, es war ein immer größerer Energieinput notwendig, um dieselbe Menge an Waren oder Menschen von einem bestimmten Ort zum anderen zu befördern.

Im Laufe dieses Jahrhunderts verlagerte sich das Schwergewicht des amerikanischen Transportwesens vom Eisenbahnbetrieb auf eine noch stärkere Abhängigkeit von Pkw, Lastwagen und Flugzeugen. Heute bewältigen Pkw und Lastwagen den größten Teil des Passagier- beziehungsweise Frachtverkehrs. Beide Verkehrsmittel sind weniger effizient als andere Transportarten, die entweder stark eingeschränkt oder ganz eingestellt wurden. Man benötigt 8000 BTUs Energie, um einen Passagier eine Meile weit mit einem Auto zu transportieren. Im Gegensatz dazu braucht man nur 3800 BTUs Energie, um dieselbe Person mit einem Massentransportmittel zu befördern.[50] Doch in den letzten 25 Jahren sind die Massenverkehrsmittel in diesem Land stark reduziert worden. Vergleichende Zahlen für den Frachtverkehr sprechen eine noch deutlichere Sprache. Man benötigt nur 670 BTUs Energie, um eine Tonne Fracht eine Meile mit dem Zug zu befördern, und über 2800 BTUs, um dieselbe Tonne Fracht mit einem Lastwagen zu transportieren.[51] Auch der Warenverkehr per Zug wurde zwischen 1950 und 1970 von 50 auf 30 % eingeschränkt.[52]

Alle unsere Haupttransportmittel arbeiten mit nichterneuerbaren fossilen Brennstoffen. Während der Energiebedarf des amerikanischen Transportwesens stieg, konzentrierte sich die Transportindustrie in den Händen weniger Gesellschaften. Wo es einst Gruppen heimischer Autohersteller gab, wird die Industrie heute von den drei großen Autofirmen Ford, GM und Chrysler beherrscht. Das gleiche geschah früher mit den Eisenbahnen, den Bussen und dem Flugverkehr. Nur diese gigantischen Transportfirmen können die mit dem größeren Energieverbrauch gestiegenen Kosten noch decken. Aber selbst sie geraten jetzt unter Druck, weil die Wirtschaft sich einem Entropieverzweigungspunkt nähert. Die Autoindustrie, unbestrittener Führer der amerikanischen Wirtschaft, ist dazu gezwungen, die Produktion zu drosseln und kleinere Autos zu bauen, weil sich die Brennstoffkrise verschärft. Henry Ford bemerkte dazu: »Kleine Autos bringen kleine Profite.«[53]

Die Herstellung von weniger und kleineren Autos löst eine Kettenreaktion aus, unter der die gesamte Wirtschaft zu leiden hat. In die Autoproduktion werden »20 % des gesamten Stahls, 12 % des Aluminiums, 51 % des Bleis, 95 % des Nickels, 35 % des Zinks und 60 % des in den Vereinigten Staaten verbrauchten Gummis investiert«[54]. Werfen wir einen Blick zurück auf das Jahr 1932, als ein Autoenthusiast die ungeheuren Möglichkeiten einer expandierenden Autoproduktion für die gesamte Wirtschaft aufzählte:

»Man bedenke die Folgen für die industrielle Welt, wenn ein Produkt auf den Markt kommt, das den Verbrauch an Schmiedeeisen verdoppelt, den von Glasscheiben verdreifacht und den Gummiverbrauch vervierfacht...! Als Rohstoffkonsument gibt es in der Geschichte der modernen Welt nichts, was dem Automobil vergleichbar wäre.«[55]

1974 gaben die Amerikaner 137 Milliarden Dollar für den privaten Autoverkehr aus.[56] Alle 24 Stunden tauchen 10 000 neue Fahrer und 10 000 neue Autos auf den Straßen auf.[57] Von vier Dollars gibt der amerikanische Verbraucher einen für sein Auto aus.[58] Er zahlt für das Auto, die Versicherung, das Benzin, den Unterhalt, die Parkgebühren, die Autobahngebühren, den Führerschein und die Staats- und Bundessteuern. Für dieses Verkehrsmittel bezahlt er also mehr Geld als für Lebensmittel.

Heute hängt einer von sechs Arbeitsplätzen direkt oder indirekt mit der Autoindustrie zusammen.[59] Der gestiegene Aufwand für Kauf, Brennstoffverbrauch und Unterhalt eines Autos ist ein guter Maßstab für die angestiegenen Kosten auf der ganzen Linie des Energieflusses, während unsere Vorräte an fossilen Brennstoffen unweigerlich zur Neige gehen. Die vom

Verkehrsmittel Auto verursachte massive Unordnung ist darüber hinaus ein gutes Beispiel dafür, was geschieht, wenn ein ökonomisches System es versäumt, die Konsequenzen des Entropiegesetzes zu beachten, bevor es zu spät ist. Was auch immer wir an Vorteilen in den vergangenen fünfzig Jahren vom Auto gehabt haben mögen, muß jetzt einer kritischen Bilanz unterzogen werden. Wir haben uns stark verschuldet, weil nun der Zweite Hauptsatz der Thermodynamik rücksichtslos seinen Tribut verlangt. Die Gesamtrechnung ist höher, als sich auch nur einer von uns leisten kann, wie ein kurzer Überblick über einige der Kosten zeigt.

Als erster Kostenfaktor ist die Zeit zu betrachten. Das Auto sollte ja eigentlich die Zeitspanne verringern, die man braucht, um eine geographische Distanz zu überwinden. In Wahrheit hat es genau das Gegenteil bewirkt. Mit der Verbreitung des Autos begannen sich die Amerikaner weiter von ihren Arbeitsplätzen zu entfernen. Vor vierzig Jahren lebten die meisten Menschen in einer Entfernung von ihrem Arbeitsplatz, die sie bequem zu Fuß bewältigen konnten. Heute wohnen die Menschen in Vororten, die oft 30 bis 40 Kilometer von ihren Arbeitsplätzen entfernt liegen. Obwohl das Auto sich schneller fortbewegt als ein Fußgänger, wird seine Geschwindigkeit relativ bedeutungslos, wenn der Verkehr in Spitzenzeiten der Rush-hour im Schneckentempo von 8 bis 10 Kilometern pro Stunde dahinkriecht, was in den größeren Städten Amerikas längst die Regel ist. Die meisten Pendler brauchen zwischen einer halben und anderthalb Stunden für jeden Weg. Ungefähr dieselbe Zeit benötigten die Menschen vor vierzig Jahren, als sie noch näher an ihren Arbeitsstätten wohnten und zu Fuß gehen oder eine Straßenbahn benutzen konnten. Die Ölkrise führte zu noch mehr Zeitverschwendung: Im Sommer 1979 waren die Autobesitzer in vielen Teilen des Landes gezwungen, zwischen einer und vier Stunden zusätzlich pro Woche mit Warten an den Tankstellen zuzubringen, nur um einmal vollzutanken.

Der frühere Transportminister Alayn Boyd hat einmal gesagt: »Wenn Ihnen jemand erzählte, er hätte Schwaden von Giftgasen sich zwischen den Gebäuden einer Stadt hindurchwälzen sehen, schwarzen Rauch, der die Sonne verfinstert, riesige Löcher auf den Hauptstraßen, wo Leute mit steifen Hüten stehen, darüber Flugzeuge kreisend, die nicht landen können, und Tausende von Menschen, die die Straßen verstopfen, schieben und stoßen in der verzweifelten Anstrengung, aus der Stadt herauszukommen... Sie würden kaum feststellen können, ob er von einer Stadt im Krieg oder einer Stadt zur Rush-hour spricht.«[60]

In der Tat sind Tod und Zerstörung, die das Auto angerichtet hat, grauenhafter als alles, was unserem Land im Kriege zustieß. Jedes Jahr werden 55 000 Amerikaner bei Autounfällen getötet und weitere 5 Millionen zu Krüppeln gemacht.[61] Der National Safety Council schätzt, daß mehr Amerikaner von Autos getötet wurden als in allen Kriegen, die dieses Land in den letzten zwei Jahrhunderten geführt hat. Stellen Sie sich vor, daß allein in den letzten dreißig Jahren über eine Million Menschen bei Autounfällen ums Leben kam![62]

In Dollars gerechnet sind die durch Verkehrsunfälle verursachten Gesundheits- und Sachschäden zehnmal so groß wie die aller durch Gewaltverbrechen entstandenen. 1969 belief sich der Gesamtschaden infolge von Verkehrsunfällen auf ungefähr 13 Milliarden Dollar. 1975 erreichten die gesellschaftlichen Unkosten, die durch Schäden im Zusammenhang mit Autounfällen entstanden sind, 37 Milliarden Dollar.[63]

Selbst diese Zahlen geben nur einen Teil des Schreckensbildes wieder. Mit dem Autozeitalter kamen Highways und dementsprechend Tausende und Abertausende Kilometer Beton, Asphalt und Zement. Die Umweltzerstörung, Folge der katastrophalen Kombination von Highways und Motorfahrzeugen, ist kaum noch meßbar. Der erste Beton aus Portlandzement wurde im Jahre 1909 dazu benutzt, eine schmale Straße von Detroit zu den Wayne County State Fairgrounds zu betonieren.[64] Ausgehend von diesen bescheidenen Anfängen nahm Amerika ein Projekt in Angriff, das zum teuersten wurde, das die Geschichte je gesehen hat. Allein zwischen 1956 und 1970 gab dieses Land 196 Milliarden Dollar an Gemeinde-, Staats- und Bundesgeldern für den Bau von Autobahnen aus. Die Staatsregierungen schätzen, daß sie zwischen 1973 und 1985 zusätzlich 294 Milliarden Dollar für Arbeiten benötigen werden, die mit den Highways zusammenhängen.[65]

Das Highwaysystem der amerikanischen Bundesstaaten ist inzwischen 68 000 Kilometer lang.[66] »Das Highwaysystem«, sagt der Transportexperte George W. Brown, »vernichtet Land und Atmosphäre in einem Ausmaß, wie es unmöglich weitergehen kann.«[67] Wie die Nationale Konferenz der Highwaybenutzer feststellt, werden für jede Million Dollar, die das Autobahnnetz kostet, 16 800 Barrel Zement verbraucht; dazu kommen 694 Tonnen Asphalt, 485 Tonnen Beton, 76 000 Tonnen Sand, Kies, Schotter und Schlacke, 10 900 kg Explosivstoffe, 458 000 l Erdöl, 2800 Kubikmeter Bauholz und 600 Tonnen Stahl.[68]

Die Vereinigten Staaten haben 9 324 0000 Quadratkilometer Land und über 5 760 000 Kilometer Straßen: Das heißt, auf jeden Quadratkilometer Land kommen mehr als 0,6 km Straße.[69] Die Straßen »wuchern« in einem derartigen Tempo, daß sie in 53 Großstädten momentan 30 % der genutzten Fläche einnehmen.[70] Fast zwei Drittel der Innenstadtfläche von Los Angeles sind gegenwärtig ausschließlich als Parkplätze oder Autostraßen verbaut. In Chicago, Detroit und Minneapolis ist nahezu die Hälfte der Stadtgebiete »für die Fortbewegung und das Abstellen von Autos reserviert«[71]. Da es kaum möglich ist, den Gesamtschaden abzuschätzen, der an Gebäuden und anderen städtischen Einrichtungen durch die vom innerstädtischen Autoverkehr verursachten Einflüsse wie konstante Reibung, Gewichtsbewegungsbelastung und allgemeine Abnutzungserscheinungen entsteht, haben Städteplaner das Schlagwort »Autoerosion« in ihr Vokabular aufgenommen, wenn sie den Kostenfaktor des Stadtverkehrs untersuchen.

Die geringe Entropieabnahme, die jeder Kilometer Highway und jedes fabrikneue Auto demonstrieren, wird erkauft zum Preis eines unermeßlichen Entropiezuwachses in der Gesamtumgebung. Jeder, der das Pech hat, auf der geplanten Bauroute eines Highways zu wohnen, hat die Konsequenzen dieser Gesetzmäßigkeit am eigenen Leib erfahren. Nach D. R. Neuzil vom Institut für Transport- und Verkehrswesen der Universität Kalifornien werden jährlich fast 100 000 Personen infolge neuer Highwaybaumaßnahmen umgesiedelt.[72] Die Zerstörung der nachbarschaftlichen Beziehungen hat vielschichtig und in ungeahntem Ausmaß ihren Tribut gefordert, wie soziologische Studien jetzt beweisen. Das Auseinanderbrechen der über lange Zeit gewachsenen sozialen und geographischen Bindungen der Menschen hat Konsequenzen, wirkt sich genauso zerstörerisch aus wie das Auseinanderbrechen eines biologischen Habitats. Auch hier entsteht also Unordnung, die sich häufig im Anstieg von Kriminalität, Arbeitslosigkeit und Gemütskrankheiten widerspiegelt. Die radikale Änderung vertrauter Lebensmuster ruft urplötzlich Traumata hervor. Stellen Sie sich vor, was für eine Auswirkung es auf die Psyche eines Menschen haben muß, wenn er mit ansieht, wie die Wohnblocks seiner Nachbarschaft plötzlich dem Erdboden gleichgemacht werden. Die Verwirrung und das Gefühl, das Letzte verloren zu haben, ähneln häufig, so die Psychologen, der Reaktion nach Bombenangriffen im Krieg.

Auch in diesem Zusammenhang sollten wir den Faktor Umweltverschmutzung nicht vergessen. Jedesmal, wenn eines von Amerikas 150 Millionen Autos über den Highway fährt, verbraucht es Energie, wovon ein Großteil als Kohlenmonoxid, Stickstoff und Kohlenwasserstoff dissipiert wird. Heute werden in den meisten Städten der USA 60 % der gesamten Luftverschmutzung von Autoabgasen verursacht.[73] 1971 wurde der Gebäude- und Sachwertschaden infolge von Luftverschmutzung auf 10 Milliarden Dollar geschätzt.[74] Man erkennt jetzt an, daß die dramatische Steigerungsrate der Todesfälle aufgrund von Herzkrankheiten und Krebs zumindest teilweise auf Luftverschmutzung zurückzuführen ist, die durch die Abgase von Autos, Lastwagen und Bussen verursacht wird (mehr darüber im Kapitel über Gesundheit).

Jeden Tag werden »250 000 Tonnen Kohlenmonoxid, 25 000 Tonnen Kohlenwasserstoffe und 8000 Tonnen Stickoxide« aus den Auspuffen der Autos ausgespuckt. Im Jahr 1970 belief sich die durch Autos verursachte Umweltverschmutzung auf insgesamt 111 Millionen Tonnen Schwefeloxid, 19,5 Millionen Tonnen Kohlenwasserstoff und 11,7 Millionen Tonnen Stickoxide.[75]

Wirklich erschreckend ist die Erkenntis, daß der Entropieprozeß häufig Aktivitäten beeinflußt, die so weit vom Ort des ursprünglichen Energieverbrauchs entfernt sind, daß man kaum einen Zusammenhang vermuten würde. Ein Autofahrer etwa wäre zweifellos schockiert, wüßte er, daß er jedesmal, wenn er das Gaspedal tritt, potentiell zur Gehirnschädigung eines fünf- oder sechsjährigen Schulkindes beiträgt, das sich Kilometer entfernt aufhält. Untersuchungen der letzten Jahre haben gezeigt, daß Kinder mit Lernstörungen, die Anzeichen von »Schläfrigkeit, Ablenkbarkeit, Verdauungsbeschwerden und Erbrechen aufweisen... in ernsteren Fällen – Lähmungserscheinungen, Konvulsionen und Koma«, in ihrem Blut höhere Konzentrationen von Blei aufweisen.[76] Der größte Teil der Bleivergiftung stammt von Autoabgasen. Hier die Ergebnisse einer detaillierten Studie des Kinderhospitals an der Harvard Medical School:

Lehrer beurteilten das Verhalten von 2146 Kindern in der Klasse, ohne etwas über ihren Bleispiegel zu wissen. Als diese Verhaltensbeurteilungen später zu Ergebnissen aus Untersuchungen der Milchzähne in Beziehung gesetzt wurden, fanden die Wissenschaftler einen direkten und regelmäßigen Zusammenhang. Je höher der Spiegel der Bleiverseuchung war, desto wahrscheinlicher waren Verhaltensstörungen, wie zum Beispiel Mangel an Ausdauer und Organisationsfähigkeit, Unfähigkeit, einfachen Anweisungen zu folgen, und Tendenzen von Konzentrationsschwäche, Impulsivität und übermäßiger Aktivität.[77]

Das heutige Hoch-Energie-Verkehrssystem trägt größere Verantwortung für soziale Folgeschäden in unserer Gesellschaft und die Erschöpfung unserer Energiebasis als irgendeine andere Kraft. Seine Destruktivität darf nicht länger geduldet werden, sonst würde unserer Gesellschaft irreparabler Schaden zugefügt und die Überlebensfähigkeit unserer Nation gefährdet.

Urbanisierung

»Es ist keine Neuigkeit, daß Amerikas Großstädte, von denen das Wachstum der Nation die letzten 200 Jahre großenteils abhing, im Niedergang begriffen sind. Die Frage ist, ob dieser Niedergang aufgehalten werden kann oder ob alle großen Städte ins Wanken geraten und schließlich zu Schatten ihrer einst blühenden Existenz werden.«[78] So eine sicherlich düstere Prophezeiung, der Art, die man von einem »radikalen« Soziologen oder »small is beautiful«-Advokaten erwarten würde. Aber diese Nachricht stammt aus einer ganz anderen Quelle: dem *U.S. News and World Report*, dem wirtschaftsfreundlichsten Nachrichtenmagazin Amerikas!

Seit dem Zweiten Weltkrieg und dem Beginn der mit fossilen Brennstoffen betriebenen Landwirtschaft ist Amerika ein urbanisiertes Land. Heute leben 80 % der gesamten Bevölkerung in Städten. Mehr als die Hälfte unseres Volkes bewohnt nur 1 % der Landfläche.[79] Zwischen 30 und 40 Millionen von uns leben auf nur 26 000 Quadratkilometern wie die Ölsardinen zusammengedrängt zwischen New Hampshire und Nordvirginia.[80] Für lange Zeit symbolisierte die Stadt größere Chancen, mehr Arbeitsplätze, höhere Kultur. Das ist vorbei.

Heute macht sich kaum einer noch Illusionen über die Lebensbedingungen in den Großstädten. Vor kurzem haben Meinungsumfragen ergeben, daß die meisten Menschen in Wirklichkeit in kleineren Städten leben möchten; 25 % in Vorortgemeinden; 26 % in ländlichen Gemeinden und nur 17 % in Großstädten.[81] Dieser Meinungsumschwung schlägt sich auch in der Realität nieder. Zwischen 1970 und 1976 verloren die 17 Spitzenmetropolen des Landes tatsächlich fast 2 Millionen Einwohner.[82] Auf die Frage, warum sie die Metropolen verlassen, würden die Umsiedler wahrscheinlich eine Vielzahl von Antworten geben, etwa die steigende Verbrechensrate, Steuern, Lebensmittelpreise und Mieten, die alles lahmlegenden Streiks der städtischen Bediensteten, Verlust von Arbeitsplätzen, Umweltverschmutzung. Alle Betroffenen reagieren auf verschiedene Aspekte ein- und desselben Phänomens. Aufgrund des massiven Energieinputs, der zur Aufrechterhaltung des modernen Großstadtlebens erforderlich ist, wächst die Entropie in der Umwelt dramatisch an – bis zu dem Punkt, an dem der Zusammenbruch urbaner Existenz droht.

Unsere heutige Großstadt – Millionen von Menschen zusammengepfercht in einer Megalopolis, die sich über Hunderte von Quadratkilometern erstreckt – ist ein relativ junges soziales Gebilde, das mit der Geburtsstunde der fossilen Brennstoffära entstand. Zuvor hatten Menschen Tausende von Jahren in »Städten« gelebt, aber das waren kaum Städte im modernen Sinn. Das Athen der Antike etwa zählte gerade 50 000 Bürger, Babylon etwas mehr als 10 000. Jahre später, zur Zeit der Renaissance, hatte sich daran kaum etwas geändert. In Leonardo da Vincis Florenz lebten 50 000 Menschen, und als Michelangelo die Dekke der Sixtinischen Kapelle bemalte, belief sich Roms gesamte Bevölkerung auf rund 55 000. Noch während des 16. Jahrhunderts beherbergte die Mehrzahl der europäischen Großstädte weniger als 20 000 Einwohner. Zur Zeit der amerikanischen Revolution hatten die beiden größten Städte in den Kolonien – Boston und Philadelphia – noch nicht einmal die Einwohnerzahl von 50 000 erreicht, New Yorks Bevölkerung erreichte eben ein Drittel dieser Zahl.[83]

Mit der Ausbreitung der Industriellen Revolution im frühen 19. Jahrhundert änderten sich die Relationen mit beängstigender Geschwindigkeit. London war im Jahre 1820 die erste Stadt mit einer Bevölkerung von einer Million. Um 1900 gab es 11 Städte mit Einwohnerzahlen, die die Millionengrenze überstiegen; um 1950 waren es 75 Städte; um 1976 gab es 191 Stadtgebiete, die von einer Million oder mehr Menschen besiedelt waren. Bei den gegenwärtigen weltweiten Wachstumsraten wird es um das Jahr 1985 273 Städte mit Bevölkerungszahlen von über einer Million geben – die Mehrheit in Ländern der Dritten Welt.[84]

Prozentual an der Weltbevölkerung gemessen, werden die Stadtbewohner allmählich zur Mehrheit. Von den geschätzten eine Milliarde Menschen, die im Jahr 1800 lebten, wohnten vielleicht 25 Millionen – gerade 2,5 % – in Städten. Um 1900 befanden sich 15 % der Weltbevölkerung in städtischen Gebieten, um 1960 ein Drittel. Bei der gegenwärtigen Wachstumsrate werden um das Jahr 2000 mehr Menschen in Städten von 100 000 oder mehr Einwohnern leben als 1960 in der gesamten Welt.[85]

Diese explosionsartige Expansion der Städte ist eine direkte Folge der globalen Verschiebungen in den Energieverhältnissen der Umwelt während der letzten zwei Jahrhunderte. Eine Stadt überlebt aufgrund ihrer Fähigkeit, verfügbare Energie aus der näheren Umgebung aufzusaugen, zu speichern und für die urbane Existenz verwendbar zu machen. Städte entstanden vor Tausenden von Jahren mit der Entdeckung der Hartgetreidekultivierung. Hartgetreide eignet sich, anders als Früchte und Gemüse, zur Langzeitspeicherung. Unterzieht man die Städte der vorfossilen Brennstoffära einer näheren Betrachtung, kann man sie auf der Grundlage ihrer Energiebasis charakterisieren als »Roggenstädte, Reisstädte, Weizen- oder Maisstädte«[86].

Obwohl Hartgetreide die Energiegrundlage des urbanen Lebens vor 1800 darstellte, setzte es aber sowohl dem Bevölkerungswachstum wie auch der physischen Ausdehnung der Stadt selbst strenge Grenzen. Die traditionelle Landwirtschaft war nicht in der Lage, genügend Überfluß zu erwirtschaften, um größere Ballungszentren zu versorgen, die selbst ja keine Nahrungsmittel produzierten. Da die Stadt mit ihrer Energie- und Nahrungsmittelversorgung direkt von dem sie umgebenden Land abhängig war, konnte sich das Stadtgebiet nicht in dem Maße über seine Grenzen hinaus ausdehnen, wie das heute geschieht. Die lokale Ernährungsgrundlage wäre zerstört worden. Die Befestigungsmauern, die die alten und mittelalterlichen Städte umschlossen, sorgten für mehr als nur für Schutz vor Invasionen, sie stellten ebenfalls sicher, daß die Stadt nicht über die Grenzen der Versorgungskapazität ihrer Energieumgebung hinauswuchs. Die große Stadt Babylon erstreckte sich über eine Fläche von 8,3 Quadratkilometern; die mittelalterlichen Stadtmauern Londons umschlossen ein Gebiet, das weniger als 1/150 der heutigen Stadtgröße betrug. Die Bewohner traditioneller Städte waren ja auch keineswegs in der Lage, Lebensmittel über weite Entfernungen zu importieren. Bis zur Ära der Nutzung fossiler Brennstoffe wurde der Transport überwiegend von tierischer und menschlicher Arbeitskraft bewältigt. Dem Tempo und der Entfernung waren so ziemlich enge Grenzen gesetzt.

Eine Ausnahme von dieser Regel war das antike Rom. Zu seiner Blütezeit stieg die Einwohnerzahl auf nahezu eine Million Menschen. Die Stadt Rom konnte nur dadurch überleben, daß sie alles in ihrem Einflußbereich zu kolonisieren versuchte. Ohne sein gewaltiges Sklavenheer, seine intensiven landwirtschaftlichen Anbaumethoden, gewaltigen Aquäduktbauten und vor allem seine mächtige Armee hätte der Stadtstaat Rom seine Bevölkerung wahrscheinlich nicht ernähren können. Gewissermaßen mußte das Römische Reich die gesamte damals bekannte Welt ausplündern, um die durch eine solar-agrikulturelle Energiebasis gesteckten Begrenzungen überschreiten zu können. Murray Bookchin formuliert das treffend, wenn er schreibt: »Der Niedergang Roms kann mit dem Aufstieg Roms erklärt werden. Die lateinische Stadt gelangte zu ihrer imperialen Größe nicht aufgrund der Ressourcen ihrer ländlichen Umgebung, sondern aufgrund der Beute, die sie auf den systematischen Raubzügen in den Nahen Osten, Ägypten und Nordafrika zusammenraffte. Der gleiche Prozeß, der der Unterhaltung der römischen Kosmopolis diente, führte auch zu ihrer Zerstörung.«[87]

Einmal festgelegt auf urbane Expansion, befand sich Rom auf absteigendem Ast. Je größer die Stadt wurde, desto größer wurde der notwendige Energieinput. Je mehr Energie in die Stadt floß, desto größer wurde die daraus resultierende Unordnung. Je größer die Unordnung, desto umfassender wurde die institutionelle Infrastruktur, um das sich ausbreitende Chaos im Griff zu behalten. Der ganze Vorgang konnte einfach nicht ad infinitum fortgesetzt werden. Die vom Heer aufrechterhaltene Energieversorgungslinie wurde so gedehnt, daß das Militär selbst mehr Energie absorbierte, als es zur Stadt weiterleitete. Die Erträge des Landwirtschaftssystems begannen als Folge der intensiven Bodenausnutzung zu sinken. Die Ernährung und Unterbringung der Sklaven wurde zu teuer. Die Bürokratie der Stadt wurde so groß und kostspielig, daß sie nicht mehr finanziert werden konnte. Schließlich brach die aus allen Nähten platzende Stadt total zusammen und kehrte nach ihrer militärischen Eroberung ins ökologische Gleichgewicht mit ihrer Energieumwelt zurück. Nach seinem Niedergang hatte Rom nur noch 30 000 Einwohner.

Rom kann als Paradebeispiel dafür dienen, was geschieht, wenn eine Stadt die ihr durch die Rohstoffbasis der Umgebung auferlegten Grenzen des Wachstums ignoriert. Zwar kann die Nutzung weit entlegener Energiequellen dazu dienen, den Kollaps hinauszuzögern, aber der Tag der Endabrechnung ist dennoch unvermeidlich. Das trifft auch auf unsere Zeit zu. Moderne Städte versorgen sich durch Kolonisierung ihrer Umgebung. Und wie Rom sind moderne Städte für einen Kollaps extrem anfällig, sobald die Grenzen der nationalen und internationalen Rohstoffbasis erreicht sind, da sie die Produktivitätskapazität ihrer lokalen Energieumwelt total ausgelaugt haben.

Das wird am Nahrungsmittelbedarf einer modernen Stadt besonders deutlich. Ein typischer urbaner Bereich mit einer Million Einwohnern benötigt einen täglichen Nachschub an Nahrungsmitteln von 1,8 Millionen kg.[88] Um diese fast 2000 Tonnen Nahrungsmittel zu bekommen, ist die Stadt vollkommen von unserem auf fossilen Brennstoffen beruhenden Landwirtschaftssystem abhängig. Ohne die hohen Erträge der petrochemischen Landwirtschaft und ohne ein nationales Transportsystem, das Weizen, Orangen und Rindfleisch über Tausende von Kilometern in die Städte bringt, würden in den Ballungszentren Hungersnöte ausbrechen. Aber wie wir schon gesehen haben, bedrohen die Verknappung und die damit verbundenen eskalierenden Kosten fossiler Brennstoffe – Rückgrat der amerikanischen Landwirtschaft und des Transportwesens – das Überleben eben jenes Landwirtschaftssystems, von dem die Existenz der Stadt abhängt.

Wo sollen die Nahrungsmittel für New York, Chicago und Los

Angeles herkommen? Nicht aus deren Umgebung. Städte und Vorstädte dehnen sich in atemberaubendem Tempo aus, und so wurden Millionen von Hektar potentieller landwirtschaftlicher Nutzungsfläche mit Beton, Plastik und Stahl zugepflastert.[89] In der historischen Stadt wurde eine beträchtliche Menge Land innerhalb der Stadtmauern für Landwirtschaft im kleinen Rahmen reserviert. Aber als die Städte größer wurden, wandelte man immer mehr potentielle Anbaufläche in anders genutztes Land um. Die Hälfte (!) der Grundfläche von Dallas ist mit Straßen, Parkplätzen und Gebäuden bedeckt. Von den insgesamt 826 Quadratkilometern von New York City blieben Mitte der fünfziger Jahre nur 121 Quadratkilometer unbebaut.[90]

Größere Stadtgebiete beuten in bedenklichem Maße aber auch noch andere Ressourcen aus. Eine Stadt von einer Million Einwohnern benötigt eine tägliche Zufuhr von 9500 Tonnen Brennstoff und 625 000 Tonnen Frischwasser.[91] Bau und Unterhaltung von Amerikas Gebäuden (von denen sich die meisten in großen Städten befinden) verbrauchen 57 % der gesamten im ganzen Land produzierten Elektrizität.[92] Mammutgebäude wie das World Trade Center beziehen 80 000 Kilowatt Strom, genug, um die Stadt Schenectady im Staate New York zu versorgen. Das Sears Building in Chicago verbraucht mehr Strom als die Einwohner von Rockford, einer Stadt von 147 000 Einwohnern in Illinois. Ein gewaltiger Input an natürlichen Rohstoffen ist ebenfalls erforderlich. Das Sears Building beispielsweise verfügt über 128 Kilometer Liftkabel und enthält genug Beton, um damit eine Fläche von 78 Football-Feldern zu bedecken.[93] Aber nicht nur für den Bau, auch für die Instandsetzung der Gebäude werden fortwährend Rohstoffe verbraucht. Der Stahl in unseren Städten rottet so rapide, daß die laufenden jährlichen Ersetzungskosten auf 20 Milliarden Dollar geschätzt werden.[94]

Ohne den gewaltigen Energieinput in seinen verschiedenen Formen verfällt die Stadt, Arbeitsplätze gehen verloren, und das Leben in der Stadt wird unerträglich. Dieser Prozeß ist in einigen der ältesten Städte des Landes schon weit fortgeschritten. Nach einer Studie des Urban Institute über die Situation der städtischen Infrastruktur in Amerika sind grundlegende Einrichtungen wie Kanalisation, Straßen, Brücken, Verkehrssysteme und Wasserwerke in den größeren Städten des Landes schon gefährlich stark abgenutzt, und es bedarf eines massiven Kapitalaufwandes, um sie im kommenden Jahrzehnt zu ersetzen oder zu reparieren. Die Zahlen sind wirklich erschütternd. Um dem drohenden Zusammenbruch zu entgehen, braucht New York im Laufe der nächsten zehn Jahre Geldmittel in Höhe von 12 Milliarden Dollar für Ersetzungs-, Reparatur- und Unterhaltungskosten. Schon kleinere Städte wie Cleveland werden über 700 Millionen Dollar bezahlen müssen, um ihre physische Infrastruktur in den kommenden Jahren aufrechtzuerhalten.[95]

Große Städte erfordern einen großen Energieinput, um lebensfähig zu bleiben. Doch schaffen die einfließenden Energiemengen neue Probleme. Ein hoher Energiefluß hat signifikante Änderungen zur Folge. Die durchschnittliche Jahrestemperatur einer Großstadt ist im Mittel um drei bis vier Grad höher als die der Umgebung. Der Grund dafür liegt in den Emissionen von Kraftwerken, Automobilen, Klimaanlagen und der veränderten Reflexion der Sonnenstrahlen.

Hier seien nur einige meteorologische Phänomene aufgezählt, die durch den Energiebedarf eines Stadtgebiets bewirkt werden: 100 % mehr Winternebel und 30 % mehr Sommernebel als in den ländlichen Gebieten der Umgebung; 5 bis 10 % mehr Regen und Schnee in der Stadt; 5 bis 15 % weniger Sonnenschein, und 20 bis 30 % weniger Wind.[96]

Der hohe Energieverbrauch und der daraus resultierende Abfall in den Städten stellt für die Gesundheit ihrer Einwohner eine ernste Gefahr dar. Stadtbewohner weisen unverhältnismäßig hohe Krebsraten auf, leiden unter Bronchitis, Magengeschwüren und Herzkrankheiten. Die Selbstmordrate ist in Großstädten höher; der Prozentsatz von Einweisungen in Nervenheilanstalten ist höher; Schizophrenie, Neurosen und krankhafte Persönlichkeitsveränderungen kommen in urbanen Gebieten erheblich häufiger vor als auf dem Land. Allein die Kriminalstatistik spricht Bände: In Städten mit 25 000 bis 50 000 Einwohnern gibt es unter 100 000 Menschen 5,7 Mörder, in Städten mit Einwohnerzahlen über einer Million dagegen unter 100 000 Menschen 29,2 Mörder. Eine Stadt von 100 000 Einwohnern verzeichnet 300 Gewaltverbrechen jährlich, eine Stadt von über einer Million 11 880.[97]

Die Enge des Großstadtlebens kann soziale Bedingungen auf recht subtile Weise beeinflussen. Zum Beispiel hat man geschätzt, daß eine Person an jedem beliebigen Platz mitten in Manhattan innerhalb von zehn Minuten 220 000 Leuten begegnen kann. Natürlich ist es unmöglich, allen diesen Menschen Aufmerksamkeit zu schenken, und so hat sich bei Stadtbewohnern eine Art Abschirmhaltung eingestellt, die jeder Begegnung weniger Zeit und Aufmerksamkeit widmet. Dutzende sind womöglich Zeuge eines Verbrechens, aber keiner meldet es oder hilft dem Opfer. Um ihre psychische Energie zu erhalten, begegnen Großstädter ihren Mitmenschen weit weniger freundlich als Landbewohner in Gegenden mit dünner Besiedlung. Nachbarn kennen sich häufig nicht einmal. Es geht uns wie Seeleuten in einem Rettungsboot: Ringsum ist nichts als Wasser, aber es darf kein Tropfen getrunken werden.

Stark urbanisiertes Leben führt dazu, wirkungsvolle Teilnahme am politischen Leben zu verhindern. In einer Kleinstadt kann jeder zum Bürgermeister gehen, um mit ihm über ein lokales Problem zu diskutieren. In einer größeren Stadt aber werden die Meinung und Teilnahme des einzelnen nahezu bedeutungslos. Ein Mitglied des New York City Council vertritt im Durchschnitt 239 000 Menschen. Wenn dieser »Volksvertreter« jeden Tag des Jahres acht Stunden damit verbrächte, nur 15 Minuten mit seinen einzelnen Wählern zu sprechen, könnte er im Laufe des Jahres nur 10 000 Besucher empfangen.

In einer Studie, die die Lebensqualität in Städten von über einer Million Einwohner mit der in Kleinstädten (unter 100 000 Einwohner) vergleicht, stellt Kirkpatrick Sale fest, daß größere Stadtzentren kleineren, dezentralisierten Gemeinden in jeder Hinsicht unterlegen sind. Großstädte sind in Zeiten wirtschaftlicher Krisen nicht nur sehr anfällig für Arbeitslosigkeit, sondern schon im alltäglichen Bereich »sind die Transportkosten höher wegen der großen Bevölkerungsdichte, sind Krankenstand und Todesraten bei Arbeitnehmern höher wegen der Verschmutzung von Luft und Wasser, müssen höhere Unterhalts- und Reinigungskosten wegen der Luftverschmutzung, höhere Energiekosten wegen der Hitzeglocke über den Städten im Sommer (und das fehlende Eindringen von Sonnenstrahlen in große Gebäude im Winter), höhere Sicherheitskosten und Verlustraten aufgrund von Verbrechen, höhere Kosten in der Lehrlingsausbildung wegen schlechter Schulen gezahlt werden«[98].

Der gewaltige Energiedurchfluß in unseren Städten hat unvermeidlich eine enorme Steigerung der Abfallproduktion zur Folge. Tatsächlich ist das Müllproblem in jedem größeren urbanen Bereich wirklich gewaltig. In der Metropole Washington, D.C., werden alle 24 Stunden 4000 Tonnen Müll gesammelt und gepreßt. Was geschieht mit diesen Müllmengen? In D.C. besitzt die Stadt fünf größere Müllgruben, in denen der Abfall gelagert wird, aber alle fünf Gruben beginnen überzuquellen. Jede neue Müllhalde geriete zwangsläufig in die Nähe von Gebieten, in denen Tausende von Menschen leben. Während jeder will, daß sein Müll abgeholt und weggebracht wird, möchte wohl kaum ein Mensch in der Nähe einer Müllhalde wohnen. Es bleiben also nur zwei Möglichkeiten. Entweder muß der Müll verbrannt werden, was mehr Luft- und Umweltverschmutzung zur Folge hätte, oder er muß auf Eisenbahnwaggons verladen und in weniger besiedelte Landstriche transportiert werden – ein Verfahren, das eine beträchtliche Menge an Energie verbrauchen und die Stadt mit hohen Kosten belasten würde.[99]

Die Aufrechterhaltung eines hohen Energiedurchflusses und die Beseitigung der wachsenden Unordnung, die sich längs des Energieflusses einer Stadt bildet, kosten Geld. Das Urban Institute hat gezeigt, daß die Bewohner einer Millionenstadt bezeichnenderweise dreimal mehr Steuern zahlen müssen als die Bürger einer Stadt von 50 000 Einwohnern.[100] Der Großteil dieses Geldes fließt in das Erziehungs-, Polizei- und Gesundheitswesen. Wie sich aus allen Statistiken ergibt, ist die Verbrechensrate in

Großstädten signifikant höher, sind die Schulen und das Gesundheitswesen schlechter als in kleinen Städten oder ländlichen Gegenden. Die Entropie der urbanen Umwelt wächst weiter als Ergebnis des gestiegenen Energieinputs, und die Probleme der Stadt lassen sich mit herkömmlichen Methoden nicht lösen. Der Wirtschaftswissenschaftler Leopold Kohr sagt: »Soziale Probleme haben die unglückliche Tendenz, mit dem Wachstum des Organismus, dessen Teil sie sind, in einem geometrischen Verhältnis zu wachsen, während die Fähigkeit des Menschen, mit ihnen fertig zu werden, nur in einem arithmetischen Verhältnis wächst.«[101]

Schließlich gehen der Stadt die verfügbaren Ressourcen aus, und sie steht vor der Bankrotterklärung.

Das Center of Environmental Quality stellt fest: »Die Ausgaben in den meisten der in Schwierigkeit geratenen Städte wachsen viel schneller als der Wertzuwachs des realen Eigentums, der Hauptsteuergrundlage in den meisten Stadtverwaltungen.« In einer Stadt von einer Million oder mehr Einwohnern belaufen sich die durchschnittlichen Steuereinkünfte pro Kopf auf 426,90 Dollar, aber die Durchschnittsverschuldung, die die Stadt zur Bezahlung der Dienstleistungen gemacht hat, beträgt 1052 Dollar pro Einwohner.[102]

Sogar wenn die Stadt versuchte, des Problems mit Steuererhöhungen Herr zu werden, würde dies in Wirklichkeit nur ihren ökonomischen Niedergang beschleunigen. Steigende Steuern veranlassen die Reichen und die Angehörigen der Mittelklasse, aber auch Betriebe und Konzerne, die Stadt zu verlassen. Wenn aber die Ober- und Mittelklasse der Stadt den Rücken kehrt, sinken die Steuereinheiten und das Angebot an Arbeitsplätzen. Die Arbeeitslosigkeit nimmt zu, die Kriminalität wächst, und die Stadt ist gezwungen, noch mehr Geld auszugeben, um die Unordnung zu bändigen. Der Circulus vitiosus geht weiter.

Der vor der Tür stehende finanzielle Zusammenbruch New Yorks und Clevelands zeigt, was unsere zu groß gewordenen und aus den Fugen geratenen Städte in den nächsten zwei Jahrzehnten zu erwarten haben. Es ist eine unumstößliche Tatsache, daß wir es uns nicht länger leisten können, diese hochentropischen urbanen Umgebungen aufrechtzuerhalten.

Das Militär

Noch niemals hat es auf der Welt eine Militärmaschinerie gegeben wie die unsere. Von jedem Dollar, den die Regierung ausgibt, gehen 43 Cents in die Finanzierung von Kriegen – voraufgegangenen, gegenwärtigen und zukünftigen.[103] Das letzte Militärbudget (Etat 1980) verlangte 138 Milliarden Dollar zur Verteidigung der Nation für nur ein Jahr, ein Zuwachs gegenüber dem Vorjahr von 10 Milliarden Dollar. Amerikas Streitkräfte umfassen mindestens 25 000 Kernwaffen, 2 Millionen Soldaten, 500 große Kriegsschiffe, 10 000 Flugzeuge und 400 Militärbasen im eigenen Land.[104] 20 000 Vertragsfirmen des Militärs arbeiten, um Zehntausende verschiedener Waffensysteme zu produzieren. Zählt man die Arbeiter, die direkt beim Verteidigungsministerium unter Vertrag stehen, dazu, so verdanken mehr als 5 Millionen unserer Bürger dem Pentagon ihren Lebensunterhalt.[105]

Nach Auffassung der meisten Amerikaner ist das alles in bester Ordnung. Seit dem Tage, an dem die japanischen Bomben auf Pearl Harbor fielen, haben die meisten von uns das Gefühl, daß unsere nationale Sicherheit um so größer wird, je mehr Geld wir für das Militär ausgeben. Denkt man an die dunkelsten Tage der Depression zurück, so erinnern sich viele daran, wie uns Franklin Roosevelt mittels massiver Militärinvestitionen aus der wirtschaftlichen Not geholfen hat. Doch welchen Maßstab wir auch anlegen, es wird zunehmend deutlicher, daß realer Reichtum und reale Sicherheit um so geringer werden, je mehr Rohstoffe und Energie dem Militär geopfert werden. Dazu schrieb der Verteidigungsanalytiker Seymour Melman: »Weit davon entfernt, für unseren Wohlstand von der Waffenproduktion abhängig zu sein... paralysieren wir das ganze Land, indem wir den

Löwenanteil unserer Rohstoffe für den militärischen Bereich abzweigen.«[106]

Heute ist das US-Militär der größte einzelne institutionelle Energieverbraucher der Nation. Über 80 % des Bundesenergiebudgets geht ans Verteidigungsministerium.[107] Wenn man die am Verteidigungswesen beteiligten Vertragsfirmen mit einschließt, entfallen auf das Militär 6 % des gesamten Energiebedarfs der Nation.[108] Was für die Energie gilt, gilt auch für Menschen und Material. Seit dem Zweiten Weltkrieg ist das Verteidigungswesen der größte institutionelle Einzelverbraucher von Kapital und Technologie im Land. Um diese Infrastruktur zu erhalten, arbeitete die Hälfte aller Wissenschaftler und Ingenieure der letzten Generation entweder unmittelbar oder unter militärischem Vertrag für das Verteidigungsministerium.

Die Energie, die das Militär der Gesellschaft entzieht, hat erschreckende soziale Mißstände zur Folge. Deutlich demonstrieren die monatlichen Arbeitslosenzahlen diese Tatsache. Es ist ein weitverbreiteter Irrtum, daß Militärausgaben Arbeitsplätze schaffen. Eine von der Michigan Public Interest Research Group durchgeführte Studie kommt zu dem Ergebnis, daß für jede Milliarde Dollar, um die das Militärbudget erhöht wird, der Staat insgesamt 11 600 Arbeitsplätze verliert. Die Studie fand auch heraus, daß in jedem der 26 Staaten, die zusammen 60 % der Bevölkerung des Landes stellen, mit dem Anwachsen der Militärausgaben auch die Arbeitslosigkeit zunahm.[109] Die International Association of Machinists wies kürzlich in ihrem eigenen Abschlußbericht darauf hin, daß »ein Pentagonbudget von 124 Milliarden Dollar die Maschinenbauingenieure über 118 000 zivile Arbeitsplätze kostet. Wenn man die mit den Militärausgaben in dieser Höhe geschaffenen 88 000 Arbeitsplätze abzieht, beträgt der Nettoverlust an Arbeitsplätzen für die Gewerkschaft 30 000 pro Jahr.« Ein anderer Bericht (von Marion Anderson), der von Senator Edward Kennedy 1978 der Öffentlichkeit bekanntgemacht wurde, weist darauf hin, daß ein Militärbudget von 124 Milliarden Dollar (für das Jahr 1979) 1 440 000 Amerikaner den Arbeitsplatz kostet.[110]

Obwohl es paradox erscheinen mag, daß Investition in den militärischen Produktionsbereich in Wirklichkeit Arbeitsplätze vernichtet, klärt sich das Problem schnell, wenn wir die Natur der geschaffenen Arbeitsplätze betrachten. Arbeitsplätze, die durch militärische Investitionen geschaffen werden, sind notwendigerweise sehr kapital- und energieintensiv. Menschliche Arbeit bildet nur einen sehr geringen Anteil im Zusammenhang mit Faktoren, die bei der Waffenproduktion eine Rolle spielen. So hat etwa die Bundesregierung mit der Lockheed Corporation einen Zwanzig-Jahres-Kontrakt geschlossen, der der Gesellschaft eine Milliarde Dollar pro Jahr in Aussicht stellt für eine Schreckenswaffe, das Trident-Unterseeboot, teuerstes Waffenprojekt aller Zeiten. Die Gesellschaft beschäftigt 16 000 Menschen an dem Projekt. Dieselbe Milliarde jedoch könnte dazu benutzt werden, 20 000 Arbeitsplätze in arbeitsintensiveren und weniger energieverbrauchenden Beschäftigungsbereichen zu schaffen, zum Beispiel zum Bau von Sonnenkollektoren.[111]

Militärausgaben sind ein wesentlicher Inflationsfaktor. Die *New York Times* schreibt: »Im Grunde genommen stimmen alle Wirtschaftswissenschaftler darin überein ... daß den Militärausgaben eine inflationäre Tendenz innewohnt. Der Grund dafür ist, daß sie den Arbeitnehmern Geld in die Hände gibt, ohne das Angebot an Waren auszuweiten, die sie kaufen können – der Absatzmarkt für Raketen und ähnliches dürfte wohl etwas begrenzt sein –, und damit werden die Preise für Waren wie Autos und Kühlschränke und maschinelle Arbeitsgeräte in die Höhe getrieben.«[112] Militärische Produktion hat Inflation in einem noch viel bedeutenderen Sinne zur Folge. Der Erste Hauptsatz der Thermodynamik sagt uns, daß die Menge an Energie und Materie eine feste Größe ist. Da der militärische Sektor sechs Prozent des gesamten Energiebedarfs der Vereinigten Staaten verbraucht, zusammen mit gewaltigen Mengen an nichterneuerbaren Rohstoffen, hat der durch militärische Hardware (die Menge an Energie, die für die Verrichtung von Arbeit nicht mehr zur Verfügung steht) repräsentierte Entropiezuwachs ein knapperes Rohstoffangebot zur Folge, was wiederum die Inflation fördert.

Die Antwort auf derartige Bedenken lautet dann oft, daß energieintensive Militärausgaben zwar in der Tat Unordnung in Form von Arbeitslosigkeit, Inflation und Erschöpfung der Ressourcen zur Folge haben, uns aber dafür wenigstens ein System nationaler Sicherheit bereitstellen, das in der Geschichte ohne Parallele ist. Wenn sich Sicherheit nur in Zahlen messen ließe, wären wir auf jeden Fall der bestgeschützte Staat der Welt. Wenn man die Vernichtungskapazität des weltweiten nuklearen Arsenals in Tonnen von TNT umrechnet, kämen auf jeden Mann, jede Frau und jedes Kind – fast 4,5 Milliarden Menschen – vier Tonnen Explosivstoff. Einige unserer Wasserstoffbomben haben so viele Megatonnen, daß jede einzelne von ihnen mehr Dynamitsprengkraft besitzt als alle während des Zweiten Weltkrieges abgeworfenen Bomben. Würden wir unseren atomaren Vorrat tatsächlich anwenden, könnten wir jede größere sowjetische Stadt über fünfzigmal auslöschen. Und täglich produzieren wir zwei weitere Atombomben, um unseren Vorrat zu vergrößern.[113]

Jede Rüstungsinvestition erhöht die internationalen Spannungen. Von jedem neu entwickelten Waffensystem der Vereinigten Staaten fühlen sich die Sowjets bedroht und bauen daher ein anderes als Gegengewicht. Das wiederum veranlaßt uns »nachzurüsten« – eine Spirale ohne Ende. Heute geben wir dreimal soviel für die Verteidigung aus wie 1948[114], aber wer könnte behaupten, wir wären dreimal sicherer, wenn innerhalb von zwanzig Minuten nach Beginn eines totalen Atomkriegs 160 000 000 Amerikaner tot wären?

Noch ausgeklügeltere Waffensysteme bedeuten größere Energiekonzentration und größeren Energiedurchfluß. Wenn uns die Kriegsgeschichte eines gelehrt hat, dann dieses: Je konzentrierter der Energiedurchfluß ist, desto größer die tödliche Vernichtungskraft und desto entpersönlichter die Kriegführung. Die Sowjetunion und die Vereinigten Staaten geben zusammen jährlich 20 Milliarden Dollar für die Entwicklung neuer Waffen aus. Allein die Vereinigten Staaten experimentieren mit ca. 20 000 zukünftigen Waffenkonzepten.[115]

Während Amerikas Waffensysteme immer energieintensiver, komplexer und teurer werden, treten zunehmend betriebstechnische Probleme auf. Die Kostenüberschreitungen werden enorm und zur Regel: Das Trident-Unterseeboot überschreitet gegenwärtig die geschätzten Kosten um mehr als 400 Millionen Dollar. Einige Systeme funktionieren einfach nicht. Das Department of Energy hat zugegeben, daß 75 % aller Polaris-11-Raketen (ein bekanntes Waffensystem aus der Mitte der sechziger Jahre) versagt hätten, wären sie tatsächlich abgeschossen worden. Abstürze technologisch modernster Flugzeuge, deren Ursachen nicht geklärt werden konnten, sind zu einer alltäglichen Erscheinung geworden.[116]

Und schließlich: Bei der Suche der Militärs nach neuen Wegen, immer mehr Energie in zerstörerischen Einrichtungen zu speichern, entwickeln sich Waffensysteme von solcher Komplexität, daß es im Vergleich zum realen Sicherheitsbedürfnis langsam lächerlich wird. Ein gegenwärtiger, vom Kapitol stark favorisierter militärischer Plan ist das MX-Projekt. Die Idee dabei ist, 200 Raketen vor den »Blicken des Feindes« zu verbergen, und zwar so, daß jeder Sprengkopf zwischen fünfundzwanzig Bunkern hin- und herbewegt wird. Man glaubt, daß die Sowjets auf diese Weise niemals erfahren können, wo genau sich jede einzelne Rakete befindet, und deshalb 5000 Sprengköpfe abfeuern müßten, um mit Sicherheit alle amerikanischen Raketen zu zerstören. Um die Bunker und die Schienen unter der Erde zu bauen, muß die Air Force schätzungsweise 14 160 Quadratkilometer Land westlich des Mississippi erwerben. Das ist ein Gebiet etwa viermal so groß wie Connecticut – und das nur, um 200 Raketen unterzubringen![117]

Der Gouverneur von Kansas (dort hofft das Pentagon einen MX-Tunnel bauen zu können) stellt fest, daß dieser Plan 755 Quadratkilometer besten Farm- und Weidelands im Westen von Kansas zerstören, den 40 000 Bewohnern dieses Gebietes den Zugang zu 16 835 Quadratkilometern Land des Staates verwehren und für zwanzig bis dreißig Jahre die gegenwärtige Nutzung des Landes für Ackerbau, Erholung, als Weideland und Wohngebiet für Menschen unbrauchbar machen würde. Zu alldem werden die Bauarbeitertrupps mit ihren Familien zusätzlich 81 000 Menschen nach Westkansas bringen, so daß sich die Kosten für öffentliche Dienstleistungen um 37,5 Millionen Dollar erhöhen, Und, fragt der Gouverneur, wie werden die Raketen in ihre unterirdischen Stellungen transportiert? Jede wiegt nahezu 454 000 kg, ist 46 Meter lang und hat einen Durchmesser von 6,5 Metern. Die Gesamtkosten dieses Schildbürgerplans betragen 30 bis 40 Milliarden Dollar.[118]

Die MX ist nur ein Teil der verschiedenen militärischen Systeme, an deren Entwicklung zur Zeit gerade gearbeitet wird. Wie in einem Science-fiction-Film werden die Kriege der Zukunft mit Raketen geführt, die Karten lesen und sich selbst lenken – mit Killersatelliten und Teilchentodesstrahlen, die aus dem Weltraum abgeschossen werden. Etwa im Jahre 1985 hoffen die Vereinigten Staaten einen voll einsatzfähigen Hochenergielaser zu haben, der Panzer schmelzen und mit seinem Strahl Satelliten zerstören kann, die Tausende von Kilometern über der Erde kreisen.

Doch trotz all unserer Vernichtungskapazität stand die militärische Überlegenheit einer Nation vielleicht noch niemals zuvor auf so tönernen Füßen wie heute. Während das wichtigste Problem voraufgegangener Kriege in der Versorgung der Soldaten mit Nahrung bestand, steht heute eine ausreichende Versorgung mit Öl im Vordergrund. Und Öl ist ein äußerst knapper Rohstoff. Die gesamten Energiekosten des Verteidigungsministeriums erreichten 1978 4 Milliarden Dollar, mehr als das Doppelte der Kosten von 1973. »Steigende Energiekosten haben das Verteidigungsministerium schon veranlaßt, sich auf eine geringere Verteidigungsbereitschaft einzulassen, als man normalerweise aufrechterhalten würde«, sagte Ruth Davis vom Pentagon vor dem Kongreß als Zeugin aus. Zwar konnte das DOD (Department of Defense) den Energieverbrauch seit 1973 um 30 % senken, doch wurden die Einsparungen durch die Reduktion an

Menschen und Funktionen erreicht. Dazu Ruth Davis: »Jede weitere Energieeinsparung durch Reduktionen dieser Art wird eine ernsthafte Belastung für unsere Fähigkeit darstellen, ein akzeptables Niveau der Verteidigungsbereitschaft unserer Streitkräfte aufrechtzuerhalten.« Das Ölembargo von 1973 und die Revolution im Iran 1979 »bringen uns erneut unsere wachsende Verletzbarkeit durch möglichen politischen, wirtschaftlichen und militärischen Druck zu Bewußtsein – ein Druck, der von denen ausgeübt wird, die den Ölstrom in die Vereinigten Staaten und zu ihren Verbündeten entweder direkt kontrollieren oder indirekt beeinflussen können«. Nach gegenwärtiger Lage der Dinge glaubt das Pentagon, daß »bedeutsame Verknappungen an Brennstoffen auf Erdölbasis, soweit sie den US-Bedarf betreffen, wahrscheinlich in den späten achtziger oder frühen neunziger Jahren auftreten werden«.

Obwohl selbst der Energienachschub, den wir für unsere militärischen Operationen benötigen, von Ölimporten abhängt, ist unsere Kriegsmaschinerie so spezialisiert, daß sie nur sehr wenige Ausweichmöglichkeiten auf alternative Energiequellen bietet. Neunzig Prozent des täglichen DOD-Bedarfs an Erdöl gehen auf das Konto von »Mobilitätsbrennstoffen«, wie sie für Flugzeuge, Raketensysteme und Schiffe gebraucht werden. »Das DOD fährt damit fort, Waffensysteme zu planen und zu bauen unter der impliziten Annahme, daß sie mit erdölähnlichen Produkten betrieben werden können«, stellt Davis fest. Bis »weit ins 21. Jahrhundert hinein«, fährt sie fort, »wird sich das Militär auf flüssige Kohlenwasserstoffbrennstoffe stützen müssen«.

Um den abnehmenden Brennstoffnachschub auszugleichen, muß das Militär alle Anstrengungen unternehmen, neue Quellen zu erschließen. Früher hätte man einfach Truppen zu den Erdölfeldern des Mittleren Ostens entsandt. Tatsächlich veröffentlichte das Pentagon kürzlich einen solchen Plan, um die Reaktion in der Öffentlichkeit zu testen. Aber jede Invasion dieser Art erhöht die Gefahr eines Atomkrieges eklatant. Also muß das Problem im Lande gelöst werden. Der Präsident hat den Streitkräften schon zugesichert, daß auch weiterhin ihr Brennstoffbedarf zu 100 % gedeckt wird. Diese steigende Energieinvestition wird anderen sozialen und wirtschaftlichen Bereichen entzogen. Das Pentagon ist auch die treibende Kraft, die Regierung und Industrie dazu drängt, sich auf die Erzeugung synthetischer Brennstoffe zu konzentrieren. Hat sich die synthetische Brennstoffindustrie erst etabliert, hofft das Militär, 50 % aller im eigenen Land erzeugten synthetischen Brennstoffe verbrauchen zu können. Um den Energienachschub zu sichern, hat das Pentagon die Erstellung eines Brennstoffaktionsplans für den Verteidigungsfall vorgeschlagen, der dem Militär die unbeschränkte Kontrolle über die Energiepolitik des Staates geben würde. Eine weitere Verknappung des Erdöls vorausgesetzt, muß jeder Versuch des Pentagon, seinen eigenen hohen Energiefluß aufrechtzuerhalten, sich zerstörerisch in allen anderen gesellschaftlichen Bereichen auswirken.[119]

So wie unsere Waffensysteme komplexer werden und sich unsere militärische Präsenz in der ganzen Welt ausweitet, muß auch immer mehr Energie aufgewandt werden, nur um die wachsende Militärbürokratie zu unterhalten. Earl Ravenal, ehemaliger Analytiker des DOD, sagt dazu: »Weniger als 30 % unseres gesamten Verteidigungsbudgets fließen direkt in die Verteidigung unseres Landes und seiner lebenswichtigen Interessen.«[120] Der Rest wird für unseren Anspruch verbraucht, weltweit eine, auch in anderer Hinsicht brisante militärische Präsenz aufrechtzuerhalten. Im gegenwärtigen Militärbudget wurden 35 Milliarden Dollar für den Bau neuer Waffen ausgegeben, die anderen 100 Milliarden Dollar wurden im wesentlichen für Personal- und Unterhaltskosten verbraucht.[121]

Steigende Militärausgaben stellen uns vor einen unlösbaren Konflikt. Das Militär kämpft darum, seinen Energiefluß aufrechtzuerhalten, und entzieht diese Energie der Gesellschaft. Hunger und Armut, Auswirkungen von Energieknappheit, verschärfen sich. Auf der Welt werden gegenwärtig zusammen 400 Milliarden Dollar jährlich für Waffen ausgegeben, fast eine Million Dollar pro Minute.[122] Kriege und Kriegsvorbereitungen verbrauchen ungefähr 10 % der Weltproduktion an Gütern und

Dienstleistungen.[123] Das entspricht dem Bruttosozialprodukt von mehr als der Hälfte der Weltbevölkerung. Bei 800 Millionen Menschen, die mit 200 Dollar oder weniger im Jahr am Rande des Existenzminimums vegetieren, und bei 20 Millionen Menschen, die jedes Jahr an Hunger sterben, werden die Hoch-Energie-Militärausgaben zu einer Obszönität. Würden nur 2 % des Militärbudgets der Welt für nur ein Jahr abgezweigt, könnte man in der Dritten Welt jede Familie auf dem Land mit einem Herd ausstatten.[124]

Hier in den Vereinigten Staaten sind die Kosten für einen Flugzeugträger – 1,6 Milliarden Dollar – fast zweimal so hoch wie das gesamte Budget für berufliche Gesundheits- und Sicherheitsprogramme; die Stückkosten für ein A-7E-Corsair-Kampfflugzeug sind doppelt so hoch wie das EPA-Budget für Trinkwasserprogramme.[125]

Eine Bemerkung zum Schluß: Kriegsvorbereitungen gehören zu jenen menschlichen Aktivitäten, die ein Höchstmaß an Entropie aufweisen. Eine Rakete kann nur entweder zur Zerstörung eingesetzt oder irgendwo gelagert werden, bis sie unbrauchbar ist und verschrottet werden muß. Was wir auch immer damit tun, da die Ressourcen auf unserem Planeten begrenzt sind und zu einem unverantwortlich hohen Prozentsatz in die Waffenproduktion fließen, »schmieden wir jetzt die Pflugscharen kommender Generationen in die jetzigen Schwerter und Sprengköpfe«[126].

Das Bildungswesen

Viele von uns haben die Erfahrung gemacht, für ein Examen pauken zu müssen. In Amerika ist das »Magic-Marker-Syndrom« ein unter Akademikern weit verbreitetes Phänomen. Es tritt auf, wenn der Student in der Nacht vor der Prüfung einen gelben Magic-Marker herausnimmt und anfängt, große Abschnitte aus dem Textbuch zu unterstreichen, in der Hoffnung, sich umfängliche Datenblöcke gerade lange genug einzuprägen, um sie am folgenden Morgen für die Prüfung parat zu haben. Vierundzwanzig Stunden nach dem Test ist es sehr wahrscheinlich, daß man wenig oder nichts davon behalten hat. Was jedoch bleibt, ist ein regelrechter Katzenjammer, der häufig mehrere Tage anhält. Die Studenten »päppeln« sich vor der Prüfung auf und brechen nachher zusammen. Das ist das typische Muster des amerikanischen Bildungswesens.

Die Examensvorbereitungen eines Studenten lassen sich, unter dem Gesichtspunkt des Energieaufwandes betrachtet, durchaus mit der Methode vergleichen, mit der auf einer Farm in Iowa Getreide angebaut und verarbeitet wird. In beiden Fällen führt ein massiver Energieeinsatz zu einer geringen Entropieabnahme des Produkts (im Falle des Studenten: die Menge des behaltenen Wissens) auf Kosten einer größeren Entropiezunahme in der Umgebung. Im Falle der Getreideproduktion führt die Entropiezunahme zu mehr Umweltverschmutzung. Psychologen sprechen von dissipierter Energie, die sich in der Umgebung des Studenten ansammelt, als sozialer Umweltverschmutzung. Sie kann sich sehr verschieden bemerkbar machen – angefangen bei Neurosen bis hin zu Nervenzusammenbrüchen.

Alle unsere Aktivitäten erfordern den Einsatz von Energie, auch der Lernprozeß. Wie bei jeder anderen Aktivität wirkt sich das Entropiegesetz auch bei der Sammlung von Information aus. Wann immer wir etwas lernen, glauben wir natürlich im allgemeinen, daß wir damit mehr Werte und auch mehr Ordnung schaffen. Lange Zeit waren Pädagogen davon überzeugt, daß wenigstens der Lernprozeß den Zweiten Hauptsatz der Thermodynamik in Frage stellen könne, weil sich dabei mehr Ordnung oder negative Entropie entwickelt. Diese Meinung ist inzwischen überholt. Mit der Einführung der Kybernetik und der modernen Informationstheorie nach dem Zweiten Weltkrieg haben die Wissenschaftler erkannt, daß die Sammlung von Information und die Speicherung von Wissen den Einsatz von Energie erfordert und gewissermaßen mit einem Entropiepreis bezahlt werden muß.

Blicken wir etwa 70 Jahre zurück. Damals schrieb Henry Adams einen Essay, in dem er den Standpunkt vertrat, daß sogar der menschliche Verstand, der permanent Informationen sammelt und speichert, dem Entropieprozeß unterworfen ist. Der Essay mit dem Titel *A Letter to American Teachers of History* war an die American History Association adressiert.[127] Adams stellte darin die kühne Behauptung auf, die Entwicklung des menschlichen Denkens sei im Laufe der Zeiten in derselben Richtung verlaufen wie jede andere Aktivität auch; nämlich in Richtung auf einen immer komplexeren und höher dissipierten Zustand. Dieser Essay wirbelte damals in Akademikerkreisen ziemlich viel Staub auf, denn er galt als äußerst ketzerisch.

Adams hatte den Sprengstoff des Zweiten Hauptsatzes auf dem allerheiligsten Altar gezündet, der zu Ehren des menschlichen Geistes errichtet worden war. In den sieben Jahrzehnten, die seither vergangen sind, ist Adams' Essay immer wieder Herausforderung zu heftigen akademischen Diskussionen gewesen.

Wer Adams der Häresie bezichtigt, müßte diesen Vorwurf auch gegen die Griechen der Antike erheben oder gegen Juden und Christen. Die einen glaubten an die Geschichte von der Büchse der Pandora, die anderen an die Vertreibung aus dem Paradies. In beiden Erzählungen wird die ursprüngliche Vollkommenheit der Welt durch Wissen zerstört. Als Pandora den Deckel der Büchse hob und die Geheimnisse des Lebens enthüllte und als Eva den Apfel vom Baum der Erkenntnis aß, markierte das den Beginn einer langen Reise, auf der die Ansammlung und der Gebrauch von mehr Wissen zu größerer Unordnung und Zersplitterung in der Welt geführt hat.

Adams betrachtete das Fortschreiten des menschlichen Geistes – vom Instinkt zur Intuition über den Verstand zum abstrakten mathematischen Denken – und kam zu dem Schluß, daß jedes weitere Ergebnis menschlichen Denkens mehr Unordnung, einen höheren Energiedurchfluß und, konsequenterweise, eine größere Dissipation von Energie aufwies. Vergleicht man beispielsweise die instinktiven Reaktionen des frühen Menschen auf seine Umwelt mit den abstrakt rationalen Antworten des modernen Menschen auf Fragen aller Art, so wird deutlich, bemerkte

Adams, daß der mentale Prozeß im ersten Fall weit weniger Stufen umfaßt und dabei viel weniger Energie dissipiert wird als im zweiten.

Wir merken an unserem eigenen Leben, daß Adams' Beobachtung richtig ist. So ist oft die Meinung zu hören, daß eine intuitive Reaktion zuverlässiger sei als eine verstandesmäßige Entscheidung oder daß es manchmal besser sei, seinem Instinkt zu trauen als seinem Intellekt. Als Begründung wird gewöhnlich angegeben, daß die Intuition oder der Instinkt allgemein besser auf die Realität dessen, was gerade geschieht, eingestimmt ist. Das ist eine Tatsache, und sie hängt eng mit dem Zweiten Hauptsatz der Thermodynamik zusammen. Wie schon gesagt, werden Unordnung und die Dissipation von Energie um so größer, je mehr Schritte der mentale Prozeß aufweist, je größer Komplexität, Abstraktion und Zentralisierung sind. Die mentale Entwicklung des Menschen hat dazu geführt, daß sich der menschliche Geist immer weiter von der Realität, in der wir leben, entfernte.

Offenbar hat sich unsere geistige Entwicklung der komplizierter werdenden Energieumgebung angepaßt. Die Umwelt einer Jäger-Sammler-Gesellschaft verlangte letztendlich nicht viel mehr als bloßen Instinkt, um zu überleben. Eine Gesellschaft, die auf Ackerbau beruht, erfordert dagegen schon ein gewisses Abstraktionsvermögen. Ein Höchstmaß an geistiger Energie verlangt die Industriegesellschaft.

Die Aktivität unseres Verstandes ist hauptsächlich auf die Sicherung menschlichen Lebens gerichtet. Menschen überleben aufgrund ihrer Fähigkeit, verfügbare Energie ausfindig zu machen und damit zu arbeiten. Weil die Ausbeutung unserer Energieumgebung immer schwieriger wurde, mußten wir uns immer mehr anstrengen, um Transformationsmöglichkeiten zu erfinden, zu systematisieren und damit zu erleichtern.

Es ist kaum zu bestreiten, daß die Entwicklung des menschlichen Verstandes – von der instinktiven Reaktion zum abstrakten mathematischen Denken – mehr Unordnung in der Welt geschaffen hat. Der Jäger-Sammler fügte seiner Umwelt weit weniger

Schaden zu, als wir modernen Menschen es mit unserem abstrakten Denken tun.

Die Kolonisierungsphase der menschlichen Geschichte ist gekennzeichnet von der rasanten Ausbeutung und Erschöpfung aller Arten verfügbarer Energie. Und noch immer fährt der menschliche Geist fort, neue Wege zu erschließen, wie er noch größere Mengen an Information sammeln, sortieren, speichern und sich nutzbar machen kann, um größere Mengen verfügbarer Energie in sein System zu transformieren.

Wir werden heute mit Informationen geradezu bombardiert. Werbung, Massenmedien und unser Bildungswesen hämmern täglich mit Tausenden von Nachrichten auf uns ein. Von dem Moment an, in dem wir morgens aufstehen, bis zu dem Augenblick, in dem wir abends müde ins Bett fallen, werden wir buchstäblich mit Informationen bombardiert.

Allein die Werbung gab im letzten Jahr 47 Milliarden Dollar für die »Erziehung« des Konsumenten aus.[128] Der Durchschnittsamerikaner läßt sich vom Fernsehen jeden Tag über fünf Stunden lang mit einem völlig einseitigen Informationsfluß berieseln.[129] Wirtschaftshistoriker wie Daniel Bell behaupten, daß unsere Wirtschaft gerade den Übergang von der industriellen zur nachindustriellen Gesellschaft vollzieht, in der Kommunikations- und Informationssysteme die wirtschaftliche Aktivität des Staates beherrschen werden.

Diese in atemraubendem Tempo steigende Informationsflut verbraucht eine entsprechend hohe Energiemenge. Damit einhergehen wachsende Unordnung, Zentralisierung und Spezialisierung und alle die anderen bekannten Begleiterscheinungen eines beschleunigten Entropieprozesses. Schon verwandeln sich die Informations- und Kommunikationsinstitutionen – sowohl im öffentlichen wie auch im privaten Bereich – in gewaltige bürokratische Imperien, die eine enorme Macht auf das Leben eines jeden Amerikaners ausüben. Die Speicherung, der Austausch und die Vernichtung von Information haben ein beängstigendes Ausmaß erreicht. Der wachsende Energiefluß der sogenannten Informationsrevolution hinterläßt schon jetzt auf der ganzen

Energieflußlinie der Gesellschaft eine gewaltige Unordnung und erfordert immer mehr Energie, die zur Deckung der steigenden Kosten für den Unterhalt der Informations- und Kommunikationsinstitutionen und der damit verbundenen Maschinerie umgeleitet werden muß.

Die gegenwärtige Computer- und Mikrochip-»Revolution« ist dafür ein Paradebeispiel. Verteidiger dieser Technologie weisen gerne darauf hin, daß die Preise für Computer im Laufe der letzten dreißig Jahre dramatisch gefallen sind und die heutigen Modelle wesentlich verkleinert wurden, also auch entsprechend weniger Rohstoffe und Energie verbrauchen. Während die Computer immer kleiner, billiger und sparsamer im Energieverbrauch wurden, stieg ihre Speicherkapazität und die Geschwindigkeit, mit der sie Fakten prüfen können, in astronomische Größenordnungen.

In Anbetracht dieser Tatsache ist es nicht verwunderlich, daß die Verteidiger dieser Technologie behaupten, der Computer zumindest sei ein Beispiel dafür, wie immer mehr Arbeit mit immer weniger Einsatz von Energie und Material geleistet werden könne. Schließlich ist der Tag nicht mehr fern, an dem die gesamte *Encyclopaedia Britannica* – alle vierundzwanzig Bände – auf einem einzigen Chip gespeichert werden kann, der nur ein paar Pfennige kostet. Eines Tages, so die Prophezeiung, wird man im Prinzip das gesamte Wissen der Menschheit auf einem Plättchen von der Größe eines Daumennagels gespeichert haben. So braucht der Computer also weniger Energie als traditionelle Methoden der Informationsspeicherung, er stellt sie schneller zur Verfügung und ist jedem zugänglich, der den vergleichsweise geringen Preis zahlen kann. Ohne diesen – zugegebenermaßen eindrucksvollen – Argumenten zu widersprechen, haben die Auswirkungen der Computerrevolution *in ihrer Totalität* zu einem signifikanten Anstieg der Gesamtentropie in der Welt geführt. Alle augenscheinlichen Energie- und Rohstoffeinsparungen bei einzelnen Computern werden durch den gesamten Entropiedruck der Computerisierung mehr als kompensiert.

Dazu muß man wissen, daß gerade der sinkende Rohstoff- und

Energieverbrauch eines einzelnen Computers dazu geführt hat, daß sich die Computertechnologie insgesamt in derartigem Tempo ausbreiten konnte, also entgegen allen Einwänden einen enormen Rohstoffverbrauch zur Folge hatte. Im Jahre 1958, nur ein paar Jahre nach der Geburtsstunde der modernen Computertechnologie, wurden nur 60 Computer gebaut. Dann aber, mit Transistor und Mikrochips, erfolgte der Startschuß für die totale Computerära. Bis 1959 waren 6000 Computer in Betrieb, bis 1966 mehr als 15 000, bis 1970 über 80 000, die Aufgaben in mehr als 3000 verschiedenen Bereichen verrichteten. Heute gibt es Millionen von Computern, die nun so gut wie alle Ebenen unserer Gesellschaft erobert haben. IBM hat schon angekündigt, daß für die nächste Zukunft mehr Bestellungen eingegangen sind, als insgesamt in den Jahren von 1950 bis 1979 ausgeliefert wurden! Alle diese Computer benötigen nichterneuerbare Rohstoffe.

Auch muß daran erinnert werden, daß der Computer dazu bestimmt ist, Informationen zu sammeln, zu speichern und zu verbreiten. Der Computer arbeitet mit Fakten, aber diese Fakten gewinnen, in Begriffen des Entropieflusses, nur dann eine reale Bedeutung, wenn sie von der Transformationstechnologie der Gesellschaft dazu benutzt werden, Energie zu sammeln, auszutauschen und auszurangieren. Der Computer ist analog zu den endosomatischen Sinnesorganen strukturiert.

Wir benutzen Augen, Ohren und Nase, um zu sehen, zu hören und zu riechen; sie sind Informationskollektoren. Nun könnte kein Tier überleben, wenn nicht die so gesammelten Informationen von seinen anderen endosomatischen Transformatoren – seinen Beinen, Klauen, Zähnen und Kiefern – dazu benutzt würden, verfügbare Energie aus seiner Umgebung zu sammeln und zu verbrauchen. Je feiner ausgebildet der sensorische Apparat ist, desto besser ist ein Tier in der Lage, die notwendige Information zu sammeln, um verfügbare Energie ausfindig zu machen und umzuwandeln.

Ähnlich verhält sich unsere hochtechnisierte Gesellschaft. Je schneller die Computergesellschaft Informationen erzeugt, desto schneller werden solche Sinnesdaten von den Transformatoren der Gesellschaft zum Sammeln und Umwandeln von verfügbarer Energie benutzt. Der wachsende Energiedurchfluß erzeugt dann wiederum mehr Unordnung, eine schnellere Ausbeutung der existierenden Energiebasis und eine stärkere Konzentration und Zentralisierung der ökonomischen und politischen Institutionen der Gesellschaft. Der alleinige Zweck des Computers ist es also, immer schneller noch mehr Daten zu liefern, um die Konversion verfügbarer Energie durch das System zu beschleunigen.

Auch sollten wir erkennen, wie stark das Vordringen des Computers in jeden nur denkbaren sozialen Bereich unsere Gesellschaft von dieser Technologie abhängig gemacht hat. »Computerisierung« mag unsere Arbeit scheinbar effizienter machen, in Wahrheit aber gestaltet sie unser Leben zunehmend komplizierter und macht damit unser soziales und technisches Gefüge anfälliger für Störungen. Eine einzige Fehlleistung eines Computers etwa kann eine Reihe von Fehlschaltungen in einem größeren Elektrizitätswerk auslösen und so die Anlage für Tage lahmlegen. Jeder, der einmal am Schalter einer Fluggesellschaft auf einem größeren Flughafen gestanden hat, als der Computer kurzfristig »zusammenbrach«, hat die Frustration, ja, die Hilflosigkeit beobachtet, die ein solches Versagen hervorruft. Wenn die Effizienz eines Systems von einem Computer abhängt und wenn dieser eine Computer versagt, dann versagt auch das System. Der Mensch wird zum Gefangenen der Technologie.

Es ist paradox, daß wir in derartigen Situationen um so schlechter informiert sind, je mehr Informationen uns zur Verfügung stehen! Entscheidungen werden oft umständlicher getroffen, und der Computer stiftet Verwirrung, wo er Klarheit schaffen sollte. Psychologen bezeichnen diesen Sachverhalt als »Informationsüberlastung«, eine beschönigende sterile Phrase, die wieder einmal das Entropiegesetz ignoriert. Je mehr wir mit Informationen bombardiert werden, desto weniger können wir aufnehmen, behalten und verwenden.

Der krasse Anstieg psychischer Erkrankungen in diesem Land verlief parallel zur Informationsrevolution. Das soll nicht heißen, daß der Anstieg der psychischen Erkrankungen allein auf die

Informationsüberlastung zurückzuführen ist. Andere Faktoren tragen dazu bei, wie zum Beispiel genetische Störungen, räumliche Enge, wachsende Entwurzelung und Mobilität der Bevölkerung und die Belastungen durch die Umweltverschmutzung. In weniger als zwanzig Jahren hat sich die psychische Gesundheitsfürsorge in den USA von ihrer akademischen Abgeschiedenheit in eine 15-Milliarden-Dollar-Industrie verwandelt. Heute werden mehr als 40 Millionen Amerikaner (einer von fünfen) wegen der unterschiedlichsten psychischen Erkrankungen behandelt.[130] Während die psychischen Erkrankungen Größenordnungen erreichen, die einige Kapazitäten im Gesundheitswesen schon für epidemisch halten, ist eine wilde Diskussion im Gange, wie die verschiedenen Krankheiten angemessen zu behandeln seien. Heute arbeiten mehr Bürger an der Betreuung psychisch Kranker, als es Polizisten in den Vereinigten Staaten gibt. Der Komplex zur Heilung psychisch Kranker umfaßt:

1100 freie psychiatrische Kliniken für ambulante Behandlung; 300 allgemeine Krankenhäuser mit psychiatrischer Ambulanz; 500 vom Bund finanzierte Gemeinde-Gesundheitszentren zur Behandlung psychisch Kranker; Zehntausende von Schwesternheimen, Unterkunfts- und Versorgungseinrichtungen, Halbtagsstätten, Kliniken für Verhaltensstörungen, Kindererziehungsheime, Kliniken zur Betreuung selbstmordgefährdeter Personen, Alkoholabhängiger und Kliniken für mißhandelte Kinder.[131]

Vor nicht allzu langer Zeit verglich Leopold Bellah, Professor für Psychiatrie an der Universität von New York, die öffentliche Gesundheit mit der geistigen Gesundheit und vertrat die Ansicht, daß mehr getan werden müsse, »um die Gemeinschaft vor der emotionalen Verseuchung zu schützen«[132]. Obwohl man an Dr. Bellahs krasser Ausdrucksweise Anstoß nehmen könnte, besteht doch kein Zweifel darüber, daß der Begriff *emotionale Verseuchung* genau den Zustand beschreibt, auf den wir uns in unserer Informations- und Kommunikationsgesellschaft zubewegen.

Jeder einzelne von uns bekommt die Folgen der Informationsüberlastung täglich zu spüren – bei der Arbeit, in der Schule, zu

Hause und in der Gesellschaft. Wir sind allmählich so weit, daß wir weder Informationen zu Einzelthemen noch zu globalen Zusammenhängen annehmen wollen, weil wir kaum noch die Wissensflut verarbeiten können. Unser Nervensystem und unser Gehirn können nur eine bestimmte Menge an Information zur selben Zeit verkraften. Wenn zuviel auf uns eindringt, versuchen wir, einen Teil oder alles auszufiltern, indem wir einfach abschalten. Wenn uns Informationen aus allen Richtungen bedrängen, dazu jenes bruchstückartige Hintergrundwissen, überkommt uns Angst. Wie oft schon haben Sie das Gefühl gehabt, entweder zu explodieren oder zu ertrinken in dem Strom allzuvieler Nachrichten, die auf Sie einstürmen?

Die Menschen haben natürlich unterschiedliche Toleranzschwellen. Jeder hat jedoch eine Grenze, über die hinaus der wachsende Informationsfluß und die akkumulierte Dissipation zu Nervenzusammenbrüchen und ernsthaften psychischen Störungen führen können.

Zwar haben wir zahlreiche Therapiemethoden entwickelt, um jede nur denkbare physische und psychische Störung zu behandeln, erkennen dabei aber nicht, daß weitere Informationszufuhr jeweils nur eine Art von Ursache ändert, dafür aber neue, oft schwerwiegendere Probleme schafft. Es tritt einem das Bild eines Therapiesüchtigen vor Augen, eines Menschen, der von einer Psychotherapie zur nächsten wechselt in dem verzweifelten Versuch, Frieden im Geiste, Ruhe und ein geordnetes Leben zu finden. Nach einiger Zeit hat er die ganze Palette durchgespielt, sich finanziell ruiniert und ist so überladen mit zusammenhanglosen und oft widersprüchlichen Anweisungen, wie man mit der Welt »zu Rande kommen« kann, daß er am Ende seiner Kraft ist.

Nirgendwo hat sich die Informationsrevolution zerstörerischer ausgewirkt als in unserem Erziehungssystem. In den letzten fünfzehn Jahren haben sich die Kosten des öffentlichen Bildungswesens in den Vereinigten Staaten vervierfacht. Im Jahre 1978 besuchten 44 Millionen Kinder die staatlichen Schulen Amerikas (Kostenfaktor: 81 Milliarden Dollar).[133]

Im selben Zeitraum aber nahm der tatsächliche Wissensstand der Studenten erschreckend ab. So waren etwa 1979 über 15 % aller Siebzehnjährigen quasi Analphabeten.[134] Viele Eltern und Lehrer fragen sich, warum Kinder immer weniger lernen, obwohl doch die Schulen mit immer ausgeklügelterem Lehrmaterial jeglicher Art ausgestattet sind und ein professioneller Lehrerstab mit akademischer Spezialausbildung zur Verfügung steht. In einer Fernsehsendung äußerte sich eine der Interviewpartnerinnen zu diesem offensichtlich paradoxen Sachverhalt. Sie sagte, sie hätte eine winzige Ein-Klassenzimmer-Schule im Süden besucht, wo es nur ein paar »zerkratzte Tische, ein zerfleddertes Buch, ein paar Griffel und einige verkratzte Schiefertafeln gab«[135]. Sie war wohl zu Recht verblüfft darüber, daß sie lesen und schreiben konnte, ihre Kinder und deren Freunde aber nicht, obwohl deren Schule die »modernste Ausstattung« besaß. Eine Antwort darauf gibt wieder der beschleunigte Entropieprozeß und die Akkumulation von Unordnung, die daraus folgt.

Seit dem Zweiten Weltkrieg hat das öffentliche Schulwesen den Weg vieler anderer Institutionen der amerikanischen Gesellschaft eingeschlagen. Kleinere Schulen wurden von großen zentralisierten Lehranstalten aufgesogen. Die Entwurzelung der Kinder aus ihrer direkten Nachbarschaft, die steigende Bürokratisierung und Spezialisierung, die mit den zentralisierten Erziehungseinrichtungen Hand in Hand gingen, begannen ihren Tribut zu fordern: in Form von Entfremdung der Lernenden, Mangel an Disziplin und anderen Arten von Unordnung. Dazu kam, daß die zentralisierten Erziehungskomplexe natürlich alle Arten modischer Informationstechnologien und spezielle Programme zur Erleichterung des Lernens bereitstellen konnten. Alle diese Dinge zusammen haben den Energiedurchfluß stark erhöht und zu Problemen geführt, die von zunehmenden Lernstörungen bis zu Vandalismus und anderer Gewalt reichen. In dem CBS-Report sagte ein Lehrer:

»Die Verbreitung von Ablenkungs- und Zerstreuungsmöglichkeiten hat enorm zugenommen... Wir fahren jedoch fort, Sachen in die Schule zu zwängen und über den Köpfen der Kinder auszuschütten. Und plötzlich bemerkt jemand: Dies Kind kann ja gar nicht lesen.«[136]

Die »Technisierung« der Erziehung ist so erdrückend geworden, sagte ein Vater, daß es ein Wunder sei, wenn die Kinder überhaupt noch etwas lernten. Er erzählte, wie ihn der Besuch eines »Lese-Centers« der Schule deprimiert habe. Die Wände des Raumes waren zugepflastert mit Anweisungen, wie die Kinder »richtig« zu lesen hätten. Bei dieser Überfrachtung, sagte der Vater, »sehe ich wirklich nicht, wie sie jemals Lust zum Lesen bekommen können. Wenn ich ein Kind wäre, würde ich dabei total abschalten«[137].

Die Klassenräume und Korridore in Amerikas riesigen Schulzentren quellen über von dissipierter Energie, ein Großteil davon erzeugt das Erziehungssystem selbst. Es ist nicht verwunderlich, daß Kinder Konzentrationsschwierigkeiten und ausgeprägte Ängste haben, die sich dann oft in Aggressionen äußern. Der Vandalismus an unseren Schulen kostet mittlerweile über 600 Millionen Dollar im Jahr.[138] Einen Teil der Verantwortung dafür tragen natürlich auch Faktoren, die außerhalb der Schule liegen, von denen viele (jedoch nicht alle) mit der Informationsüberlastung zusammenhängen. An erster Stelle ist hier vielleicht das Fernsehen zu nennen. Fünf oder mehr Stunden am Tag wird ein ununterbrochener Ein-Weg-Informationsfluß konsumiert, der die Konzentrations- und Informationsaufnahmefähigkeit der Kinder stark schwächt. Ein Lehrer sagt dazu:

»Ich glaube, wir haben eine Generation großgezogen, die unter Kommunikation eher den Empfang von Nachrichten und das Angesprochenwerden versteht, als selbst aktiv zu werden. Und aufgrund dieser großen Stimulation, so denke ich, sehen sich die Kinder, wenn sie den Klassenraum betreten, den Lehrer an und stellen, wie ich glaube, ungünstig ausfallende Vergleiche an... Es ist nicht der Reiz flüchtiger Bilder. Lernen ist harte Arbeit, und es fliegt einem nicht mit den Bildern auf dem Bildschirm zu.«[139]

Während es immer schwieriger wird, die Informationsüberlastung zu verkraften, ersinnen die Medien, die Lehrmittelindustrie und die Kybernetiker laufend neue Methoden, um uns noch schneller und komprimierter mit Information zu versorgen, in der Hoffnung, daß wenigstens irgend etwas so lange hängenbleibt, daß es einen kleinen wirtschaftlichen oder sozialen Nutzen bringt. Nie wird bedacht, daß die Ursache für die wachsende Unordnung mit den Transformatoren zusammenhängt, die den massiven Energiefluß und die im Laufe des Vorgangs wachsende Entropie der Umwelt steuern. Das erinnert an die Geschichte von den Gefängniswärtern, denen man erklärte, daß mehr Bestrafung der Gefangenen nur deren antisoziales Verhalten und die Gewaltausbrüche gefördert habe. Nach sorgfältiger Überlegung kamen die Wärter zu dem Schluß, daß die Lösung des Problems in der »Bestrafung der steigenden Gewalttätigkeit« liege.

Gesundheitswesen

Die moderne Medizin orientiert sich, wie fast alle anderen wissenschaftlichen Disziplinen auch, am Newtonschen Weltbild. Die mechanistische Einstellung zur Medizin hat das Gesundheitswesen die letzten 200 Jahre beherrscht. Der britische Gesundheitsexperte Thomas McKeown faßt die vorherrschende Haltung folgendermaßen zusammen:

»Im 17. Jahrhundert war die Einstellung zur Biologie und zur Medizin technisch orientiert und basierte auf einem physikalischen Modell. Von der Natur dachte man in mechanistischen Begriffen, was in der Biologie zu der Ansicht führte, ein lebender Organismus könne als Maschine angesehen werden, die man auseinandernehmen und wieder zusammensetzen kann, wenn man ihre Struktur und Funktionsweise richtig versteht. In der Medizin führte dieselbe Vorstellung weiter zu dem Glauben, daß es ein Verstehen des Krankheitsverlaufs und der Reaktion des Körpers darauf ermöglichen würde, therapeutisch einzugreifen, hauptsächlich mit physikalischen (Chirurgie), chemischen oder elektrischen Methoden.«[140]

Heute ist die Gesundheitsfürsorge der drittgrößte Industriezweig in den Vereinigten Staaten und hat einen Anteil von fast 9 % am Bruttosozialprodukt.[141] Ein Großteil der 150 Milliarden Dollar, die in den medizinischen Sektor fließen, ist für neue, komplexere und ausgefeiltere technische Apparaturen bestimmt.[142] Die modernen Kliniken und Krankenhäuser beherbergen eine Überfülle an diagnostischen und therapeutischen Apparaten. Die Einführung dieser ganzen medizinischen Hardware ist wesentlich verantwortlich für die eskalierenden Kosten im Gesundheitswesen. Zwischen 1950 und 1976 stiegen die Kosten des Gesundheitswesens von 76 Dollar auf 552 Dollar pro Kopf.[143] Ein großer Teil davon diente zur Finanzierung der enormen Unkosten, die aus der Erhaltung der immer weiter expandierenden medizinischen Institutionen erwachsen. Der Hausarzt mit seiner kleinen, individuellen Praxis ist heute von riesigen Kliniken verdrängt worden – zentralisierten Einrichtungen, die Hunderte von Spezialisten und deren Apparaturen beherbergen.

Zentralisierung, wachsende Spezialisierung und eine kompliziertere Ausstattung schlagen mit größerem Energieaufwand zu Buche. Zwar schweigen die Ärzte sich gern darüber aus, doch macht sich das Entropiegesetz auch in der medizinischen Industrie bemerkbar.

Sicherlich haben Sie den Begriff *iatrogen* noch nie gehört, aber jeder Arzt kennt ihn. Erwähnen Sie dieses kleine Wort einem Arzt gegenüber, wird er wahrscheinlich mit einer Mischung aus sofortiger Verteidigungsbereitschaft und einer Spur Erschrecken reagieren. Iatrogene Krankheiten sind solche, die eben durch die Ärzte, Krankenhäuser, Medikamente oder Apparate verursacht werden, die den Patienten kurieren sollten.

Es ist eine Tatsache, daß die vorübergehende Besserung des Zustands, die auf eine ärztliche Behandlung folgt, häufig von größeren, langfristigen gesundheitlichen Problemen für den Patienten begleitet ist. Zum Teil erklärt sich das daraus, daß »75 bis 80 % aller Patienten, die ärztliche Hilfe suchen, in einem Zustand sind, der sich entweder von selbst bessern wird oder aber einem, der nicht einmal durch die wirkungsvollsten Medikamente gebessert werden kann«.[144]

Doch die Ärzte führen Operationen aus und verschreiben Medikamente, die größere Probleme für den Patienten schaffen als die, derentwegen er ursprünglich um Hilfe bat. Zum Beispiel werden sich jetzt die meisten von uns bewußt, daß der geringere Nutzen (Entropieabnahme), der aus der Anwendung der Röntgenstrahlen entsteht, durch den langfristigen Schaden der Bestrahlung (Entropiezunahme) mehr als aufgewogen wird.

Wir verstehen jetzt auch langsam, wie der Entropieprozeß bei der Anwendung von Medikamenten wirkt. Alle 24 bis 36 Stunden schlucken 50 bis 80 % aller erwachsenen Amerikaner vom Arzt verschriebene Medikamente.[145] Während sich eine kurze zeitweilige Besserung ihrer momentanen Unpäßlichkeit oder Krankheit einstellen mag, ist die zerstörerische Wirkung der Medikamente auf die menschliche Physiologie langfristig mit an Sicherheit grenzender Wahrscheinlichkeit größer. Deutlich wird dies am Beispiel der Antibiotika. Diese sogenannten Wunderdrogen werden willkürlich bei jeder Infektionskrankheit verschrieben. Das Ergebnis ist katastrophal. Da Antibiotika Bakterien ohne Unterschied töten, zerstören sie viele wichtige Organismen im Körper, die für sein richtiges Funktionieren absolut wesentlich sind. Vaginale Pilzkankheiten, Pilzinfektionen des Darmtraktes, Vitaminmangelerscheinungen und eine Unmenge anderer Störungen sind Folgen eines dauerhaften Konsums von Antibiotika. Außerdem hat der massive Einsatz dieser Medikamente zur Verbreitung neuer resistenter Bakterienstämme geführt, die so virulent geworden sind, daß sie jetzt sowohl bei direktem Einsatz von Medikamenten als auch beim normalen Heilungsprozeß des menschlichen Körpers überleben können. Auf einem internationalen Symposion zu diesem Thema, das 1976 in Limburg/Bundesrepublik stattfand, waren viele Teilnehmer davon überzeugt, daß die Menschen jetzt schlechter dran sind, als sie es ohne die Einführung dieser sogenannten »schweren Geschütze« gewesen wären.[146]

Antibiotika stellen aber nur die Spitze des Eisbergs dar. Nach einer detaillierten Studie, die 1962 von einem Senatsunterausschuß veröffentlicht wurde, hatte von 4000 Medikamenten, die in den letzten 24 Jahren legal auf dem freien Markt erhältlich waren, fast die Hälfte keine wissenschaftlich nachgewiesene Heilungswirkung.[147] Noch verblüffender ist die Tatsache, daß viele dieser wirkungslosen Produkte, die von großen pharmazeutischen Firmen hergestellt werden, in Wirklichkeit gefährlich sind und gesundheitliche Schädigungen verursacht haben. In ihrem Buch *Pills, Profits and Politics* berichten Milton Silverman, Pharmakologe in der Forschung, und Philip Lee, ehemals zweiter Sekretär des HEW, daß die nachteiligen »Nebenwirkungen«, die durch Medikamente verursacht werden, »mehr Opfer fordern als Brustkrebs«.[148] Das Problem ist so akut geworden, sagen die Autoren, daß schädliche Auswirkungen von Medikamenten »unter den 10 Hauptursachen für Krankenhausaufenthalte rangieren und für mehr als 50 Millionen in Krankenhäusern verbrachte Tage pro Jahr verantwortlich sind«[149].

Es ist unmöglich, das volle Ausmaß der noch größeren langfristigen Schädigungen abzuschätzen, die auf das Konto moderner ärztlicher Praktiken gehen. Wir wissen jedoch, daß sogar während der Krankenhausbehandlung einer von fünf Patienten eine iatrogene Krankheit bekommt. Einer von dreißig dieser Patienten stirbt an einer iatrogenen Krankheit.[150]

Viele Patienten setzen sich dieser Gefahr ohne den geringsten Grund aus. Ein Kongreßbericht stellt fest, daß amerikanische Ärzte 1974 2,4 Millionen unnötige Operationen vornahmen, die zu 11 900 Todesfällen und zu Kosten für die Öffentlichkeit in Höhe von 4 Milliarden Dollar führten.[151]

Auch hier zeigen sich die verheerenden Wirkungen der Entropie. Skeptiker können argumentieren, daß es der modernen Medizin zumindest zeitweilig gelungen ist, den Gesundheitszustand und das Wohlbefinden der Menschen zu bessern, auch wenn man die »Entropiesteuer« (den Entropiezuwachs) in Rechnung stellt. Statistiken über den Anstieg der Lebenserwartung werden häufig als Beleg dafür angeführt, daß die moderne Medizin einige beeindruckende Resultate erzielt hat. An diesem Mythos hält man hartnäckig fest, weil er der Gesellschaft die Bestätigung liefert, die sie braucht, um weiter ihre mechanistische Einstellung zur Medizin – wie überhaupt zu ihrer Umwelt – beizubehalten.

In Wahrheit hat die moderne therapeutische Medizin kaum eine Rolle bei dem Siegeszug über die am weitesten verbreiteten tödlichen Krankheiten gespielt und kaum ein Recht, sich die Steigerung der Lebenserwartung als Erfolg anzurechnen. Mehrere Untersuchungen der letzten Jahre haben gezeigt, daß die wichtigsten Faktoren für die gestiegene Lebenserwartung in den letzten 150 Jahren bessere sanitäre Verhältnisse, bessere Hygiene und eine bessere Ernährung waren. Eine dieser Untersuchungen stammt von John und Sonja McKinlay (Boston University und Massachusetts General Hospital). Sie unterstützen die These einer früher von McKeown in Europa durchgeführten Studie, nach der die wichtigste Ursache für die seit 1900 sinkende Todesrate aufgrund von Krankheiten in den Vereinigten Staaten auf die Eindämmung von elf weitverbreiteten Infektionskrankheiten zurückzuführen ist: Typhus, Pocken, Scharlach, Masern, Keuchhusten, Diphtherie, Grippe, Tuberkulose, Lungenentzündung, Erkrankungen des Verdauungssystems und Kinderlähmung. Mit Ausnahme von Grippe, Keuchhusten und Kinderlähmung gingen fast alle diese Krankheiten zurück, bevor ärztliche Behandlungsmethoden angewandt wurden. Insgesamt kam der Report zu dem Schluß:

»Ärztliche Maßnahmen (chemotherapeutische wie prophylaktische) scheinen wenig zu dem allgemeinen Absinken der Mortalität in den Vereinigten Staaten seit 1900 beigetragen zu haben – in vielen Fällen wurden sie erst mehrere Jahrzehnte später eingeführt, nachdem die Krankheitsfälle schon merklich zurückgegangen waren, und in den meisten Fällen haben sie keinen nachweisbaren Einfluß gehabt.«[152]

Bis zum Jahr 1950 stieg die durchschnittliche Lebenserwartung in Amerika kontinuierlich an. Nach 1950 blieb sie in etwa gleich.[153] Heute beginnt die Lebenserwartung, zumindest für

Männer, zu sinken. Es ist interessant, daß der Rückgang der Lebenserwartung in der Zeit einsetzte, als sich die Medizin zu einer hochtechnisierten therapeutischen Gesundheitsfürsorge entwickelte. In den fünfziger Jahren traten die Vereinigten Staaten – wenn auch zunächst zaghaft – ins petrochemische Zeitalter ein. In bezug auf diesen letzten Punkt erkennt sogar die Regierung einen direkten Zusammenhang zwischen dem Anstieg der Krankheitsfälle seit 1950 und der Umweltverschmutzung oder dem Hochentropieabfall, der von unserer petrochemischen Wirtschaft erzeugt wird:

»Die Umwelt, die wir geschaffen haben, könnte jetzt eine Hauptursache für die Todesfälle in den USA sein. Krebs, Herz- und Lungenkrankheiten, verantwortlich für 12 % der krankheitsbedingten Todesfälle im Jahr 1900 und für 38 % im Jahr 1940, waren die Ursache für 59 % aller Todesfälle im Jahr 1976... Es häufen sich die Anzeichen, daß das Auftreten dieser Krankheiten... mit der Beschaffenheit unserer Umweltverhältnisse in Verbindung steht.«[154]

Das ist das Schlußresümee einer Spitzenprojektgruppe der Bundesregierung, die sich aus Vertretern des EPA, des National Cancer Institute, des National Institute for Occupational Safety and Health und des National Institute of Environmental Health Sciences zusammensetzte.

Nach Meinung der Experten zeichnet für dieses Problem die starke Verschmutzung auf allen Ebenen unserer Zivilisation verantwortlich. In Entropiebegriffen ausgedrückt, muß der hohe Lebensstandard – der massive Energiedurchfluß –, dessen wir uns in dieser hochindustrialisierten Umwelt erfreut haben, jetzt mit der Verbreitung von tödlichen Krankheiten bezahlt werden. Wie bereits erwähnt, ist Umweltverschmutzung einfach dissipierte Energie, die sich aus dem Energiefluß einer Gesellschaft ansammelt. Je größer der Energiefluß, desto größer die Umweltverschmutzung.

Die tödlichen Folgen der Umweltverschmutzung für den Menschen sind deprimierend. In New York haben die meisten Taxifahrer eine so hohe Kohlenmonoxidkonzentration im

Blut, daß es für Bluttransfusionen bei Herzkranken untauglich ist.[155]

Kürzlich haben Wissenschaftler einem Senatsunterausschuß mitgeteilt, daß fast alle Säuglinge verseuchte Milch trinken: »Menschliche Muttermilch enthält in zunehmendem Maße Pestizide, Rückstände und andere Karzinogene. Kleinkindernahrung enthält schädliche Bleirückstände.«[156]

Einige Regierungsberichte der letzten Jahre kommen zu dem Schluß, daß 60 bis 90 % aller Krebsarten in den Vereinigten Staaten auf von Menschen geschaffene Umweltfaktoren zurückzuführen sind: angefangen bei der Nahrungsmittelkonservierung und schädlichen Zusätzen, bis hin zu toxischen chemischen Substanzen.[157] Der damalige Minister für Gesundheit, Erziehung und Wohlfahrt, Joseph Califano, schockierte die Arbeitnehmerschaft des Landes im Spätsommer 1978 mit den Ergebnissen einer ausführlichen Studie, die zeigt, daß zwischen 20 und 40 % aller Krebsfälle arbeitsbedingt sind, weil ein Großteil der Industriearbeiterschaft mit Metallen und Chemikalien in Berührung kommt, die stark gesundheitsschädigend sind. Da zwischen dem Kontakt mit den karzinogenen Chemikalien und dem Auftreten der Krankheit gewöhnlich eine Zeitspanne von zwanzig bis dreißig Jahren liegt, schätzt man, daß jeder dritte der heute lebenden Amerikaner im Laufe seines Lebens an Krebs erkranken wird. Wegen des rapide steigenden Gebrauchs von synthetischen Stoffen, Pestiziden und anderen chemischen Substanzen, vor allem nach dem Zweiten Weltkrieg, sagen viele Experten für die Mitte der achtziger Jahre eine epidemieartige Zunahme von Krebserkrankungen voraus.

Krebs ist keineswegs die einzige weiter verbreitete Krankheit, die aus der Verschmutzung der Industriegesellschaft resultiert. Die United Steelworkers Union berichtet, daß »mehr als eine halbe Million Arbeiter jährlich wegen Berufskrankheiten jeglicher Art arbeitsunfähig werden«[158]. Eine von der Environmental Protection Agency in Auftrag gegebene Studie kam zu dem Schluß, daß allein die durch Luftverschmutzung entstandenen Krankheiten die amerikanischen Arbeiter eine Lohneinbuße von

36 Milliarden Dollar jährlich gekostet haben.[159] Eine andere Studie der American Lung Association schätzt die Unkosten für Krankheitsfälle, die durch Luftverschmutzung verursacht werden, auf über 10 Milliarden Dollar pro Jahr.[160]

Die Aussichten für unsere Gesundheit in der nahen Zukunft sind erschreckend. Der Homo sapiens wurde nicht für eine hochindustrialisierte, von petrochemischen Produkten verseuchte Umwelt geschaffen. Unsere Anatomie hat sich nicht verändert, seit vor mehreren Millionen Jahren die Entwicklung der Menschheit begann. Biologisch gesehen, sind wir für eine Existenz als Jäger-Sammler geschaffen. Jede folgende Stufe auf der gesellschaftlichen und ökonomischen Entwicklungsleiter hat nur die physiologischen Belastungen für den Menschen vermehrt und unsere Chancen, langfristig als Spezies zu überleben, verringert.

Die meisten Krankheiten sind umweltbedingt. Sie werden verursacht durch die Akkumulation von Abfallprodukten (dissipierte Energie), wenn die Entropie in der Umgebung zunimmt. Wir alle überleben dadurch, daß wir verfügbare Energie aus unserer Umgebung gewinnen. Wenn aber unsere Umwelt im Müll erstickt, blockiert das den Fluß an verfügbarer Energie und treibt uns näher auf den Gleichgewichtszustand zu.

Jede Energieumwelt schafft ihre eigene, typische Form an dissipierter Energie. Diese dissipierte Energie, oder auch Abfall, wird von verschiedenen Gruppen der Gesellschaft in unterschiedlichem Verhältnis aufgenommen, abhängig von der Struktur des Energieflusses. Zwar trifft es zu, daß im Laufe der menschlichen Geschichte die meisten gefährlichen Krankheiten in jeder Art von Energieumwelt auftraten, dennoch sind für den Anstieg bestimmter Krankheiten drei miteinander in Verbindung stehende Faktoren verantwortlich: der spezifische Typ von Energiebasis einer Gesellschaft, die Strukturierung des Energieflusses innerhalb der Gesellschaft und die jeweilige Stufe des Entropieprozesses.

Der Einwand, daß Vererbung bei der Verbreitung bestimmter Krankheiten eine größere Rolle spiele als die Umwelt, ist nicht stichhaltig. Wie René Dubos in seinem Standardwerk *Man Adapting* ausführt, ist ein bestimmter Genotyp gegen spezielle umweltbedingte Krankheiten weniger resistent als andere und wird daher eher von diesen betroffen. Gleichwohl bestimmen immer noch die jeweilige Energiebasis, ihr Entropiezustand und die Struktur des Energieflusses die Verbreitung bestimmter Krankheiten. Zum Beispiel waren Infektionskrankheiten in der Jäger-Sammler-Umwelt, in der die Gemeinschaften klein und äußerst mobil waren und im Freien lebten, so gut wie unbekannt.

In einer Ackerbaugesellschaft, in der eine enge Lebensgemeinschaft seßhafter Menschen, Haustiere, kleinerer Nagetiere und so weiter besteht, werden die meisten Krankheiten von Mikroben verursacht. Wenn die Energieumwelt durch die Ausdehnung der Anbauflächen, das Abholzen von Wäldern und Bodenerosion immer stärker ausgebeutet wird und natürliche Lebensgemeinschaften mehr und mehr zerstört werden, fördert das die Verbreitung bestimmter Mikroben. Die dann auftretenden Arten von Infektionskrankheiten sind das Ergebnis des Ungleichgewichts, das durch die Struktur des Energieflusses geschaffen wird.

In der fortgeschritten industriellen Umwelt ist die Hauptursache für Krankheiten die dissipierte Energie, die aufgrund einer Energiebasis entsteht, die sich nichterneuerbarer Ressourcen bedient. Wie schon erwähnt, steht das häufigere Auftreten von Krebs, Herzleiden und anderen chronischen und degenerativen Erkrankungen in direktem Zusammenhang mit der nichterneuerbaren Energiebasis. Die Verbreitung dieser Krankheiten wiederum ist direkte Folge der Entropiezunahme in der Umwelt. Schließlich hat sich erwiesen, daß die Häufigkeit dieser Krankheiten je nach Bevölkerungsgruppe variiert, und zwar in Abhängigkeit von ihrer Position in der Struktur des Energieflusses – das heißt, der Art von Tätigkeit, die sie ausübt, der Menge an Energie (Einkommen), mit der sie entlohnt wird, ihrer geographischen Umwelt und ihres Lebensstandards.

Während sich der dissipierte Müll, der durch den hohen

Durchfluß nichterneuerbarer Energiequellen entsteht, weiterhin auf der ganzen Energieflußlinie der Gesellschaft anhäuft und eine dramatische Eskalation an physischen Störungen jeder Art zur Folge hat, steuern wir auf einen Punkt zu, an dem wir uns entscheiden müssen, ob wir unseren Energieverbrauch drastisch einschränken oder uns in ungeahntem Ausmaß gefährlichen, ja, tödlichen Krankheiten aussetzen wollen.

Teil sechs

Entropie: Ein neues Weltbild

Auf eine neue Wirtschaftstheorie zu

Der Wechsel von einem mechanistischen Weltbild, das auf der Vorstellung von dauerndem materiellen Wachstum beruht, zu einem entropischen Weltbild, das darauf basiert, begrenzte Ressourcen so lange wie möglich zu erhalten, wird uns vor große Probleme stellen. Es sollte aber kein Zweifel über die Konsequenzen bestehen, die uns erwarten, wenn wir in der gewohnten Weise fortfahren. Im Jahre 1979 kam es zu Schießereien an Tankstellen in verschiedenen Teilen der USA. Menschen wurden wegen einer oder zwei Gallonen Benzin ermordet. Die nichterneuerbaren Energievorräte gehen uns langsam aus, und wenn wir uns damit nicht auseinandersetzen und anfangen, die radikalen Änderungen zu vollziehen, die notwendig sind, wird auf Amerikas Straßen noch viel Blut fließen. Auch ist zu befürchten, daß die sich zuspitzende Energiekrise zu einer militärischen Intervention der Vereinigten Staaten im Mittleren Osten führen wird, vielleicht gar zum Holocaust, zum Atomkrieg. 1979 kündigte die US-Army »als Antwort auf die Krise im Persischen Golf eine ›mobile‹ Einsatztruppe von 110 000 Mann« an.[1]

Solche Äußerungen fallen nicht von ungefähr. Niemals zuvor in der amerikanischen Geschichte war das Niveau unseres Lebensstandards derart bedroht. Wenn sich der Fluß der nichterneuerbaren Energie so stark verlangsamt, daß er die amerikanische Wirtschaftsmaschinerie zum Stillstand bringt, wird der Ruf nach sofortigen Aktionen unüberhörbar. Dann gibt es keine Liberalen und Konservativen, keine Tauben und keine Falken mehr. Nur Millionen verzweifelter Menschen, die Hilfe um jeden Preis suchen. Dies ist keine Zukunftsvision; es kann jeden Augenblick losgehen.

Der Wendepunkt, an dem wir stehen, ist der wohl bedeutendste, den eine Zivilisation je erreicht hat. Es dauerte Tausende von Jahren, bis der Übergang von der Jäger-Sammler-Gesellschaft zur Ackerbaugesellschaft vollzogen war. Die Ackerbaugesellschaft hatte Hunderte von Jahren Zeit, um sich auf eine industrielle Lebensform einzustellen. In beiden Fällen war Zeit genug, sich dem grundlegenden Wandel des Weltbildes anzupassen, das von der neuen Wirtschaftsordnung geprägt wurde. Heute sind wir gezwungen, den Übergang vom industriellen Zeitalter mit seinen nichterneuerbaren Ressourcen in ein neues, noch nicht näher bestimmbares Zeitalter, das sich wieder erneuerbarer Energiequellen bedienen wird, in wenig mehr als einer Generation zu vollziehen. Die radikale Änderung unseres Weltbildes muß gewissermaßen über Nacht geleistet werden. Es bleibt keine Zeit mehr für politische Debatten, spitzfindige Kompromisse oder vorübergehende Ausflüchte. Diese Aufgabe verlangt militante Entschlossenheit.

Wenn man hört, wie die Verfechter der Sonnenenergie für die großen Vorzüge eines Wechsels von einer nichterneuerbaren Energiebasis zu einer, die auf Sonnenenergie beruht, eintreten, so gewinnt man leicht die Überzeugung, der Übergang könne ohne radikale Änderungen in unserem Lebensstil vollzogen werden. Aber das ist nicht der Fall. Zu unterschiedlichen Energieumwelten gehören unterschiedliche Technologien und Institutionen. Die Transformatoren, die für das Solarzeitalter charakteristisch sind, werden sich vollkommen von denen unterscheiden, mit denen wir jetzt im Zeitalter der fossilen Brennstoffe leben.

Man muß sich vor Augen halten, daß das Industriezeitalter nichts anderes ist als ein Name für die Art von Transformatoren, mit denen wir nichterneuerbare Energiequellen ausgebeutet haben. Wenngleich wir sozialistische und kapitalistische Wirtschaftsordnungen kennen, existieren alle Industrieländer nur dank einer nichterneuerbaren Energiebasis. *Das Ende des Zeitalters der nichterneuerbaren Energie kündigt daher auch das Ende des Industriezeitalters an.* Die gespeicherte nichterneuerbare Energie geht zur Neige, und die hochkomplizierten ökonomischen Strukturen beginnen sich aufzulösen. Überall in den Fassaden unserer Systeme werden schon Risse sichtbar, und wie man es auch dreht und wendet, es steht nicht mehr genug erneuerbare Energie zur Verfügung, um sie alle zu kitten. Das ist die bittere Wahrheit, der sich letzten Endes niemand entziehen kann.

Langfristig gesehen wird sich das Solarzeitalter, auf das wir uns zubewegen, auf ähnliche Weise vom Industriezeitalter unterscheiden, wie unser jetziges von der mittelalterlichen Ära. Kurzfristig sind für den Übergang mehrere entscheidende Schritte zu berücksichtigen, wenn der Wechsel von unserem Zeitalter zum nächsten erfolgreich verlaufen soll.

Entwicklung in der Dritten Welt

Der herrschenden Meinung entsprechend mehrt das industrielle Wirtschaftswachstum auch den Nutzen, den die Welt davon hat. Diese Annahme beruht auf der Vorstellung, daß wir um so mehr bleibende Werte schaffen, die unter die Völker der Erde verteilt werden können, je schneller wir die Rohstoffe in Wirtschaftsgüter umwandeln. Diesem zentralen Prinzip der internationalen Wirtschaftsentwicklung zufolge ist es nicht verwunderlich, daß technologischer Fortschritt als Quelle »dauerhaften« Reichtums gilt. Die Gesetze der Thermodynamik jedoch schreiben ein völlig anderes Bezugssystem vor. Je schneller nämlich die Industrieländer Rohstoffe in Wirtschaftsgüter umwandeln, desto weniger Werte bleiben für die Länder der Dritten Welt und für zukünftige Generationen. Technologischer Fortschritt dient größtenteils dazu, den Umwandlungsprozeß von immer mehr Ressourcen zu beschleunigen, die Naturvorräte zu erschöpfen und noch mehr Abfall und Unordnung zu schaffen.

Wenn einem das klar wird, ist es wichtig, sich vor Augen zu halten, daß die verbleibenden Rohstoffvorkommen hauptsächlich in den armen Staaten der Dritten Welt liegen. Diese Ressourcen sind ihre einzige Trumpfkarte im Kampf mit den Industrieländern um eine gerechtere Verteilung des Reichtums. Die ölproduzierenden Länder des Mittleren Ostens benutzen dieses Druckmittel schon sehr wirkungsvoll. Ihr Kartell zur Kontrolle der Ölfördermengen und der Ölexporte bestimmt jetzt schon die Strategie anderer Länder der Dritten Welt in ihrem Umgang mit anderen nichterneuerbaren Rohstoffen. Es haben sich Kartelle gebildet, die den Preis von Bauxit, Kupfer, Eisen, Chrom und Blei kontrollieren. Dazu schreibt das Magazin *Fortune*: »Wenn die Rohstoffexporteure mit diesem Unternehmen Erfolg haben, sind die Tage stetiger Anhebung des Lebensstandards in den hochentwickelten Industrieländern gezählt.«[2]

Für diejenigen unter uns, die jahrzehntelang von den riesigen Energie- und Rohstoffmengen gelebt haben, die die Dritte Welt lieferte, liegt es nahe, den Druck der Kartelle auf unser Wirtschaftssystem empört als Erpressung zu verunglimpfen. Ein populärer Country- und Westernsong aus dem Jahre 1979 bringt die Frustration vieler Amerikaner über die wachsenden OPEC-Ölpreise in dem Slogan zum Ausdruck: »Kein Öl, keine Lebensmittel«. Mit anderen Worten, wenn uns die Dritte Welt kein Rohöl verkauft, dann sollten wir den Hungrigen der Welt unsere Nahrungsmittelexporte vorenthalten. Diese chauvinistische Haltung ist nicht nur unmoralisch und politisch unverantwortlich, sondern sie bedroht auch unser eigenes Überleben. Wir haben die Wahl. Entweder akzeptieren wir die von der Dritten Welt vorgelegten neuen Bedingungen und reduzieren drastisch unseren Energie- und Rohstoffverbrauch, oder wir intervenieren militärisch, um die Ressourcen, die wir brauchen, mit Gewalt an uns zu reißen. Bei etwaigen Interventionen ist mit erheblichem Widerstand der Sowjetunion und anderer Weltmächte zu rechnen. Sind wir tatsächlich so sehr auf billige Ressourcen aus anderen Ländern angewiesen, daß wir deshalb einen Aggressionsprozeß in Gang setzen wollen, der uns schnell in einen dritten Weltkrieg, den alles vernichtenden Atomkrieg, stürzen kann?

Viele Bürger von Industriestaaten begreifen einfach nicht, was in der Dritten Welt wirklich vor sich geht. Während wir uns in Lippenbekenntnissen über die Tragödie des Elends, des Hungers und der Überbevölkerung in der südlichen Hemisphäre des Globus ergehen, haben wir keine wirkliche Vorstellung von der Armut, in der mehr als die Hälfte der Weltbevölkerung lebt. 800 Millionen Menschen leben, mit den Worten der Weltbank, in »absoluter Armut«, das heißt mit einem Jahreseinkommen von 200 Dollar und weniger.[3] 15 bis 20 Millionen Menschen in der Dritten Welt – drei Viertel davon Kinder – sterben jährlich an Unterernährung. Während Sie diese Zeilen lesen, verhungern jede Minute 28 Menschen.[4] 80 % der Weltbevölkerung, die meisten davon leben in Dörfern, sind ohne medizinische Betreuung.[5]

Wir Amerikaner schütteln traurig unsere Köpfe angesichts dieser unmenschlichen Verhältnisse. Nur entspricht es leider den Tatsachen, daß die Lebensumstände in der Dritten Welt so lange menschenunwürdig bleiben werden, wie wir in den Vereinigten Staaten jährlich weiter ein Drittel des Weltrohstoffaufkommens verbrauchen. Jene, die in Zorn geraten gegen die Rohstoffkartelle, die als ökonomische Waffe gegen reiche Nationen wie die unsere benutzt werden, sollten sich einmal fragen, was sie tun würden, wenn sie in der Dritten Welt lebten. Jedes Staatsoberhaupt in der Dritten Welt, das den Industrieländern weiterhin erlaubt, die Rohstoffe seines Landes auszuplündern, ist ein Narr.

Den Menschen in der Dritten Welt muß das Gerede von einem Zeitalter eingeschränkter materieller Erwartungen, Nullwachstum und ähnlichem nur als ein weiterer Versuch der Industrieländer vorkommen, die armen Staaten in ihrer unterprivilegierten Position zu halten. Für die Länder der Dritten Welt, die gerade selbst mit einer eigenen Industrieproduktion beginnen, sind die ökologischen Bedenken der reichen Staaten nicht viel mehr als der Versuch, ihren Reichtum dadurch unter sich aufzuteilen, daß sie wirtschaftliches Wachstum in armen Ländern verhindern. In einem Papier, das der Weltkirchenkonferenz über Glauben, Wissenschaft und Zukunft 1979 vorgelegt wurde, sprach C. T. Kurien für viele, als er zu der These über »Die Grenzen des Wachstums« aus der Perspektive der Dritten Welt Stellung nahm:

»Es ist eine kleine, wohlhabende Minderheit der Weltbevölkerung, die eine Hysterie um die endlichen Ressourcen auf der Welt entfacht und für eine konservative Ethik im Interesse derer plädiert, die noch geboren werden; es handelt sich um dieselbe Gruppe, die sich organisiert bemüht, jene, die zufällig vor den Toren ihres Reichtums stehen, daran zu hindern, ein erträgliches Lebensniveau zu erreichen. Es braucht keine göttliche Einsicht, um zu sehen, welche Absichten wirklich dahinterstecken.«[6]

Kuriens Bemerkung trifft den Kern der Sache. Solange wir weiterhin den Löwenanteil der Weltressourcen an uns reißen und den größten Teil davon unnütz verschwenden, während die Menschen in der restlichen Welt um ihre nächste Mahlzeit kämpfen müssen, haben wir kein Recht, anderen Menschen Vorträge darüber zu halten, wie sie ihre wirtschaftliche Entwicklung zu organisieren haben. Wenn wir daher wirklich entschlossen sind, unseren Planeten davor zu bewahren, in eine gewaltige industrielle Abfallgrube verwandelt zu werden, müssen wir jetzt freiwillig damit beginnen, unseren eigenen materiellen Wohlstand wesentlich einzuschränken. Wir müssen unsere Bereitschaft zeigen, im Namen der Menschlichkeit harte Opfer auf uns zu nehmen.

Doch darf auch dies nicht ungesagt bleiben: Kein Land der Dritten Welt sollte Hoffnungen hegen, jemals den materiellen Überfluß erreichen zu können, in dem Amerika in den voraufgangenen paar Jahrzehnten geschwelgt hat. Sich an eine Wirtschaftsentwicklung westlichen Niveaus zu klammern, ist eine trügerische Illusion, auch wenn man die Rohstoffvorkommen völlig neu verteilen würde. Dazu sagt der Ökologe Herman Daly:

»Wenn, grob gerechnet, ein Drittel der Weltjahresproduktion an mineralischen Rohstoffen gebraucht wird, um die 6 % der

Weltbevölkerung, die in den USA leben, auf ihrem Konsumtionsstandard zu halten, von dem man annimmt, daß ihn auch der Rest der Welt erstrebt, dann folgt daraus, daß beim gegenwärtigen Ressourcenangebot der US-Standard auf höchstens 18 % der Weltbevölkerung ausgedehnt werden kann und dabei nichts für die restlichen 82 % übrigbleibt. Ohne die Hilfeleistungen der armen 82 % könnten die reichen 18 % ihren Reichtum unmöglich aufrechterhalten. Ein beträchtlicher Anteil der Weltressourcen müßte also den armen 82 % überlassen werden, um ihnen zumindest ihr Existenzminimum zu garantieren. Folglich sind sogar die 18 % zu hoch geschätzt.«[7]

Dem Rest der Welt bleibt daher eine Entwicklung wie die der Vereinigten Staaten versperrt. Wie wir schon gesagt haben, verbietet die enorme Rohstoffverknappung sogar den Vereinigten Staaten, ihren gegenwärtigen Energieverbrauch auch nur annähernd fortzusetzen. Dies ist kein Argument gegen die absolute Notwendigkeit, die wirtschaftlichen Entwicklungen in der Dritten Welt zu fördern. Die Frage ist nur: Welche Art von Entwicklungshilfe ist wirklich effizient?

Unglücklicherweise benutzen viele Länder der Dritten Welt ihre relativ reichlichen Energievorräte dazu, ihre Wirtschaft auf die gleiche Weise wie die Vereinigten Staaten und andere sogenannte entwickelte Nationen zu industrialisieren. Ihre falsch angelegte Wirtschaftspolitik kann sowohl für sie selbst als auch für den Rest der Welt in eine Katastrophe führen; denn sie tragen dazu bei, daß sich der Entropieprozeß noch schneller auf einen Verzweigungspunkt hin entwickelt. Zunächst einmal ist es töricht, zu einer Zeit, in der die nichterneuerbaren Ressourcen in der Welt knapp werden, eine ökonomische Infrastruktur aufzubauen, die auf einem hohen Energiedurchfluß von nichterneuerbaren Rohstoffen basiert. Länder der Dritten Welt, etwa wie Brasilien und Nigeria, werden bis zum Jahr 2000 eine gewaltige industrielle Infrastruktur aufgebaut haben, nur um dann zu bemerken, daß sie keine ausreichenden Mengen nichterneuerbarer Energie bereitstellen können, um die Wirtschaftsmaschine in Gang zu halten.

Sobald westlicher Fortschritt ein Land der Dritten Welt erreicht, ist gewöhnlich »sofortige Unterentwicklung« das Ergebnis. Mit anderen Worten, die Masse der Menschen in diesen Ländern wird in Wirklichkeit noch ärmer als vor dem Beginn dieser Entwicklung. Ein wesentlicher Grund dafür ist, daß »westliche« Industrialisierung Städte gegenüber ländlichen Gebieten und hochzentralisierte, energie- und kapitalintensive Produktionsmethoden gegenüber menschlicher Arbeitskraft begünstigt. Strebt ein Staat die Industrialisierung an, so gehen in Wirklichkeit mit der Automatisierung der Produktion Arbeitsplätze verloren. Gleichzeitig hat die durch die hochgelobte Grüne Revolution geförderte Mechanisierung der Landwirtschaft zur Folge, daß die Bauern vom Land verdrängt werden, und zwar weil eine mechanisierte Landwirtschaft für ihre Anbaumethoden einen hohen Energieeinsatz erfordert. Kleinbauern haben deshalb auf dem Markt keine Chance. Die entwurzelten Bauern sind gezwungen, in die Stadt zu ziehen, um sich und ihre Familien zu ernähren. Dieser Prozeß ist typisch für die gesamte Dritte Welt. Man schätzt, daß bis zum Jahr 2000 eine Milliarde mehr Menschen in den urbanen Bereichen der Dritten Welt zusammengedrängt leben werden als im Jahr 1975.[8] Mit der erzwungenen Urbanisierung entsteht noch größere Armut. Und wenn die Landwirtschaft auf der ganzen Welt weiter dem US-Modell folgt, wird die Ernährungslage auf unserer Erde noch prekärer, weil die Anbaumethoden ja zunehmend auf nichterneuerbaren Ressourcen basieren. Würde überall auf der Welt unser Landwirtschaftssystem übernommen, gingen bis zu 80 % der Energie in die Nahrungsmittelproduktion, und sämtliche petrochemischen Ressourcen wären innerhalb eines Jahrzehnts erschöpft.[9]

Eine hochenergetische industrielle Entwicklung stört tradierte Lebensformen aber auch in anderer Hinsicht. In den achtziger Jahren des vergangenen Jahrhunderts, so die Überlieferung, entdeckte ein saudiarabischer Scheich, wie aus dem Sand eines abgelegenen Wüstenfleckens Öl hervorquoll. Er befahl, das Loch zu verschließen, und verbot jedem zu verraten, was er gesehen hatte. Warum? Er fürchtete, daß dann die Leute aus dem Westen mit ihrer Technologie und ihrer Verachtung für die Traditionen seines Volkes in sein Land einfallen würden. Die Motive des Scheichs mögen fragwürdig sein, aber seine Befürchtung bestand sicherlich zu Recht. Wird eine Hochenergietechnologie in die Dritte Welt exportiert, so bringt sie auch eine bestimmte Ideologie mit sich. Es gibt Politiker in der Dritten Welt, die naiverweise glauben, sie könnten einen Wohlstand und eine Technik wie die der Vereinigten Staaten einführen, ohne das moderne technologische Wertsystem, das die tradierte Kultur untergräbt, mit zu importieren.

Eines ist nicht zu übersehen: Die Nationen der Dritten Welt müssen einen Weg der wirtschaftlichen Entwicklung wählen, der sich von dem des industrialisierten Westens unterscheidet. Statt für eine hochenergetische, zentralisierte sollte man sich zu einer mittleren Technologie entschließen, die arbeitsintensiv ist und vor Ort in den Dörfern genutzt werden kann. So kann auch die Massenabwanderung von Menschen aus ländlichen Gebieten in verwahrloste, übervölkerte Städte vermieden werden. Die Landwirtschaft sollte immer noch die Grundlage der Gesellschaften der Dritten Welt bilden.

Aufgrund ihres gegenwärtigen Entwicklungsstandes importieren die arabischen Staaten heute 50 % ihrer Nahrungsmittel. Bis zum Jahr 2000 werden es 75 % sein.[10] Für diese und andere Länder der Dritten Welt sollte sich jede solide Entwicklungspolitik wieder auf die Etablierung einer arbeitsintensiven Landwirtschaft konzentrieren, die die Selbstversorgung einer Gesellschaft mit Nahrungsmitteln garantiert.

Es existieren schon mehrere Modelle für eine adäquate Entwicklung der Dritten Welt. Vor Maos Tod war die Volksrepublik China so organisiert, daß die ländliche Basis der Gesellschaft gestützt und eine arbeitsintensive Produktion begünstigt wurden. China ist kein reiches Land, aber niemand ist arbeitslos, ohne Wohnung oder muß gar verhungern. Mehr Aufmerksamkeit als ihm bislang zukam hat auch das Wirtschaftsmodell Mahatma Gandhis verdient. Während der antikolonialistischen Bewegung unter Gandhi wurde das handbetriebene Spinnrad zum Symbol des Kampfes – ein einfaches Beispiel anpassungsfähiger Technik, die jedem Inder auch im ärmsten oder abgelegensten Dorf erlaubt, seine eigene wirtschaftliche Existenz unter Kontrolle zu haben. Das Gandhische Wirtschaftsmodell bevorzugt das Landleben gegenüber dem Stadtleben, die Landwirtschaft gegenüber der Industrie, überschaubare Technik über hochentwickelte Technologie. Nur wenn derartige ökonomische Prioritäten gesetzt werden, kann sich die Dritte Welt erfolgreich entwickeln. Doch gibt es – dies sei noch einmal betont – keinen Anlaß zur Hoffnung, wenn die Industriestaaten nicht bereit sind, Opfer zu bringen.

Umverteilung des Reichtums im eigenen Land

Immer höhere Preise für nichterneuerbare Rohstoffe zu akzeptieren, zwingt uns zur Kapitulation vor dem amerikanischen Wirtschaftssystem. Zum erstenmal in der Geschichte unseres Landes müssen wir uns dem entscheidenden politischen und ökonomischen Problem stellen – der Umverteilung des Reichtums. In der Vergangenheit war diese Frage ein Randproblem unserer politischen Tagesordnung. Solange die Wirtschaft weiter expandierte, gab es genug Überschüsse, um die, die am Sockel der Wirtschaftspyramide vegetierten, friedlich zu stimmen oder zu bestechen. Heute, zu einer Zeit, in der die erwirtschafteten Werte schrumpfen, läßt sich der Ruf nach einer Neuverteilung des übriggebliebenen Teils aus vielen Lagern vernehmen: Nicht nur die Armen, sondern auch die Arbeiter- und die Mittelklasse werden voraussichtlich gemeinsam eine Neuverteilung sowohl des Reichtums wie auch der Macht fordern.

Die Spitze der amerikanischen Gesellschaft, ein Fünftel der Bevölkerung, verbraucht heute über 40 % des Einkommens im Land.[11] Es handelt sich um genau die Klasse, die auch die Kontrolle über die gesamte institutionelle Maschinerie, das heißt über den Energiestrom im Staat, ausübt. Der Kampf zwischen dieser Klasse und den Armen ist inzwischen von Aggressionen geprägt; sein Ausgang wird wahrscheinlich davon abhängen, welche der beiden Gruppen den breiten Mittelstand für sich gewinnen kann.

Der Schrumpfungsprozeß der amerikanischen Wirtschaft hat schon begonnen. Am 6. September 1979 wies der Schatzminister die Bevölkerung warnend darauf hin, daß sie »eine Periode der Einschränkungen« zu durchlaufen habe. Sparmaßnahmen, bemerkte er, werden am schwersten die Armen, die Alten und die Arbeitnehmer treffen.[12] Obwohl der Minister versprach, daß es Möglichkeiten gebe, die sozialen Belastungen mit Geldern der öffentlichen Hand zu mildern, gibt es in Wirklichkeit nur einen gangbaren Weg: Es ist unvermeidlich, daß eine grundlegende Umverteilung des Reichtums und der Macht in dieser Gesellschaft stattfindet. Ohne diese Umverteilung werden die Armen und die Arbeiterklasse in Amerika mit Recht alles Gerede von Einschränkungen oder wirtschaftlichen Opfern ebenso zurückweisen, wie es die Staaten der Dritten Welt tun, wenn die reichen Länder das Evangelium von den Grenzen des Wachstums predigen.

Wann immer sich in der Natur ein Glied eines Ökosystems über den Rahmen der ihm zugemessenen Funktion innerhalb des Ganzen hinaus vermehrt, raubt es damit den anderen Lebensformen die negative Entropie (verfügbare Energie), die sie zum Leben brauchen. Und dadurch bedroht es die Existenz des gesamten Systems. Das gleiche trifft auf die menschliche Gesellschaft zu. Wenn einzelne Individuen oder Institutionen einen übermäßigen Anteil der Energievorräte einer Gesellschaft für sich in Anspruch nehmen, berauben sie damit die restlichen Mitglieder der Gesellschaft jener verfügbaren Energie, die diese ebenfalls zum Leben braucht. Die Geschichte zeigt, daß immer dann, wenn die Energie (der Reichtum) einer Gesellschaft in den Händen weniger Individuen oder Institutionen so konzentriert ist, daß der Rest der Gesellschaft an gefährlichem Energiemangel leidet, diese Gesellschaft entweder zerfällt oder auf eine Revolution zusteuert – oder sogar beides geschieht. Während in der Natur selbstregulierende biologische Gesetze herrschen, die das Gleichgewicht wiederherstellen, muß sich die Gesellschaft auf allgemeingültige Prinzipien ökonomischer Gerechtigkeit verlassen, um dasselbe Ziel zu erreichen.

Soll der Entropieprozeß in seinem Tempo dem in der Natur herrschenden langsameren Entropieprozeß angeglichen werden, erfordert das sowohl eine Verringerung des Energiedurchflusses als auch eine gerechtere Verteilung der verknappten Energiemengen auf alle Mitglieder der Gesellschaft. Wenn beides nicht zur selben Zeit geschieht, ist es unwahrscheinlich, daß die soziale Ordnung während der Übergangsperiode zu einer neuen Energiebasis intakt bleibt.

Ohne eine grundlegende Umverteilung des Reichtums wird alles Gerede von Verringerung des Energieflusses und Beachtung der biologischen Grenzen des Planeten zu nichts anderem führen, als daß die Reichen die Armen für immer in ihrer untergeordneten Rolle halten.

Die eleganten High-Society-Ökologen mit ihren beheizten Schwimmbädern, ihren Viertel-Million-Dollar-Häusern, ihren Maßanzügen und ihrem Mercedes sollten einmal darüber nachdenken, daß ihr Ruf nach sauberer Luft auch von entsprechenden Taten begleitet sein muß, die zwangsläufig zur Umverteilung ihres eigenen (unverantwortlichen) wirtschaftlichen Überflusses führen. Wenn sie nicht langsam beginnen, sich dieser Tatsache freiwillig anzupassen, werden es andere für sie tun.

Eine neue Infrastruktur für das Solarzeitalter

Wir alle kennen den Spruch: »Du kannst deinen Kuchen nicht zugleich essen und behalten.« Die meisten Menschen aber glauben wider besseres Wissen an das Gegenteil. Das ist gerade jetzt der Fall, da unsere Gesellschaft die Vorteile der Sonnenenergie zu preisen beginnt. Kein vernünftiger Mensch kann die Überlegenheit der Sonnenenergie gegenüber jeder anderen Energieform bezweifeln. Mehr noch, die wirtschaftliche Situation wird uns unweigerlich auf ein Solarzeitalter zuführen. Dennoch haben einige Leute aufgehört, sich über die tiefgreifenden Konsequenzen dieses Wechsels der Energiebasis Gedanken zu machen. Viele Menschen stellen sich das Solarzeitalter offenbar genau wie unser jetziges vor, nur sauberer. Autos werden elektrisch betrieben werden, so daß es keinen Smog mehr gibt; Städte werden mit Sonnenkollektoren versorgt werden; die Häuser werden kostengünstig mit Sonnenenergie beheizt und gekühlt; die festen Abfälle werden in Biomasseanlagen in Biogas umgewandelt; malerische Windmühlen werden die Landschaft zieren und uns an eine beschauliche Vergangenheit erinnern, ebenso wie die schadstofffrei laufenden Maschinen der Industrie lautlos Verbrauchsgüter für die Aufrechterhaltung unseres Lebensstandards produzieren. Im Solarzeitalter, so scheint es, kann man seinen Kuchen gleichzeitig essen und dennoch behalten.

Diese euphorische Vorstellung aber ist von der Realität weit entfernt. Die Übergangsperiode zum Solarzeitalter erfordert eine komplette Neuorganisation der wirtschaftlichen Strukturen auf jeder Ebene der amerikanischen Gesellschaft. Sobald wir die umwälzenden Konsequenzen eines Wechsels der Energiebasis von einem konzentrierten Vorrat (fossile Brennstoffe) zu einem diffusen Fluß (Sonnenenergie) begriffen haben, wird deutlich, daß unser gegenwärtiges industrielles System für eine zukünftige solare Energiebasis absolut ungeeignet ist.

Buchstäblich hat die hochkonzentrierte nichterneuerbare Energie unsere heutige Wirtschaft geformt. Um die bestehende institutionelle Superstruktur aufrechtzuerhalten, müßten wir uns weiterhin auf einen hochkonzentrierten Energiefluß durch unser System verlassen. Sonnenenergie liegt jedoch keineswegs wie nichterneuerbare Energie in konzentrierter Form vor und ist daher für eine hochzentralisierte industrielle Produktion ungeeignet.

Obwohl es viele unterschiedliche Techniken zur Gewinnung von Sonnenenergie gibt – thermische Sonnenenergieprojekte, Solarzellen, Windenergie, Konversion von Biomasse – und zahlreiche Methoden, sie zu sammeln, von ausgefeilten hochtechnologischen Systemen bis zu alten, passiven Solarsystemen, basieren doch alle darauf, einen diffusen Energiefluß anzuzapfen und nicht einen konzentrierten Vorrat. Der Energiestrom der Sonnenenergie ist umweltfreundlich und scheinbar unerschöpflich (wenn man davon absieht, daß die Sonne in Milliarden von Jahren ausgebrannt sein wird). Aber für die Aufrechterhaltung unseres gegenwärtigen Gesellschaftssystems ergeben sich aus dieser Energiequelle gravierende Nachteile.[13]

Da Sonnenstrahlung diffus ist, muß sie konzentriert werden, um Arbeit zu leisten. Der Zweite Hauptsatz der Thermodynamik besagt aber, daß Arbeit nur verrichtet werden kann, wenn zwischen zwei Orten eine Temperaturdifferenz herrscht. Weil Sonnenenergie im wesentlichen gleichmäßig auf jeden Quadratmeter in jeder geographischen Region fällt, muß der Fluß der Sonnenenergie gesammelt werden. Wenn man Elektrizität gewinnen will, muß die gespeicherte Sonnenenergie aus einem Zustand in einen anderen transformiert werden. Die Eigenart dieses Energieflusses und die Nutzungsintensität eignen sich am besten für kleine Wärmeeinheiten, etwa um ein einzelnes Haus zu heizen und mit warmem Wasser zu versorgen. Die meisten Befürworter der Sonnenenergie geben zu, daß auf dieser Stufe der Technologie und in absehbarer Zukunft die Umrüstung der existierenden privaten Wohnungen auf Sonnenenergie nur 60 % des für den Wohnbereich benötigten Energiebedarfs liefern kann.[14] Zwar könnten für die Nutzung der Solarenergie weitaus effizientere Häuser neu gebaut werden, doch wird diese Umwandlung sich schleichend langsam vollziehen, denn 75 % aller Gebäude, die es bis zum Jahre 2000 in den Vereinigten Staaten geben wird, existieren bereits.[15]

Im industriellen und urbanen Bereich ist Sonnenenergie so gut wie überhaupt nicht verwendbar. Unsere gegenwärtige Gesellschaftsstruktur ist einfach zu kompliziert und zu energiehungrig. So wird etwa geschätzt, daß wir zur Aufrechterhaltung unserer gegenwärtigen industriellen Superstruktur zwischen 10 und 20 % der gesamten Landfläche in den USA mit Sonnenkollektoren bedecken müßten.[16] Eine andere Schätzung geht davon aus, daß Manhattan täglich mehr als sechsmal soviel Energie verbraucht, wie ein ohne Verlust arbeitender Sonnenkollektor liefern könnte. Um New York mittels verschiedener Solartechniken mit Energie zu versorgen, müßte man für Sonnenkollektoren ein Gebiet zur Verfügung stellen, das ein Vielfaches der Fläche der Stadt beträgt. Obwohl der Energieverbrauch New Yorks offenbar eine traurige Spitzenposition hält, werden andere Großstädte mit vergleichbaren Problemen zu kämpfen haben.

Allein diese Größenordnung der solaren Infrastruktur, die man zur Aufrechterhaltung der modernen Gesellschaft errichten müßte, läßt Zweifel aufkommen. Zu groß ist der Zeit- und Arbeitsaufwand, der für die Errichtung und Unterhaltung erforderlich wäre. Um zum Beispiel nur 3 Millionen Häuser mit Sonnenkollektoren auszurüsten, bräuchte man die Arbeitskraft von 200 000 Menschen, die 74 Quadratkilometer Sonnenkollektoren herstellen und installieren müßten – zum Preis von 20 Milliarden Dollar.[17] Allein eine Großstadt mit Sonnenenergie zu versorgen, würde Millionen von Arbeitskräfte erfordern. Sarkastisch kommentiert E. F. Schumacher: »Während sich ein einzelnes Haus sehr bequem mit Sonnenenergie beheizen läßt, ist das beim Rockefeller Center unmöglich. Sonnenenergie plus Windenergie würden die Fahrstühle weder nach oben noch nach unten bewegen. Und die meisten Büros im Rockefeller Center sind ohne Fahrstühle nicht zu erreichen. Es ist schon eine komische Vorstellung, daß einer dreißig oder fünfzig Stockwerke zu Fuß steigt.«[18] Schumacher bestreitet, daß Massenproduktion und modernes Großstadtleben sich mit solarer Energiegewinnung vereinbaren lassen. Murray Bookchin, Autor und anarchistischer Ökologe, pflichtet dem bei. Bookchin meint, daß Sonnenenergie und Windenergie »den Menschen nicht die gewaltigen Mengen an Rohstoffen und Energie liefern können, die bei hoher Bevölkerungsdichte und hochzentralisierten Industrien erforderlich wären... Solare Einrichtungen... werden nur relativ kleine Energiemengen produzieren.«[19] Der Ökologe William Ophuls stimmt dem zu: »Eine Umstellung auf eine ausschließliche Abhängigkeit von Sonnenenergie würde offensichtlich größere Veränderungen unserer Technologie und Wirtschaft bedingen, und zwar in Richtung auf größere Einfachheit und Dezentralisierung.«[20]

Diese Argumente leuchten ein, betrachtet man sie im Zusammenhang mit der von der Thermodynamik diktierten Realität. Dennoch klingen sie in den Ohren mancher Leute wie Ketzerei. Viele Verfechter der Solartechnologie beispielsweise wollen nichts davon wissen, daß ein zukünftiges Solarzeitalter uns Einschränkungen auferlegt. Sie behaupten, daß uns alle benötigte Energie auch im Zeitalter der Sonnenenergie zur Verfügung stehen wird. Dieser Einwand enthält einen Trugschluß, nämlich, daß Sonnenenergie Arbeit gewissermaßen von selbst leistet, und da sie erneuerbar und umweltfreundlich ist, wir gar nicht genug davon in unsere Energieflußlinien leiten können.

Lassen wir die Realität einmal außer acht und setzen voraus, daß neue Sammeltechniken entdeckt werden könnten, die uns eine weit effektivere Konzentration der Sonnenstrahlen erlauben, und zwar weit über die heute vorhandene Kapazität hinaus. Wäre diese außergewöhnlich effiziente Energiegewinnung tatsächlich möglich, könnten wir eine urbanisierte, industriell-technologische Gesellschaft mit Sonnenenergie versorgen. Was aber wäre das Ergebnis? Wir wären auch weiterhin Zeuge des exponentiellen Entropiewachstums auf der Erde, wenn die Sonnenenergie dazu benutzt würde, immer mehr von unseren begrenzten irdischen Energieressourcen (Materie) von einer verfügbaren Form in eine nichtverfügbare Form zu transformieren.

Demnach kommt es also nicht nur auf die Energieart an, die eine Gesellschaft verbraucht, sondern auch auf die Energiemenge. Wenn man Sonnenenergie tatsächlich in so hochkonzentrierter Form für die Industrie nutzen könnte, würden wir dennoch viele wirtschaftliche und soziale Störungen verzeichnen, die jetzt das Ergebnis unseres hohen Energieverbrauchs sind. Und zwar einfach, weil sich die Nutzung der Sonnenenergie nicht vom begrenzten Vorrat an irdischer Materie, auf die sie einwirkt und die sie umwandelt, trennen läßt. Sowohl alles Leben als auch jegliche industrielle Produktion hängen davon ab, daß Sonnenenergie nur im Zusammenhang mit irdischen Ressourcen wirkt.

Und dieser Konversionsprozeß endet immer in einer weiteren Dissipation der begrenzten Rohstoffvorkommen auf der Erde.

Zur Zeit wird oft und gern darüber diskutiert, so viel wie möglich der noch verbliebenen nichterneuerbaren Energie für den Aufbau einer neuen Infrastruktur institutioneller und mechanischer Transformatoren zu verwenden, die Sonnenenergie sammeln, speichern, verarbeiten und weiterleiten. Obwohl viele Vorschläge in diesem Zusammenhang sinnvoll sind, sollte man ein für allemal klarstellen, daß eine jede Infrastruktur dieser Art nur kurzfristig überleben kann und wenig mehr darstellt, als den vielzitierten Tropfen auf dem heißen Stein. Auf lange Sicht kann eine solare Infrastruktur, die auf nichterneuerbare Ressourcen angewiesen ist, den Energiehunger einer hochindustrialisierten Wirtschaft nicht befriedigen. Es sind einfach nicht genügend erneuerbare Ressourcen vorhanden.

Der Umweltexperte Howard Odum hat untersucht, wieviel Nettoenergie bei der Nutzung des solaren Energieflusses gewonnen werden kann. Nettoenergie ist der Energieertrag einer Technologie abzüglich der zu ihrer Gewinnung investierten Energie. Odum führt an, daß »die Sonnenenergie zwar einen bestimmten Nettobetrag an konzentrierter Energie in Form von Nahrung, Fasern und Elektrizität erzeugen kann, der Ertrag pro jeweilig genutzter Fläche aber gering ist, weil der größte Teil der Sonnenenergie von den verschiedenen Strukturen verbraucht wird, die zum Sammeln und zur Konzentration der Energie betrieben werden müssen«[21].

Zwar räumt Odum der Sonnenenergie den Vorrang gegenüber Kohle, Uran oder Öl ein, dennoch müssen wir seiner Analyse zufolge erkennen, daß Solartechnologien gewaltige Mengen an nichterneuerbarer Energie und materiellen Rohstoffen erfordern werden, um die Millionen von solaren Einrichtungen herzustellen, die gebraucht werden. Grundsätzlich werden wir also eine völlig neue Infrastruktur für unsere Gesellschaft schaffen müssen. Obwohl Solartechniken sicher nicht so kapitalintensiv sind wie Ölraffinerien und Anlagen zur Erzeugung synthetischer Brennstoffe, ist die erforderliche Rohstoffmenge immer noch erschreckend hoch. Die Umrüstung von nur 2,5 Millionen Häusern auf eine Solareffizienz von 60 % würde beispielsweise ein volles Drittel der gesamten Kupferproduktion der USA verschlingen.[22] Produzierte man nur die Hälfte der Elektrizität in den USA mit Hilfe solarer Brennstoffzellen – den effizientesten Transformatoren, die es zur Zeit gibt –, so würde man für ihre Herstellung jährlich mehr Platin benötigen, als auf der ganzen Welt produziert wird.[23] Zur Schaffung einer soliden solaren Infrastruktur bräuchte man ebenfalls wahrhaft gewaltige Mengen an anderen nichterneuerbaren Rohstoffen. Dazu gehören Kadmium, Silizium, Germanium, Selen, Gallium, Arsen und Schwefel; des weiteren Megatonnen von Glas, Plastik, Gummi und große Mengen an Äthylenglykol, flüssigen Metallen und Freon. D. C. Winston stellt dazu fest: »Wenn wir uns auf Kadmiumsulfidzellen zur direkten Photoumwandlung festlegten... so würde es die gesamte Weltjahresproduktion an Kadmium von 1978 erfordern, nur um gerade 180 000 Megawatt Leistung zu produzieren, oder ungefähr 10 % der Kapazität, die es auf der Welt im vorigen Jahr gab.«[24]

In der Dezemberausgabe des *Atlantic Economic Journal* von 1978 wies Nicholas Georgescu-Roegen auf den offensichtlich schwachen Punkt bei der jetzigen Gewinnung von Sonnenenergie hin:

»Tatsache ist, daß jedes im Moment durchführbare Rezept zur direkten Nutzung der Sonnenenergie gewissermaßen ein ›Parasit‹ der gegenwärtigen Technologie ist, die hauptsächlich auf fossilen Brennstoffen basiert. Die gesamte notwendige Ausstattung (einschließlich der Kollektoren) wird mit Verfahren produziert, die auf anderen Energiequellen als der Sonne beruhen. Und es versteht sich von selbst, daß es jeder Solartechnologie, die auf den gegenwärtig durchführbaren Verfahren beruht, wie allen Parasiten ergeht: Sie wird nur solange existieren, wie der ›Wirt‹ überlebt... Da die Intensität der Sonnenstrahlung, die den Erdboden erreicht, extrem gering ist, benötigt man zu ihrer Sammlung ein riesiges materielles Rüstzeug... Es ist plausibel, daß die Schwierigkeiten schließlich doch unüberwindbar sind, vorausgesetzt, daß die Intensität der Sonnenstrahlung eine kosmologische Konstante jenseits unserer Kontrolle ist.«[25]

In Zukunft müssen wir uns solarer Energie zuwenden, daran kann es keinen Zweifel geben. Die Frage ist nur, ob wir weiter in unseren alten Denkgewohnheiten verharren und uns vergeblich bemühen, eine hochtechnisierte, rohstoffintensive Solarenergiebasis zu schaffen, die die Degradation des Planeten noch beschleunigt, oder ob wir eine Energiebasis schaffen, die auf jeder ihrer Stufen den Durchfluß an Energie und Rohstoffen auf einem Minimum zu halten sucht.

Es kann nicht überraschen, daß hochtechnisierte, rohstoffintensive Verfahren von den großen Konzernen favorisiert werden. Von den neun großen Photozellenherstellern (Photozellen sind Kollektoren, die das Sonnenlicht für die spätere Nutzung als Elektrizität in Batterien speichern) gehören acht großen Gesellschaften an – davon allein fünf Ölfirmen. Nach Richard Munson, Vertreter der Solarlobby, werden Exxon und ARCO bald die Kontrolle über mehr als die Hälfte der Industrie unter sich aufteilen. Andere Bereiche der Solartechnologie verleiben sich die großen Konzerne ebenfalls ein. Beispielsweise werden zwölf von fünfundzwanzig in der Solartechnologie führenden Firmen von Multis kontrolliert, die einen Jahresgewinn von einer Milliarde oder mehr Dollar haben. Dazu zählen General Electric, General Motors, Alcoa und Grumman. Es ist offenbar das Ziel dieser Gesellschaften, die Entwicklung der Sonnenenergie so hochtechnolgisch und zentralisiert wie möglich zu betreiben.[26]

Die Solarstrategie nach dem Motto »big is beautiful« ist längst auf Zeichenbrettern konzipiert und geht in Produktion. Luftfahrtfirmen etwa setzen alle Hebel in Bewegung, um die Regierung zur Subvention von »Sunsat« zu veranlassen, einem Solarsatelliten, der größer sein wird als Manhattan. Und in Barstow/Kalifornien, stellt McDonnel-Douglas mit stattlichen öffentlichen Mitteln seinen »Energieturm« fertig.[27] Das 130-Milliarden-Dollar-Projekt besteht aus 2200 Spiegeln, die das Sonnenlicht auf einen Kessel an der Spitze eines 152 Meter hohen Betonturms fokussieren.[28] Solche Anlagen werden offenbar noch ganz im

Geiste der Ära fossiler Brennstoffe gebaut. Mit anderen Worten: Sie versuchen, den diffusen Strom des Sonnenlichts so weit wie möglich zu konzentrieren, in der Hoffnung, diese Energie – etwa Öl und Kohle – in einen zentralisierten Energievorrat zu verwandeln. Ein derartiger Versuch wird jedoch nur größere Unordnung in der Umwelt zur Folge haben, dagegen sind die Vorteile gering. Die Menge an nichterneuerbaren Energievorräten, die in den Bau dieses gigantischen Solarsatelliten fließen, und jene, die man dazu braucht, ihn ins Weltall zu katapultieren, übertrifft bei weitem die Energiemenge, die Sunsat im Laufe vieler Jahre produzieren könnte. Die Konzentration von Sonnenstrahlen auf eine so starke Dichte und die Tatsache, daß sie auf irdische Kollektoren zurückgestrahlt werden müssen, wird von einer Verseuchung mit Mikrowellenstrahlen begleitet sein, die die Gesundheit eines jeden, der in der Nähe des Kollektors lebt oder arbeitet, gefährdet. In einigen Landstrichen müßte die Bevölkerung wegen der Mikrowellengefahr evakuiert werden. Ist die Energie an einem zentralen Ort gespeichert, muß sie als Elektrizität über ein Leitungsnetz weitertransportiert werden. Auch der Bau dieses Teils der Infrastruktur fordert weitere nichterneuerbare Rohstoffe. Beim »Energieturm« tauchen ähnliche Probleme auf. Je stärker Sonnenstrahlen gesammelt und konzentriert werden, desto weniger Nettoenergie bleibt übrig. Selbst bei der Versorgung eines Einzelhauses mit Sonnenenergie muß man sich entweder für ein hohes oder für ein niedriges technologisches Niveau entscheiden. Je höher der Technisierungsgrad, desto weniger Nettoenergie erhält man, da mehr nichterneuerbare Rohstoffe für Errichtung und Unterhalt der Infrastruktur verbraucht werden. So wird zum Beispiel beim hochtechnisierten oder aktiven Haussystem das Sonnenlicht zunächst in einem Kollektor konzentriert, der aus nichterneuerbaren Rohstoffen hergestellt ist, sodann wird die Sonnenenergie entweder in Luft oder in Wasser gespeichert. Beide Elemente befinden sich in riesigen Containern, die wiederum aus nichterneuerbaren Rohstoffen hergestellt wurden. Am Ende dieser Kette treibt die Solarenergie dann endlich Ventilatoren oder Pumpen an, die

Arbeit leisten. In einem anderen hochtechnisierten System konzentrieren Photozellen die Energie und speichern sie in Batterien. Und wieder sind nichterneuerbare Rohstoffe die Voraussetzung für diese Technologie. Obwohl derartige Systeme zweifellos weniger energieintensiv arbeiten als Solarsatelliten oder »Energietürme«, werden auch in die kleinen aktiven Hauseinheiten letztendlich Kupfer, Platin und andere zur Neige gehende Erze investiert, ohne die auch bescheidene Solarsysteme nicht funktionieren.

Passive solare Haussysteme schädigen die Umwelt weniger und erzeugen den höchsten Nettoenergieertrag. Sie basieren auf weniger nichterneuerbaren Rohstoffen und machen sich statt dessen die Erfahrungen des ersten solaren Zeitalters, das der Ära fossiler Brennstoffe vorausging, zunutze. In einem passiven System werden die Häuser so konstruiert, daß sie im Sommer auf natürliche Weise gegen Hitze und im Winter gegen Kälte isoliert sind. Obwohl Architekten in der letzten Zeit viele funktionsfähige passive Solarhäuser entworfen haben, können Anthropologen auf funktionstüchtige Systeme verweisen, die vor Hunderten, ja sogar vor Tausenden von Jahren von Menschen gebaut wurden, die keine andere Möglichkeit hatten, ihre Häuser gegen Witterungseinflüsse zu schützen.

Das Solarzeitalter wird die Industriegesellschaft zwingen, sich älteren Wirtschaftsformen zuzuwenden. Während kleine, angepaßte Technologien, die auf den sehr begrenzten restlichen Vorräten an nichterneuerbarer Energie beruhen, nur noch dort benutzt werden, wo es unvermeidlich ist, wird der Großteil der Transformationsarbeit wieder auf menschliche und tierische Arbeitskraft verlagert werden, wie es vor dem Industriezeitalter immer der Fall war.

Denjenigen, die sich vom Newtonschen Weltbild und von den Illusionen des industriellen Zeitalters nicht lösen können, mag diese Perspektive Angst einjagen. Sie werden sich dagegen wehren, daß Großstadtleben, industrielle Produktionsweisen und der gesamte Komfort, der den sogenannten »amerikanischen Traum« genährt hat, im Widerspruch zum Solarzeitalter stehen soll. Ökologen und Wirtschaftswissenschaftler wie Georgescu-Roegen, Daly, Odum, Bookchin und Ophuls haben jedoch mehr als deutlich gemacht, daß wir uns der historischen Realität nicht länger entziehen dürfen, daß falsche Zukunftserwartungen ein überaus gefährliches Abenteuer bedeuten, vielleicht eine irreversible Katastrophe. Ganz gleich, welchen Weg wir auch einschlagen, der bevorstehende Wendepunkt wird uns Opfer und Verzicht nicht ersparen. Dennoch bleibt uns keine andere Wahl. Tatsache ist, daß wir uns diesen Prozeß erleichtern können, wenn wir den Wechsel von der jetzigen Energiebasis zu der neuen überlegt, geordnet und so schnell wie möglich vollziehen. Wir nähern uns in rasantem Tempo den Grenzen, die uns von der Energiegewinnung aus fossilen Brennstoffen gesetzt sind. Wenn wir warten, bis diese Grenzen erreicht sind, werden wir auf ein Energiepolster verzichten müssen, das uns den Übergangsprozeß erleichtern könnte.

Werte und Institutionen in einer entropischen Gesellschaft

In einer hochentropischen Kultur ist alles darauf ausgerichtet, einen hohen Energiefluß zu erhalten und auszubauen, der allein dazu dient, materiellen Überfluß zu schaffen. Die Freiheit des Menschen wird mit der Anhäufung von möglichst viel Reichtum gleichgesetzt. Deshalb richten sich alle Aktivitäten auf die Ausbeutung unserer Umwelt.

Seit die Menschen ihr Vertrauen in Gott verloren haben, versuchen sie sich ein hochentropisches materialistisches Wertsystem, gleichsam einen Himmel auf Erden, zu schaffen. So wurde der Mensch zum Maß aller Dinge, zum Mittelpunkt unseres Universums und hat sich dabei kein anderes Ziel gesetzt, als die Befriedigung aller nur möglichen materiellen Wünsche, wie nichtig sie auch sein mögen. Wir haben »Realität« auf das reduziert, was man messen, quantifizieren und testen kann. Wir verleugnen Qualität, Geist und Metaphysisches. Wir sind in einen Dualismus verfallen, der unseren Geist vom Körper, unseren Körper von der uns »umgebenden« Welt trennt. Wir haben materiellen Fortschritt, Effizienz und Spezialisierung über alle anderen Werte gestellt. Dabei haben wir die Familie zerstört, die Gemeinschaft, die Tradition. Alle moralischen Zielsetzungen haben wir vernachlässigt, abgesehen von unserem unerschütterlichen Glauben an unsere Allmacht und unseren Anspruch, auf dieser Erde unbegrenzt das zu tun, was uns vorteilhaft erscheint.

Jetzt fallen unser Weltbild und unser Sozialsystem genau dem Prozeß zum Opfer, der zu ihrer Entstehung führte. Wohin wir auch blicken, die Entropie unserer Welt nimmt erschütternde Ausmaße an. Inmitten dieses wachsenden Chaos kämpfen wir nur noch um unsere Selbsterhaltung. Täglich wird uns eine Tatsache bestätigt, von der die Biologen schon lange wußten: Kein Organismus kann lange in einer Umwelt überleben, die voll von selbstproduziertem Abfall ist.

Zweifellos stehen wir vor einer gewaltigen Umwälzung. Unsere Sozialstruktur, geeicht auf einen maximalen Energiedurchfluß, läßt sich nicht länger aufrechterhalten. Unsere Institutionen – ihre Gestaltung, ihr Zweck und ihre Arbeitsweise – werden sich radikal ändern müssen. Doch bevor wir damit beginnen, den Charakter unserer Landwirtschaft, unserer Industrie und unseres Handels in einer niederentropischen Gesellschaft auch nur zu umreißen, sollten wir uns einigen wichtigen Prinzipien zuwenden, jenen grundlegenden Werten, die unserem Leben Sinn und Richtung geben.

Auf einer Vortragsreise durch die Vereinigten Staaten im Jahre 1977 sagte E. F. Schumacher: »Das dringendste Bedürfnis unserer Zeit ist und bleibt die Wiederherstellung einer Metaphysik; wir müssen uns anstrengen, uns unserer tiefsten Überzeugungen klarzuwerden, wenn es gilt, Antworten auf Fragen zu finden wie: ›Was ist der Mensch? Woher kommt er? Was ist der Sinn des Lebens?‹«[29] Das sind *die* Fragen der menschlichen Existenz, Fragen, die die Menschen Tausende von Jahren beschäftigt haben. Heute, bei unserer ›Acht-Stunden-Tag-Existenz‹, werden sie kaum diskutiert, ja sogar als ›unwissenschaftlich‹ abgelehnt, weil sie nicht in den Rahmen jener Stereotypen passen, die uns das Newtonsche Weltbild liefert. Doch werden diese wichtigen Fragen der Vergangenheit mit Sicherheit in der niederentropischen Welt, die uns erwartet, wieder auftauchen. Denn eine niederentropische Energieumwelt bedingt eine vollständig andere Orientierung im Hinblick auf die Ziele der Menschheit. Wichtigstes ethisches Prinzip eines niederentropischen Weltbildes ist es, den Energiefluß möglichst gering zu halten. Übermäßiger materieller Wohlstand gilt als irreversible Minderung der kostbaren Ressourcen auf der gesamten Erde. Für eine niederentropische Gesellschaft ist das »weniger ist mehr« nicht eine Allerweltsphrase, sondern gewinnt eine tiefe Bedeutung. Eine niederentropische Gesellschaft legt das Schwergewicht nicht mehr auf materiellen Konsum. Einfachheit wird zum Leitwort. Die Grundbedürfnisse werden befriedigt, nicht aber ausgefallene, zügellose Wünsche – derart, wie sie heute jedes Einkaufszentrum im Lande weckt.

Die grundsätzlichen Aussagen aller großen Weltreligionen lehren seit langem, daß der tiefere Sinn menschlichen Lebens nicht die Befriedigung aller materiellen Wünsche ist, sondern vielmehr die Erfahrung von Freiheit, die aus der Verschmelzung mit der metaphysischen Einheit des Universums ensteht. Unser Ziel muß sein, die Wahrheit zu finden, »die uns erkennen läßt«, wer wir in Wirklichkeit sind, daß alles Leben miteinander verknüpft ist, und die uns wieder zu Gott führt. Im Sanskrit ist das sehr prägnant in dem Satz ausgedückt: *Tat tvam asi* (Das bist du). Das im tiefsten Grunde unseres Seins zu erkennen und unser Leben in Übereinstimmung mit dieser transzendenten Wirklichkeit zu führen: Das ist menschliche Entwicklung, wie sie aus der Befolgung der überlieferten Weisheit erwächst.

Vor ungerechtfertigtem Konsum, Besitz und der Abhängigkeit von materiellen Dingen haben alle großen Lehrer der Vergangenheit gewarnt:

Pflege und Mehrung der Bedürfnisse bilden die Antithese zur Weisheit. Sie stehen ebenfalls im Gegensatz zu Freiheit und Frie-

den. Wachsende Bedürfnisse führen dazu, daß man abhängiger von äußeren Kräften wird, die man nicht kontrollieren kann. Und damit wächst die Existenzangst. Nur durch eine Einschränkung der Bedürfnisse kann man sich wirklich aus jenen Bindungen lösen, die letztendlich Ursachen für Streit und Krieg sind.

Der christliche Mystiker Meister Eckhart schrieb: »Je mehr wir haben, desto weniger besitzen wir.« Einen Sufilehrer beschrieb man als jemanden, »der weder besitzt noch besessen wird«. Mahatma Gandhi glaubte, daß »der Kern der Zivilisation nicht in der Vermehrung der Wünsche besteht, sondern im bewußten und freiwilligen Verzicht auf sie«[30].

Dabei haben die großen Religionen keineswegs erzwungene Armut gepredigt. Sie weisen nur auf die moralische Pflicht hin, den Reichtum stets neu zu verteilen, damit *alle* Menschen anständig leben können. Was sie fordern, ist: Beschränkung, Einfachheit, freiwillige Selbstbescheidung. Da es unsere Bestimmung ist, das nur Materielle durch die Kontemplation des Göttlichen zu transzendieren, führen Besitz und Konsum nur zu Unordnung in unserem Leben. Sie richten unsere Aufmerksamkeit auf das Vergängliche, auf die Energie der Welt, die ständig weiter verfällt. Die Güter, die wir besitzen, nehmen oft eher uns in Besitz als umgekehrt. Wir werden von ihnen gefesselt. Wir haben Angst, sie zu verlieren. Wir definieren uns selbst nicht durch unser Sein, sondern durch unseren Besitz. In der *Bhagavad Gita* steht geschrieben: »Durch sein Denken an Sinnesobjekte ist der Mensch ihnen verhaftet. Aus Verhaftung entsteht Verlangen, und aus Verlangen wird Zorn geboren. Aus Zorn entsteht Täuschung. Täuschung hat den Verlust der Erinnerung zur Folge. Der Verlust der Erinnerung zerstört die Unterscheidungskraft, und die Zerstörung der Unterscheidungskraft richtet den Menschen zugrunde.«[31] Oder, um es in uns schmerzlich vertrauten modernen Worten zu sagen: Wer kein Auto besitzt, braucht sich keine Sorgen zu machen über Stahlgürtelreifen, Tankstellen, Verkehrsstauungen und Autodiebe.

In einer niederentropischen Kultur erwartet man vom einzelnen einen einfacheren oder spartanischen Lebensstil. Konsum wird nicht länger als Sinn des menschlichen Lebens betrachtet. Er reduziert sich wieder auf seine ursprüngliche biologische Funktion. Im neuen Zeitalter gilt: Je weniger Produktion und Konsum notwendig sind, um ein gesundes, bescheidenes Leben zu führen, desto besser.

Die niederentropische und die hochentropische Kultur unterscheiden sich auch in ihrer Einstellung zur Arbeit und Produktion. In einer Hochenergieumwelt hat menschliche Arbeit keinen wirklichen positiven Wert. Ziel des Systems ist es, den Energiefluß dadurch zu steigern, daß man menschliche Arbeit eliminiert und alle Schritte im Produktionsablauf automatisiert. Produktivität und Wachstum sind oberstes Ziel aller wirtschaftlichen Aktivität. Wo Menschen in die Güterproduktion oder für Dienstleistungen gebraucht werden, wird ein wissenschaftliches Management eingesetzt, das Kreativität und Entscheidungsmöglichkeit des einzelnen wegen der standardisierten Produktionsmethoden ausschließt. Arbeit, insbesondere physische Arbeit, gilt als erniedrigend, als Zeichen für mangelnden sozialen Erfolg. Wir leben mit einem wahren Arsenal von »arbeitssparenden« Einrichtungen, die dem Menschen jegliche eigene Tätigkeit abnehmen. Die Lohngruppenstruktur spiegelt unser Verhältnis zur Arbeit wider: Wer körperlich arbeitet, steht fast immer auf einer der unteren Stufen der Skala; leitende Angestellte, die an ihren Schreibtischen sogenannte Kopfarbeit leisten, an der Spitze.

Nach unserer heutigen Auffassung ist Arbeit ein notwendiges Übel; eine Last, die man auf sich nehmen muß, um das Geld für Lebensunterhalt, Hobbys und Luxusgüter zu verdienen. Wer eine große Summe in der Lotterie gewinnt, wird zunächst gefragt: »Hören Sie auf zu arbeiten, da Sie jetzt reich sind?« Man wundert sich, wenn der Gewinner weiter seiner Arbeit nachgeht.

Was jeweils produziert wird, das spielt kaum eine Rolle. »Je mehr, desto besser«, heißt die Devise. Niemand fühlt sich verantwortlich zu entscheiden, ob etwas produziert werden sollte oder nicht. Solange für eine Ware ein Markt erschlossen werden kann, wird diese auch hergestellt. Und so wird die Gesellschaft regelrecht überschwemmt mit einer Flut von materiellen Gütern – Mikrowellenherden, Haartrocknern, Automobilen, die die Luft verpesten, und Medikamenten, die den Körper vergiften.

Während der Industrialismus den Konsum als das Ende der Produktion betrachtet und Arbeit als reines Mittel, dieses Ziel zu erreichen, wird Arbeit in einer niederentropischen Gesellschaft zu einer wesentlichen Komponente unserer Anstrengungen werden, einen erleuchteten Bewußtseinszustand zu erreichen. Arbeit ist einer hochentropischen Gesellschaft säkularisiert; sie wird nach Zeit und Ertrag aufgeteilt und gemessen. Sie ist eine Last, weil sie keine transzendente Bedeutung mehr hat. In einer niederentropischen Gesellschaft ist menschliche Arbeit geheiligt als eine Aktivität, die uns »zu erkennen hilft, wer wir in Wirklichkeit sind«. Daher wohnt der Arbeit ein positiver Wert inne. In seinem Essay *Buddhistische Wirtschaftslehre* weist E. F. Schumacher darauf hin, daß dieser Wert eine dreifache Bedeutung hat: ». . . Dem Menschen die Möglichkeit zu geben, seine Fähigkeiten zu entwickeln und zu nutzen; ihm zu helfen, aus seiner Ichbezogenheit herauszutreten, indem sie ihn mit anderen Menschen in einer gemeinsamen Aufgabe verbindet; die Güter und Dienstleistungen zu erbringen, die für ein menschenwürdiges Dasein notwendig sind.«[32]

In einer niederentropischen Kultur räumt man der Arbeit eine ebenso bedeutende Rolle für die Aufrechterhaltung des rechten Gleichgewichts im Leben ein wie dem Schlaf, der Kontemplation oder dem Spiel. Ohne Arbeit ist der Mensch unvollkommen. Wessen Trachten nur noch auf »Arbeitseinsparung« gerichtet ist, wer schwelgerisch im Nichtstun versinkt, kann den Charakter der Realität ebensowenig erfassen wie jemand, der sich im Dschungel der Illusionen verloren hat, die aus der Abhängigkeit von Konsum und Besitz entstehen.

Aber nicht jede Art von Arbeit eignet sich für diese Selbstbesinnung. An erster Stelle muß Arbeit die Würde des Arbeitenden achten und sinnvoll für ihn sein. Der Arbeitsanfall muß sich in zumutbaren Grenzen halten und so organisiert sein, daß er »einem Menschen auch tatsächlich die Möglichkeit gibt, seine

Fähigkeiten zu nutzen und zu entwickeln«. In der Praxis muß man sich also für die Art von Technologie entscheiden, die sowohl thermodynamisch als auch metaphysisch sinnvoll ist. Das Entropiegesetz zeigt uns, daß die Produktionsmittel – Maschinen, Fabriken – um so kapital- und energieintensiver und entropischer werden, je größer sie sind. Vom metaphysischen Standpunkt aus ist die Menge und Größe der Produktionsmittel ebenfalls von entscheidender Bedeutung, da der Mensch zum vielzitierten »Rädchen im Getriebe« degradiert wird, je größer und zentralisierter etwa Fabriken und deren Fließbänder sind. An einer Fertigungsstraße für Autos beispielsweise müssen die Arbeiter im wesentlichen das tun, was die Maschine diktiert, da der Arbeitsablauf auf die Maschine, nicht auf das menschliche Individuum, zugeschnitten ist. Der Mensch verliert im modernen Arbeitsprozeß seine Bedeutung als Individuum und verliert so seine Freiheit: Der Arbeiter ist von der Maschine abhängig, an der er seinen Lebensunterhalt verdient.

Zusammen mit Größe und Art der Technologie gewinnen Organisations- und Entscheidungsprozesse eine neue Bedeutung. Wie wir gesehen haben, ist die Spezialisierung am Arbeitsplatz ein Auswuchs der Hoch-Entropie-Wirtschaft. Die Technik wissenschaftlichen Managements, die systematische Trennung von geistiger und körperlicher Arbeit, von Konzeption und Ausführung sind dazu bestimmt, die Produktivität zu maximieren. Dies Prinzip ist nur erfolgreich, wenn nichtdenkende Arbeitsautomaten geschaffen werden. Wieder sehen wir, daß nicht auf die Arbeit selbst, sondern nur auf das Produkt der Arbeit Wert gelegt wird.

Desgleichen beraubt die hierarchische Struktur des Arbeitsplatzes den einzelnen Arbeiter der Möglichkeit, sich mit seinen Kollegen zu einer Gemeinschaft zusammenzufinden, in der Entscheidungen getroffen und Talente entwickelt werden können. In der Regel kann der einzelne seine Fähigkeit zur Kreativität nur in der Gruppe erfahren; bleibt ihm das verweigert, lebt er isoliert und leistet nur noch entfremdete Arbeit. Was ihm bleibt, sind ein Arbeitsplatz, um Geld zu verdienen, und eine entwürdigende Umgebung, der er sich anpassen muß – acht Stunden am Tag.

In einer niederentropischen Kultur gilt der wichtige Satz, daß »diejenige Regierung die beste ist, die am wenigsten regiert«. Volksdemokratie wird gegenüber der Herrschaft der wenigen favorisiert, und solche ökonomischen Zusammenschlüsse werden gefördert, die jedem gleiches Stimmrecht in allen Angelegenheiten zugestehen, die sein Leben am Arbeitsplatz sowie auch in der Gemeinschaft betreffen.

Selbstverwaltete, von den Arbeitern betriebene Unternehmen und kleine, demokratisch organisierte Stadtstaaten sind die bevorzugten wirtschaftlichen und politischen Formen dieser Zukunftsgesellschaft. Eine dezentralisierte, emanzipatorische Demokratie ist nicht nur aus moralischen oder philosophischen Gründen vorzuziehen, sondern auch weil sie den Energiefluß minimiert und als Konsequenz daraus die Akkumulation von Unordnung verhindert. Wie wir immer wieder gesehen haben, erhöhen hochzentralisierte ökonomische und politische Institutionen nur den Energiefluß und begünstigen mögliche Störungen. Sie haben daher in einer entropischen Kultur, die auf einem begrenzten Fluß erneuerbarer Energiequellen basiert, keinen Platz.

In einer niederentropischen Kultur wird das Privateigentum an Verbrauchsgütern und Dienstleistungen erhalten, nicht jedoch das Recht auf Landbesitz und Besitz anderer erneuerbarer und nichterneuerbarer Ressourcen. An Stelle privater Ausbeutung »natürlicher« Reichtümer wird das Konzept des öffentlichen Schutzes treten. Die orthodoxe Meinung, daß der Eigennutz jeder Einzelperson insgesamt dem Gemeinwohl der Gesellschaft dient, ist dann endgültig überholt. Individuelle Rechte werden geschützt, aber sie sind nicht mehr länger das dominierende Beurteilungskriterium für die Qualität einer Gesellschaft. Statt dessen wird die Vorstellung von gesellschaftlichen Pflichten und Verantwortung wieder zum leitenden sozialen Motiv.

Gegenwärtig betrachten wir den Menschen als getrennt vom ihn umgebenden Ökosystem. In einer niederentropischen Gesellschaft wird diese Vorstellung einem holistischen Verständnis der gegenseitigen Verbundenheit aller Phänomene weichen. Eine niederentropische Kultur sieht Menschen als Bestandteil der Natur und nicht getrennt von ihr. Natur wird nicht zum Gegenstand der Manipulation, sondern zur Quelle des Lebens, dessen kompliziertes Netz von Zusammenhängen geschützt werden muß. Hat man einmal verstanden, daß Menschen und Natur eine Einheit bilden, ist die ethische Grundlage gelegt, nach deren Kriterien jede menschliche Aktivität beurteilt werden kann. Eine niederentropische Gesellschaft würde beispielsweise jede Wirtschaftspolitik, die zur Zerstörung irgendeiner Spezies beiträgt, für unmoralisch halten. Jede Spezies muß erhalten werden, einfach weil sie ein unveräußerliches Recht auf Leben hat. Da uns das wichtigste Gesetz der Ökologie lehrt, daß »alles miteinander zusammenhängt«, hat jede Zerstörung eines Teils der Natur einen Einfluß auf alle anderen Teile, einschließlich des Menschen.

In einer niederentropischen Gesellschaft wird die Vorstellung von der »Eroberung« der Natur ersetzt durch die Idee vom harmonischen Leben mit anderen Geschöpfen und in der Umwelt. Wir alle sind nur Gast auf dieser Erde und tragen Verantwortung dafür, daß die Natur soweit wie möglich erhalten bleibt, damit auch nachfolgende Generationen – menschliche, tierische und pflanzliche – diesen Planeten bewohnen können.

Alle die Weisen und Lehrmeister haben die Werte, die einem niederentropischen Leben innewohnen, in ihre Lehre und ihr Leben aufgenommen: Buddha, Jesus, Mohammed, die Propheten Israels und die Mahatmas in Indien führten ein vorbildliches Leben in Einfachheit, freiwilliger Armut und Nächstenliebe. Ihre Lehren enthalten für jede Gesellschaft annähernd die gleichen Werte. In unserem Jahrhundert rief Mohandas Gandhi eine Befreiungsbewegung ins Leben, die auf einem niederentropischen Wertsystem beruht.

Aber die bedrohlichste Aussage des niederentropischen Weltbildes zeigt uns die physikalischen Grenzen, denen wir gegenüberstehen – die Grenzen der Ressourcen auf unserem Planeten und die Grenzen, die wir bei der Anwendung von Technologie beachten müssen.

Wir stehen heute kurz vor einem historischen Entropieverzweigungspunkt. Wenn wir den Übergang aus dem Zeitalter nichterneuerbarer Ressourcen in das solare Zeitalter vollziehen, werden wir weit mehr erfahren als nur eine einfache Verschiebung in Art und Menge unseres Energieverbrauchs. Der Wechsel von einem Hoch-Entropie-System zu einem Niedrig-Entropie-System wird unsere Werte, unsere Kultur, unsere politischen und ökonomischen Institutionen und unser tägliches Leben verändern. Die Vorboten dieser Umwälzung stehen schon vor der Tür. Obwohl zur Zeit noch widersprüchlich und nur hier und da wahrzunehmen, haben Millionen von Menschen die Zeichen der Zeit erkannt und sich auf ein Leben eingestellt, das eine radikale Umkehr bedeutet. Ein Bericht des Stanford Research Institute aus dem Jahr 1976 etwa geht davon aus, daß sich zwischen 4 und 5 Millionen erwachsener Amerikaner für eine drastische Reduktion ihrer Einkommen entschieden und aus ihren früheren Positionen als aktive Teilnehmer an einer hochentropischen, industriellen Verbraucherwirtschaft zurückgezogen haben. Diese Leute haben sich für einen Weg entschieden, den man treffend als »freiwillige Selbstbescheidung« bezeichnen könnte – eine niederentropische Lebensweise, die sich auf einen genügsamen Konsum gründet. Sie ziehen die Beschäftigung mit dem eigenen Ich einem schnöden Materialismus vor und entwickeln zunehmend ökologisches Bewußtsein. Nach dem SRI-Report haben weitere 8 bis 10 Millionen Amerikaner Teile dieses einfacheren Lebensstils übernommen.[33]

Auch Anhänger der Konsumideologie, des Industrialismus und der Verstädterung beginnen ihren privaten Lebensstil zu ändern. Ob von schierer Not diktiert oder freiwillig, dieses Verhalten ist ein wichtiger Schritt in Richtung auf ein neues Weltbild. Es gibt Tausende kleiner Hinweise: ein signifikantes Ansteigen der Hobbygärtnerei, Nahrungsmittelproduktion in nachbarlicher Gemeinschaft in Städten wie Boston, Los Angeles, Washington und Houston; florierende Farmermärkte in Syracuse, Pittsburgh, New York und zahlreichen anderen Städten; Holzöfen, vor einigen Jahren noch eher Kuriosa, werden jetzt so viel verkauft, daß die Produktion nicht nachliefern kann; der Fahrradverkauf schnellt in die Höhe; ökologisch orientierte Baufirmen entwerfen Häuser, die nur noch minimal beheizt werden müssen und auf Klimaanlagen verzichten können; Gesellschaften für alternative Technologie schießen im ganzen Land wie Pilze aus dem Boden; die Heimwerkerindustrie blüht, täglich bieten sie ihre Waren an Straßenecken in Seattle, Chicago und Philadelphia feil. Diese Aktivitäten deuten den Beginn der neuen Weltordnung zwar nur an, aber sie weisen den Weg.

Etwas besser organisiert hat sich schon die Anti-Kernkraft-Bewegung, die für Sonnenenergie eintritt. Eine noch unstrukturierte, aber wachsende Gemeinde beschäftigt sich mit humanistischen Alternativen, und eine New-Age-Politik entsteht, die politische Programme und private Perspektiven für eine neue Lebensform entwirft. Beide Gruppen haben sich vom mechanistischen Weltbild weitgehend abgewandt. Der Autor und politische Aktivist Mark Satin spricht für viele, wenn er unser Zukunftsbild beschreibt:

»Es hat uns darin bestärkt, den Kontakt mit uns selbst und unserem Körper zu verlieren; es hat uns von anderen Dimensionen der Realität neben der materiellen abgeschnitten; es hat uns zu unserer Anbetung der Maschinen und der Technik geführt; es hat eine Lage geschaffen, in der das menschliche Maß verlorengegangen ist und ›Fortschritt‹ Zerstörung bedeutet; es hat uns vergessen lassen, daß wir trotz der ›objektiven‹ Fakten immer noch moralische Entscheidungen und Werturteile zu treffen haben; es hat zu einer Trennung von Mittel und Zweck bei fast jeder menschlichen Bemühung geführt.«[34]

Aber außer der Abkehr vom herrschenden Maschinenweltbild hat noch keine dieser Gruppen eine grundlegende philosophische Alternative entwickelt. Bis jetzt haben nur Teile ihrer alternativen Visionen konkret Gestalt angenommen. In den nächsten Jahren werden die Sonnenenergie- und New-Age-Aktivisten zunehmend das Entropiegesetz in ihre Vorstellungen einbeziehen.

In vielerlei Hinsicht spiegeln diese beiden Bewegungen die dramatischen Änderungen der öffentlichen Meinung in Amerika wider, die in den letzten zehn Jahren stattgefunden haben. Unzufrieden mit den nicht mehr funktionierenden hochzentralisierten ökonomischen und politischen Institutionen und voller Mißtrauen gegenüber technologischen Entwicklungen, die viel versprechen, aber immer nur in sozialem, wirtschaftlichem und ökologischem Zerfall zu enden scheinen, werden immer mehr Stimmen laut, die im Gegensatz zum hochentropischen Weltbild stehen. Eine Harris-Meinungsumfrage vom Mai 1977 zum Beispiel kam unter anderem zu folgenden Ergebnissen: 79 gegenüber 19 % aller amerikanischen Bürger halten es für wichtiger, daß Menschen lernen, wie man seine Grundbedürfnisse befriedigt, als »einen höheren Lebensstandard zu erreichen«; eine ansehnliche Mehrheit von 76 gegenüber 17 % plädiert dafür »zu lernen, wie man Freude aus nichtmateriellen Erfahrungen gewinnt«, anstatt »Wünsche nach mehr Konsum und Dienstleistungen zu befriedigen«; 59 % glauben, wir sollten uns stärker darum bemühen, bereits die Ursachen der Umweltverschmutzung zu vermeiden, als »Wege zu suchen, die Umwelt zu säubern, während die Wirtschaft expandiert«; 82 % würden es vorziehen, »den bestehenden Reiseverkehr auszubauen«, gegenüber nur 11 % die glauben, wir sollten »Wege finden, um noch schneller überall hinzugelangen«; 77 gegenüber 17 % der Amerikaner würden lieber »mehr Zeit darauf verwenden, einander persönlich besser kennenzulernen«, als »unsere Kommunikationsmöglichkeiten durch eine bessere Technologie zu verbessern und auszuweiten«. Schließlich glauben fast zwei Drittel der Öffentlichkeit, daß es wichtiger ist, »mehr innere und persönliche Befriedigung in der Arbeit zu finden, als die Produktivität der Arbeitskraft zu steigern«; »der Auflösung großer Strukturen und der Rückkehr zu einem menschlicheren Leben« sollte der Vorzug gegeben werden gegenüber der »Entwicklung umfassender und effizienterer Methoden, bestimmte Dinge in die Tat umzusetzen«; und »zu lernen, menschliche Werte höher als materielle Werte zu schätzen«, sollte einen höheren Rang einnehmen, »als Wege zu suchen, mehr Arbeitsplätze zur Produktion von noch mehr Waren zu schaffen«.[35]

Diese Meinungsumfragen spiegeln die schizophrene Lage der Amerikaner von heute wider. Gefangen in ihrer Rolle als aktive Mitglieder einer Hochenergiestruktur, bringt die große Mehrheit des Volkes jedoch zum Ausdruck, daß sie in Wirklichkeit jene Werte als ideal ansieht, die dem Leben in einer niederentropischen Umwelt entsprechen. Man stelle sich vor, wie unser Sozial- und Wirtschaftssystem reagieren würde, wenn diese Überzeugungen nicht mehr private Wertvorstellungen einer großen Gruppe von Bürgern wären, sondern gesellschaftlich und politisch akzeptierte Prinzipien. Das gesamte System würde von der Basis her umgekrempelt, und das Newtonsche Maschinenparadigma gehörte der Vergangenheit an.

Es ist falsch, zu viel Hoffnung in diese ersten Anzeichen einer Bewußtseinsveränderung zu setzen. Der Übergang zum solaren Zeitalter wird nicht leicht sein. Da unsere Gesellschaft auf eine Maximierung des Energieflusses ausgerichtet ist, wird die Hinwendung zu einer neuen Energieumwelt einen radikalen Bruch mit der gegenwärtigen Ordnung bedeuten. Opfer und harte Arbeit werden in der Übergangsperiode unvermeidlich sein. Obwohl er über einen anderen Staat und eine andere Zeit schreibt, hat C. W. Hollister, Professor für mittelalterliche Geschichte an der Universität von Kalifornien in Santa Barbara, vielleicht schon Charakteristika unseres zukünftigen Schicksals geschildert. Der Niedergang Roms, so sagt er, »brachte Auflösung und Barbarei mit sich, aber er gab Europa auch die Gelegenheit zu einem Neubeginn, einer Abwendung von alten Bräuchen und erstarrten Konventionen, eine Befreiung aus der drükkenden Knechtschaft, zu der das Römische Imperium für die meisten seiner Bürger geworden war. Das Leben im nachrömischen Westen war gefährlich, von Unwissenheit geprägt, unhygienisch und instabil, aber das war der Preis für den Neuanfang. Perioden eines bedeutsamen Wechsels sind selten bequem.«[36]

Wenn wir nach vorn, auf die zukünftige Ordnung schauen, möchten wir natürlich gerne wissen, wie unsere Gesellschaft organisiert sein und unser Leben sich ändern wird. Leider können wir das nicht in allen Einzelheiten voraussagen, so wenig wie Locke, Bacon und Adam Smith vorhersehen konnten, daß ihre Philosophie 300 Jahre später im modernen technologischen Amerika des 20. Jahrhunderts ihre Blüte erreichen würde. Dennoch können wir anhand der allgemeinen Prinzipien des Paradigmas der niedrigen Entropie wenigstens die Konturen der gravierenden sozialen Umgestaltung erahnen, die uns erwartet.

Im solaren Zeitalter wird sich die Landwirtschaft in einen abwechslungsreich gestalteten organischen Anbau verwandeln. Organische Landwirtschaft benutzt keine chemischen Dünger und Pestizide, sondern greift statt dessen auf natürliche Dünger und natürliche Schädlingsbekämpfung zurück. Vergleichende Untersuchungen von organischem und chemischem Anbau zeigen, daß der organische Anbau zwei Drittel weniger Energie verbraucht, obwohl der Ertrag pro Hektar im wesentlichen derselbe ist. Organisch arbeitende Betriebe verbrauchen für jeden produzierten Dollar Output 6800 BTUs Energie, während konventionelle Betriebe über 18 400 BTUs verbrauchen. Bei einer Untersuchung stellte sich heraus, daß die Kosten beim konventionellen Anbau – unter Benutzung eines hochmechanisierten Maschinenparks und massiven Einsatzes von chemischen Düngern und Pestiziden – durchschnittlich 127 Dollar pro Hektar betrugen, die Kosten des organischen Anbaus dagegen nur 77 Dollar.[37] Wenn die Kosten in den nächsten Jahren in schwindelerregende Höhen schießen, wird sich der organische Anbau als eine wirtschaftlich noch günstigere Alternative erweisen, wobei noch nicht einmal die Tatsache berücksichtigt ist, daß der organische Anbau Erträge von höherem ernährungsphysiologischem Wert liefert und wesentlich umweltfreundlicher ist.

Auch die zentralisierte großflächig angelegte Landwirtschaft wird der Art von regionalem Kleinanbau weichen müssen, die es vor dem Zweiten Weltkrieg in den Vereinigten Staaten gab. Die Energiekosten für den Transport landwirtschaftlicher Produkte über große Entfernungen werden bald so hoch sein, daß der lokale und regionale Anbau die kostengünstigere Alternative ist.

Bauernmärkte, wie es sie einst überall in Dörfern und Städten gegeben hat, beleben jetzt schon allerorten wieder das Straßenbild. Veranlaßt durch eskalierende Zwischenhandelskosten, beginnen Bauern und Verbraucher wieder direkt miteinander Handel zu treiben.

Eine arbeitsintensive Landwirtschaft in kleinen Einheiten bedeutet auch eine Umsiedlung der Bevölkerung – fort aus den Städten und zurück aufs Land. Der Wechsel wird nicht über Nacht geschehen, sondern vielmehr schrittweise über eine gewisse Zeitspanne hin. Letzten Endes wird sich das Verhältnis von der Stadt- zur Landbevölkerung umkehren müssen, wenn menschliches Leben weiterexistieren soll. Arbeitsintensiver organischer Anbau ist einfach nicht in der Lage, die konzentrierten städtischen Ballungsgebiete zu versorgen, die während des Hoch-Energie-Zeitalters fossiler Brennstoffe entstanden sind. Ein von der Landwirtschaft geprägter Lebensstil wird das solare Zeitalter beherrschen, wie es schon in jeder anderen Epoche der Geschichte vor uns der Fall war.

Urbanes Leben wird zwar nicht verschwinden, die Herrschaft der Megalopolis aber wird zu Ende gehen. Großstädte werden wieder auf ihre vorindustrielle Größe von 50 000 bis 100 000 Einwohnern schrumpfen. So ist nicht nur das Problem gelöst, in der jeweiligen Umgebung genügend Nahrung und Sonnenenergie zu produzieren, sondern es wird auch der Einsicht Rechnung getragen, daß die »Störanfälligkeit« bei Städten mit einer Einwohnerzahl von über 100 000 ein alarmierendes Ausmaß erreicht. Wie wir schon früher gesehen haben, ist es unverhältnismäßg teuer, die Bevölkerung einer Großstadt zu versorgen; darüber hinaus fördern Ballungszentren Kriminalität, psychische Krankheiten und Umweltverschmutzung. Im solaren Zeitalter werden große Städte einfach eine zu große Belastung für die kostbaren Ressourcen sein.

Mit der Schrumpfung der Städte wird auch eine weitreichende Umstrukturierung des Verkehrswesens einhergehen. Die hohen Energiekosten werden uns zwingen, statt Pkw und Lastwagen bevorzugt Massenbeförderungsmittel zu benutzen, auch über längere Strecken. Unser ganzes soziales und wirtschaftliches Leben wird sich infolge dieser Umschichtung im Verkehrswesen radikal ändern. Wir werden weniger Freizeit für Reisen und den Weg von und zum Arbeitsplatz verschwenden und uns statt dessen mehr in der Nähe unserer Wohnungen aufhalten. Man wird sich auch von den großen, zentralisierten institutionellen Komplexen wieder abwenden, die weit auseinanderliegende Bevölkerungsgebiete versorgen. Das nachbarliche Gemeindezentrum wird die riesigen Einkaufszentren und andere Institutionen ersetzen, die im Autozeitalter überall errichtet wurden.

Sowohl die Industrieproduktion als auch der Dienstleistungssektor werden in der niederentropischen Wirtschaft der Zukunft stark reduziert. Ein großer Teil menschlicher Arbeitskraft nämlich wird dann von der Nahrungsmittelproduktion in Anspruch genommen. Auch ist es unmöglich, den hohen Energiedurchfluß aufrechtzuerhalten, der für die Aufrechterhaltung der Industrie- und Dienstleistungsinfrastruktur erforderlich ist.

Unsere moderne Wirtschaft ist ein dreischichtiges System: die Landwirtschaft direkt als Basis, darauf folgt die Industrie und schließlich der Dienstleistungssektor. Jeder Sektor ist abhängig von dem erhöhten Durchfluß nichterneuerbarer Energie. Der gesteigerte Energiedurchfluß ermöglichte im Bereich der Landwirtschaft, daß arbeitsintensive Prozesse durch kapitalintensive ersetzt wurden; dadurch wieder wurden gewaltige wirtschaftliche Überschüsse erzielt und eine große Zahl von Arbeitskräften frei, die sich eine andere Beschäftigung suchen mußten. Die Überschüsse und der Zuwachs des Arbeitskräftereservoirs lieferten die Grundlage für die industrielle Produktion. In ähnlicher Weise ermöglichte die vermehrte Verwendung nichterneuerbarer Energie im industriellen Sektor eine Verschiebung von arbeits- zu kapitalintensiven Prozessen, erzeugte so weitere ökonomische Überschüsse und setzte Millionen von Arbeitskräften für die Beschäftigung in einer neuen Arena frei: dem Dienstleistungssektor.

In Anbetracht dieser »Anordnung« der drei wichtigsten ökonomischen Sektoren der Gesellschaft ist es nicht schwer, den zukünftigen Kurs, den unser Wirtschaftssystem wahrscheinlich nehmen wird, vorauszusagen. Wenn sich der Energiefluß durch die Wirtschaft verlangsamt, werden sowohl aus dem öffentlichen wie auch dem privaten Dienstleistungssektor Gelder abgezogen werden. Die Arbeitsplätze in den Dienstleistungsbereichen werden als erste darunter zu leiden haben, da Dienstleistungen für unser Überleben eine eher untergeordnete Rolle spielen. Wenn der Dienstleistungssektor erst eingeschränkt worden ist, werden die arbeitslosen Beamten Jobs in der Industrie suchen. Die Industrie wiederum wird sich aufgrund der eskalierenden Energie- und Rohstoffkosten von energie- und kapitalintensiven Produktionsmethoden auf arbeitsintensive einstellen müssen und so einen Teil der arbeitslosen Beamten aufnehmen können. Zur selben Zeit wird die Landwirtschaft sich nicht mehr länger auf hochtechnisierte Anbaumethoden verlassen, sondern erheblich arbeitsintensiver produzieren. Auch in diesem Bereich werden also Arbeitsplätze frei.

Angesichts der Tatsache, daß die niederentropische Wirtschaft das Gebot der Stunde ist, nicht etwa Überfluß und unwichtiger Tand, wird sich die Produktion auf Güter konzentrieren, die zur Erhaltung des Lebens notwendig sind. Um das Ausmaß des Produktionsrückgangs einzuschätzen, brauchen wir nur einen Spaziergang durch eine Einkaufsstraße zu machen und uns selbst die Frage zu stellen: »Wie viele dieser Produkte sind, wenn auch nur am Rande, für unser Leben wirklich notwendig?« Wenn man ehrlich ist, kommt man sicher zu dem Schluß, daß ein großer Teil des Warenangebotes überflüssig ist. Die Güterproduktion der Zukunft sollte bestimmten Rahmenrichtlinien des Niedrigentropieparadigmas entsprechen. Als erstes sollte die Produktion dezentralisiert und örtlich beschränkt werden. Zweitens sollten die Betriebe als demokratische Gesellschaften, die von den Arbeitern selbst gemanagt werden, organisiert sein. Drittens sollte man die Verwendung nichterneuerbarer Rohstoffe auf ein Minimum reduzieren. Diese Forderungen entsprechen sowohl den ethischen Zielen des entropischen Weltbildes als auch dem Prinzip der Energieeinsparung. Die logische Folgerung daraus heißt allerdings, daß bestimmte Produkte nicht mehr hergestellt werden. Eine Boeing 747 zum Beispiel kann kaum von einem kleinen Betrieb mit einigen hundert Beschäftigten gebaut und vertrieben werden. Wir müssen ethische Ziele akzeptieren, die bestimmen, was in der niederentropischen Gesellschaft produziert werden soll: Wenn etwas nicht am Ort hergestellt werden kann, wenn für das Produkt ferner aufwendige Technologien und schwerverfügbare Rohstoffe benötigt werden, ist es äußerst unwahrscheinlich, daß man es überhaupt produzieren muß.

Viele Industriezweige werden den Wechsel zu einem niedrigen Energiefluß wahrscheinlich nicht überleben. Unfähig, sich der neuen ökonomischen Umgebung anzupassen, werden die Automobil-, die Luftfahrt- und die petrochemische Industrie auf ihren Untergang zusteuern. Viele Arbeitnehmer werden neue, arbeitsintensive Berufe lernen müssen, die für das Überleben lokaler Gemeinschaften wichtig sind. Aber auch hier sollten wir uns nicht der Täuschung hingeben, daß der Transfer von Arbeitskräften von einer industriellen Produktionsmethode zu einer anderen leicht vollzogen werden kann. Ob es uns gefällt oder nicht, die Veränderung in der ökonomischen Organisation wird uns alle Opfer kosten.

Der Aufbruch in eine niederentropische Wirtschaft wird das Ende der Herrschaft der multinationalen Konzerne bedeuten. Denn diese gigantischen Gesellschaften werden sich einer veränderten Energieumwelt kaum anpassen können. Sie sind zu komplex strukturiert, und ihre Lebensfähigkeit hängt von einer ausreichenden Versorgung mit nichterneuerbaren Rohstoffen ab. Der multinationale Konzern ist der Dinosaurier in unserer Energieumwelt; zu groß, zu energieintensiv und zu spezialisiert, wird er sich sein eigenes Grab schaufeln, wenn erst die Gesetze der niederentropischen Gesellschaft gelten.

Auch die Nutzung von Technologie wird sich in Zukunft drastisch ändern. Sobald wir die Technologie erst einmal als den Transformator erkannt haben, der Energie von einem verfügbaren in einen nichtverfügbaren Zustand überführt, werden wir begreifen, daß wir weniger komplexe, energieintensive Technologien brauchen.

In einer niederentropischen Gesellschaft wird man große, zentralisierte, energie- und kapitalintensive Techniken zugunsten einer sogenannten anpassungsfähigen oder mittleren Technologie aussondern. Der Futurologe Sam Love definiert die anpassungsfähige Technologie als »lokal produzierend, arbeitsintensiv, dezentralisiert, wenig störanfällig, betrieben mit erneuerbarer Energie, ökologisch gesund und gemeinschaftsbildend«.[38] E. F. Schumacher, Vater der »Mittleren Technologie-Bewegung«, sagt, daß diese niederentropische Form von Technik »der primitiven Technologie früherer Zeiten weit überlegen (sei), zugleich aber sehr viel einfacher, billiger und freier als die Supertechnologie der Reichen. Man kann sie auch Selbsthilfetechnologie oder demokratische oder Volkstechnologie nennen – eine Technologie jedenfalls, zu der jedermann Zutritt hat und die nicht nur denen vorbehalten ist, die reich und mächtig sind.«[39]

Schließlich wird das niederentropische Zeitalter eine energische Geburtenkontrolle erfordern. Die gewaltige Bevölkerungsexplosion ist eigentlich nur verständlich, wenn man sie unter thermodynamischen Gesichtspunkten betrachtet. Stellen wir uns einmal vor, wie die Welt aussah, als die Evolution begann. Der Planet war bedeckt mit Seen, Bergen und Tälern. Dann, vor 3 Milliarden Jahren, datieren wir den Ursprung des Lebens. Es entstand aus den Energievorräten, die die Erde bereithielt, aus Sonnenenergie. Als der Homo sapiens vor ungefähr 3 Millionen Jahren auf der Bühne erschien, ernährte er sich, wie alle anderen Arten auch, davon, daß er Energie aus den erneuerbaren Vorräten der Sonne empfing. Da das Leben auf diesen dezentralen Strom der Sonnenenergie gegründet war, blieb die absolute Zahl der Lebewesen, die ernährt werden konnten, relativ gering. Die Bevölkerung nahm ziemlich langsam zu. Vom Beginn menschlicher Existenz an dauerte es etwa bis zum Jahre 1800, bis die erste Milliarde erreicht war.

Von da an nahm die Bevölkerung explosionsartig zu. Wie wir schon früher festgestellt haben, dauerte es nur hundert Jahre, bis die zweite Milliarde erreicht war. Innerhalb von nur weiteren 30 Jahren, zwischen 1930 und 1960, schnellte die Bevölkerungszahl dann auf 3 Milliarden, fünfzehn Jahre später waren es schon 4 Milliarden. Bei der gegenwärtigen Wachstumsrate wird sich die Weltbevölkerung bis zum Jahre 2015 noch einmal auf 8 Milliarden verdoppeln und bis zum Jahr 2055 auf 16 Milliarden ansteigen. Diese Bevölkerungsexplosion korrespondiert genau mit dem weltweiten Wechsel von einer landwirtschaftlich orientierten Wirtschaft (basierend auf Sonnenenergie) zu einem industrialisierten System (basierend auf der Ausbeutung des nichterneuerbaren Energievorrats aus dem Kapital der Erde). Mit anderen Worten, es sind nicht nur unsere Bauwerke, Autos und andere aus fossilen Brennstoffen und nicht erneuerbaren Rohstoffen hergestellte Artefakte: In einem gewissen Sinn sind die ganzen 4,5 Milliarden Menschen zusätzlich ein Ergebnis dieser gewaltigen Umwandlung gespeicherter Energie; das heißt, die ungeheure Bevölkerungsschwemme wurde ermöglicht durch die Konversion von in Milliarden Jahren gespeicherter Sonnenenergie. Es sollte daher nicht überraschen, daß die industrielle, auf nichterneuerbare Ressourcen gegründete Ära weniger als 0,2 % der Menschheitsgeschichte ausmacht, während jedoch »80 % des menschlichen Bevölkerungszuwachses in dieser Zeitperiode stattfand«[40].

Die Folgerungen aus einer thermodynamischen Betrachtung des Bevölkerungswachstums sind beunruhigend. Im vorindustriellen solaren Zeitalter betrug die Aufnahmekapazität an Menschen nur eine Milliarde. Schon damit waren die Ressourcen der Welt hart beansprucht. Als direktes Resultat eines höheren Energieflusses gespeicherter nichterneuerbarer Ressourcen wurden der Welt weitere 3,5 Milliarden Menschen zusätzlich aufgebürdet. Ohne diesen Energiefluß hätten diese Menschen nicht ernährt werden können. Die beängstigende Rohstoffverknappung verbietet uns, den Energiefluß der vergangenen 200 Jahre weiter aufrechtzuerhalten. Deshalb müssen wir uns mit aller Kraft bemühen, den Bevölkerungszuwachs zu stoppen und so langfristig zu einer Verringerung beizutragen. Die Welt muß wieder zurück zu einer Solarzeitalter-Bevölkerung, die sie ernähren kann.

Die Weltbevölkerung wird sich reduzieren, daran kann es keinen Zweifel geben. Die Frage ist nur *wie*. Zu diesem Thema sind schon viele Vorschläge gemacht worden: die Kleinfamilie mit nicht mehr als zwei Kindern gesetzlich festzuschreiben; Steuergesetze so zu ändern, daß Eltern für jedes weitere Kind gewissermaßen bestraft werden; auch vor direktem Zwang schreckte etwa die Regierung Indira Gandhis nicht zurück: Sie ließ 11 Millionen Inder sterilisieren. Alle diese Programme sind fragwürdig, da sie einen nicht unerheblichen Eingriff in die Persönlichkeitsrechte darstellen. Die einzige Alternative dazu ist eine Bewußtseinsänderung des Individuums, so daß wir unsere Kinderzahl freiwillig einschränken. Wenn wir einmal begriffen haben, daß jedes von uns in die Welt gesetzte Kind für die nachfolgenden Generationen eine Belastung darstellt, da es ihnen ihren Anteil an den Ressourcen für die Erhaltung ihres Lebens nimmt, können wir ein Wertsystem entwickeln, das uns eine humane Bevölkerungskontrolle ermöglicht.

Die meisten Amerikaner assoziieren eine Diskussion über Bevölkerungskontrolle sofort mit Malthusschen Visionen von Indien, China und anderen überbevölkerten Nationen der Dritten Welt. Vordringlich müssen sicher die ärmeren Länder ihre Bevölkerungsexplosion radikal eindämmen. Aber wenn wir glauben, das Bevölkerungsproblem sei allein auf die Dritte Welt beschränkt, dann sollten wir uns einmal in Erinnerung rufen, daß nicht allein die Zahl der Menschen eine Rolle spielt, sondern auch die Menge der von jedem Individuum verbrauchten Energie. Wie wir schon früher festgestellt haben, verbrauchen wir in den Vereinigten Staaten soviel von den begrenzten Energieressourcen der Erde, wie es (hochgerechnet) 22 Milliarden Menschen in nichtindustrialisierten Ländern täten. Eine Karte des Planeten, die nicht die Bevölkerungsdichte verzeichnet, sondern den jeweiligen Energieverbrauch, würde zeigen, daß das größte Problem in den Vereinigten Staaten existiert. Wir müssen daher also nicht nur die absolute Anzahl der Menschen in unserem

Land verringern, sondern ebenso drastisch unseren Energieverbrauch drosseln.

Unsere Liste mit Gegenüberstellungen eines Hoch-Entropie- und eines Niedrig-Entropie-Systems könnte noch unbegrenzt weitergeführt werden. Doch sollten die erwähnten Beispiele genügen, um deutlich zu machen, daß wir unmittelbar vor tiefgreifenden Veränderungen stehen. Aus unserer Perspektive betrachtet, mögen die kommenden Veränderungen nicht gerade verlockend klingen. Seien wir offen: Die meisten von uns, gewohnt, in einer Ära materiellen Überflusses ohnegleichen zu leben, und von Umwelt, Fernsehen und Werbung zu hemmungslosem Konsum erzogen, sind mehr oder weniger Hedonisten. Nicholas Georgescu-Roegen fragt sich, ob wir dazu fähig sein werden, uns von unserem bestehenden Weltbild zu lösen:

»Wird die Menschheit auf ein Programm hören, das eine Einschränkung ihrer Sucht nach stetig steigendem Komfort beinhaltet? Vielleicht ist es das Schicksal des Menschen, eher ein kurzes, aber intensives, anregendes und extravagantes Leben zu führen als ein langes, ereignisloses und vegetatives Dasein. Sollen doch andere Lebensformen – die Amöben zum Beispiel –, die keine geistigen Ambitionen haben, eine ruhige, vom Sonnenschein überflutete Erde bevölkern.«[41] Wenn die vor uns liegende Aufgabe unlösbar zu sein scheint, dann nur deshalb, weil wir das, was getan werden muß, aus Newtonscher Sicht betrachten. Unser jetziges Weltbild kann unmöglich das Vertrauen und den Elan in uns wecken, die wir brauchen, um die gegenwärtige historische Krise zu meistern. Nur wenn wir das Entropieparadigma in seiner ganzen Bedeutung akzeptieren, werden wir die gefährlichen Auswüchse unserer Zivilisation bekämpfen können und einen sinnvollen Weg in die Zukunft finden.

Was im einzelnen getan werden muß, wird erst deutlich, wenn wir uns konsequent vom mechanistischen Weltbild gelöst haben. Unsere innere Umkehr muß der erste Schritt sein. Nur wenn wir für immer die alten Denk- und Verhaltensweisen über Bord geworfen und das neue entropische Weltbild übernommen haben, werden wir bereit sein, weiter vorwärtszuschreiten und unsere Kultur zu erneuern. Die neue Ordnung der Zukunft muß mit einer Revolution in Wissenschaft, Erziehung und Religion beginnen. In jedem Bereich müssen die alten mechanistischen Konstrukte durch neue ersetzt werden, die den Anforderungen des Zweiten Hauptsatzes Rechnung tragen.

Neudefinition der Wissenschaft

»Es ist wirklich eigenartig, daß gerade zu dem Zeitpunkt, da der Mann auf der Straße total an die Wissenschaft zu glauben begonnen hatte, der Mann im Labor sein Vertrauen verlor. Als ich jung war, hatten die meisten Physiker nicht den geringsten Zweifel daran, daß uns die Gesetze der Physik eine echte Information über die Bewegungen der Körper liefern würden und daß sie so geartet seien, wie sie in den Gleichungen der Physiker vorkommen.«[42]

Diese Sätze stammen aus der Feder Bertrand Russels. Wenn alle Menschen wüßten, was die Physiker jetzt wissen, würde das mechanistische Weltparadigma seine Grundlage verlieren. Die Annahmen der klassischen Physik, auf denen wir voll Vertrauen die ganze Ordnung unseres Lebens errichtet haben, stellen sich als größtenteils trügerisch heraus – so sagen die Wissenschaftler heute.

Nehmen wir zum Beispiel die von Descartes entwickelte Idee, die Welt ließe sich mit Hilfe der »wissenschaftlichen Methode« begreifen und dementsprechend organisieren, d. h. durch die Trennung der Dinge in Subjekt und Objekt, die genau gemessen und durch mathematische Formeln quantifiziert werden können. Die Quantentheorie besagt, daß diese Voraussetzung falsch ist. Anfang des 20. Jahrhunderts widmeten sich die Wissenschaftler vorzugsweise der biologischen Mikrowelt. Sie wollten die elementaren Bausteine der Materie im Universum ausfindig machen, isolieren und messen. Da sie auf immer kleinere Elementarteilchen stießen, wurde ihnen klar, daß kaum ein Ende abzusehen war. Die Wissenschaftlergemeinde wurde, gelinde gesagt, schamrot, als der deutsche Physiker Heisenberg entdeckte, daß die »objektive Beobachtung atomarer Teilchen ein Unding war, weil die eigentliche Natur atomarer Teilchen so beschaffen ist, daß der bloße Akt der Beobachtung das Objekt störte und veränderte anstatt es zu bestimmen und unbeeinflußt zu lassen«[43]. Heisenberg und jene Kollegen, die ihm in die Mikrowelt der Quantenphysik folgten, lernten mit jeder neuen Beobachtung, daß eine exakte Messung von Materie – eigentliche Grundlage der klassischen Physik – nicht möglich ist. Eine solche Messung würde nämlich voraussetzen, daß sowohl die Bewegungsgeschwindigkeit als auch die Lage eines Objekts gleichzeitig bestimmt werden können. Wollten die Wissenschaftler beispielsweise ein Elektron beobachten, standen sie einem unlösbaren Problem gegenüber. Der Grund dafür liegt darin: »Man kann ein Elektron nur sehen, wenn es Licht emittiert, und es emittiert nur Licht, wenn es springt, so daß ›man‹, um zu sehen, wo es sich befand, ›es dazu bringen‹ muß, sich anderswohin zu bewegen.«[44] Man kann also nur entweder seine Lage oder die Geschwindigkeit seiner Bewegung bestimmen, aber nicht beides zur selben Zeit. Der entscheidende Punkt ist der: »Wenn du weißt, wo du bist, kannst du nicht sagen, wie schnell du dich bewegst, und wenn du weißt, wie schnell du dich bewegst, kannst du nicht sagen, wo du bist.«[45]

Heisenbergs Entdeckung bekam einen Namen: die Heisenbergsche Unschärferelation. Seine Entdeckung widerlegte die grundlegenden Prinzipien der klassischen Physik. Er entzog für alle Zeiten dem ehernen Determinismus, der fast 300 Jahre lang die Gesetze der Physik eingeengt hatte, den Boden unter den Füßen. In der Wissenschaft genügt eine unwiderlegbare Ausnahme, um ein Gesetz außer Kraft zu setzen. Heisenberg stürzte die Newtonsche Wissenschaft und ihr Weltbild vom Sockel.

Heisenbergs Unschärferelation war jedoch nur der Auftakt zu einem lange andauernden wissenschaftlichen Sturm, der einen Großteil der klassischen Physik in Scherben zurückließ. Newtons Anspruch, den wissenschaftlichen Schlüssel zu den Geheimnissen des Universums gefunden zu haben, wirkt heute eher wie das jugendliche Ungestüm einer in den Kinderschuhen steckenden Wissenschaft, noch unbelastet von den Paradoxa, von denen wissenschaftlicher Fortschritt letzten Endes immer begleitet ist.

Noch vor hundert Jahren waren die Physiker der Ansicht, daß jede Prämisse nur zu einem logischen Ergebnis führen kann. Heute ist das Kausalitätsprinzip der klassischen Physik so modifiziert, daß es kaum den Status eines Gesetzes beanspruchen kann. Die Wissenschaftler geben nun zu, daß ein gegebener Satz von Ausgangsbedingungen zu mehreren alternierenden Zuständen führen kann. Sie unterscheiden zwischen den frühen deterministischen Gesetzen und den neueren indeterministischen Gesetzen. Im letzteren Fall werden jedem möglichen Ausgang eines Satzes von Anfangsbedingungen Wahrscheinlichkeiten zugeordnet, die so genau wie möglich angeben, wie das Ergebnis einer Messung aussehen wird. Aber schon werden auch die indeterministischen Gesetze in Frage gestellt, nämlich durch die sogenannte »zweite Stufe des Indeterminismus«, sie macht eine Zuordnung von Wahrscheinlichkeiten zu den verschiedenen Ausgängen eines Ereignisses praktisch unmöglich. Der berühmte Physiker Max Born faßte die Enttäuschung seiner Kollegen über das Resultat ihrer Forschungen in folgenden Worten zusammen: »Wir haben nach festem Grund gesucht und keinen gefunden. Je tiefer wir in das Universum eindringen, desto ruheloser wird es; alles wirbelt und vibriert in einem wilden Tanz.«[46]

Die Wissenschaftler haben inzwischen gelernt, daß jedes Ereignis einzigartig ist; allein die Tatsache seiner Existenz unterscheidet es von allen anderen Ereignissen. Aber damit nicht genug, man kann nicht einmal behaupten, daß ein Phänomen eine objektive Realität mit irgendeinem anderen teilt. Andererseits ist sein subjektives Erscheinen nicht Resultat eines spezifischen Satzes von Anfangsbedingungen. Es verdankt sein Auftreten eher dem gesamten Labyrinth aller voraufgegangenen subjektiven Vorkommnisse, deren kollektive Konfiguration den Anlaß zu seinem eigenen besonderen Auftreten gab. Die Vorstellung, man könne ein spezifisches Phänomen vom Rest des Universums isolieren und dann mit anderen isolierten Phänomenen über eine

Art »reiner« Kausalbeziehung in Verbindung setzen, ist falsch. Das Newtonsche Paradigma von der Möglichkeit, Materie zu messen und in winzige Größen aufzuteilen, die miteinander in Verbindung gesetzt und neu arrangiert werden können, hat zu einer leichtfertigen Manipulation und Zerstörung unserer natürlichen Umwelt geführt. Dieses Weltbild nämlich hat nicht berücksichtigt, daß Veränderung von Materie dem Einfluß kosmischer Vorgänge unterliegt und vice versa.

Alle Mechanismen dieser Welt hängen wie ein zartes und überaus kompliziertes Netzwerk miteinander zusammen. Der beste je von Menschenhand gebaute Computer kann nicht einmal einen winzigen Bruchteil der Beziehungen berechnen, die im Ökosystem eines einfachen Teiches existieren. Wissenschaftler haben es versucht, ihr Vorhaben aber resigniert aufgegeben. Die Verflechtung der einzelnen Teile eines solchen Systems ist nicht überschaubar.

Die alte Newtonsche Ansicht, die alle Phänomene als isolierte Bestandteile der Materie oder als unveränderliche Materialien definiert, ist der Vorstellung gewichen, daß alle Ereignisse Teile eines dynamischen Flusses sind. Die klassische Physik kennt nur zwei Klassifikationen – Existentes und Nichtexistentes –, eine Ordnung, die nicht mehr aufrechterhalten werden kann. Materie ist weder isoliert noch unveränderlich. Die einzige statische Vorstellung vom Universum wurde ersetzt von der Erkenntnis, daß sich alles in der Welt ständig im Prozeß des Werdens befindet. Sogar leblose Materie verändert sich fortwährend. Dieser stetige Fluß von Veränderungen ist Auswirkung des Entropiegesetzes. Jedes einzelne Teil besteht aus Energie, und diese Energie wird ständig transformiert. Jede Transformation beeinflußt wiederum alle anderen Ereignisse, die am Prozeß des Werdens teilnehmen.

Wie schon früher erwähnt, sagt uns das Entropiegesetz, in welche Richtung sich der Energiefluß bewegt, aber es sagt nichts über dessen Geschwindigkeit aus. Die Geschwindigkeit fluktuiert. Es gibt keine sanften Übergänge, alles ereignet sich sprunghaft.

Wie verschieden ist doch dieses wissenschaftliche Bild von der Newtonschen Physik mit ihrer simplen bewegten Materie, ihren unveränderlichen Kräften, die auf andere unveränderliche Kräfte präzise und vorhersagbar wirken. Es ist kein Zufall, daß eine Wissenschaft, die auf der Manipulation unveränderlicher Materie basiert, gerade jetzt ersetzt wird durch eine Wissenschaft, die auf dem Verständnis dynamischer Prozesse beruht, denn wir bewegen uns von der Energieumwelt fossiler Brennstoffvorräte auf eine Basis zu, deren Energiefluß aus Sonnenstrahlen und erneuerbaren Ressourcen bestehen wird. Die Postulate der Wissenschaft ändern sich entsprechend, um die Realitäten einer neuen Energieumwelt widerzuspielen.

Ilya Prigogine – er wurde 1977 für seine Arbeiten zur Nichtgleichgewichts-Thermodynamik mit dem Nobelpreis ausgezeichnet – erklärt, daß alle Vorstellungen von Kausalität und präziser Messung, Ecksteine der klassischen Physik, zur Zeit aufgegeben werden, um den Weg für eine Neudefinition der Wissenschaft freizumachen, die der Aussage des Zweiten Hauptsatzes gerecht wird. Jedes Ereignis in der Welt ist einzigartig, erklärt Prigogine, und aus diesem Grund ist es unmöglich, genaue wissenschaftliche Voraussagen über die Zukunft zu machen. Als Äußerstes kann Wissenschaft heute Wahrscheinlichkeitstheorien aufstellen und Zukunftsmodelle entwerfen. Die alte Sicherheit, die uns die klassische Physik versprach, war von Anfang an eine Illusion, so sagen Prigogine und seine Kollegen. Es ist nicht möglich, Natur in der Weise zu erkennen, wie es Descartes, Bacon und Newton angenommen hatten. Die Vorstellung, daß die Menschen sich vom Kreislauf der Natur unabhängig machen und sie bis ins innerste Detail erforschen können, um sie dann gewissermaßen von außen zu manipulieren, hat sich als Irrtum erwiesen. Erstens sind wir alle, wie Niels Bohr sagte, sowohl Akteure als auch Zuschauer im Entwicklungsprozeß der natürlichen Ordnung. Wir können uns nicht aus unserer Umwelt lösen. Zweitens ist die Vorstellung von einem unveränderlichen Grundstock an Wahrheiten im deterministischen Sinne der klassischen Physik nicht mehr länger gültig, da wir das Universum heute als kontinuierlich fluktuierend und instabil erkennen. Prigogine nennt die Quintessenz dieser neuen Erkenntnis, wenn er sagt, daß »wir anstelle der klassischen Beschreibung der Welt als Automat wieder mehr zurück auf das griechische Paradigma der Welt als Kunstwerk kommen«[47].

In letzter Konsequenz ist alle Wissenschaft nicht mehr als eine Methode, die Zukunft vorauszusagen. Zugleich schließt jede wissenschaftliche Methodologie eine dauernde Suche nach den äußersten Grenzen des Möglichen ein. Ein wissenschaftliches Gesetz bleibt so lange gültig, wie es die Zukunft zufriedenstellend voraussagt und sich keine Ausnahme finden läßt, die seine Gültigkeit widerlegt. Das Entropiegesetz erfüllt beide Forderungen. Mehr als jedes andere entdeckte Konzept stellt das Entropiegesetz eine umfassende Methodologie zur Vorhersage der Zukunft bereit und bestimmt die äußersten Grenzen des Möglichen.

Das Entropiegesetz wird also bald das Newtonsche Paradigma ablösen, da es als einziges die Natur der Veränderungen, ihre Richtung und die Wechselwirkung aller Ereignisse in diesem Veränderungsprozeß angemessen erklärt. Vielleicht ist auch das Entropiegesetz eines Tages überholt, doch zur Zeit ist es das einzige wissenschaftliche Gesetz, das uns die Zusammenhänge in unserer Umwelt sinnvoll erklärt und uns Hinweise gibt, wie wir in ihr überleben können.

Neudefinition der Erziehung

Unser gesamtes Ausbildungssystem ist kaum mehr als ein zwölf- bis sechzehnjähriges Trainingsprogramm für das Newtonsche Weltbild. In der Schule wird das Schwergewicht auf Größenordnungen, Abstand und Lage gelegt, aber kaum auf Qualitäten und Ideen. Man denke an all die zahlreichen Prüfungen, in denen Namen, Daten und Orte abgefragt werden, also Fakten, die man genau bestimmen kann und die absolut eindeutig sind. Die

Prüfungsaufgaben sind direkt der Struktur der klassischen Physik nachgebildet. Alle »Wahrheitsfindung«, die Suche nach richtigen Antworten, basiert auf dem Konzept der Kausalität: daß es nämlich für jeden Satz von Ausgangsbedingungen nur eine einzige richtige Lösung gibt. Wichtigstes Prüfungskriterium ist nicht die Antwort, sondern der Weg, auf dem man sie findet. Wir alle vergessen im Laufe der Jahre bestimmte Fakten, aber nur wenige von uns werden das Konzept der Kausalität vergessen, nach dem wir so viele Jahre unseres Lebens gehandelt haben.

Wahrscheinlich hat jeder von uns dieses Prüfungssystem irgendwann einmal in Frage gestellt. Wie oft sitzen Menschen in einer Prüfung, sind mit einer bestimmten Frage konfrontiert, auf die es verschiedene Antworten gibt, und fühlen sich dabei irgendwie kompromittiert, weil sie nur eine davon auswählen sollten! Unser gesunder Menschenverstand sagt uns, daß die Dinge komplizierter sind, als man uns einreden will. Doch nach einem Augenblick inneren Widerstandes fügen wir uns meist. Wenn wir eben *eine* Antwort auswählen müssen, sei's drum! Wir können unsere Unterwerfung ja damit rechtfertigen, daß wir wenigstens die beste Antwort auswählen, wenn es schon keine eindeutig richtige Antwort gibt.

In diesem Augenblick legen Kinder überall in Amerika Prüfungen ab oder bereiten sich darauf vor. Sie wissen nicht, daß sie in Wirklichkeit nicht nur Tatsachen lernen, sondern vielmehr, wie man in Begriffen von Kausalität und Quantifizierung, den Grundlagen des Newtonschen Weltparadigmas, denkt. Wenn unsere Lehrer von sich behaupten, Kindern das Denken beizubringen, so ist es eben diese besondere Art zu denken, die sie dabei im Sinn haben. Natürlich sind sich nur wenige der Tatsache bewußt, daß sie mit ihrem Schema eine Ideologie verbreiten, denn sie sind ja davon überzeugt, die Kinder »objektives« Denken zu lehren.

Denkprozesse sind nur dann sinnvoll, wenn sie Ergebnisse liefern, mit anderen Worten, wenn Fakten gelernt werden. In unserem Bildungssystem haben diese »Fakten« absolute Priorität. Je mehr Bits an Information ein Student sammeln und speichern kann, desto höhere akademische Grade wird er erreichen. Fakten, so argumentiert man, sind wertvoll, da sie einem dabei helfen, die Welt besser zu verstehen und das eigene Leben besser zu organisieren. Die Zahl der Fakten, die wir über die uns umgebende Welt kennen, verdoppelt sich alle paar Jahre. Doch wird kaum jemand ernsthaft behaupten, daß die Welt infolge dieser Verdoppelung entsprechend besser organisiert ist. Wie wir wissen, ist genau das Gegenteil der Fall. »Zeige mir jemanden, der über die Fakten gebietet, und ich zeige dir jemanden, der die Situation beherrscht.« Dieses Zitat klingt verdächtig nach Descartes, Newton oder Bacon, aber nur deshalb, weil es eine sogenannte »Tatsache« benennt. Getreu diesem Zitat wursteln wir weiter wie bisher, sammeln immer mehr Daten und stiften damit Verwirrung und Unordnung. Und das alles nur, weil wir uns nicht vom mechanistischen Weltbild lösen können.

Unser Bildungswesen ist stark auf Spezialisierung ausgerichtet. Immer, wenn wir etwas Neues und vom Bekannten Abweichendes lernen, wird eine neue akademische Disziplin oder Berufssparte begründet, um die neuen Daten zu sammeln und zu interpretieren. Der Lernprozeß wurde in immer kleinere Studieneinheiten aufgeteilt, entsprechend der Newtonschen Maxime, daß wir um so besser in der Lage sind, Entscheidungen über das Ganze zu treffen, je mehr wir über dessen einzelne Teile wissen.

Besuchen Sie eine x-beliebige größere Universität, und Sie werden Tausende von Männern und Frauen zwischen Laboratorien und Vorlesungssälen hin und her laufen sehen, jeder mit seiner Aktenmappe – mit Aufschriften, die von Politikwissenschaft bis zu Soziobiologie reichen. Jede dieser Aktenmappen wird vollgestopft sein mit einer Menge von Fakten zu einem speziellen Phänomen, die so arrangiert werden müssen, daß sie in die jeweilige Disziplin passen und sich deren Gesetzen fügen. Diese Daten und ihre spezifische Verwendungsweise stecken dann den Rahmen für das Weltbild ihrer Vertreter ab. Die Kardinalsünde eines Akademikers besteht in der Verbrüderung mit dem Feind. Kein Gelehrter, der etwas auf seinen Ruf hält, kam jemals auf die Idee, seine Aufzeichnungen mit denen anderer Fakultäten zu vergleichen. Interdisziplinäre, am Allgemeininteresse ausgerichtete Forschung gilt als »unseriös«.

Unser Bildungssystem ist auf die Bedürfnisse einer Industriegesellschaft zugeschnitten. Die Industriegesellschaft wiederum ist an den Bedürfnissen einer nichterneuerbaren Energiebasis orientiert. So wie wir uns jetzt auf eine solare Energieumwelt umstellen müssen, wird sich unsere gegenwärtige Einstellung zu Erziehung und Ausbildung zunehmend als überholt erweisen. Der Newtonsche Ausbildungsstil wird einer entropischen Einstellung zur Erziehung weichen müssen.

Die Schwerpunkte unseres Lernverhaltens werden sich entscheidend verschieben. Die Auffassung, einen *Grundstock* isolierter Fakten zu sammeln, zu speichern und auszuwerten, wird ersetzt werden durch die Idee, den *Fluß* miteinander verbundener Phänomene zu untersuchen. Prüfungen werden mehr die Auffassungsgabe oder empirische Fähigkeiten testen; und Essays, Diskussionsbeiträge und praktische Erfahrung werden die Standardformen sein, in denen sich die Notwendigkeit des Prozeßdenkens widerspiegelt. Unsere Umwelt wird nicht mehr als Folge isolierter Kausalbeziehungen erforscht, sondern als ein Gewebe miteinander verbundener Phänomene. Die Speicherung von Fakten wird im Solarzeitalter an Bedeutung verlieren, weil sich das Schwergewicht von der Ausbeutung der Natur zu einem Mit-ihr-leben verlagern wird. Die Erziehung wird sich wie die Wissenschaft mehr mit dem *Warum* der Dinge als mit dem *Wie* beschäftigen. Die Verlagerung vom Empirischen zum Metaphysischen wird eine entsprechende Reduktion des Informations- und Energiedurchflusses und auch der daraus resultierenden Unordnung mit sich bringen. Ausbildung dient nicht mehr als Werkzeug, mit dessen Hilfe man die Welt in Einzelteile zerlegen und danach irgendwie anders zusammensetzen kann, sondern ist eine Methode, um besser zu verstehen, wie man innerhalb der Grenzen lebt, die uns die Natur setzt. Lernen als »Fortschritt« wird ersetzt werden durch Lernen als »Prozeß des Werdens«.

Obwohl wir auch im Solarzeitalter ohne eine gewisse Spezialisierung nicht auskommen, wird das Bildungswesen von einer holistischen Einstellung zum Wissen gekennzeichnet sein. Im Gegensatz zum heutigen Bildungswesen, das die Studenten von der High-School an in Handels- oder akademische Zweige aufteilt, wird man im neuen Erziehungssystem einer Kombination von geistigen und handwerklichen Fähigkeiten, die jeden lehren, in der Welt selbständig zurechtzukommen, den größten Wert beimessen. Diese Einstellung zur akademischen Ausbildung wird absolut notwendig sein, da die gesellschaftliche Arbeit in Zukunft weit weniger spezialisiert sein wird. Studenten werden auf allgemeinere und arbeitsintensivere Aufgaben in der Gesellschaft vorbereitet werden. Sie müssen gewissermaßen das »Mädchen für alles« spielen können, um auch kleineren, autonomen städtischen und ländlichen Gemeinden bei ihren Problemen zu helfen.

Die künstliche Trennung zwischen von Menschen geschaffener Kultur und Natur, die so charakteristisch für die Ära des Newtonschen Weltbildes war, wird einer Wiedervereinigung der beiden im kommenden Solarzeitalter weichen. Das Prinzip »Mensch gegen Natur« wird ersetzt werden durch das Prinzip »Menschen in der Natur«. Im Erziehungsprozeß wird sich diese grundlegende Veränderung widerspiegeln. Im Gegensatz zur gegenwärtigen Ausbildung, die den Schüler oder Studenten für zwölf bis sechzehn Jahre von seiner Außenwelt abriegelt, wird die erzieherische Erfahrung in der entropischen Ära ein Lernen im alltäglichen Umgang mit der Umgebung nahelegen. Die Lehrlingsausbildung wird wieder die Bedeutung erlangen, die sie in vergangenen Epochen der Geschichte hatte. Gleichzeitig werden die gewaltigen zentralisierten Lerninstitute, die für die letzte Stufe des Zeitalters nichterneuerbarer Ressourcen so typisch waren, den neuen »Lernumgebungen« weichen. Zur Schule zu gehen heißt im Solarzeitalter, in einer Gemeinschaft innerhalb *und* außerhalb der Institute zu lernen.

Ein Großteil des Wissens, das wir im industriellen Zeitalter angehäuft haben, wird für das kommende Solarzeitalter irrelevant sein. Einige Teile und Bruchstücke der Informationen (aus dieser Zeit) werden jedoch nützlich sein, bewahrt und im Erziehungsprozeß weitergegeben werden. Bei jedem größeren Wechsel von einem Weltbild zum anderen vermischen sich Fragmente des alten Schemas mit der neuen Ordnung. Obwohl viele der maßgebenden Charakteristika des alten Weltbildes auch in Zukunft von Bedeutung sind, wird sich ihre Rolle und Bedeutung radikal ändern, um mit den neuen herrschenden Prinzipien übereinzustimmen.

Zwar kann sich das gerade entstehende Erziehungssystem wahrscheinlich in viele neue und jetzt noch unvorstellbare Richtungen entwickeln, doch wird es sich in seinen Grundsätzen nach den Prinzipien des Ersten und Zweiten Hauptsatzes der Thermodynamik richten.

Eine zweite christliche Reformation

Schon wird das aufdämmernde entropische Weltbild von einer radikalen Umwälzung der christlichen Theologie begleitet. Die protestantische Reformation, die eine zur expansionistischen Wirtschaftsära der vergangenen 400 Jahre ideal passende expansionistische Theologie bereitstellte, weicht einer Theologie, in der die Forderungen des Entropiegesetzes und des neuen Solarzeitalters berücksichtigt werden.

In den letzten fünfzehn Jahren haben sich in diesem Lande viele Menschen östlichen Religionen zugewandt. Heute sind über eine halbe Million Amerikaner Anhänger des Buddhismus, und weitere vier bis fünf Millionen praktizieren Meditation, Yoga und andere geistige und körperliche Übungen, deren Inspirationsquelle tief in östlichen Religionen verankert ist.[48] Zur selben Zeit erfahren die Vereinigten Staaten eine gewaltige evangelische Erneuerung, von der Meinungsforscher wie George Gallup behaupten, sie stelle die frühe Stufe eines dritten großen Erwachens in Amerika dar.[49]

Amerika hat in der Vergangenheit zwei andere große »Erwekkungsbewegungen« erlebt. Eine erste geistige Erneuerung in den vierziger Jahren des 18. Jahrhunderts diente zugleich der Einigung der Kolonien und als Motor in der politischen Erhebung gegen die britische Krone. Die zweite Bewegung dieser Art, ein Jahrhundert später, galt der Sklavenbefreiung und war Auslöser für den Bürgerkrieg. Zur Zeit tritt der evangelische Glaube erneut einen Siegszug an, und es gibt allen Grund zu glauben, daß dieses dritte große Erwachen dazu beitragen wird, eine tiefgreifende Veränderung im sozialen und wirtschaftlichen Leben der Nation auszulösen – ähnlich den beiden ersten Erneuerungsbewegungen.

Das steigende Interesse an östlichen Religionen und die überall wie Pilze aus dem Boden schießende Bekehrungsbewegung verkörpern die unterbewußte Suche nach einer neuen religiösen Synthese, die unserer Zukunft angemessen ist. In beiden finden sich wesentliche Bestandteile für eine neue Theologie.

Anhänger der östlichen Religionen – insbesondere die Buddhisten – haben schon lange erkannt, daß ein geringerer Energiedurchfluß von großem Vorteil ist. Meditation hilft auch, den verschwenderischen Energieverbrauch zu mäßigen, denn das Nirwana wird erreicht, wenn das Individuum die geringstmögliche Energie für die Erhaltung seiner Körperfunktionen aufwendet. Die östlichen Religionen betonen schon lange, daß überflüssige Verschwendung individueller Energie Verwirrung und Unordnung stiftet. Die letzte Wahrheit erlangt man der östlichen Lehre zufolge nur dadurch, daß man eins mit der Welt wird, die uns umgibt. Dahin kann man nur gelangen, wenn man sich mit der Natur im Einklang befindet.

Menschen aus dem Westen hatten es immer schwer, den östlichen Weg zur Wahrheit und Weisheit zu begreifen. Wir haben geglaubt, daß wir nur mit Hilfe fortwährender Aktivität der Welte ihre verborgenen Geheimnisse entreißen können. So können wir Wahrheit nur fragmentarisch erkennen und verlieren den Bezug zum Ganzen, davon überzeugt, daß uns unsere Bemühungen nur der Wahrheit näherbringen und wir endlich zu Architekten des Universums werden. Östliche Theologen sagen dagegen, daß unsere frenetische Aktivität nur mehr Unordnung und

Verwirrung schafft und uns weiter von der göttlichen Offenbarung entfernt, die wir suchen.

Während die östlichen Religionen die Vorteile eines geringen Energieflusses, also auch geringer Unordnung zu werten wissen, sind es die westlichen Religionen, die den linearen Charakter der Geschichte erkannt haben; und dies ist der andere bedeutende Faktor für die Synthese einer neuen religiösen Lehre, die sich in Übereinstimmung mit dem Entropiegesetz befindet. Östliche Theologien setzen immer wiederkehrende Welten voraus und verstehen Geschichte als Folge von Zyklen: Dagegen vertritt die jüdisch-christliche Lehre die Meinung, daß die Erdgeschichte eindeutig Anfang und Ende hat. Wir sollten dabei aber nicht vergessen, daß die christliche Einstellung zur Natur wesentlich zu deren Zerstörung beigetragen hat.[50] Die Überbetonung des Jenseits hatte zu einer Mißachtung und sogar zur Ausbeutung des Diesseits, nämlich unserer Umwelt, geführt.[51] Christlicher Anschauung entsprechend ist alles Wertvolle nur im Himmel bei Gott zu finden. Unsere Welt, die Welt der Menschen, der Natur und des Körperlichen allgemein, wird als niedrig und wertlos verworfen und ist daher von geringerer Bedeutung für die, die ein gottesfürchtiges Leben führen wollen. Die natürliche Welt ist kaum mehr als eine Zwischenstation auf unserer Reise in diese andere Welt. Daher ist es nur gut, wenn man ihr wenig Aufmerksamkeit schenkt und sich voll auf das Königreich Gottes konzentriert.

Eine andere Forderung der christlichen Lehre, die Jahrhunderte ihre Gültigkeit bewahren konnte, war die Auslegung des Herrschaftsbegriffs im Buch *Genesis* (über die Erschaffung des Menschen): »Seid fruchtbar und mehret euch und füllet die Erde und machet sie euch untertan; und herrschet über die Fische im Meer und über die Vögel unter dem Himmel und über alles Getier, das auf Erden kriecht.« Diesen Herrschaftsbegriff haben die Menschen dazu benutzt, die rücksichtslose Manipulation und Ausbeutung der Natur vor sich selbst zu rechtfertigen. Heute dagegen werden erste Züge einer wichtigen Neuformulierung der christlichen Lehre deutlich. Zum erstenmal beginnen Theologen über den Begriff der Herrschaft nachzudenken und ihn neu zu definieren und helfen damit die theologischen Grundlagen für ein entropisches Weltbild zu etablieren.[52]

Die neue Interpretation der *Genesis* beginnt mit der Vorstellung, daß, seit Gott Himmel und Erde und alles auf dieser Welt erschaffen hat, alle seine Schöpfungen einen nur ihnen eigenen Wert haben, eben weil sie sein Werk sind. Da Gottes Schöpfung einem Sinn und einer Ordnung dient, sind dieser Sinn und diese Ordnung zu ehren, genau wie Gottes Schöpfungen zu ehren sind. *Was* Gott schuf, ist festgelegt: Der Herr erschuf die Welt und *alles* in ihr, und dann ruhte er, wie die Schöpfungsgeschichte erzählt. Daraus folgt, so argumentieren die »neuen Theologen«, daß alles, was Gottes Schöpfung ausbeutet oder schädigt, sündhaft ist und ein Akt der Rebellion gegen Gott selbst. In ähnlicher Weise ist auch alles das sündhaft und ein Akt der Rebellion, was den Zweck und die Ordnung, die Gott der natürlichen Welt verliehen hat, untergräbt. Das ist, theologisch gesehen, keineswegs bedeutungslos. Jede andere religiöse Überzeugung leitet sich aus diesen zentralen Grundsätzen ab – so behaupten die neuen Theologen. Entweder Gott erschuf die Welt, oder er tat es nicht. Entweder gab Gott der Welt Sinn und Ordnung, oder er tat es nicht. Wenn man an diese Wahrheiten glaubt, glaubt man an Gott. Wenn man nicht an diese Wahrheiten glaubt, kann man unmöglich an Gott glauben. Diese These ist der Ausgangspunkt für alle gläubigen Christen.

Daraus folgt dann, daß die Hybris des Menschen, nämlich sein Glaube, er könne die Schöpfung Gottes anders behandeln als Gott selbst, Sünde ist. Sünde ist auch des Menschen Hybris zu glauben, er könne die Welt organisieren und ihren Sinn seinen Launen unterordnen. Das christliche Leben muß das Ganze, das Gleichgewicht und die Harmonie vor Zerfall und Zerstörung bewahren. Ein Christ muß Gottes Schöpfung lieben und mit Ehrfurcht behandeln, da Gott sie aus Liebe erschuf.[53]

Herrschaft gewährt also nicht das Recht auf Ausbeutung der Natur. Ganz im Gegenteil: Herrschaft heißt die Natur verwalten. In seinem Buch *The Church and the Ecological Crisis* legt Henlee

M. Barnett dar, daß die Menschheit aus biblischer Sicht »Hüter, Bewahrer und Wächter... des Haushalts Erde ist«. »Verwalter«, führt Barnett aus, »ist im Neuen Testament die Bezeichnung für diese Rolle des Menschen in Beziehung zur natürlichen Ordnung.« Haupteigenschaft eines Verwalters ist nach Barnett »Gewissenhaftigkeit, da er mit Dingen umgeht, die einem anderen gehören«[54]. Das Verwalterkonzept führt direkt zur biblischen Vorstellung vom Bund oder Vertrag. In der *Genesis* spricht Gott: »Ich habe meinen Bund mit dir (der Menschheit) und mit deinen Nachkommen und mit jedem lebenden geschaffenen Ding geschlossen.«

Gott ist also einen Vertrag mit der Menschheit eingegangen. Mann und Frau sollen als Seine Verwalter auf Erden handeln. Diese Verwalterrolle setzt den Menschen in eine besondere Beziehung zu Gott. Da die Menschen Gottes Geschöpfe sind, genau wie alle anderen Geschöpfe auch, gleichen sie ihnen in ihrer endlichen Natur; nur Gott ist unendlich. Obwohl alle Kreaturen darin gleich sind, daß sie ihre Existenz derselben Quelle – eben Gott – verdanken, unterscheiden sich die Menschen dennoch. Francis Schaeffer führt in seinem Buch *Pollution and the Death of Man* aus, daß die Menschen nach Gottes Ebenbild gemacht sind und daß ihnen die Verantwortung übertragen wurde, als Verwalter über die göttliche Schöpfung zu wirken. Daher sind die Menschen Teil der Natur, ihr gleich und von allen anderen lebenden und nichtlebenden Dingen abhängig, zugleich aber nehmen sie eine Sonderstellung im Kreislauf der Natur ein, weil sie Verantwortung dafür tragen, alles Lebendige zu schützen und dafür zu sorgen. Solange die Menschen beide Beziehungen annehmen, handeln sie getreu nach Gottes Absicht und erfüllen den Vertrag, den er mit ihnen schloß. Nutzen die Menschen jedoch ihre besondere Beziehung dahingehend aus, daß sie Gottes Schöpfung zu ihrem Eigentum machen und für ihre eigenen Zwecke mehr gebrauchen als zur Ehre Gottes, haben sie den Vertrag gebrochen und rebellieren gegen Gott.[55]

Die neue Lehre von der Verwalterrolle und die Gesetze der

Thermodynamik in Kombination mit einer eher orthodoxen Theologie bestimmen den Grundton einer neuen christlichen Lehre, die den ökologischen Vorbedingungen eines entropischen Weltbildes entspricht. Vor allem gibt die Verwalterdoktrin eine Antwort auf die letzte Frage: »Warum soll ich die Verantwortung für die Sorge und den Schutz der natürlichen Ordnung übernehmen?« Weil es Gottes Ordnung ist. Gott schuf sie, und Gott betraute die Menschen mit der Verantwortung für sie. Alles mündet letztlich in die Frage, ob man Gott dienen will oder Ihn abweisen.

Die neue Lehre von der Verwalterrolle stellt das mechanistische Weltbild auf den Kopf. Die Regeln und Beziehungen, die für die Ausbeutung der Natur galten, sind denen, die zu ihrer Erhaltung notwendig sind, diametral entgegengesetzt. Zum Beispiel galten Privateigentum an Ressourcen, wachsende Machtkonzentration, Spezialistentum, größere Abhängigkeit von Wissenschaft und Technologie; die Weigerung, der Produktion und dem Konsum Grenzen zu setzen; die Aufspaltung der menschlichen Arbeit in separate und autonome Bereiche, die beschränkte Auffassung vom Leben und seiner wechselseitigen Beziehungen untereinander, die Idee vom Fortschritt als einer kontinuierlichen Transformation der natürlichen Welt in eine wertvollere und geordnetere, vom Menschen gestaltete Umwelt lange Zeit als ein legitimes und erstrebenswertes Ziel. Diese Einstellung steht jedoch in eklatantem Widerspruch zu ökologischen Prinzipien, einer niederentropischen Wirtschaftsordnung und auch zu der neu definierten Verwalterdoktrin.

Die Rolle des Verwalters verlangt von der Menschheit, die natürlichen Abläufe der göttlichen Ordnung zu respektieren und zu erhalten. Die natürliche Ordnung funktioniert nach den Prinzipien der Vielfältigkeit, der wechselseitigen Abhängigkeit und der Dezentralisierung. Pflege unserer Umwelt ersetzt blinden Fortschrittsglauben, die Rolle des Verwalters ersetzt die des Eigentümers. Biologische Grenzen für Produktion und Konsum werden respektiert, das Prinzip einer gerechten Verteilung wird akzeptiert, und das Ganzheitskonzept wird zur wesentlichen

Richtschnur bei der Bewertung aller Beziehungen und Erscheinungen. In der Tat, die neue Lehre vom Verwalter stellt eine grundlegende Änderung des Bezugssystems der Menschheit dar. Sie begründet eine neue Klasse von Leitprinzipien, die angeben, wie sich die Menschen verhalten und wie sie handeln sollen.

Wenn die Gemeinschaft der Christen es versäumt, die Vision eines neuen Bundes mit Gott, in dem sie »nur« seine Verwalter sind, in sich aufzunehmen, kann man nicht ausschließen, daß religiöses Engagement von Interessengruppen des rechten politischen Flügels rücksichtslos ausgenutzt wird. Das evangelische Erwachen könnte damit enden, den nötigen kulturellen Hintergrund abzugeben, den eine faschistische Bewegung in den Vereinigten Staaten braucht, um während einer langfristigen Periode wirtschaftlichen Niedergangs die Kontrolle über das Land zu erlangen.

Sogar ein so aufmerksamer und angesehener Theologe wie Francis Schaeffer glaubt, daß der Faschismus in den vor uns liegenden unruhigen wirtschaftlichen Jahren für die Vereinigten Staaten eine reale Gefahr darstellt. Aufgrund der Unfähigkeit Amerikas, Probleme wie steigende Inflationsraten und Rezessionszyklen zu lösen, kommt Schaeffer zu dem Schluß: »Mir geht die beunruhigende Parallele zu Deutschland nicht aus dem Kopf, wo die Leute kurz vor Hitlers Machtergreifung das Vertrauen in die Weimarer Republik verloren, was seinen Ursprung in der unerträglichen Inflation hatte. Die Geschichte zeigt, daß die Menschen an einem bestimmten Punkt des wirtschaftlichen Zusammenbruchs aufhören, sich um individuelle Freiheit zu kümmern, und bereit sind, Dirigismus zu ertragen.«[56]

Schaeffer sieht die Zukunft der Vereinigten Staaten pessimistisch. Er fürchtet, daß der überragende Wert, den die Amerikaner ihrem »persönlichen Frieden und Wohlstand« beimessen, wahrscheinlich zu einer faschistoiden Ordnung führen wird, wenn das Wirtschaftswachstum weiter schrumpft: »Ich glaube, daß die Mehrheit... den Verlust von Freiheiten ertragen wird, ohne ihre Stimme zu erheben, solange ihr eigener Lebensstil nicht bedroht wird.«[57]

Schaeffer erwähnt allerdings nicht, daß es schon viele beunruhigende Anzeichen in der evangelischen Bewegung für eine derartige Gefahr gibt. So fallen viele Christen aus dem Mittelstand in die alte Vorstellung vom »Loblied des Reichtums« zurück: Sie setzen die biblische Lehre mit krassem Individualismus, freiem Unternehmertum und unbegrenzter Akkumulation von Materie gleich. Diese Art von expansionistischer Theologie ist immer noch ein sehr beherrschendes Motiv bei den amerikanischen Christen. Das »Loblied des Reichtums« wird wahrscheinlich auch weiterhin von einzelnen Christen dazu benutzt werden, ihr mangelndes Interesse und Engagement für die drängenden wirtschaftlichen Maßnahmen zu rechtfertigen – Maßnahmen, die eine gemeinschaftliche und nicht nur individuelle und auf freiem Unternehmertum beruhende Lösung anstreben. Diesen Christen wird die evangelische Bewegung als Zuflucht vor den gesellschaftlichen Unruhen dienen. Wenn sich die wirtschaftlichen Verhältnisse so verschlechtern, daß sie allmählich auch diese letzte Fluchtburg des Mittelstandes bedrohen, ist es sehr wohl möglich, daß dieser Rückzug schnell in eine aktive Unterstützung rechtsgerichteter und kapitalistischer Interessen umschlägt, die vielleicht nicht einmal davor zurückschreckt, autoritäre Reglementierungen gutzuheißen.

Das neue Herrschaftskonzept, das Verwaltung und Erhaltung über Besitzstreben und Ausbeutung stellt, steht in schärfstem Gegensatz sowohl zur traditionellen christlichen Theologie als auch zum mechanistischen Weltbild der letzten paar hundert Jahre. Indem sie die Schöpfungsgeschichte und die eigentliche Bestimmung der Menschheit wieder in den Mittelpunkt rückten, begingen die neuen christlichen Theologen einen Akt offener Rebellion gegen die doktrinäre Vergangenheit ihrer eigenen Zunft. Das Christentum – jahrhundertelang produktivitätsgläubig und blind bereit, sich die Natur untertan zu machen – wird von einem neuen Christentum herausgefordert, das seine Aufgabe darin sieht, Gottes Schöpfung zu schätzen.

Das christliche Arbeitsethos wird ersetzt durch das christliche Ethos des Bewahrens und Erhaltens.

Im Angesicht der Entropiekrise

Es gibt keinen Weg, den Auswirkungen des Entropiegesetzes zu entkommen. Dieses oberste Gesetz des Universums durchdringt jede Facette unserer Existenz. Da alles aus Energie besteht und sich die Energie unwiderruflich auf einer Einbahnstraße von nutzbarer zu nicht nutzbarer Form befindet, stellt das Entropiegesetz selbst unsere unerschütterlichen Grundsätze, unsere Kultur und sogar unser biologisches Sein in Frage. Die Prunkstücke unserer modernen Kultur – unsere großen Städte, unsere mechanisierte Landwirtschaft, unsere ausufernde Produktion und unser gewaltiger Konsum, unsere Waffensysteme, unser Bildungssystem und unsere medizinischen Technologien –, alles das stellt sich in völlig neuem Licht dar. Das Entropiegesetz zerstört unser positives Bild vom materiellen Fortschritt. Es bedeutet eine Neuorientierung für die Grundlagen der Wirtschaft. Es verwandelt die Vorstellung von Zeit und Kultur und beraubt die Technologie ihres mystischen Gewandes.

In dem Maße, wie wir die weitreichenden sozialen und wirtschaftlichen Folgerungen aus dem Zweiten Hauptsatz der Thermodynamik begreifen, lernen wir auch zu verstehen, daß unser zur Zeit herrschendes Weltbild keinen Bezug zur Realität unserer Umwelt hat. Unser tägliches Leben – unsere Arbeit, unser Spiel, unser Konsum, sogar unsere Gedanken – wird sich radikal ändern. Wir werden zu Fremden in einem fremden Land.

Noch widersetzen wir uns dieser Neuorientierung, die auf uns und unsere Umwelt zukommt. Auch wenn wir uns vom entropischen Weltbild angezogen fühlen, fürchten wir eine Zukunftsvision, deren Bedeutung wir kaum abschätzen können. Das ist nur natürlich, da wir ja herausgefordert sind, unsere vertrauten Grundsätze aufzugeben. Für viele Menschen sind die bislang geheiligten Prinzipien nicht mehr attraktiv. Millionen Amerikaner beginnen sich mit der niederentropischen Philosophie zu befreunden. Hochentropische Konzepte wie »materieller Fortschritt um jeden Preis« und »größer ist auch besser« sind für

Bürger moderner technologischer Staaten immer weniger glaubwürdig. Einige dieser entfremdeten Erben des Newtonschen Weltbildes begrüßen die Befreiung, die sich aus der Realitätsverschiebung eines entropischen Weltbildes ergibt.

Mit ebenso großer Wahrscheinlichkeit werden sich viele dem neuen Zeitalter mit aller Kraft verweigern, weil sie das Vertrauen in das alte Weltbild nicht zugunsten des neuen aufgeben wollen. Gefangen im Bezugssystem einer Philosophie, die sie kaum verstehen, werden diese Leute nach irgendeinem Ausweg suchen. Auch das ist nur natürlich. Man hat uns darauf trainiert zu denken, daß es immer einen Ausweg gibt, daß keine Kraft stärker ist als die Fähigkeit des Menschen, sich und seine Umwelt zu manipulieren. Man hat uns gelehrt, daß es keine Grenzen gibt, daß nur Kleingeister, die ihre Nerven verlieren, vor Grenzen kapitulieren. Aber wir können es drehen und wenden, wie wir wollen, es gibt keinen Ausweg.

In gewisser Beziehung verhalten wir uns wie der Mann, der sich weigert, an die Schwerkraft zu glauben. Um ihr Nichtvorhandensein zu beweisen – oder zumindest seine Fähigkeit, sie zu überwinden –, klettert er auf die Spitze eines großen Wolkenkratzers und springt hinunter.

Wenn wir uns, wie der Mann, der die Schwerkraft leugnet, entscheiden, die Konsequenzen aus dem Entropiegesetz zu leugnen, dann werden auch wir eine letzte und niederschmetternde Lektion erhalten. Und wir werden, daran gibt es keinen Zweifel, genau wie jener Mann noch fortfahren zu sagen, »so weit, so gut«, wenn die Welt um uns her als Folge unserer Hoch-Entropie-Kultur schon im Chaos versinkt. Mindestens drei Entgegnungen sind schon abzusehen, mit denen sich die Verfechter des mechanistischen Paradigmas wehren werden. Die Optimisten werden ihre Hoffnung in die Überzeugung setzen, daß, wie auch immer, sich die Probleme technologisch lösen lassen und wir weitermachen können wie bisher. Fest verankert im Glauben an die Werte der modernen Gesellschaft und die Errungenschaften des Fortschritts werden sie eine gemeinsame Formel finden: »Es gibt immer einen Ausweg.« Sie werden uns erzählen, daß »man den Fortschritt nicht aufhalten kann« und »daß die Welt Amerika um seinen Lebensstandard beneidet«.

Die Optimisten werden sich deshalb energisch bemühen, neue Wege zur Ausbeutung erneuerbarer Energiequellen zu finden. Obwohl feststeht, daß wir uns von einer nichterneuerbaren Energiebasis auf eine erneuerbare zubewegen, ist doch noch nicht festgelegt, welche Art von Energietransformatoren und -flußlinien entstehen werden. Die technologischen Optimisten weisen die Vorstellung von der Rückkehr zu einem niederentropischen Energiefluß und einer größeren Übereinstimmung mit den natürlichen Rhythmen und Abläufen des Ökosystems der Erde zurück. Statt dessen setzen sie ihre Hoffnungen auf neue Gentechnologien, die uns eine Beschleunigung der biologischen Evolution ermöglichen und mit einem gesteigerten Durchfluß von Materie-Energie versorgen sollen. Wenn uns die für die mechanisierte Landwirtschaft notwendigen, auf petrochemischer Basis hergestellten Kunstdünger ausgehen, wird die Gentechnologie eine Pflanze entwickeln, die ihren Stickstoffbedarf direkt aus der Luft deckt. Wenn uns das Öl ausgeht, werden wir Mikroorganismen genetisch verändern und in Massenproduktion herstellen, die uns die erschöpften nichterneuerbaren Vorräte ersetzen.

Es ist auch anzunehmen, daß der Optimist für eine »Ordnung« der Biologie des Individuums eintreten wird. Es ist kein Zufall, daß die Gentechnologie gerade in diesem historischen Augenblick aus der Laborphase in die Phase der angewandten Wissenschaften tritt. Unser Körper reagiert auf die steigende Entropie mit Krebs, angeborenen Mißbildungen und geringerem IQ bei Kindern. Da den technologischen Optimisten wohl klar ist, daß solche Störungen den Wunsch und die Möglichkeiten der Nation, den Wachstumsprozeß fortzusetzen, ernstlich behindern, suchen sie das Problem im Bereich der Gentechnologie zu lösen. Verursachen Strahlung und synthetische organische Chemikalien auch Krebs und Mißbildungen, so wird uns die moderne Technologie dadurch heilen, daß sie unsere Gene neu ordnet – das wird heute schon gesagt. Mit der Gentechnologie wird das Konzept der

Hochleistungs-Industrieproduktion direkt auf den menschlichen Körper übertragen: Menschen werden künstlich nach technologischen Standards »produziert«. In seinem unermüdlichen Streben nach Effizienz in allen Dingen wird der Optimist wahrscheinlich auch das Leben selbst »biologisch effizienter« machen wollen.

Die Optimisten argumentieren, daß wir uns nicht nur aus dem Zeitalter nichterneuerbarer Energiebasen auf das erneuerbarer zubewegen, sondern gleichfalls aus dem Zeitalter der Physik in das der Molekularbiologie. Sie verweisen auf die unglaublichen wissenschaftlichen Durchbrüche in der Gentechnologie in den letzten Jahren und behaupten, daß unsere gegenwärtige industrielle Technostruktur innerhalb der nächsten zwei Jahrzehnte einem vollständig neuen System technologischer Transformatoren weichen wird, die aus der Gentechnologie hergeleitet sind. Vergleichbar der angewandten Physik, die dazu diente, eine nichterneuerbare Energiebasis für die Umrüstung auf das Industriezeitalter zu nutzen, wird jetzt die angewandte Gentechnologie eine erneuerbare Energiebasis in eine völlig neue Lebensform umwandeln, in das biotechnische Zeitalter.

Es ist interessant zu beobachten, daß in dem Augenblick, in dem ein System von einer nichterneuerbaren Energiebasis zu einer erneuerbaren überzuwechseln sucht und von der angewandten Physik als Transformationsverfahren zur angewandten Molekularbiologie, auch ein neues wissenschaftliches Paradigma auftaucht. Die Optimisten versprechen sich davon, daß es die Grundlage für ein neues Weltbild, für das genetische Zeitalter liefern wird. Dieses Paradigma wird *Die Theorie dissipativer Strukturen* genannt. Es wurde überwiegend von dem belgischen Physikochemiker Ilya Prigogine entwickelt, dessen Arbeiten zur Nichtgleichgewichts-Thermodynamik ihm 1977 den Chemienobelpreis einbrachten. *Dissipative Strukturen* beziehen sich auf offene Systeme, die Energie mit ihrer Umgebung austauschen. Alle Lebewesen, und auch einige nichtlebende Systeme, haben dissipative Strukturen. Sie erhalten ihre Struktur durch den kontinuierlichen Fluß von Energie durch ihr System. Prigogine führt aus, daß die dissipative Struktur um so integrierter und zusammenhängender ist – und daher zu ihrer eigenen Erhaltung einen um so höheren Energiedurchfluß benötigt –, je komplexer sie ist. Aus der Beobachtung, daß der Energiefluß durch eine dissipative Struktur Fluktuationen erzeugt, schließt Prigogine zu Recht, daß das System, sobald die Fluktuationen zu groß werden, um von ihm absorbiert zu werden, dazu gezwungen wird, sich zu reorganisieren. Prigogine behauptet weiter, daß die Reorganisation immer zu einer höheren Ordnung von Komplexität, Integration, gegenseitiger Verbundenheit und größerem Energiedurchfluß tendiert. Jede folgende Neuordnung ist, da sie komplexer als die vorhergehende ist, noch anfälliger gegenüber Fluktuationen und Neuordnungen. Komplexität schafft daher die Bedingung für größere Instabilität, die wiederum Gelegenheit für noch umfassendere Neuordnungsprozesse und für eine Beschleunigung der evolutionären Entwicklung und des Energiedurchflusses schafft. Prigogine setzt also Instabilität mit Flexibilität gleich. Mit Hilfe komplizierter mathematischer Formeln versucht er zu beweisen, daß ein System um so flexibler und besser in der Lage ist, sich zu verändern und neuen Verhältnissen anzupassen, je komplexer es ist und je mehr Energie es verbraucht.

Zweifellos widerspricht diese Theorie unserer Alltagserfahrung. Unsere Beobachtungen zeigen, daß erhöhte Komplexität unsere Möglichkeiten einengt, die Flexibilität verringert und die Wahrscheinlichkeit eines allgemeinen Kollapses vergrößert. Die Theorie von den dissipativen Strukturen ist der Versuch, ein Wachstumsparadigma für eine Umwelt zu erstellen, die auf erneuerbaren Energiequellen basiert, so wie die Newtonsche Physik ein Wachstumsparadigma für eine nichterneuerbare Energieumwelt hergab.

Man sollte sich daran erinnern, daß die Newtonsche Physik auf »nichtlebende« Energieressourcen zugeschnitten war. Sie beschäftigte sich mit toter bewegter Materie, mit reiner Quantität. Sie ist daher ein völlig ungeeignetes Paradigma für eine Energieumwelt, die lebendig, erneuerbar und fließend ist. Dagegen liefert die Theorie von den dissipativen Strukturen eine geeignete wissenschaftliche Grundlage für den Umgang mit »lebenden« Energiequellen, und aus diesem Grund wird sie als revolutionärer Durchbruch gefeiert. Als ein alles beherrschendes Paradigma liefert die Theorie von den dissipativen Strukturen eine perfekte Rationalisierung für das Zeitalter der Biotechnologie. Erhöhte biologische Komplexität und die fortwährende Neuordnung lebendiger Materie zu neuen Strukturen, eigentliches Ziel der Gentechnologie, bewertet es positiv. Mit der Theorie von den dissipativen Strukturen hören wir auf, die Welt für eine industrialisierbare Maschine zu halten, und gehen dazu über, sie als konstruierten Organismus anzusehen.

In den nächsten Jahren werden wir eine wilde Jagd auf erneuerbare Ressourcen erleben. Die Gentechnologie wird sich als neuer technologischer Transformator, die Theorie von den dissipativen Strukturen als neues wissenschaftliches Paradigma etablieren. Größerer Energiedurchfluß, unbegrenztes Wachstum und materieller Fortschritt ohne Ende werden weiter das Denken derer beherrschen, die an der Macht sind.

Angestrengt bemüht, das Entropiegesetz zu ignorieren, werden die Experten die Überzeugung vertreten, daß uns mit einer erneuerbaren Energiebasis die Ressourcen niemals ausgehen können und Wachstum für alle Zeit garantiert ist. Auf kurze Sicht mögen neue Gentechnologien, wie etwa eine rekombinierte DNA, den Energiefluß durch das System gewaltig erhöhen, genauso wie es die ersten industriellen Transformatoren mit den nichterneuerbaren Ressourcen taten. Zumindest vorübergehend mag es so scheinen, als hätten wir die Grenzen überwunden, die uns das Ökosystem Erde setzt. Doch diese Zeitspanne wird kurz sein. Direkten Einfluß auf unser tägliches Leben konnte die Physik nur weniger als hundert Jahre ausüben. Das Zeitalter der Molekularbiologie wird erheblich kurzlebiger sein, und zwar weil der erhöhte Materie-Energie-Fluß durch das System noch mehr Unordnung erzeugt als die durch nichterneuerbare Energie hervorgerufene.

Zuerst wird sich gewissermaßen durch ein »Heißlaufen« des Flusses lebender Materie durch die Energieflußlinie der Gesellschaft, der verfügbare Vorrat an lebender Materie, absolut gesehen, erschöpfen. Nimmt man das wörtlich, so sind erneuerbare Ressourcen in Wirklichkeit nichterneuerbar. Während der solare Fluß praktisch unbegrenzt ist, ist es die Materie-Energie, die die Erdkruste bildet, nicht. Die Materie der Erde nimmt fortwährend ab und wird zerstreut. Natürliches Recycling gewinnt nur einen Teil jeder verbrauchten Materie-Energie zurück, ist also nur partiell wiederverwendbar. Der Rest ist unwiederbringlich verloren. Je stärker wir daher den Fluß von Materie-Energie durch das System beschleunigen, desto schneller werden uns die erneuerbaren Ressourcen ausgehen, ganz gleich, wieviel Solarenergie wir speichern können.

Gleichzeitig könnte sich der Effekt, den die eskalierende Entropie wahrscheinlich auf den Genpool und das zerbrechliche Ökosystem der Erde hat, leicht als kataklystisch erweisen, indem sie dem Planeten weit größeren Schaden zufügt, als er während des gesamten Zeitalters eines nichterneuerbaren Energieflusses erlitt.

Die Theorie von den dissipativen Strukturen ignoriert, genau wie das frühere Newtonsche Paradigma, das Entropiegesetz und konzentriert sich nur auf den Teil des Entstehungsprozesses, der wachsende Ordnung erzeugt. Die Befürworter des Transformationsapparates in Form von Biotechnologie für eine erneuerbare Energieumgebung werden ähnlichen Irrtümern unterliegen wie die Verfechter der klassischen Physik. Sie weigern sich anzuerkennen, daß wachsende Ordnung und steigender Energiedurchfluß immer eine größere Unordnung in der Umgebung zur Folge haben.

Wenn die Entropie in ihren verschiedenen Ausdrucksformen in der von den Optimisten so verherrlichten Hochenergiekultur weiter derart drastisch steigt, wird man einschneidende Maßnahmen ergreifen müssen, um das entstehende Chaos einzudämmen. Der gegenwärtigen Weltordnung absolut ergeben, wird der Optimist großzügig darüber hinwegsehen, daß die Gesellschaft zunehmend repressiver und inhumaner wird. So wird er sich kaum gegen die Einführung polizeistaatlicher Maßnahmen wehren, die angeblich zur Aufrechterhaltung der sozialen Ordnung notwendig sind, denn er will um keinen Preis die Ursachen akzeptieren, nämlich, daß beispielsweise eine hochentropische Mehrmillionenstadt einfach kein angemessener Lebensraum ist. An manchen Straßenecken sind schon Fernsehkameras aufgestellt, Satelliten beobachten uns aus dem Weltraum, und Leute mit »krimineller« Einstellung werden mit Elektroschocks gefügig gemacht. In ähnlicher Weise wird der Optimist, um die Rolle unserer Nation als Hauptenergieverbraucher des Planeten aufrechtzuerhalten, höhere Verteidigungsbudgets und weiterreichende Waffentechnologie befürworten, die unsere ins Wanken geratene Machtstellung sichern sollen.

All das ist natürlich zum Scheitern verurteilt. Jeder Versuch, mit neuen Hochenergietechnologien Ordnung zu erzwingen, wird nur den Sturz ins Chaos beschleunigen. Man wird Gene manipulieren, um neue Formen erneuerbarer Energie zu schaffen, um Krankheiten zu heilen oder den Intelligenzquotienten zu erhöhen, aber damit wird die Milliarden Jahre alte Weisheit der Evolution unwiederbringlich zerstört werden. Versuche, die steigende soziale Unordnung, wie sie etwa in der Kriminalitätsrate zum Ausdruck kommt, mit neuen hochenergetischen Überwachungsmethoden und Waffentechnologien einzudämmen, wird dem Rest der Gesellschaft nur wertvolle Energie entziehen und nur neue Formen von Repression und antisozialem Verhalten erzeugen. Der Optimist wird seinen größenwahnsinnigen Feldzug nicht gewinnen, aber er könnte sehr wohl Erfolg damit haben, die gesamte Menschheit ins Verderben zu stürzen.

Eine andere Art, auf das Entropiegesetz zu reagieren, könnte man die *pragmatische* nennen. Weniger gläubig als der Optimist und mit weit bescheideneren Plänen wird der Pragmatiker an der bestehenden Struktur kosmetisch operieren, so daß sie wenigstens teilweise die Implikationen des entropischen Weltbildes widerspiegelt. Der Pragmatiker hat, seinem Temperament entsprechend, ein begrenztes Weltbild. Einen Teil des Entropieparadigmas wird er begreifen, aber seine allumfassende Bedeutung wird er nicht verstehen. Er wird willens sein, einige Unzulänglichkeiten des gegenwärtigen Systems einzugestehen, aber letzten Endes wird er weitermachen wie bisher: »Das ist der Lauf der Welt. New York beispielsweise wird sicher nicht einfach vom Erdboden verschwinden; wir können kein urbanes Leben ohne mechanisierte Landwirtschaft und Nahrungsmittelaufbereitung aufrechterhalten; die Amerikaner werden ihre Liebe zum Auto niemals aufgeben. Seien wir doch realistisch«, so wird der Pragmatiker sagen.

Da er Pragmatiker ist, wird er natürlich nicht leugnen, daß es noch beträchtlichen Raum für Verbesserungen gibt. »Laßt uns mehr aus weniger machen« wird zu seinem Motto. Unermüdlich wird er sich bemühen, die existierende Hochenergiestruktur zu optimieren. Städteplaner werden emsig nach thermodynamisch einwandfreien Verkehrssystemen suchen: Gut isolierte Gebäude und Nachbarschaftsbeiräte gewähren größere Energieeinsparung. Die Autohersteller werden uns mehr Kilometer pro Liter Benzin garantieren und Autos anbieten, die mit Alkohol oder Elektrizität angetrieben werden. Politiker werden die Tugenden »gemäßigter Erwartungen« und eines »planetaren Realismus« preisen. Natürlich werden sie behutsam vorgehen, um nicht die gesamte Technostruktur zu gefährden.

Sogar die etablierten gesellschaftlichen Kräfte werden bemüht sein, sich einer Art von locker definiertem Entropiebezugsrahmen anzupassen. So veranstaltete beispielsweise das Energiedepartment im August des Jahres 1979 eine dreitägige Konferenz zum Thema Entropie. Konferenzbeiträge trugen solch schwergewichtige Titel wie »Thermodynamische Analyse der Energieeffizienz bei katalystischen Umformungen« und »Die Reduktion der Produktionsrate bei chemischen Prozessen als Auswirkung des Zweiten Hauptsatzes« und »Eine Systematik der Verbrennungsprozesse unter dem Gesichtspunkt des Zweiten Hauptsatzes«.

In der Zukunft können wir von seiten der Pragmatiker zweifellos eine hitzige Debatte um die Frage erwarten: »Angenommen, die Entropie wächst ständig, welche Wachstumsrate ist tragbar?« Sie werden versuchen, alles zu quantifizieren, auf die bestehenden Systeme zurückzugreifen und sie im engsten Sinne möglichst »effizient« zu machen. Unfähig, die außerordentliche Bedeutung des Entropiegesetzes zu erfassen, werden die Pragmatiker völlig am Ziel vorbeischießen. Vergleichbar einem Christen, der fragt, »Wie viele Sünden kann ich begehen und doch noch in den Himmel kommen?«, wird der Pragmatiker gern einige Begriffe des neuen Paradigmas übernehmen, dagegen wird er die wesentliche Botschaft des Entropiegesetzes nicht begreifen.

Mit der hier geäußerten Skepsis soll der Wert einer themodynamischen Systemanalyse keineswegs bestritten werden. Aber bevor wir den Punkt erreichen, an dem eine solche Analyse wirklich sinnvoll ist, müssen wir begreifen, daß der Energiefluß einer Gesellschaft so weit wie möglich reduziert werden muß, um die Entfaltung allen Lebens auch in der Zukunft, und zwar so lange wie möglich, zu gewährleisten. Unsere zukünftige Wirtschaft wird notwendige Waren produzieren, aber keine Luxusgüter. Sobald man das verstanden hat, ist eine Grundlage geschaffen, die uns den selektiven Gebrauch thermodynamischer Konzepte erlaubt, die bei der Organisation einer niederentropischen Gesellschaft helfen.

Der Pragmatiker aber wird beim Anblick eines Autos etwa folgende Fragen stellen: »Wie können wir unter Benutzung des Zweiten Hauptsatzes den Motor so umgestalten, daß er mehr leistet?« und: »Was ist die thermodynamisch günstigste Karosserieform?« Wer das entropische Weltbild begriffen hat, würde ganz andere Fragen stellen. Etwa diese: »Sind Autos wirklich zur Erhaltung menschlichen Lebens notwendig?« »Bereichert das Auto unser Wohlbefinden, unsere Gesundheit, unsere Kultur?« »Berauben die Autos von heute nicht nachfolgende Generationen ihrer Lebensmöglichkeiten?«

Ein konsequenter Anhänger des niederentropischen Weltbildes wird immer zuerst diese weiterreichenden Fragen stellen, bevor er Einzelheiten in Angriff nimmt. Er weiß, daß die relative Qualität eines Produktes bedeutungslos ist, wenn es sich als sinnlos erweist, dieses Produkt herzustellen. Wenn es nämlich sinnlos, ja, gefährlich ist, ein Auto zu besitzen, macht es kaum einen Unterschied, ob dieses Auto auf 100 Kilometer 12 oder 5 Liter Benzin verbraucht.

Der Pragmatiker dagegen versteht nicht, daß das Entropiegesetz uns keine Chance läßt, an dem alten System lediglich kosmetische Korrekturen vorzunehmen. Der Pragmatiker weiß einfach nicht, daß das Entropiegesetz sogar uns aus dem Alltag vertraute Begriffe neu definiert. Der Zweite Hauptsatz zeigt beispielsweise, daß Zeit eine Funktion der Entropie ist. Wenn die Welt einen Zustand maximaler Entropie erreicht und keine Energie mehr zur Verrichtung von Arbeit verfügbar ist, wird die Zeit aufhören zu existieren, und nichts wird mehr geschehen. Dem Entropiegesetz zufolge gibt es nur einen Weg Zeit »zu sparen«: nämlich den Energiefluß einer Gesellschaft den natürlichen Gegebenheiten unserer Umgebung so weit wie möglich anzupassen. Nur dann können wir den Zusammenbruch unseres Systems so lange wie möglich hinauszögern. Der Pragmatiker aber wird versuchen, Zeit zu sparen, indem er den vorhandenen Energiefluß optimiert, und damit den Entropieprozeß beschleunigen, also das Zeitvolumen verringern. Auch wird der Pragmatiker das Phänomen des wirtschaftlichen »Wachstums« nicht richtig einschätzen können. Er wird seine Aufmerksamkeit darauf konzentrieren, die »richtige« Art von Wachstum zu finden, ohne dabei zu realisieren, daß »Wachstum« in Wirklichkeit Ressourcenverknappung bedeutet und nichts weiter ist, als ein Verfahren, nutzbare Energie in eine nichtnutzbare Form zu transformieren.

Eine dritte Art, auf das Entropiegesetz zu reagieren, könnte man die *hedonistische* nennen. Ihr Motto ist: »Soll doch alles mit einem großen Knall zugrunde gehen!«, mit dem Unterthema: »Was hat die Nachwelt je für mich getan?« Vertreter dieser Gruppe werden wahrscheinlich zugeben, daß sich unsere Situation tatsächlich verschlechtert hat. Sie werden sich über Luftverschmutzung, Giftstoffe in ihrer Nahrung und die Zersiedelung der Landschaft beklagen. Aber in einer Art »Die-letzten-Tage-von-Rom«-Syndrom werden sie behaupten, daß man in Wirklichkeit gar nichts tun kann. Der Mensch sei einfach von Natur aus habgierig und destruktiv, werden sie sagen. Noch jedesmal, wenn versucht wurde, das System zu ändern, so ihr Argument, bliebe doch alles beim alten, wenn sich die Lage nicht sogar noch verschlimmere. Was kann der kleine Mann schon tun außer zu essen, zu trinken und zu versuchen, glücklich zu sein; und auf den nahenden Untergang zu warten?

Der Optimist, der Pragmatiker und der Hedonist haben alle eines gemeinsam – den Glauben, daß, so schlecht die Dinge heute auch liegen, unsere Generation die realen Gegebenheiten immer noch besser versteht und besser kontrollieren kann als jede frühere Generation. Sie sind gemeinsam der Meinung, daß die Menschen vor Anbruch des modernen Zeitalters sich kaum intelligenter verhielten als irgendein Tier. Weil sie nichts von subatomaren Teilchen, Computern und Stereoanlagen verstanden, bestreitet man unseren Vorfahren ihre menschliche Vollwertigkeit. Überzeugte Vertreter des Newtonschen Paradigmas verstehen nicht, daß wir nur eine andere *Art* von Wissen haben als die Menschen vor 500 oder auch 5000 Jahren. Unserer isolierten Betrachtungsweise entsprechend, glauben wir mehr zu wissen als voraufgegangene Generationen. Zur selben Zeit verlieren wir den Überblick über das, was mit uns geschieht. Der Natur vollständig entfremdet, erleidet unser Intellekt einen starken Realitätsverlust. Tatsächlich hat die Hochenergiekultur unseren Verstand so stark geprägt, daß wir zu einem Leben in Einklang mit den Gesetzen der Natur nicht mehr fähig sind. In dieser isolierten Situation haben wir verlernt, was die Menschen früherer Geschichtsepochen wußten. Es trifft zu, daß unsere Vorfahren keine wissenschaftlichen Erklärungen für die Erscheinungen in ihrer Umwelt hatten, dafür aber verstanden sie instinktiv vielleicht besser, worauf es im Leben wirklich ankommt.

Unsere Vorfahren konnten all ihre Bedürfnisse autark befriedigen. Wir dagegen sind Gefangene unserer Hochenergieumwelt. Wir sind nicht in der Lage, unsere Nahrungsmittel anzubauen oder unsere Kleidung selbst herzustellen. Wir sind wie hilflose Kinder, weil unsere Bedürfnisse nur von außerhalb gedeckt werden können. Der Farmer und Schriftsteller Wendell Berry schildert in einer brillanten Passage unser modernes Dilemma:

»Ein Amerikaner ist wahrscheinlich der unglücklichste Bürger in der Geschichte dieser Welt. Er ist nicht in der Lage, sich mit etwas anderem als mit Geld zu versorgen, und sein Geld schmilzt, Folge der Inflation, unter seinen Händen wie Schnee. Vom Morgen bis in die Nacht berührt er nichts, was er selbst hergestellt hat und worauf er stolz sein kann. Trotz all seiner Freizeit und Erholungsmöglichkeiten fühlt er sich schlecht, sieht schlecht aus, hat Übergewicht und eine schlechte Konstitution. Seine Luft, sein Wasser und seine Nahrungsmittel enthalten bekanntlich alle Gift. Er hat gute Aussicht, den Erstickungstod zu sterben. Er vermutet, daß sein Liebesleben nicht so erfüllt ist wie das anderer Leute. Er wünscht, er wäre früher oder später geboren. Er versteht nicht, warum seine Kinder so sind, wie sie sind. Er versteht nicht, wovon sie reden. Er kümmert sich nicht viel darum und weiß auch nicht, warum er sich nicht darum kümmert. Er weiß nicht, was seine Frau will oder was er will. Bestimmte Anzeigen und Bilder in Magazinen machen ihn glauben, er sei grundsätzlich unattraktiv. Er spürt, daß all sein Besitz bedroht ist. Er weiß nicht, was er täte, wenn er seinen Arbeitsplatz verlöre, wenn es mit der Wirtschaft abwärts ginge, wenn die öffentlichen Versorgungsbetriebe nicht mehr richtig arbeiteten, wenn die Polizei streikte, wenn die Lastwagenfahrer streikten, wenn seine Frau ihn verließe, wenn seine Kinder wegliefen, wenn sich herausstellte, daß er unheilbar krank ist. Und wegen dieser Ängste konsultiert er natürlich staatlich geprüfte Spezialisten, die wiederum staatlich geprüfte Spezialisten wegen ihrer Ängste konsultieren.«

Berry schließt mit den Worten: »Nach seinem eigenen Willen und durch seine eigenen Fähigkeiten in der Welt zu leben, ist der dümmste Bauer oder Stammesangehörige besser dran als der intelligenteste Arbeiter oder Techniker oder Intellektuelle in einer Gesellschaft von Spezialisten.«[58]

Von der Verzweiflung zur Hoffnung

Unsere Generation steht vor einem vielleicht einmaligen Wendepunkt in der Geschichte der Menschheit. Wie dieses Buch immer wieder deutlich gemacht hat, beeinflußt die Energieumwelt unsere Kultur, unsere Wertvorstellungen, Politik und Wirtschaft. Jetzt, da wir Zeugen des Übergangs von einer Energieumwelt sind, die auf nichterneuerbaren Ressourcen basiert, zu einer, die auf dem solaren Fluß und erneuerbaren Energiequellen beruht, wird unsere Gesellschaft von großen individuellen und institutionellen Veränderungen gebeutelt. Daraus ergeben sich Fragen: Wie lange wird der Übergang dauern? Wie wird er sich vollziehen? Was wird jeder einzelne von uns für eine Rolle dabei spielen?

Die Frage nach der Dauer des Übergangs läßt sich am schwersten beantworten. Die Energiekrise, die in den frühen siebziger Jahren begann, und das Interesse der Öffentlichkeit am Umweltschutz haben erste Umrisse des Entropieparadigmas angedeutet. Ohne Zweifel werden sich in den kommenen Jahrzehnten Teile der entropischen Gesellschaft weiter ausbilden, auch wenn viele Überreste der alten Ordnung weiterleben. Ein ähnlicher Prozeß vollzog sich in Europa während der Übergangsperiode vom Mittelalter zur modernen Ära. Heute noch können Besucher europäischer Länder Überreste der feudalen Kultur beobachten, die selbst Jahrhunderte nach dem Verschwinden des alten Systems noch überdauern. In diesem Sinne wird der Übergang zum Solarzeitalter auch eine evolutionäre Entwicklung darstellen, die mit jeder neuen Entropiekrise einen zusätzlichen Anstoß erhält.

Dennoch sollten wir nicht dem Irrglauben verfallen, daß die Veränderung der Energieumwelt so langsam vor sich gehen wird, daß wir – von Ausnahmen abgesehen – so weitermachen können wie bisher. Die Übergangsperiode wird sich nicht über Hunderte von Jahren erstrecken, wie es bei Änderungen in der Vergangenheit der Fall war. Unser hochenergetisches Sozial- und Wirtschaftssystem ist so zerbrechlich, so völlig von einer kontinuierlichen Zufuhr nichterneuerbarer Rohstoffe abhängig, daß wir ständig vom Zusammenbruch dieses Systems bedroht sind. Die nächsten zwanzig bis dreißig Jahre werden mit Sicherheit darüber entscheiden, wie wir die Weichen für die Veränderungen unserer Energieumwelt zu stellen haben. Aus diesem Grund müssen wir jetzt beginnen, uns darauf vorzubereiten, denn nur so können wir den Krisen begegnen, die ein Entropieverzweigungspunkt hervorrufen wird.

In einem früheren Abschnitt haben wir einige der großen, langfristigen, institutionellen Veränderungen skizziert, die beim Wechsel der Energieumwelt auftreten werden. Einige Menschen mögen solche Veränderungen für utopisch halten; andere für deprimierend. Beide Gruppen kann man nur fragen, wenn die skizzierte Niederenergiezukunft nicht erreichbar oder nicht wünschenswert ist, was ist dann die Alternative? Die Knappheit an nichterneuerbaren Ressourcen macht deutlich, daß wir unsere existierende industrielle Hochenergieinfrastruktur nicht länger aufrechterhalten können. Wenn wir uns von einer nicht erneuerbaren Energiebasis auf eine erneuerbare zubewegen, ist die Erwartung, wir könnten mit Hilfe der Biotechnologie einen kontinuierlichen hohen Energiedurchfluß für lange Zeit sichern, unrealistisch.

Ob es uns gefällt oder nicht, wir steuern unwiderruflich auf eine niederenergetische Gesellschaft zu. Es liegt an uns, ob wir dorthin gelangen, weil wir es wollen – da wir sowohl ihre Notwendigkeit für unser eigenes Überleben begreifen als auch die Chancen, mit ihr eine hoffnungsvollere Zukunft zu gestalten –, oder ob wir uns verzweifelt an unserem jetzigen Weltbild festklammern.

Mit jedem Tag, an dem wir weiter auf dem gegenwärtigen Hochenergiekurs bleiben, erhöhen wir die Entropierechnung, die letzten Endes doch bezahlt werden muß. Der Wechsel zu einer ganz neuen wirtschaftlichen Infrastruktur, die sich aus der Gentechnologie herleitet, könnte den Tag der Abrechnung hinauszögern, aber nur für eine gewisse Zeit. Je länger wir den notwendigen Übergang von einer hoch- zu einer niederentropischen Gesellschaft aufschieben, desto höher wird die Entropierechnung, und desto schwieriger wird die Umkehr. Wenn wir zu lange warten, werden wir merken, daß der Preis, den wir zu bezahlen haben, unsere Möglichkeiten übersteigt.

Wenn wir, für uns allein und zusammen mit anderen, nicht unser Newtonsches Weltbild über Bord werfen, gibt es keine Hoffnung, daß wir unsere Gesellschaft revolutionieren können. Der erste Schritt in diesem historischen Prozeß heißt, sich klarzumachen, was eigentlich die Ziele unserer Gesellschaft sind. Wir müssen freiwillig die Prinzipien des neuen Paradigams berücksichtigen. Das aber reicht nicht. Wir müssen uns auch zusammenschließen und zu einer im Volk verwurzelten, bodenständigen sozialen Kraft werden, der es gelingt, die existierende Hochenergie-Infrastruktur langsam abzubauen. Gleichzeitig müssen wir eine Gesellschaft errichten, die auf einem neuen Wertsystem beruht.

Vielleicht übersteigt dies alles unsere Vorstellungskraft. Die Aufgabe scheint kaum zu bewältigen, die Erfolgschancen gering. Das Zukunftsbild einer niederentropischen Gesellschaft ist sicher für viele Menschen bedrückend. Wo ist Hoffnung? Wie können wir zuversichtlich in eine bessere Zukunft sehen, wenn wir, ganz gleich, was wir tun, diese Welt in einem desolateren Zustand verlassen, als wir hineingeboren wurden? Wo ist Hoffnung, wenn es den Anschein hat, daß fast alles, was die Menschheit in den vergangenen Jahrhunderten getan hat, sich genau entgegengesetzt zu dem entwickelte, was man beabsichtigt hatte? Wenn wir weiterhin unsere Hoffnung in die herrschende Ordnung setzen, werden wir eines Tages verzweifeln, nämlich, wenn wir erkennen, daß wir unsere Zukunftschancen verpaßt haben. Warum aber sollten wir eigentlich unser Vertrauen in eine noch komplexere Technologie und ein noch fragwürdigeres Wirtschaftswachstum setzen, wenn dadurch nur unsere Zukunft als Spezies in Frage gestellt wird? Wir sind dabei, uns einer gefährlichen Illusion hingeben. Wir sollten nicht daran verzweifeln, uns selbst aus dieser Illusion zu befreien. Vielmehr sollten wir uns darüber freuen, daß unsere Generation die Gelegenheit hat, eine Umwälzung einzuleiten, die uns vom Rande der Vernichtung in eine neue Zeitordnung führt.

Bis zu diesem historischen Wendepunkt ist die menschliche Rasse unaufhaltsam vorwärts gestürmt und hat alle verfügbaren Lebensräume erobert. Jetzt, da sie praktisch jedes größere ökologische Umfeld auf diesem Planeten in Besitz genommen und ausgebeutet haben, stoßen die Menschen auf unüberwindbare Grenzen. Der Kolonisierungsmodus verlangt seinen Tribut. Wenn die Menschheit weiterhin versucht, den Energiedurchfluß zu maximieren, erschöpft sich die gesamte Energieumgebung der Welt immer schneller, und Verschwendung und Unordnung erreichen immer größere Ausmaße. Die einzige Hoffnung der menschlichen Rasse, als Spezies zu überleben, besteht darin, ihre aggressiven Plünderungsmethoden einzustellen und sich in die natürliche Ordnung einzufügen.

Da alle vergangenen oder zukünftigen Ereignisse miteinander verbunden sind, tragen wir die letzte Verantwortung für Vergangenheit und Zukunft. Wie wir diese Welt gestalten, wirkt sich bis in den entferntesten Winkel des Weltalls aus und beeinflußt jede Art von Existenz. Welche Wahl für unser Leben wir auch treffen, es betrifft nicht nur uns allein. Das Entropiegesetz ruft in den meisten von uns Widerspruch hervor. Wir können die Tatsache nicht akzeptieren, daß diese Welt eines Tages aufhören wird zu existieren; ebensowenig wie wir die Tatsache unseres eigenen Todes akzeptieren wollen. Das Entropiegesetz sagt uns, daß jede Existenz einzigartig ist; und es ist diese Einmaligkeit eines jeden Ereignisses, die uns bewußt macht, daß wir allem, was uns umgibt, Respekt schulden. Die Welt existiert nur vorübergehend. In ihrer Begrenztheit erfahren wir unsere eigene. In ihrer Verwundbarkeit erfahren wir unsere eigene. In ihrer zerbrechlichen Natur erfahren wir unsere eigene Fragilität.

Noch suchen wir wider besseres Wissen verzweifelt nach Beweisen für die Unsterblichkeit des Universums, weil die Endlichkeit der Welt eine dauernde unangenehme Erinnerung an unsere eigene Endlichkeit ist. Wir vergewaltigen unsere Mitgeschöpfe und unsere Umwelt, wir treiben Raubbau mit den Schätzen der

Erde und reden uns bei alldem noch ein, daß wir damit dem Fortschritt dienen. Es ist, als wären wir entschlossen, jegliche Erinnerung an diese endliche Welt auszulöschen, in der Hoffnung, uns damit selbst von dem schmerzlichen Bewußtsein unserer eigenen Vergänglichkeit zu befreien. Unsere gewaltsamen Aktionen beschleunigen unseren Weg in die Katastrophe, deren Folgen alle zukünftigen Lebewesen zu tragen haben.

Nur wenn wir lernen, die endliche Natur der Welt zu akzeptieren, können wir auch einschätzen, wie kostbar die Gaben dieser Erde in Wirklichkeit sind. Nur dann wird jedes Ereignis eine besondere Bedeutung gewinnen, und das Leben selbst wird etwas sein, das es wert ist, gehegt und erhalten zu werden. Der Philosoph und Naturwissenschaftler Wilhelm Ostwald bemerkte einst: »Die Verantwortlichkeit für jede Tat hat nur dann einen Sinn, wenn die Tat nicht wiederholt werden kann, wenn das, was getan ist, für immer getan ist.«[59]

Manch einer unter uns ist durchaus bereit, die Endlichkeit der Welt zu akzeptieren, glaubt aber, daß der Entropiefluß von einem sich immer weiter ausbreitenden Strom psychischer Ordnung ausgeglichen wird. Für diese Leute ist das Werden des Lebens gleichbedeutend mit der Vorstellung von einem ständig wachsenden Bewußtsein. Das Newtonsche Schema begreift das menschliche Bewußtsein als Gegengewicht zu der ins Chaos führenden Reise des Entropieflusses. Letzten Endes, so glaubt man, wird sich das kollektive Bewußtsein der Menschheit so erweitert haben, daß es die physikalische Ebene völlig verläßt, das Entropiegesetz in einer Art kosmischer Metamorphose überwindend.

Es ist daher gar nicht so abwegig, daß Leute den unausgesprochenen Glauben hegen, in einer Umwelt mit Nullwachstum oder einem niedrigen Energiedurchfluß würde das Bewußtsein verkümmern oder an seiner Weiterentwicklung gehindert. Wir leben weiter in der Vorstellung, daß Bewußtsein durch beschleunigte physische Aktivität genährt und gepflegt werden muß. Die logische Folgerung aus dieser Argumentation bedeutet, daß ein größerer Energiedurchfluß, größere Unordnung und Verschwendung eine Umwelt schaffen würden, die der Schulung des Bewußtseins dienlicher wäre.

Das aber trifft nicht zu. Eine Beschleunigung des Energieflusses fördert keineswegs die geistige Entwicklung; im Gegenteil, Erhabenheit entsteht in Stille und aus der Fähigkeit, die Schönheit des »Seins« zu erkennen, nicht aus Kampf und hektischem Aktivismus. Hermann Hesses Siddharta mußte sich am Fluß niederlassen und ihm ruhig zuhören, um eins mit ihm zu werden und Erleuchtung zu erlangen. Bis jetzt jedoch war die menschliche Geschichte von heftigem Widerstand gegen den natürlichen Fluß der Dinge geprägt. Kennzeichen des Kolonisierungsmodus ist das Bestreben zu erobern und zu unterwerfen. In diesem Sinne denken wir selbst an Erleuchtung als an etwas, das es zu »erreichen« gilt, dabei ist es doch in Wirklichkeit etwas, das man »erfahren« muß. Solange wir verbissen um Erleuchtung kämpfen, werden wir uns weiter dem natürlichen Rhythmus des Entfaltungsprozesses widersetzen und uns von der Erleuchtung, nach der wir suchen, noch weiter entfernen.

Man sollte ebenso deutlich erkennen, daß wir häufig neue Ideen, die zur Organisation der physischen Welt entwickelt werden, irrtümlich mit höheren Formen des Bewußtseins gleichsetzen. Das ist falsch. Tatsächlich haben sich im Laufe der Menschheitsgeschichte soziale und geistige Entwicklungen zum größten Teil entgegengesetzt vollzogen. Sie können sich erst dann wieder vereinen, wenn die Menschheit ihren Herrschaftsanspruch aufgibt und sich auf eine Welt einzustellen beginnt, die nicht von ihr, sondern für sie geschaffen wurde.

Wir begehen ebenfalls einen Fehler, wenn wir den Prozeß des Werdens mit dem Fortschritt und der Entwicklung einer idealen Zukunft verwechseln. Wir sehen, wie eine Rose wächst, aber wir halten sie deshalb nicht für eine unvollkommene Vorläuferin einer vollkommenen Blume, die es wahrscheinlich irgendwann in ferner Zukunft geben wird. Auch stellen wir den Wert einer einzelnen, gerade blühenden Rose nicht in Frage. Die bloße Tatsache, daß sie ist, rechtfertigt ihre Existenz. Die Vollkommenheit der Rose liegt in ihrem Sein. Wieso sollte es sich mit der

Menschheit nicht ebenso verhalten? Sie hat sich, was ihre physischen und geistigen Fähigkeiten betrifft, fast zwei Millionen Jahre nicht verändert. Jede Rose ist aufgrund ihrer Einzigartigkeit vollkommen, dasselbe gilt für das menschliche Individuum.

Solange wir nicht erkennen, daß Offenbarung und kosmisches Bewußtsein jedem zu jeder Zeit zugänglich sind, werden wir die volle Verantwortung für jede einzelne unserer Taten und für unser Verhältnis zu unserer Umwelt nicht tragen können. Statt dessen werden wir unsere Irrtümer und Versäumnisse mit unserem noch gering entwickelten kollektiven Bewußtsein entschuldigen. Mit anderen Worten, da unser Bewußtsein noch nicht voll ausgeprägt ist, können wir auch nicht voll verantwortlich gemacht werden.

Das Entropiegesetz gibt die Antwort auf die zentrale Frage, mit der jede Kultur im Laufe der Geschichte zu ringen hatte. Wie sollen sich die Menschen in der Welt verhalten? Obwohl man allgemein darin übereinstimmte, daß alles Leben zu schützen und zu mehren sei, gab es doch zahlreiche Vorschriften, auf welchem Weg genau man dieses Ziel erreichen könne. Endlich gibt uns das Entropiegesetz eine erschöpfende Antwort. Schutz und Vermehrung des Lebens in allen seinen Erscheinungsformen erfordern verfügbare Energie. Je mehr Energie verfügbar ist, desto größer sind die Aussichten, Leben auch für die Zukunft zu gewährleisten. Aber der Zweite Hauptsatz sagt uns auch, daß der Vorrat an verfügbarer Energie in der Welt mit jedem Ereignis abnimmt. Alle Energie, die wir verbrauchen, wird zukünftigem Leben in allen seinen Erscheinungsformen unwiderruflich entzogen. Der höchste moralische Imperativ ist daher der, so wenig Energie wie möglich zu verschwenden. Handeln wir danach, beweisen wir unsere Liebe zum Leben und unser Verantwortungsgefühl gegenüber der künftigen Entfaltung allen Lebens.

Wenn wir daher von Liebe im universellen Sinne sprechen, erkennen wir an, daß jeder von uns ein untrennbarer Teil des gesamten Lebensstromes ist. Liebe ist ein Akt höchster Verpflichtung gegenüber der Entfaltung aller Lebewesen. Daher ist die höchste Form der Liebe die Selbstdarbringung – die Bereitschaft, Entbehrungen auf sich zu nehmen, wenn nötig, sogar sein eigenes Leben hinzugeben, um das Leben aller zu schützen.

Liebe ist eine sanfte, zarte Kraft, die ein Gefühl totaler Bewußtheit und Integration in den universellen Rhythmus, den Prozeß des Werdens selbst, vermittelt. Durch die Art ihres Ausdrucks erkennt die Liebe einen Grundplan für die Entfaltung der physischen Reise des Universums an, auch wenn sie um die Unmöglichkeit weiß, die dahinterliegenden Mysterien jemals völlig zu verstehen. Sie ist zugleich ein Ausdruck des Vertrauens in die letztendliche Güte dieses kosmischen Prozesses und ein Akt totaler, bedingungsloser Hingabe an den natürlichen rhythmischen Strom, der alle physische Realität in seinem Laufe mit sich trägt.

So ist die Liebe eine wohltuende Erfahrung. Sie versucht den Prozeß der Entfaltung weder zu beschleunigen noch zu behindern, weil sie in ihrer reinen Form einfach die Verkörperung des universellen kosmischen Rhythmus ist, der respektiert werden muß und an den man sich halten soll.

Letzten Endes ist unser individuelles Sein für immer in der kollektiven Seele des Entfaltungsprozesses selbst aufgehoben. Die begrenzten Gaben, die uns überlassen wurden, bestmöglich zu bewahren, und den natürlichen Rhythmus, der den Prozeß des Werdens leitet, so gut wie möglich zu achten, heißt, unsere Liebe zu allem Leben, das uns vorausging und das auf uns folgen wird, zum Ausdruck zu bringen. Sich dieser doppelten Verantwortung bewußt zu sein, ist der erste Schritt bei unserer Transformation von einem Kolonisierungs- zu einem klimaktischen Modus. Wir sind die Verwalter der Welt.

Postskriptum

Sieben Punkte sollte jeder Leser dieses Buches im Gedächtnis behalten.

Erstens, die Erde ist ein fast geschlossenes System. In der Thermodynamik untersucht man drei Arten von Systemen: isolierte Systeme, die weder Materie noch Energie mit der Außenwelt austauschen; geschlossene Systeme, die Energie austauschen, aber keine Materie; und offene Systeme, die sowohl Materie als auch Energie mit der Außenwelt austauschen. Die Erde ist im Verhältnis zum Sonnensystem ein geschlossenes System. Sie tauscht Energie mit der Sonne aus, aber praktisch keine Materie mit dem Rest des Sonnensystems. Abgesehen von Meteoriten, die gelegentlich auf die Erde fallen, dem Eindringen geringer Mengen kosmischen Staubs und von Satelliten, die der Mensch ab und an in den Weltraum schickt, gibt es keinen nennenswerten Materieaustausch mit der Erde.

Zweitens treten kurzfristig und in isolierten geographischen Bereichen auf dem ganzen Planeten Entropieverzweigungspunkte auf. Das heißt, die jeweilige Materie-Energie-Basis einer Gesellschaft geht zur Neige. Und zwar zum einen aufgrund der Wirkung natürlicher Kräfte, zum anderen weil die Ressourcen schneller verbraucht werden, als die Natur sie reproduzieren kann. Dieser Prozeß erzwingt einen Wechsel der Materie-Energie-Basis. Die Anhänger eines entropischen Weltbildes behaupten keineswegs, daß dem Planeten Erde der Wärmetod unmittelbar bevorsteht. Sie sind aber davon überzeugt, daß unsere gegenwärtige Materie-Energie-Basis fossiler Brennstoffe und einer Anzahl spezieller Metalle bald erschöpft sein wird und daß diese Tatsache den Übergang zu einem neuen Materie-Energie-Feld erforderlich macht.

Drittens wird jede neue Materie-Energie-Basis zum Kontext für die Entwicklung eines neuen Arsenals von Technologien zum Sammeln, Austauschen und Ablagern von Materie-Energie unter diesen speziellen Umweltbedingungen. Zugleich mit diesen neuen Technologien entstehen neue Institutionen, Werte und

Weltbilder. Obwohl die Materie-Energie-Basis den Kontext bildet, determiniert sie doch nicht streng den Ordnungsprozeß, den eine Gesellschaft für ihre Transformation der Umwelt in ökonomischen Gebrauch wählt. Die Technologien, Institutionen und Wertsysteme können beträchtlich variieren, aber sie müssen zumindest mit der Materie-Energie-Basis, mit deren Hilfe sie arbeiten, vereinbar sein.

Viertens befindet sich die Weltwirtschaft im Frühstadium einer historischen Wende von einer auf der Gewinnung fossiler Brennstoffe und seltener Metalle beruhenden Energiebasis zu einem solaren Zeitalter mit erneuerbaren Ressourcen als wichtigster Energiequelle. Schon entwickeln sich zwei konkurrierende Methoden, jede mit einem völlig unterschiedlichen Ansatz zur Organisation der biologischen Ressourcen im kommenden Solarzeitalter. Die erste Methode kann grob der Rubrik der angepaßten Technologie zugeordnet werden. Dieser Ansatz legt das Schwergewicht auf die Vereinbarkeit mit dem Tempo des Produktionsprozesses in der Natur. Das Leitprinzip heißt, unseren Wirtschaftshaushalt mit der Natur auszugleichen. Mit anderen Worten, man will sich bemühen, nicht schneller zu konsumieren, als die Natur produzieren kann. Besonderer Wert wird auf dezentralisierte Institutionen, arbeitsintensive Fachkenntnisse, eine größere Vielfalt und regionale Selbstversorgung, zusammen mit einer bescheideneren und gerechteren Nutzung der Naturvorräte gelegt. Eine erste Annäherung an eine derart angepaßte Technologie und Infrastruktur wird in einigen Gemeinschaften schon praktiziert.

Gleichzeitig entsteht ein völlig unterschiedlicher Ansatz zur Organisation der erneuerbaren Ressourcen, die »Gentechnologie«. Viele Leute glauben irrtümlich, daß es sich dabei um eine Technologie handelt. In Wirklichkeit und in einem viel tieferen Sinne ist es eine Methode zur Organisation einer erneuerbaren Ressourcenbasis. Gesellschaften pumpen Milliarden von Dollar in die aufstrebende Gentechnologie, da sie langsam zu erkennen beginnen, daß der historische Übergang von den fossilen Brennstoffen zu solarer und erneuerbarer Energie unmittelbar vor der

Tür steht. Davon überzeugt, daß der Weg der angepaßten Technologie zu langsam und ineffizient sei, um die gewohnten »Wachstums«-Strukturen aufrechtzuerhalten, hält man den technologischen Eingriff in die Biologie des Planeten für notwendig, um die Umwandlung lebender Materie über das natürliche Tempo hinaus zu beschleunigen und so für eine stetig steigende Wachstumskurve zu sorgen.

In den nächsten zwei Jahrzehnten wird die Entscheidung darüber fallen, welche der beiden völlig unterschiedlichen Methoden zur Organisation der erneuerbaren Ressourcen angewandt werden soll.

Ein Verständnis des Entropiegesetzes und der Gesetze der Thermodynamik ist von entscheidender Bedeutung, wenn die Horrorvision von einem genetisch manipulierten Solarzeitalter nicht Wirklichkeit werden soll. Eine detaillierte Analyse dieser Gefahr findet der Leser in unserem Buch *Who should play God?*. Es untersucht die ökologischen, wirtschaftlichen, politischen und moralischen Probleme, die mit der Gentechnologie und der künstlichen Erzeugung von Leben entstehen.

Fünftens wird, sehr langfristig gesehen, nämlich nach dem Erlöschen der Sonne, die Erde zu einem kalten, öden Planeten und schließlich zu Staub. In der Vergangenheit haben die Gelehrten die Entropiezunahme mit dem Wärmetod des Sonnensystems gleichgesetzt und daraus den Schluß gezogen, daß entropische Maximen für das menschliche Leben keine große Bedeutung haben, da diese Möglichkeit weit in ferner Zukunft liegt. *Im Gegensatz dazu wollen wir den Leser auf den Entropieprozeß als erstrebenswerten Endzustand aufmerksam machen.* Unser Ziel ist es, den Rahmen für eine Analyse zu erstellen. Die politischen, kulturellen und ökonomischen Auseinandersetzungen, von denen der Sprung unserer Zivilisation in eine radikal veränderte Zukunft begleitet sein wird, sollen angesprochen, aber nicht bis ins Letzte untersucht werden. Ich hoffe, daß dieses neu entstehende, auf den Gesetzen der Thermodynamik fußende »Begriffsrahmenwerk« andere dazu ermutigen wird, die politischen, kulturellen und ökonomischen Dimensionen des Wechsels aus einer neuen Perspektive noch einmal genau zu prüfen.

Sechstens wollen wir auch diejenigen in die Diskussion einbeziehen, die das entropische Weltbild deprimiert stimmt. Als Kopernikus verkündete, daß sich das Weltall nicht um die Erde drehe, waren viele Menschen ähnlich niedergedrückt, aber irgendwie gelang es ihnen, sich der Realität zu beugen. Physikalische Gesetze sagen uns nur etwas über die Art und Weise, wie die physische Welt funktioniert.

Wie wir uns zu diesen Gesetzen verhalten, bestimmt unser geistiges Bezugssystem. Oft ist die Klage zu hören, daß es ja doch sinnlos sei, sich anzustrengen, wenn die physische Welt in Wahrheit endlich ist und sich mit jedem verstreichenden Augenblick ihrem Untergang nähert. Warum also nicht resignieren und weiterleben wie bisher? Doch auch unser persönliches Leben untersteht dem Entropiegesetz. Wir gehen von der Geburt zum Tod. Unsere physische Reise ist endlich, und was wir auch versuchen, vor dieser Realität gibt es keine Flucht. Wenn uns erstmalig die Endlichkeit unseres eigenen Daseins bewußt wird, klagen wir in der Regel ja auch nicht über die Sinnlosigkeit des Lebens, an dessen Ende nun einmal der Tod steht.

Im Gegenteil: Die Erkenntnis, daß wir sterben müssen, bestimmt die schöpferische Gestaltung unseres Lebens. Wir sehnen uns danach, unser Dasein sinnvoll und bewußt zu nutzen, wohl wissend, daß uns keine Zeit bleibt, von vorn zu beginnen. Was für die menschliche Existenz auf dieser Erde gilt, trifft auch auf die uns umgebende physische Welt zu. Ebenso wie es uns häufig schwerfällt, unsere physische Sterblichkeit und die Irreversibilität unserer Lebenserfahrungen zu akzeptieren, ist es auch schwierig, die irreversible und endliche Natur der Welt um uns her zu akzeptieren.

Absolut gesehen rechtfertigt der Entropieprozeß weder Optimismus noch Pessimismus. Er beschreibt nur, wie sich die physische Energie in der Welt verteilt. Es ist richtig, daß Entropie Zerfall und Unordnung bedeutet, aber zugleich bedeutet sie auch Entfaltung des Lebens. Wertungen entstehen erst, wenn wir entscheiden müssen, wie wir mit dem Entropiefluß in Wechselwirkung treten.

Letzten Endes sind die Entropie und die Gesetze der Thermodynamik, wie alle wissenschaftlichen Konstrukte, von Natur aus anthropozentrisch. Alle wissenschaftlichen Gesetze drücken unser Bedürfnis aus, mit Hilfe von Abstraktionen zu erkennen, wie die physische Welt funktioniert. Stellte man uns die Frage, welcher Dinge in der uns umgebenden physischen Welt wir uns am stärksten gewiß seien, so würde die Liste angeführt von Begriffen wie Geburt und Tod, heiß und kalt, konzentriert und dissipiert, verfügbar und nichtverfügbar, Wert und Unwert, Ordnung und Unordnung, Anfang und Ende, Vorstellungen, in denen das Entropiegesetz zum Ausdruck kommt.

Das Entropiegesetz kann uns helfen zu verstehen, welche Rolle wir in dem komplexen System unserer Erde spielen. Wie die Gravitation ist der Zweite Hauptsatz der Thermodynamik nur ein physikalisches Gesetz, und das sollten sich jene klarmachen, die entweder seine Relevanz überhaupt bestreiten oder die es in eine allumfassende Ideologie verdrehen wollen. Als ein anthropozentrisches Konzept kann die Entropie dabei Hilfestellung leisten, die physikalischen Regeln festzulegen, nach denen sich das Spiel des Lebens entfaltet. Wie man das Spiel jedoch spielt, hängt von den Wertsystemen und Visionen, den Launen und Einfällen, Ideologien und »Ismen« ab, die sich im menschlichen Geist bilden, wenn Menschen zueinander und mit ihrer Umwelt in Beziehung treten.

Nachwort

Die Geschichte der Thermodynamik war außergewöhnlich bewegt – und ist es noch –, hauptsächlich wegen des einzigartigen Charakters des Entropiegesetzes. Obwohl die grundlegenden Tatsachen, mit denen sich die Thermodynamik befaßt, der Menschheit höchstwahrscheinlich seit Anbeginn der Zivilisation bekannt waren, wurden sie erst vor hundert Jahren zum allgemein anerkannten wissenschaftlichen Axiom. Vor dieser Zeit zollten die Männer der Wissenschaft einer der elementarsten Tatsachen überhaupt keine Beachtung, nämlich der, daß Wärme immer nur von einem wärmeren zu einem kälteren Körper fließt, niemals umgekehrt. Heute stellt dieser Sachverhalt die klarste Formulierung des Zweiten Hauptsatzes der Thermodynamik bzw. des Entropiegesetzes dar.

Der erste interessante Punkt in Zusammenhang mit diesem Gesetz ist, daß es lange vor den anderen, weniger verblüffenden Hauptsätzen – dem Ersten und dem Nullten – aufgestellt wurde. Der Erste Hauptsatz sagt aus, daß Energie weder erschaffen noch vernichtet werden kann (was die theoretisch bedeutsame Tatsache impliziert, daß jede Art von Arbeit eine Form von Energie ist). Der Nullte Hauptsatz, der letzte, der als notwendiger theoretischer Stützpfeiler die klassische Thermodynamik ergänzt, besagt einfach, daß sich zwei Körper, von denen jeder mit einem dritten im thermodynamischen Gleichgewicht ist, ebenfalls im thermodynamischen Gleichgewicht befinden, wenn sie miteinander in Kontakt gebracht werden.

Seltsamerweise war es der Erste Hauptsatz, dessen Aufnahme auf große Schwierigkeiten stieß. Vielleicht, weil der Mensch nur äußerst ungern die Hoffnung aufgab, eines Tages eine Maschine konstruieren zu können, die Arbeit verrichtet, ohne Energie zu verbrauchen, das heißt ein Perpetuum mobile erster Art. Man braucht nur die erste Ausgabe der Zeitschrift *Science* durchzublättern, um zu sehen, daß sogar noch im Jahre 1880 – einer Zeit, in der die Thermodynamik schon zu einem legitimierten Zweig der Naturwissenschaften geworden war – der Glaube daran, daß Elektrizität eine unerschöpfliche Antriebsquelle sei, stark verbreitet war.

Das Entropiegesetz brachte das mechanistische Dogma – seit den spektakulären Erfolgen der Newtonschen Mechanik in der Astronomie unangefochten – ins Wanken. Diesem Dogma zufolge können Vorgänge sowohl vorwärts als auch rückwärts ablaufen, und, wie Laplace in seiner berühmten Apotheose der Mechanik betont, es besteht alles in der Natur aus einfacher qualitätsloser Bewegung. Angesichts der Krise entgegneten Puristen – und einige tun es heute noch –, die Thermodynamik sei kein legitimer Zweig der Naturwissenschaft, da einige ihrer Konzepte anthropomorph seien (als ob irgendein menschliches Konzept eine andere Wurzel haben könnte). Das Entropiegesetz weist in der Tat einen Unterschied auf, der in der Struktur des Menschen seinen Ursprung hat. Eine seiner Formulierungen verlangt die Unterscheidung zwischen zwei qualitativen Formen der quantitativ unveränderlichen Energie. Da gibt es die verfügbare Energie, die Form, die wir für unsere eigenen Zwecke nutzen können, und die nichtverfügbare Energie, die mit den Worten Lord Kelvins »für die Menschen unwiederbringlich verloren ist... obwohl sie nicht vernichtet ist«. Diese Tatsache ergibt sich logisch aus einem Prinzip, das zuerst von N.L.S. Carnot (in seiner berühmten Abhandlung aus dem Jahr 1824) klar formuliert wurde: »Damit eine Wärmekraftmaschine, die zyklisch arbeitet, mechanische Arbeit verrichtet, müssen zwei Körper unterschiedlicher Temperatur benutzt werden.«

Ebenso wie ein Gewicht nur mechanische Arbeit verrichten

kann, wenn es von einem höheren Niveau auf ein niedriger gelegenes fällt, kann thermische Energie keine zyklisch arbeitende Maschine antreiben, wenn sie nicht auf ein niedrigeres Temperaturniveau fallen kann (eine Parallele, die Carnot fälschlicherweise als eine analytische Identität interpretierte). Genauso wie ein Gewicht keine mechanische Arbeit mehr leisten kann, sobald es auf dem niedrigsten erreichbaren Niveau angelangt ist, ist thermische Energie »für die Menschen unwiederbringlich verloren«, nachdem sie die niedrigste erreichbare Temperatur erlangt hat.

Im Zweiten Hauptsatz der Thermodynamik wird also die Möglichkeit des Pepetuum mobile zweiter Art bestritten, einer Maschine, die zyklisch arbeitet und nur die thermische Energie aus einer einzigen Quelle benutzt. Wir dürfen allerdings nicht unerwähnt lassen, daß diese Maschine durchaus denkbar wäre, wenn wir nicht in einem endlichen Raum lebten. Dann nämlich könnten wir auch Maschinen benutzen, die nicht in Zyklen arbeiten. Dasselbe würde für den Fall gelten, daß Zeit für uns keine Rolle spielte, so daß wir Maschinen verwenden könnten, die mit infinitesimaler Geschwindigkeit laufen und keine Reibung erzeugen. Mit anderen Worten: Die Konstruktion eines Perpetuum mobile zweiter Art ist deshalb unmöglich, weil der Mensch sterblich ist. Nur auf dieser Basis kann man sagen, daß der Thermodynamik ein Beigeschmack von Anthropomorphismus anhaftet.

Da Rudolf Clausius die Entropie als relatives Maß (relativ zur Temperatur) der nichtverfügbaren Energie in einem isolierten System definierte, sprechen wir heute von einem unabänderbaren Wachsen der Entropie und erwecken damit den Eindruck, als käme der Entropiezuwachs auf irgendeine mysteriöse Art und Weise zustande. Dabei wird übersehen, daß die Zunahme der Entropie einer Abnahme der verfügbaren Energie entspricht. Als einfaches Bild für dieses sonst komplexe Phänomen vergleiche ich das isolierte System mit einer Sanduhr, die nicht umgedreht werden kann, aber doch den wahren Ablauf der Zeit anzeigt.

Aufgrund der geheimnisvollen Terminologie, mit der das Entropiegesetz gewöhnlich formuliert wird, und weil der bedeutende Physiker A.S. Eddington es als das oberste Naturgesetz pries, hat uns dieses Gesetz ungewöhnlich stark fasziniert. Das Entropiekonzept ist auf fast alle anderen Gebiete übertragen worden – auf die Kommunikationswissenschaften, die Biologie, Ökonomie, Soziologie, Psychologie, die politischen Wissenschaften und sogar auf die Kunst. Die Verantwortung dafür, dieser Mutation Tür und Tor geöffnet zu haben, trägt Claude Shannon. Als er in seinem bahnbrechenden Beitrag aus dem Jahre 1948 feststellte, daß die durchschnittliche Anzahl von Informationen pro Signal in einem Sprachcode durch dieselbe algebraische Formel wiedergegeben wird, die Boltzmann für die Entropie vorschlug, bezeichnete er diesen Mittelwert als die »Informationsentropie«. Der Begriff ist seitdem bestehen geblieben. Eine verworrene semantische Metamorphose hat dann sogar zu einer Gleichsetzung von Wissen mit niedriger (negativer) Entropie geführt. Aber zumindest Shannon bewies seine wissenschaftliche Seriosität, als er in einem Artikel (»The Bandwagon«) aus dem Jahre 1956 die Absurdität des Trends öffentlich verurteilte, der »(die Informationsentropie) zu einer Bedeutung aufgebläht hat, die ihre tatsächliche Leistung weit übersteigt«.

In Anbetracht der vom Entropiegesetz formulierten Irreversibilität war es nur natürlich, daß dieses Gesetz einen großen Wirbel um eine ewige Frage verursachte: Was ist Leben? Aus dem Zweiten Hauptsatz der Thermodynamik ergab sich ein Dilemma. Wenn die materielle Welt fortwährend einer unwiderruflichen Degradation unterworfen ist, wie können sich dann lebende Strukturen entwickeln, überleben und sogar ausdehnen? Dieser Gedanke veranlaßte zweifellos einige der großen Pioniere der Thermodynamik, der universellen Gültigkeit des Entropiegesetzes mit Vorbehalten zu begegnen. Schon früh stellte Hermann von Helmholtz die Frage, ob die Rückverwandlung nichtverfügbarer in verfügbare Energie »auch für die feinen Strukturen lebenden organischen Gewebes unmöglich ist«. Noch interessanter ist Lord Kelvins erste Formulierung dieses Gesetzes: »Es ist unmöglich, *unter Verwendung unbelebter materieller Mittel* aus irgendeiner Menge von Materie eine mechanische Leistung zu gewinnen, indem man sie unter die Temperatur des kältesten Objekts in seiner Umgebung abkühlt.« (Hervorhebung vom Autor)

Der offene Konflikt entstand aus einem wissenschaftstheoretischen Streit. Lange vor der Formulierung des Entropiegesetzes widerlegte Karl Ernst von Baer (1792–1876) das herrschende Dogma, daß Eier Miniaturen entwickelter Kreaturen sind, als er Eier von Säugetieren entdeckte. Das veranlaßte ihn dann zu der Behauptung, daß sich das Heterogene aus dem Homogenen entwickelt. Später erhob Herbert Spencer diese Idee zum bedeutendsten Naturgesetz. Noch später bestanden einige Gelehrte (wie Georg Hirth und Felix Auerbach) und Philosophen (wie Henri Bergson und Alfred North Whitehead) auf der einzigartigen Eigenschaft des Lebens, der abwärts gerichteten Bewegung toter Materie entgegenzulaufen. Der gegen diese Philosophie erhobene Vorwurf des Mystizismus fällt in sich zusammen, wenn man einfach folgendes beobachtet:

Erstens gilt das Entropiegesetz nur für vollkommen abgeschlossene Systeme, wogegen ein lebender Organismus, der ein offenes System ist, sowohl Materie als auch Energie mit seiner Umgebung austauscht. Dies steht keineswegs im Widerspruch zum Entropiegesetz, solange die Entropiezunahme in der Umgebung die Entropieabnahme im Organismus mehr als kompensiert.

Zweitens legt das Entropiegesetz nicht die Geschwindigkeit der Degradation fest; sie kann vergrößert werden (wie bei allen Tieren) oder verringert (wie bei Pflanzen).

Drittens erliegt dieses Gesetz jenen Strukturen, die sich aus dem Entropiestrudel entwickeln. Um diesen Sachverhalt mit einer Analogie zu klären: Die Geometrie legt die Länge der Diagonalen in einem Quadrat fest, aber nicht dessen Farbe. Um es noch deutlicher zu sagen: Ob ein Quadrat zum Beispiel »grün« ist, ist eine andere und ziemlich widersinnige Fragestellung.

Die Thermodynamik lehrt, was Boltzmann und, erst vor kurzem, Erwin Schrödinger sagten, daß nämlich jeder Organismus kontinuierlich niedrige Entropie aus der Umgebung aufnehmen muß; andernfalls würde er sehr schnell entropisch zugrunde gehen. Aber noch gibt es kein Argument, mit dem man die Behauptung rechtfertigen könnte, daß die Existenz lebender Strukturen eine notwendige Folge aus den Gesetzen der Thermodynamik sei. Die Wahrheit, soweit wir sie heute kennen, ist: Leben ist nicht Folge chemisch-physikalischer Gesetze, sondern vielmehr des *Verhaltens* einer chemischen Verbindung oder eines biologischen Organismus.

Dieses Bild wurde kürzlich um eine bedeutende Erkenntnis ergänzt. Vielleicht weil das westliche Bewußtsein vom Überflußdenken beherrscht wird oder weil sich Energie analytisch besser als homogene »Substanz« denn als heterogene Materie erfassen läßt, beachtete die Thermodynamik (oder ein anderer Zweig der theoretischen Physik, der sich mit diesen Dingen beschäftigt) nicht, was mit dem Material geschieht, aus dem Maschinen bestehen. Materie wird in der Thermodynamik nur im Zusammenhang mit dem Verlust an verfügbarer Energie erwähnt, der durch die nichtnutzbare Arbeit zur Überwindung der Reibungskräfte entsteht. Doch die Tatsache, daß verfügbare Materie sich ebenfalls in nichtverfügbare verwandelt, ist genauso elementar und transparent wie analog die Umwandlung, die Energie erfährt. Doch damit noch nicht genug. Eindeutig steht auch fest, daß ein Recycling von Gummimolekülen, die von Autoreifen abgerieben werden, unmöglich ist, ebensowenig wie ein Recycling der von Münzen abgeriebenen Kupfermoleküle, der Phosphormoleküle aus den Kunstdüngern und so weiter. Für uns, da wir ja nicht unbegrenzt leben, ist diese Materie unwiederbringlich verloren. Wir können nur die Materie in einem Recyclingprozeß wiedergewinnen, die noch verfügbar ist, aber in einer nicht mehr nutzbaren Form vorliegt: Glasscherben, abgenutztes Werkzeug etc.

Ein physikalisches neues Gesetz, der Vierte Hauptsatz der Thermodynamik (keine besonders glückliche Wortwahl), muß daher unsere Beschreibung der entropischen Transformationen vervollständigen. Er läßt sich in mehrere äquivalente Formulierungen fassen:

A. Ein Recycling von nichtverfügbarer Materie ist unmöglich.

B. Ein geschlossenes System (d. h. ein System, das keine Materie mit der Umgebung austauscht) kann nicht unbegrenzt konstante Arbeit verrichten.

Dieses Gesetz sagt für die Materie das aus, was das Entropiegesetz für die Energie aussagt. Ein Unterschied besteht darin, daß ein isoliertes System anstatt auf den Wärmetod (Erschöpfung sämtlicher Energieressourcen) auf das Chaos zustrebt (Erschöpfen sämtlicher Materie-Energie-Ressourcen).

Wir müssen jedoch davon Abstand nehmen, die Entropie der Materie als eine meßbare Entität zu bezeichnen. Es gibt eine meßbare Entropie für Energie, weil Energie homogen ist; feste Materie dagegen ist heterogen, wie aus dem Periodensystem deutlich wird. Die Faktoren, die zur Dissipation von Materie führen, variieren daher von Material zu Materiel sehr stark; und deshalb können wir nicht (wenigstens nicht zu dieser Zeit) sämtliche Dissipationsprozesse von Materie in einer Formel zusammenfassen – was nicht bedeutet, daß solche Dissipationsprozesse tatsächlich stattfinden oder daß wir nicht von einer allgemeinen Degradation verfügbarer Materie-Energie in eine nichtverfügbare Form sprechen könnten.

So betrachtet, ist die mißliche Lage unserer Spezies weit komplizierter, als wir jetzt angesichts der Energiekrise glauben. Erstens kann das Modell eines stationären Zustands nicht länger als ökologische Rettung angesehen werden. Zweitens muß eine wirksame Technologie in der Lage sein, ihre materielle Ausrüstung so lange aufrechtzuerhalten, wie ihre spezifische Brennstoffbasis reicht. Nur die Energieverhältnisse zu berücksichtigen, wie es heute noch üblich ist, kann in die Irre führen. Obwohl sie ein wichtiger Schritt zur Energieeinsparung ist, stellt die direkte Nutzung der Sonnenenergie noch keine praktikable Technologie dar. Die gegenwärtig bekannten Methoden sind sicherlich anwendbar, aber sie sind lediglich Hilfskonstruktionen und Varianten der gegenwärtigen Technologie. Wir sollten uns hüten, falsche und daher gefährliche Hoffnungen in der Öffentlichkeit zu wecken.

Ein interessantes Ereignis in der Geschichte der Thermodynamik war auch die hitzige Kontroverse, die um die sogenannte Irreversibilität entbrannt ist, d. h. um die sich in einer Richtung bewegende Zeit, wie das menschliche Bewußtsein sie wahrnimmt. Diese Diskussion bewies wieder einmal, wie stark wir dem mechanistischen Denken verhaftet sind. Lord Kelvin schreibt in seinen *Baltimore Lectures* (1894), daß er nur dann in der Lage sei, einen Prozeß zu begreifen, wenn er ihn durch ein mechanistisches Modell darstellen könne. So wurde auch das Entropiegesetz, weil es ja leugnete, daß Wärmeenergie selbständig zwischen zwei Körpern in beide Richtungen fließen kann, von der Fachwelt, wenn überhaupt, nur halbherzig aufgenommen. So waren, abgesehen von ein paar protestierenden Stimmen, alle Physiker erfreut, als Boltzmann die Idee ausführte, daß thermodynamische Phänomene ein Ergebnis von Bewegungen der Gasmoleküle seien, die, mit einem Zufallsfaktor kombiniert, den deterministischen Gesetzen der klassischen Mechanik gehorchen.

Das mechanistische Dogma hatte also wieder einmal gesiegt. Daß es seither die grundlegende Losung der Thermodynamik geblieben ist, sollte uns nicht überraschen.

Aber die brüchigen Stellen, die dieser Wahrscheinlichkeitsstandpunkt in unserem *Weltbild* und letzten Endes in unserer *Weltanschauung* verursacht hat, sollten nicht unberücksichtigt bleiben.

Solange die Wahrscheinlichkeit (in welcher Formulierung auch immer) die logische Grundlage für die Thermodynamik bildet, ist die spontane Umwandlung nichtverfügbarer in verfügbare Energie zwar ein sehr unwahrscheinliches, aber kein unmögliches Ereignis. Wir könnten daher auf einen Taschenspielertrick hoffen, mit dem wir diese mögliche Transformation herbeiführen und damit unseren Vorrat an verfügbarer Energie auffüllen können. Dieser Hoffnung liegt wohl der weitverbreitete Glaube zugrunde, daß das Entropiegesetz eines Tages widerlegt werden könne.

Er hat seine Wurzeln in der Tatsache, daß die Menschen den langsamen und unsicheren biologischen Pfad zu ökologischem Fortschritt verließen. Die Wurzel für die ökonomische Knappheit liegt nicht nur in der Begrenztheit der Ressourcen, sondern auch in der unaufhaltsamen entropischen Degradation. Aus diesem Grunde versuchte ich vor fünfzehn Jahren herauszufinden, inwieweit unser Wirtschaftsprozeß vom Entropiegesetz beeinflußt wird. Ich wollte detailliert die unglückselige Ehe zwischen der Wahrscheinlichkeit und den strikten Gesetzen der Mechanik aufdecken. Daß meine Anstrengungen der Mühe wert waren, bewiesen mir die heftigen Attacken, mit denen der Physiker Peter L. Auer behauptete, das Entropiegesetz stehe einem kontinuierlichen Wirtschaftswachstum im Wege. Diese Position wird auch von Wirtschaftswissenschaftlern vertreten, nach dem Motto: »Komme, was wolle, wir werden einen Ausweg finden.«

Es ist schwer zu erklären, wie es zu dieser Ansicht kam. Es ist richtig, daß die Begründer der neoklassischen Wirtschaftswissenschaften überzeugte Anhänger des herrschenden mechanistischen Dogmas waren. Aber sie hatten immerhin den Ersten Hauptsatz der Thermodynamik akzeptiert. Alfred Marshall etwa erkannte, daß wir weder Materie noch Energie produzieren, sondern nur »Gebrauchsgegenstände« herstellen können. Moderne Ökonomen haben es jedoch versäumt, das Entropiegesetz zur Kenntnis zu nehmen. So hat noch niemand die Frage gestellt, *wie* wir Gebrauchsgegenstände herstellen. Kurz, die Standardwirtschaftswissenschaft hat die spezielle Rolle, die die erschöpfbaren Naturvorräte im Leben der Menschheit spielen, vollkommen außer acht gelassen, eine Rolle, die in der Geschichte, besonders in der Geschichte der Kriegführung, deutlich wird. Nicht nur, daß die Endlichkeit natürlicher Ressourcen nicht berücksichtigt wird, darüber hinaus ist es wichtigstes Ziel der Wirtschaftswissenschaft, das sogenannte Wirtschaftswachstum zu fördern, wie Sir Roy Harrod stolz verkündete. In der Tat erzielten einige der Wirtschaftsmodelle den größten Erfolg, die kontinuierliches Wirtschaftswachstum für selbstverständlich ausgaben. Dieser Berufsstand wird so lange allgemeine Achtung genießen, wie die Behauptung, die Gutachten der Ökonomen förderten das Wachstum, nicht widerlegt ist.

Nach dem Ölembargo 1973/74 haben einige Ökonomen ihre früheren Positionen insgeheim leicht modifiziert. Walter Heller gab sogar zu, daß die Wirtschaftswissenschaftler mit ihren Parametern »daneben liegen«. (Es wäre korrekter zu sagen, daß sie viel zu »hoch liegen«.) Noch halten die meisten Ökonomen starrköpfig an ihrer Position fest, daß der Preismechanismus jede Mangelsituation meistern kann. Tatsache ist aber, so Wilhelm Miernyk, daß der Ölpreis zu der Zeit, als man bei jeder Tankfüllung Trinkgläser dazubekam, die Technologie und Wirtschaft der Vereinigten Staaten in eine Richtung drängte, die wir jetzt alle bedauern. Wegen der allgemeinen Wachstumsmanie und dem unerschütterlichen Glauben der Ökonomen in den Preismechanismus kaufen einige Leute überflüssige Luxusgegenstände wie Golfgerät, zahlreiche andere dagegen fristen ein kümmerliches Dasein.

Obwohl die Besitzenden, wenn auch nur sehr wenig, für ihre mittellosen Zeitgenossen sorgen, unternimmt die Menschheit als Ganzes fast nichts, um zukünftige Generationen vor möglichen Katastrophen zu bewahren. Programme, wie zum Beispiel mein bioökonomisches, gibt es ja bereits. Der einzige Grund, weshalb sie praktisch unbeachtet geblieben sind, liegt in der Schwierigkeit, Wertvorstellungen zu verändern, die nationale und besonders internationale Interessen betreffen. Es ist daher ein moralischer Imperativ für uns alle, uns die Gefahren für unsere ganze Spezies vor Augen zu führen, die aus einem Verhalten entstehen, das mehr auf individuellen Eigennutz bedacht ist als darauf, in Zukunft schmerzvolle Erfahrungen zu vermeiden.

Das Entropiegesetz in seiner umfassenden Form setzt dem spezifischen Lebensstil der menschlichen Spezies materielle Grenzen; Grenzen, die die heutige und zukünftige Generationen in ein Abenteuer stürzen, das unseres Wissens bisher ohne Parallele ist. Da die Bedeutung dieser Begrenzungen erst kürzlich ins allgemeine Blickfeld gerückt ist und da sich der entropische Überfluß der letzten zweihundert Jahre rapide seinem Ende nähert, müssen wir unsere Einstellung zur wirtschaftlichen, politischen und sozialen Evolution neu überdenken, um sie sinnvoll zu verändern. Jeremy Rifkin hat diese Problematik überzeugend dargestellt, ohne sich in unwesentliche technische Details zu verstricken. Dieses Buch zeichnet sich durch genau den Scharfsinn aus, der seinen früheren Essays so große Zustimmung eingebracht hat. Wenn man über das Entropiegesetz schreibt, verfällt man leicht der Gefahr, durch komplexe, aber nichtssagende Beispiele beeindrucken zu wollen. Jeremy Rifkin hat es vermieden, die gängigen Beispiele für eine anscheinend existierende Parallele zwischen entropischer Transformation und sozialen Phänomenen anzuführen; die Thermodynamik setzt diesen Erscheinungen eine Grenze, aber sie beherrscht sie nicht. Wegen seines aktuellen erzieherischen Wertes und seines ausgesprochen menschlichen Hintergrunds sollte dieses Buch in jedem privaten und in jedem öffentlichen Bücherregal stehen, um das Gebot der Stunde am gegenwärtigen Wendepunkt im Leben der Menschheit auf diesem Planeten zu verbreiten: »Liebe deine Spezies wie dich selbst!«

Nicholas Georgescu-Roegen
Vanderbilt University – Februar 1980

Anmerkungen

Teil 1: Weltbilder

1 Bury, J. B., *The Idea of Progress: An Inquiry into Its Origin and Growth* (New York: Macmillan, 1932), S. 11–12
2 Tillinghast, Pardon E., *Approaches to History* (Englewood Cliffs, N.J.: Prentice-Hall, 1963), S. 9
3 ebd., S. 11
4 Randall, John Herman, *The Making of the Modern Mind* (Cambridge, Mass.: Houghton Mifflin, 1940)
5 Germino, Dante, *Modern Western Political Thought: Machiavelli to Marx* (Chicago: Rand McNally, 1972)
6 Bacon, Francis, *Neues Organ der Wissenschaften* (Darmstadt: 1974), 1. Buch, Aphorismus 2
7 ebd., Aphorismus 71
8 Randall, a.a.O., S. 223
9 ebd.
10 Roszak, Theodore, *Where the Wasteland Ends* (Garden City, N.Y.: Doubleday/Anchor Books, 1973)
11 Randall, a.a.O., S. 224
12 Houston, Jean, »Prometheus Rebound: An Inquiry into Technological Growth and Psychological Change«, in *Alternatives to Growth I,* Dennis Meadows (Cambridge, Mass.: Ballinger, 1977), S. 274
13 Descartes, René, *Regeln zur Ausrichtung der Erkenntniskraft* (Hamburg: 1973)
14 ebd., S. 27
15 ebd.
16 ebd.
17 North Whitehead, Alfred, *Wissenschaft und moderne Welt* (Zürich: 1949), S. 63f.
18 Strauss, Leo, *Naturrecht und Geschichte* (Stuttgart: 1956)
19 Locke, John: *Zwei Abhandlungen über die Regierung* (Frankfurt: 1967), S. 221
20 ebd.
21 ebd.
22 ebd.

23 ebd.
24 ebd.
25 Smith, Adam, *Der Wohlstand der Nationen* (München: 1974), S. 369

Teil 2: Das Entropiegesetz

1 Roszak, Theodore, *Where the Wasteland Ends* (Garden City, N.Y.: Doubleday/Anchor Books, 1973), S. 139
2 Asimov, Isaac, »In the Game of Energy and Thermodynamics You Can't Even Break Even«, *Smithsonian* (August 1970), S. 9
3 ebd., S. 6
4 Daly, Herman, *Steady-State Economics* (San Francisco: Freeman, 1977), S. 21–22
5 Georgescu-Roegen, Nicholas, »The Steady State and Ecological Salvation«, *Bio Science* (April 1977), S. 268
6 ebd.
7 Russell, Bertrand, *The Scientific Outlook* (New York: Norton, 1962), S. 114
8 Angrist, Stanley, und Hepler, Loren, »Demons, Poetry and Life: A Thermodynamic View«, *Texas Quarterly* 10 (September 1967), S. 27–28
9 ebd.
10 ebd., S. 29
11 Russell, a.a.O., S. 90–91
12 Georgescu-Roegen, Nicholas, *The Entropy Law and the Economic Process* (Cambridge, Mass.: Harvard University Press, 1971), S. 6–7
13 Angrist and Hepler, a.a.O., S. 30
14 Miller, G. Tyler, jr., *Energetics, Kinetics and Life* (Belmont, Calif.: Wadsworth, 1971), S. 46
15 Wiener, Philip P., Hrsg., *Dictionary of the History of Ideas* 2 (New York: Scribner's, 1973), S. 113
16 Gunter, P.A.Y., Hrsg., *Bergson and the Evolution of Physics* (Knoxville Tenn.: University of Tennessee Press, 1977), S. 63
17 Thompson, William (Lord Kelvin) in *Proceedings of the Royal Society of Edinburgh* 8 (1874), S. 325–331. Zitiert in *American Scientist* (Oktober 1949), S. 559
18 Blum, Harold F., *Time's Arrow and Evolution* (Princeton, N.J.: Princeton University Press, 1968), S. 94
19 Schrodinger, Erwin, *What Is Life?* (New York: Macmillan, 1947), S. 72, 75

20 White, Leslie A., »Tools, Techniques and Energy«, in *Cultural and Social Anthropology,* Hrsg.: D. Hammond (New York: Macmillan, 1964), S. 28
21 Miller, a.a.O., S. 291
22 ebd.
23 White, a.a.O., S. 28
24 Lotka, Alfred J., »Contribution to the Energetics of Evolution«, *Proceedings of the National Academy of Science* 8 (1922), S. 149. Siehe auch Lotka, »The Law of Evolution as a Maximal Principle«, *Human Biology* 17 (September 1945), S. (?) 186

Teil 3: Entropie: Ein neues historisches Bezugssystem

1 Rothman, Harry, *Murderous Providence: A Study of Pollution in Industrial Societies* (New York: Bobbs-Merrill, 1972), S. 34
2 White, Lynn, jr., »Technology in the Middle Ages«, in *Technology in Western Civilization,* Hrsg.: Kranzberg, Melvin, und Purrell, Carrol W. (New York: Oxford University Press, 1967), S. 72
3 McNeill, William, *Plagues and People* (New York: Doubleday/Anchor Books, 1976), S. 147
4 Mumford, Lewis, *Technics and Civilization* (New York: Harcourt, Brace, 1934), S. 119–120
5 ebd., S. 120
6 Ayres, Eugene, »The Age of Fossil Fuels«, in *Man's Role in Changing the Face of the Earth,* Hrsg.: Thomas, William L., jr. (Chicago: University of Chicago Press, 1956), S. 368
7 Howes, Edmund, Hrsg., *Stow's Annals* (London, 1631), zitiert in Armytage, W. H. G., *A Social History of Engineering* (London: 1961)
8 Wilkinson, Richard, *Poverty and Progress* (New York: Praeger, 1973), S. 90, 102
9 Engels, Friedrich, *Die Lage der arbeitenden Klasse in England* (München: dtv, 1980), S. 87
10 Ellul, Jacques, *The Technological Society* (New York: Random House/Vintage Books, 1964), S. 105
11 ebd., S. 116
12 Schwartz, Eugene S., *Overskill: The Decline of Technology in Modern Civilization* (New York: Quadrangle, 1971), S. 72
13 »Innovation: Has America Lost Its Edge?«, *Newsweek* (4. Juni 1979), S. 58–59
14 *Environmental Quality,* Ninth Annual Report of the Council on

Environmental Quality (Washington, D.C.: U.S. Government Printing Office, 1978), S. 437
15 »Will Industry Come to Terms with Mother Earth?«, *Industry Week* (5. Februar 1979), S. 70
16 Information erhältlich vom National Petroleum Institute.
17 »Innovation«, ebd., S. 59

Teil 4: Nichterneuerbare Energie und der nahende Entropieverzweigungspunkt

1 Allvine, Fred C., und Tarpley, Fred A., jr., »The New State of the Economy: The Challenging Prospect«, in *U.S. Economic Growth from 1976 to 1986: Prospects, Problems and Patterns,* Studies for the Joint Economic Committee of the U.S. Congress (Washington, D.C.: U.S. Government Printing Office, 1976), S. 58
2 Clark, Wilson, *Energy for Survival* (Garden City, N.Y.: Doubleday/Anchor Books, 1975), S. 70
3 Resources for the Future, *Annual Report* (Washington, D.C.: 1972), S. 12
4 Long, Luman H., Hrsg. *The 1972 World Almanac* (New York: Newspaper Enterprise Association, 1971), S. 456
5 Clark, a.a.O., S. 70
6 National Petroleum Council, *Guide to National Petroleum Council Report on U.S. Energy Outlook* (Washington, D.C.: 1973), S. 5
7 Weingart, Jerome, »Surviving the Energy Crunch«, *Environmental Quality* (Januar 1973), S. 29–33, 67
8 Ophuls, William, *Ecology and the Politics of Scarcity* (San Francisco: Freeman, 1977), S. 87
9 Statistiken von Oram, Frank H., Associate Director, World Population Society (Washington, D.C.: August 1978)
10 »Our Population Predicament: A New Look«, hrsg. vom Population Reference Bureau Inc., Bd. 34, Nr. 5 (Dezember 1979)
11 Heilbroner, Robert L., »Boom and Crash«, *The New Yorker* (28. August 1978), S. 70
12 Ophuls, William, »The Scarcity Society«, *Skeptic* (Juli/August 1974), S. 50–51
13 Schipper, Lee, »Energy: Global Prospects 1985–2000«, *Bulletin of the Atomic Scientists* (März 1978), S. 58
14 ebd.
15 Rowen, Hobart, »Oil Supply Adequate, Possibly to 1990s, Trilateral

Commission Study Concludes«, *Washington Post* (14. Juni 1978), S. D9
16 Benoit, Emile, »The Coming Age of Shortages, Part I«, *Bulletin of the Atomic Scientics* (März 1978), S. 9
17 Brown, Lester R., *The Twenty-ninth Day* (New York: Norton, 1978), S. 99–100
18 Benoit, a.a.O., S. 9
19 Rattner, Steven, »Synthetic-Fuel Plans Are Raising Environment and Cost Questions«, *New York Times* (6. Juli 1979), S. 1
20 McCaull, Julian, »Wringing Out the West«, *Environment* 16 (1974), S. 10
21 Schuyten, Peter J., »The Synthetic Solution: The Rub Is in the Cost«, *New York Times* (15. Juli 1979), S. 1
22 Cowan, Edward, »Synthetic Fuel Costs Called High«, *New York Times* (11. Juli 1979), S. D7
23 Berry, John M., »Goal May Prove Elusive, Cost Too High«, *Washington Post* (29. Juli 1979), S. F1
24 National Academy of Sciences, *Energy and Climate* (Washington, D.C.: U.S. Government Printing Office, 1977)
25 Worldwatch Institute, *The Global Environment and Basic Human Needs,* Ein Bericht vor dem U.S. Council on Environmental Quality (1978), S. 36
26 Omang, Joanne, »Synthetic Fuels Danger to Climate, Scientists Say«, *Washington Post* (11. Juli 1979), S. A3
27 Rattner, a.a.O.
28 Worldwatch Institute, a.a.O., S. 33
29 Dickson, David, »Nuclear Power Uneconomic Says Congressional Committee«, *Nature* (11. Mai 1978), S. 91
30 Caldicott, Helen, *Nuclear Madness* (Brookline, Mass.: Autumn Press, 1978), S. 43
31 ebd., S. 51
32 ebd., S. 23
33 Office of Technology Assessment, *The Effects of Nuclear War* (Washington, D.C.: U.S. Government Printing Office, 1979)
34 Carter, Luther J., »Radioactive Wastes: Some Urgent Unfinished Business«, *Science* (18. Februar 1977), S. 61
35 Caldicott, a.a.O., S. 56–63
36 »Surveying the Radioactive Waste Dilemma: An Overview«, Critical Mass Energy Project (Washington, D.C.: August 1978), S. 5
37 Davis, Jackson W., *The Seventh Year: Industrial Civilization in Transition* (New York: Norton, 1979), S. 65
38 Clark, Wilson, *Energy for Survival* (New York: Doubleday/Anchor Books, 1975), S. 320

39 Browne, Malcolm W., »Fusion Power: Is There Still an Eldorado for Energy?«, *New York Times* (15. April 1979), S. E9
40 ebd.
41 Lovins, Amory, *Sanfte Energie. Das Programm für die energie- und industriepolitische Umrüstung unserer Gesellschaft* (Reinbek, 1978)
42 Love, Sam, »The New Look of the Future«, *The Futurist* 11 (April 1977), S. 80
43 England, Richard, und Bluestone, Barry, »Ecology and Social Conflict«, in *Toward a Steady State Economy,* Hrsg.: Daly, Herman E. (San Francisco: Freeman, 1973), S. 196
44 Cloud, Preston, »Mineral Resources in Fact and Fancy«, in *Toward a Steady State Economy,* Hrsg.: Daly, Herman (San Francisco: Freeman, 1973)
45 ebd.
46 *U.S. Long Term Economic Growth Prospects: Entering a New Era,* Studies for the Joint Economic Committee of the U.S. Congress (Washington, D.C.: U.S. Government Printing Office, 25. Januar 1978)
47 Goldsmith, Edward, »Settlements and Social Stability«, in *Alternatives to Growth I,* Hrsg.: Meadows, Dennis (Cambridge, Mass.: Ballinger, 1977), S. 331
48 Brown, Lester R., »Resource Trends and Population Policy: A Time for Reassessment«, Worldwatch Papers, Nr. 29 (Mai 1979)
49 Benoit, a.a.O.
50 Ophuls, *Ecology and the Politics of Scarcity,* a.a.O., S. 87
51 Blum, S. L., »Tapping Resources in Municipal Solid Waste«, *Science* 191 (1976), S. 669–675
52 Hayes, Dennis, *Alternative Energien* (Hamburg: 1979)

Teil 5: Entropie und das Industrielle Zeitalter

1 Porter, Sylvia, »Acid of Inflation Erodes Nation's Moral Values«, *Washington Post* (11. September 1978), S. B6
2 Commoner, Barry, *The Poverty of Power* (New York: Bantam Books, 1977), S. 200
3 ebd.
4 ebd., S. 201
5 ebd.
6 ebd., S. 208–209
7 ebd., S. 207

8 Nulty, Leslie Ellen, *Understanding the New Inflation: The Importance of Basic Necessities* (Washington, D.C.: Exploratory Project for Economic Alternatives, 1977), S. D19–20
9 ebd., S. D26–30
10 ebd., S. D13
11 *Environmental Quality,* Ninth Annual Report of the Council on Environmental Quality (Washington, D.C.: U.S. Government Printing Office, Dezember 1978), S. 270
12 Bureau of Labor Statistics (November 1978)
13 Daly, Herman, *Steady State Economics* (San Francisco, CA: W.H. Freeman Co., 1977)
14 Daly, Herman, »The Economic Thought of Frederick Soddy«, in *History of Political Economy,* Bd. 12, Nr. 4 (Durham, NC: Duke University Press, 1980), S. 469–488
15 ebd., S. 475
16 ebd.
17 Hayes, Dennis, *Alternative Energien* (Hamburg: 1979)
18 ebd., S. 101
19 Schell, Orville, »Inside the Food Technology Bazaar«, *Mother Jones* (Februar/März 1979)
20 Hayes, a.a.O.
21 Davis, Jackson W., *The Seventh Year* (New York: Norton, 1979), S. 126
22 Ward, Barbara, *The Home of Man* (New York: Norton, 1976), S. 49
23 Miller, Tyler G., jr., *Energetics, Kinetics and Life: An Ecological Approach* (Belmont, Calif.: Wadsworth, 1971), S. 306
24 *The Works of Jonathan Swift* 12, Hrsg.: Scott, Walter (Edinburgh: 1814), S. 176
25 Clark, Wilson, *Energy for Survival* (Garden City, N.Y.: Doubleday/Anchor Books, 1975), S. 169
26 ebd., S. 170
27 Warshofsky, Fred, *Doomsday: The Science of Catastrophe* (New York: Pocket Books, 1979) S. 223
28 *Environmental Quality,* a.a.O., S. 270
29 Farb, Peter, *Humankind* (Boston: Houghton, Mifflin, 1978), S. 181–182
30 Clark, a.a.O., S. 179
31 Harris, Fred, *The New Populism* (New York: Saturday Review Press, 1973), S. 85
32 *Food: Green Grow the Profits,* ABC television
33 ebd.
34 Clark, a.a.O., S. 171

35 Miller, a.a.O., S. 300
36 *Environmental Quality,* a.a.O., S. 276
37 Clark, a.a.O., S. 172
38 *Environmental Quality,* a.a.O., S. 276
39 ebd., S. 278
40 ebd., S. 277
41 Clark, a.a.O., S. 173
42 *Environmental Quality,* a.a.O., S. 274
43 Brown, Lester R., *The Twenty-ninth Day* (New York: Norton, 1976), S. 49
44 Clark, a.a.O., S. 174
45 Worldwatch Institute, *The Global Environment and Basic Human Needs,* Ein Bericht vor dem U.S. Council on Environmental Quality (Wahington, D.C.: 1978)
46 *Facts and Trends,* 12. Ausgabe (Washington, D.C.: Transportation Association of America, 1976), S. 3
47 Rothschild, Emma, *Paradise Lost* (New York: Random House, 1973), S. 18
48 Brown, George W., *The Freeway Failure,* Proceedings of the Third National Conference on the Transportation Crisis (Washington, D.C.: 10. Juni 1972), S. 4
49 Clark, a.a.O., S. 162
50 ebd., S. 157–161
51 ebd., S. 160
52 ebd.
53 Commoner, a.a.O., S. 165
54 Mowbray, A. Q., *Road to Ruin* (Philadelphia: Lippincott, 1969), S. 15
55 Schneider, K. R., *Autokind v. Mankind* (New York: Schocken, 1972), S. 123
56 *Facts and Trends,* a.a.O., S. 3
57 Kommentar von Kennan, Robert, M., jr., »Hearings on Future Highway Needs«, Subcommittee on Transportation of the House Committee on Public Works, 93. Kongreß, 1. Sitzung, S. 480
58 Mowbray, a.a.O., S. 14
59 ebd., S. 15
60 Leavitt, Helen, *Superhighway: Superhoax* (New York: Ballantine, 1971), S. 13
61 ebd., S. 13, 258
62 ebd., S. 257
63 ebd., S. 265; Mowbray, a.a.O., S. 29
64 Leavitt, a.a.O., S. 20
65 ebd., S. 220–263

66 Clark, a.a.O., S. 158
67 Brown, a.a.O., S. 2
68 Mowbray, a.a.O., S. 14
69 ebd., S. 12
70 Leavitt, a.a.O., S. 6
71 Mowbray, a.a.O., S. 68
72 ebd., S. 33
73 Goodman, Robert, *After the Planners* (New York: Simon & Schuster, 1971), S. 79
74 Council on Environmental Quality, *The Costs of Sprawl* (Washington, D.C.: 1974)
75 Mowbray, a.a.O., S. 71; Clark, a.a.O., S. 110
76 Schmeck, Harold M., jr., »Lower Level Lead Exposure Tied to Child Brain Damage«, *New York Times* (29. März 1979), S. A18
77 ebd.
78 »Drift Away from Big Cities Goes On«, *U.S. News and World Report* (15. November 1976)
79 Davis, a.a.O., S. 229
80 Bookchin, Murray, *The Limits of the City* (New York: Harper & Row, 1974), S. 92
81 Sale, Kirkpatrick, »The Polis Perplexity: An Inquiry into the Size of Cities«, *Working Papers* (Januar/Februar 1978), S. 75
82 »Drift Away from Big Cities Goes On«, a.a.O.
83 Sale, a.a.O., S. 66
84 Ward, a.a.O., S. 4
85 Bussey, Ellen M., *The Flight from Rural Poverty* (Lexington, Mass.: Heath, 1973), S. 103
86 Mumford, Lewis, »The Natural History of Urbanization«, in *Man's Role in Changing the Face of the Earth,* Hrsg.: Thomas, jr., William L. (University of Chicago Press, 1956)
87 Bookchin, a.a.O., S. 33
88 Wolman, A., »The Metabolism of Cities«, *Scientific American* 213 (1965), S. 178–190
89 Thornton, Mary, »Food Exports Threatened by Loss of Farmland in U.S.«, *Washington Star* (26. November 1979), S. 2
90 Bookchin, a.a.O., S. 72
91 Woldman, a.a.O.
92 Clark, a.a.O., S. 197
93 ebd.
94 Kirby und Prokopovitsch, »Technological Insurance Against Shortages in Minerals and Metals«, *Science* 191 (1976), S. 713–719
95 Humphrey, Nancy, *The Future of Cleveland's Capital Plant* und *The*

Future of New York City's Capital Plant (Washington, D.C.: Urban Institute, 1979)

96 *Inadvertent Climate Modification,* Mit Unterstützung der Königlich-Schwedischen Akademie der Wissenschaften und der Königlich-Schwedischen Akademie für Ingenieurswissenschaften (Cambridge, Mass.: MIT Press, 1971), S. 12

97 Sale, a.a.O., S. 67

98 ebd., S. 68–69

99 Seldman, Neil, »Who Takes Out the Garbage in D.C.?«, *Building System Design* (Oktober/November 1975); Sylvester, Kathy, »Monumental Garbage Problem«, *Washington Star* (14. August 1979), S. B1

100 Sale, a.a.O.

101 Kohr, Leopold, *Breakdown of Nations* (New York: Rinehart, 1957)

102 *Environmental Quality,* a.a.O.; »Drift Away from Big Cities Goes On«, a.a.O.

103 Quelle: National Defense Clearing House (Washington, D.C.: 1979)

104 Quelle: Center for Defense Information (Washington, D.C.: 1979)

105 Melman, Seymour, »Beating Swords into Subways«, *New York Times Magazine* (19. November 1978)

106 ebd.

107 Cooley, John K., »Oil Crunch Worries U.S. Military«, *Christian Science Monitor* (17. Mai 1979), S. 17

108 ebd.

109 Coffin, Tristram, »Conversion, the Answer to Inflation and Recession«, *Washington Spectator* (1. Februar 1979)

110 Anderson, Marion, *The Impact of Military Spending on the Machinists Union* (Washington, D.C.: International Association of Machinists, Januar 1979)

111 ebd.

112 Coffin, a.a.O.

113 Quelle: *The Bulletin of Atomics Scientists,* erhältlich bei SANE (Washington, D.C.: 1979)

114 Quelle: Center for Defense Information (Washington, D.C.: 1979)

115 ebd.

116 Coffin, a.a.O.

117 Hooper, John, »MX Missile Raises Specter of Massive Land Grab«, in *Wilderness Report* (Washington, D.C.: Wilderness Society, Januar 1979)

118 Brief von Robert F. Bennett an Präsident Jimmy Carter (2. Oktober 1978)

119 *Congressional Record* (27. Juni 1979), S. S8740–8743

120 Telefoninterview mit Earl Ravenal (Oktober 1979)

121 *Your Taxes, Your Choices,* Pamphlet, hrsg. von der Coalition for a New Foreign and Military Policy (Washington, D.C.: 1979)
122 Quelle: National Defense Clearing House (1979)
123 Eugene Schwartz, *Overskill: The Decline of Technology in Modern Civilization* (New York: Quadrangle, 1971), S. 216
124 Hayes, a.a.O.
125 *What Could Your Tax Dollars Buy?* (Washington, D.C.: SANE, Dezember 1978)
126 Zitiert aus Georgescu-Roegen, Nicholas, in Hearings before the Joint Economic Committee, »Long-Term Economic Growth«, (9. November 1976), S. 15
127 Adams, Henry, *The Degradation of the Democratic Dogma* (New York: Macmillan, 1949)
128 Quelle: Das U.S. Department of Commerce, Industry and Trade Administration (ITA press release 79–1, 3. Januar 1979)
129 Mander, Jerry, *Schafft das Fernsehen ab!. Eine Streitschrift gegen das Leben aus zweiter Hand* (Reinbek: 1979)
130 Schrag, Peter, *Mind Control* (New York: Pantheon, 1978) S. 33–34
131 ebd., S. 23
132 ebd., S. 43
133 »Is Anyone Out There Listening«, Ein Bericht der CBS am 21. und 22. August 1978, Teil I und II
134 ebd.
135 ebd.
136 ebd.
137 ebd.
138 ebd.
139 ebd.
140 McKeown, Thomas, »A Historical Appraisal of the Medical Task«, in *Medical History and Medical Care,* Hrsg.: McLachlan, Gordon, und McKeown, Thomas (London: Oxford University Press, 1971), S. 36
141 *United States Chartbook: Health* (Washington, D.C.: HEW, National Center for Health Statistics, 1976–77), S. 1–5
142 Dixon, Bernard, *Beyond the Magic Bullet* (New York: Harper & Row, 1978), S. 3
143 *United States Chartbook,* a.a.O.
144 Dixon, a.a.O., S. 226
145 Illich, Ivan, *Die Nemesis der Medizin. Von den Grenzen des Gesundheitswesens* (Reinbek: 1977)
146 Dixon, a.a.O., S. 72–74
147 Howard, Ted, und Rifkin, Jeremy, *Who Should Play God?* (New York: Delacorte, 1977), S. 199

148 Silverman, Milton, und Lee, Philip, *Pills, Profits and Politics* (Berkeley: University of California Press, 1974)
149 ebd.
150 Illich, a.a.O.
151 House Subcommittee on Oversight and Investigations, 1976, wie berichtet im *Washington Star* (April 1977)
152 McKinlay, John B., und McKinlay, Sonja M., »The Questionable Contribution of Medical Measures to the Decline of Mortality in the U.S. in the Twentieth Century«, *Milbank Memorial Fund Quarterly: Health and Society* (Sommer 1977), S. 425
153 McKinlay, John B., und McKinlay, Sonja M., »A Refutation of the Thesis That the Health of the Nation Is Improving«, ein Studienbericht als Teil eines Forschungsprojektes, das aus Mitteln des Milbank Memorial Fund (an der Bostoner Universität) und dem Carnegie Fund (des Radcliffe Instituts) finanziert wird; S. 412–414
154 Canlon, Michael J., »EPA Cites U.S. Environment as a Leading Death Cause«, *Washington Post* (27. August 1978)
155 Benoit, Emile, »A Dynamic Equilibrium Economy«, *Bulletin of the Atomic Scientists* (Februar 1976)
156 *East West Journal* (August 1977), S. 13
157 Ophuls, a.a.O., S. 78–79
158 Daly, a.a.O., S. 193–194
159 Costle, Douglas M., »Defense by Disaster: Proving the Value of Environmental Protection«, EPA Speech (Washington, D.C.: 29. März 1979)
160 Herman, Stewart T., *The Health Costs of Air Pollution* (Fairfax Va.: American Lung Association, 1977)

Teil 6:
Entropie: Ein neues Weltbild

1 Hoagland, Jim, und Wilson, George C., »Army Is Drafting Plans for ›Quick Strike‹ Force«, *Washington Post* (22. Juni 1979), S. A-2
2 Mayer, Lawrence A., »Climbing Back from Negative Growth«, *Fortune* (August 1975)
3 Benoit, Emile, »The Coming Age of Shortages, Part I«, *Bulletin of the Atomic Scientists* (Januar 1976), S. 14
4 The Hunger Project (San Francisco, Calif.: 1978)
5 Agarwal, Anil, »New Strategy for World Health«, *New Scientist* (22. Juni 1978), S. 821
6 Kurien, C. T., »A Just, Participatory and Sustainable Society: A

Third World Perspective«, Papier, vorgelegt auf der Conference on Faith, Science and the Future, World Council of Churches (Boston, Mass.: 12.–24. Juli 1979)
7 Daly, Herman, »The Ecological and Moral Necessity for Limiting Economic Growth«, Papier, vorgelegt auf der Conference on Faith, Science and the Future, World Council of Churches (Boston, Mass.: 12.–24. Juli 1979)
8 Hovey, Graham, »More Crowding Forecast in World's Poorer Cities«, *New York Times* (16. August 1979), S. D1
9 Rensberger, Boyce, »Expert Says Only Hope to Feed World Is with Food Production Unlike That in U.S.«, *New York Times* (8. Dezember 1976), S. A19
10 El Kholy, O. A., »Science, Technology and the Future: An Arab Perspective«, Papier, vorgelegt auf der Conference on Faith, Science and the Future, World Council of Churches (Boston, Mass.: 12.–24. Juli 1979)
11 Heilbroner, Robert L., *An Inquiry into the Human Prospect* (New York: Norton, 1974), S. 86
12 Rowen, Hobart, »Miller Urges ›Austerity‹ to Cut Inflation«, *Washington Post* (7. September 1979), S. 1
13 Zu verschiedenen Solartechnologien siehe: Hayes, Denis, *Alternative Energien,* und Lyons, Stephen, Hrsg.: *Sun: A Handbook for the Solar Decade* (San Francisco: Friends of the Earth, 1978)
14 ebd.
15 Quelle: Resources for the Future (Washington, D.C.: Juni 1979)
16 Davis, Jackson W., *The Seventh Year: Industrial Civilization in Transition* (New York: Norton, 1979), S. 69
17 Coffin, Tristram, »Conversion, the Answer to Inflation and Recession«, *Washington Spectator* (1. Februar 1979)
18 Schumacher, E. F., *Good Work* (New York: Harper & Row, 1979), S. 18
19 Bookchin, Murray, »Technology for Life«, in Lyons, a.a.O.
20 Ophuls, William, *Ecology and the Politics of Scarcity* (San Francisco: Freeman, 1977)
21 Odum, Howard, »Net Energy from the Sun«, in Lyons, a.a.O.
22 Munson, Richard, »Ripping off the Sun«, *The Progressive* (September 1979), S. 13
23 Hayes, a.a.O.
24 Winston, Donald C., »There Goes the Sun«, *Newsweek* (3. Dezember 1979), S. 35
25 Georgescu-Roegen, Nicholas, »Technology Assessment: The Case of the Direct Use of Solar Energy«, *Atlantic Economic Journal* 6 (Dezember 1978), S. 20

26 Munson, a.a.O., S. 12
27 ebd., S. 13
28 ebd., S. 14
29 Schumacher, a.a.O., S. 123
30 Alle Zitate in diesem Paragraphen aus *Less Is More,* Hrsg.: Goldian Vanden Broeck (New York: Harper & Row, 1978)
31 ebd.
32 Schumacher, E. F., *Die Rückkehr zum menschlichen Maß. Alternativen für Wirtschaft und Technik* (Reinbek: 1977)
33 Henderson, Hazel, *Creating Alternative Futures* (Berkeley: Windhover, 1978), S. 394
34 Satin, Mark, *New Age Politics* (New York: Delta Books, 1978), S. 29
35 Harris poll, *Washington Post* (23. Mai 1977)
36 Hollister, C. W., »Twilight in the West«, in *The Transformation of the Roman World,* Hrsg.: White, jr., L. (Berkeley: University of California Press, 1966), S. 204
37 Commoner, Barry, *The Poverty of Power* (New York: Bantam Books, 1977), S. 163
38 Love, Sam, »The New Look of the Future«, *The Futurist* (April 1977), S. 78
39 Schumacher, *Die Rückkehr zum menschlichen Maß. Alternativen für Wirtschaft und Technik*
40 Davis, a.a.O., S. 217–218
41 Wade, Nicholas, »Nicholas Georgescu-Roegen: Entropy the Measure of Economic Man«, *Science* (31. Oktober 1975)
42 Russell, Bertrand, *The Scientific Outlook* (New York: Norton, 1962), S. 85
43 Lukacs, John, *The Passing of the Modern Age* (New York: Harper Torchbooks, 1970), S. 152
44 Russell, a.a.O., S. 92–93
45 ebd.
46 Born, Max, *The Restless Universe* (New York: Harper, 1936), S. 277
47 Lepkowski, Will, »The Social Thermodynamics of Ilya Prigogine«, *Chemical & Engineering News* (16. April 1979), S. 33
48 Vecsey, George, »Buddhism in America«, *New York Times Magazine* (3. Juni 1979), S. 30
49 The Gallup Opinion Index, »Religion in America«, 1977–1978
50 Quebedeaux, Richard, *The Young Evangelicals* (New York: Harper & Row, 1974), S. 127–128
51 Barnett, Henlee H., *The Church and the Ecological Crisis* (Grand Rapids, Mich.: Erdmans, 1972), S. 69. Siehe auch Schaeffer, Francis A., *Pollution and the Death of Man: The Christian View of Ecology* (Wheaton, Ill.: Tyndale House, 1970), S. 37

52 Barnett, ebd., S. 78–79
53 Schaeffer, a.a.O., S. 91–92
54 Barnett, a.a.O., S. 81
55 Schaeffer, a.a.O., S. 49–50
56 Schaeffer, Francis A., *Wie können wir denn leben?* (Neuhausen: 1977)
57 ebd.
58 Berry, Wendell, *The Unsettling of America* (New York: Avon, 1977), S. 20
59 »Entropy Concept in Philosophy«, in *Entropy and Information in Science and Philosophy,* Hrsg.: Kubat, Libor, und Zeman, Jiri (New York: Elsevier, 1975), S. 240

Bibliographie

Teil 1: Weltbilder

Adams, Henry. *The Degradation of the Democratic Dogma.* New York: Macmillan, 1919.

Bacon, Francis. *Neues Organ der Wissenschaften,* Buch 1, Aphorismen 2.

Barrett, William. *The Illusion of Technique.* Garden City, N.Y.: Doubleday/Anchor, 1976.

Bluhm, William. *Ideologies and Attitudes.* Englewood Cliffs, N.J.: Prentice-Hall, 1974.

Boulding, Kenneth. *The Meaning of the Twentieth Century.* New York: Harper & Row, 1965.

Brinton, Crane. *The Shaping of Modern Thought.* Englewood Cliffs, N.J.: Prentice-Hall, 1963.

Bury, J. B.. *The Idea of Progress: An Inquiry into its Origin and Growth.* New York: Macmillan, 1932.

Descartes, René. *Regeln zur Ausrichtung der Erkenntniskraft.* Hamburg: F. Meiner, 1973.

Ferkiss, Victor. *The Future of Technological Civilization.* New York: Braziller, 1974.

Gardiner, Patrick (Hg.). *Theories of History.* New York: Free Press, 1959.

Germino, Dante L. *Modern Western Political Thought.* Chicago: Rand McNally, 1972.

Girvetz, Harry K. *The Evolution of Liberalism.* New York: Collier, 1967.

Himmelfarb, Gertrude. *Darwin and the Darwinian Revolution.* New York: Norton, 1968.

Hofstadter, Richard. *Social Darwinism in American Thought.* Boston: Beacon, 1955.

Holton, Gerald. *Thematische Analyse der Wissenschaft. Die Physik Einsteins und seiner Zeit.* Frankfurt, 1981.

Humpshire, Stuart. *The Age of Reason: The 17th Century Philosophers.* New York: New American Library, 1956.

Kuhn, Thomas S. *Die Struktur wissenschaftlicher Revolution.* Frankfurt a.M., 1973.

Lewis, Elwart (Hg.). *Medieval Political Ideas.* New York: Knopf, 1954.
Lindsay, Robert Bruce. *The Role of Science in Civilization.* New York: Harper & Row, 1963.
Lukacs, John. *The Passing of the Modern Age.* New York: Harper, 1970.
Marty, Martin. *A Short History of Christianity.* New York: Collins, World, 1959.
Mumfort, Lewis. *Technics and Civilization.* New York: Harcourt, Brace, 1934.
Nisbet, Robert. *Twilight of Authority.* New York: Oxford University Press, 1975.
Pollard, Sidney. *The Idea of Progress.* New York: Basic Books, 1968.
Pynchon, Thomas. »Entropy.« *Kenyon Review* 22 (Frühling 1960).
Randall, John Herman. *The Making of the Modern Mind.* New York: Columbia University Press, 1940.
Roszak, Theodore. *Where the Wasteland Ends.* Garden City, N.Y.: Doubleday/Anchor Books, 1973.
Rousseau, Jean Jacques. *Gesellschaftsvertrag.* Stuttgart, 1981.
Schrag, Peter. *The End of the American Future.* New York: Simon & Schuster, 1973.
Stent, Gunther S. *The Coming of the Golden Age: A View of the End of Progress.* Garden City, N.Y.: Natural History Press, 1969.
Tawney, R. H. *Religion and the Rise of Capitalism.* New York: Harcourt, Brace, 1926.
Tillinghast, Pardon E. (Hg.). *Approaches to History.* Englewood Cliffs, N.J.: Prentice-Hall, 1963.
Whitehead, Alfred North. *Wissenschaft und moderne Welt.* Zürich: Morgarten, 1949.

Teil 2: Das Entropiegesetz

Asimov, Isaac. *A Short History of Biology.* Garden City, N.Y.: Natural History Press, 1964.
Asimov, Isaac. »In the Game of Energy and Thermodynamics You Can't Even Break Even.« *Smithsonian* (August 1970).
Asimov, Isaac. »What Is Entropy?« *Science Digest* 73 (Januar 1973).
Angrist, Stanley W., und Loren G. Hepler. »Demons, Poetry and Life: A Thermodynamic View.« *Texas Quarterly* 10 (September 1967).

Berry, R. Stephen. »Recycling, Thermodynamics and Environmental Thrift.« *Bulletin of Atomic Scientists* 28 (Mai 1972).

Blum, Harold F. *Time's Arrow and Evolution.* Princeton, N.J.: Princeton University Press, 1968.

Brillouin, L. »Life, Thermodynamics and Cybernetics.« *American Scientist* 37 (Oktober 1949).

Capek, Milic. *The Philosophical Impact of Contemporary Physics.* New York: Van Nostrand, 1961.

Daly, Herman E. *Toward a Steady State Economy.* San Francisco: Freeman, 1973.

Davies, Paul. *Am Ende ein neuer Anfang. Die Biographie des Universums.* Düsseldorf, 1979.

Ditta, Mahadev. »A Hundred Years of Entropy.« *Physics Today* 21 (Januar 1968).

Dobzhansky, Theodosius. *The Biological Basis of Human Freedom.* New York: Columbia University Press, 1956.

Eddington, Sir Arthur. *The Nature of the Physical World.* Ann Arbor: Ann Arbor Paperbacks, University of Michigan Press, 1958.

Georgescu-Roegen, Nicholas. *Energy and Economic Myths.* Elsmford, N.Y.: Pergamon Press, 1977.

Georgescu-Roegen, Nicholas. *The Entropy Law and the Economic Process.* Cambridge, Mass.: Harvard University Press, 1971.

Georgescu-Roegen, Nicholas. *Analytical Economics: Issues and Problems.* Cambridge, Mass.: Harvard University Press, 1966.

Georgescu-Roegen, Nicholas. »The Steady State and Ecological Salvation: A Thermodynamic Analysis.« *Bioscience* 17 (April 1977).

Heilbroner, Robert L. *Die Zukunft der Menschheit.* Frankfurt a.M., 1976.

Hiebert, Erwin N. »The Uses and Abuses of Thermodynamics in Religion.« *Daedalus* 95 (Herbst 1966).

Houston, Jean. »Prometheus Rebound: An Inquiry into Technological Growth and Psychological Change.« In *Alternatives to Growth I.* Hg. von Dennis L. Meadows. Cambridge, Mass.: Ballinger, 1977.

Kelley, Hillary Jay. »Entopy of Knowledge.« *Philosophy of Science* 36 (Juni 1969).

Kubat, Libor, und Jiri Zeman (Hg.). *Entropy and Information in Science and Philosophy.* New York: Elsevier, 1975.

Lindsay, R. B. »Entropy Consumption and Values in Physical Science.« *American Scientist* 47 (Herbst–September 1959).

Lindsay, Robert Bruce. *The Role of Science in Civilization.* New York: Harper & Row, 1963.

Lotka, Alfred J. »Contributation to the Energetics of Evolution.« *Proceedings of the National Academy of Sciences* 8 (1922).

Lotka, Alfred J. »The Law of Evolution as a Maximal Principle.« *Human Biology: A Record of Research* 17 (September 1945).
Mayr, Ernst. »Evolution.« *Scientific American* (September 1978).
Miller, G. Tyler, jr. *Energetics, Kinetics and Life: An Ecological Approach*. Belmont, Calif.: Wadsworth, 1971.
Morowitz, Harold J. *Energy Flow in Biology*. New York: Academic Press, 1968.
O'Manique, John. *Energy in Evolution*. New York: Humanities Press, 1969.
Parsegian, V. L. »Biological Trends within Cosmic Processes.« *Zygon* 8 (September–Dezember 1973).
Polgar, Steven. »Evolution and the Thermodynamic Imperative.« In *Human Biology,* Bd. 33. (Detroit, Mich.: Wayne State University Press, 1961).
Porter, George. »The Laws of Disorder.« *Chemistry*. Neudruck 85. Bd. 41 (Mai–Dezember 1968); Bd. 42 (Januar–Februar 1969).
Prigogine, Ilya / Gregoire Nicolis und Agnes Babloyantz. »Thermodynamics of Evolution.« *Physics Today* (November 1972).
Rodgers, Donald W. »An Informal History of the First Law of Thermodynamics.« *Chemistry* 49 (Dezember 1976).
Russell, Bertrand. *The Scientific Outlook*. New York: Norton, 1962.
Schrodinger, Erwin. *What Is Life? The Physical Aspect of the Living Cell*. New York: Macmillan, 1947.
Schumacher, E. F. *Rat für die Ratlosen. Vom sinnerfüllten Leben*. Reinbek, 1979.
Seifert, H. S. »Can We Decrease Our Entropy.« *American Scientist* 49 (Juni 1961).
Simpson, George Gaylord. *The Meaning of Evolution*. New Haven: Yale University Press, 1949.
Stebbing, L. Susan. »Entropy and Becoming.« *Philosophy and the Physicists,* New York: Dover, 1958.
Wagner, Vern. *The Suspension of Henry Adams: A Study of Manner and Matter*. Detroit: Wayne State University Press, 1969.
Warshofsky, Fred. *Doomsday: The Science of Catastrophe*. New York: Pocket Books, 1979.
Watanabe, Satosi. »The Concept of Time in Modern Physics and Bergson's Pure Duration.« In *Bergson and the Evolution of Physics*. Hg. von D. A. Y. Gunter. Knoxville, Tenn.: University of Tennessee Press, 1977.
White, Leslie A. »Tools, Techniques and Energy.« In *Cultural and Social Anthropology*. Hg. von P. Hamond. New York: Macmillan, 1964.
Wiener, Philip P. (Hg.). »Entropy.« In *The Dictrionary of the History of Ideas*. Bd. 2. New York: Scribner's, 1973.

Teil 3:
Entropie: Ein neues historisches Bezugssystem

Adams, Brooks. *The Law of Civilization and Decay.* Freeport, N.Y.: Books for Libraries, 1971.

Adams, Richard Newbold. *Energy and Structure.* Austin, Texas: University of Texas Press, 1975.

Ayres, Eugene. »The Age of Fossil Fuels.« In *Man's Role in Changing the Face of the Earth.* Hg. von William L. Thomas, jr. Chicago: University of Chicago Press, 1956.

Barrett, William. *The Illusion of Technique.* Garden City, N.Y.: Doubleday/Anchor Books, 1978.

Bates, Marston. »Process.« In *Man's Role in Changing the Face of the Earth.* Hg. von William L. Thomas, jr. Chicago: University of Chicago Press, 1956.

Bluhm, William T. *Ideologies and Attitudes: Modern Political Culture.* Englewood Cliffs, N.J.: Prentice-Hall, 1974.

Boulding, Kenneth. »The Interplay of Technology and Values: The Emerging Superculture.« In *Values and the Future: The Impact of Technological Change on American Values.* Hg. von Kurt Bauer und Nicholas Rescher. New York: Free Press, 1969.

Boulding, Kenneth. *The Meaning of the Twentieth Century.* New York: Harper & Row, 1965.

Childe, V. Gordon. *Man Makes Himself.* New York: New American Library, 1951.

Congress of the United States, Joint Economic Committee. »Productivity and Technological Change.« In *U.S. Long-Term Economic Growth Prospects: Entering a New Era.* Washington, D.C.: U.S. Government Printing Office, 25. Januar 1978.

Daly, Herman E. *Steady-State Economics.* San Francisco: Freeman, 1977.

Darby, H. C. »The Cleaning of the Woodland.« In *Man's Role in Changing the Face of the Earth.* Hg. von William L. Thomas jr. Chicago: University of Chicago Press, 1956.

Douglas, Jack D. (Hg.). *The Technological Threat.* Englewood Cliffs, N.J.: Prentice-Hall, 1971.

Dubos, René. *The Torch of Life.* New York: Simon & Schuster, 1962.

Ellul, Jacques. *The Technological Society.* New York: Random House/Vintage Books, 1964.

Environmental Quality Council. Executive Office of the President. *Environmental Quality, Ninth Annual Report.* Washington, D.C.: U.S. Government Printing Office, Dezember 1978.

Farb, Peter. *Humankind.* Boston: Houghton Mifflin, 1978.
Ferkiss, Victor. *The Future of Technological Civilization.* New York: Braziller, 1974.
Gall, John. *List und Tücke der Systeme. Wie Organisationen arbeiten und trotzdem weiterleben.* Düsseldorf, 1979.
Georgescu-Roegen, Nicholas. *Analytical Economics.* Cambridge, Mass.: Harvard University Press, 1966.
Georgescu-Roegen, Nicholas. *The Entropy Law and the Economic Process.* Cambridge, Mass.: Harvard University Press, 1971.
Giarini, Orio, und Henri Louberge. *The Diminishing Returns of Technology.* Oxford: Pergamon Press, 1978.
Harmon, Willis W. »The Coming Transformation II.« *The Futurist* 11 (April 1977).
Heilbroner, Robert L. *An Inquiry into the Human Prospect.* New York: Norton, 1974.
Heilbroner, Robert L. »Do Machines Make History?« In *Technology and Culture,* Chicago: University of Chicago Press, 1967.
Hirsch, Fred. *Die sozialen Grenzen des Wachstums. Eine ökonomische Analyse der Wachstumsgrenzen.* Reinbek, 1980.
Houston, Jean. »Prometheus Rebound: An Inquiry into Technological Growth and Psychological Change.« In *Alternatives to Growth I.* Hg. von Dennis L. Meadows. Cambridge, Mass.: Ballinger, 1977.
Hoyt, Robert S. *Europe in the Middle Ages.* New York: Harcourt, Brace & World, 1966.
Kariel, Henry S. *Beyond Liberalism, Where Relations Grow.* New York: Harper & Row, 1978.
Kranzberg, Melvin, und Carroll W. Pruell jr. *Technology in Western Civilization.* New York: Oxford University Press, 1967.
Lewontin, Richard C. »Adaption.« *Scientific American* (September 1968).
Lindsay, Robert B. *The Role of Science in Civilization.* New York: Harper & Row, 1963.
Lukacs, John. *The Passing of the Modern Age.* New York: Harper, 1970.
Meadows, Donella. »Limits to Growth Revisited.« In *Finite Resources and the Human Future.* Hg. von Ian G. Barbour. Minneapolis: Augsburg, 1976. Siehe auch *Die Grenzen des Wachstums,* Reinbek, 1973.
Mesthene, Emmanuel G. *Technological Change.* New York: New American Library, 1970.
Miles, Rufus E. jr. *Awakening from the American Dream.* New York: Universe, 1976.
Mishan, E. J. *Die Wachstumsdebatte. Wachstum zwischen Wirtschaft und Ökologie.* Stuttgart, 1980.

Morison, Eltin E. *Men, Machines and Modern Times*. Cambridge, Mass.: MIT Press, 1966.
Mumford, Lewis. *Technics and Civilization*. New York: Harcourt, Brace, 1934.
Nichols, Roy F. »The Dynamic Interpretation of History.« *New England Quarterly* (Juni 1935).
Oltmans, Willem L. *On Growth*. New York: Capricorn Books, 1974.
Ophuls, William. *Ecology and the Politics of Scarcity*. San Francisco: Freeman, 1977.
Ortega y Gasset, José. *Der Aufstand der Massen*. Reinbek, 1956.
Randall, John jr. *The Making of the Modern Mind*. Cambridge, Mass.: Houghton Mifflin, Riverside Press, 1940.
Renshaw, Edward F. »Productivity.« In *U.S. Economic Growth from 1976 to 1986: Prospects, Problems and Patterns*. Bd. 1. Studies for the Joint Economic Committee. Washington, D.C.: U.S. Government Printing Office, 1976.
Roszak, Theodore. *Where the Wasteland Ends*. Garden City, N.Y.: Doubleday/Anchor Books, 1972.
Rothman, Harry. *Murderous Providence: A Study of Pollution in Industrial Societies*. New York: Bobbs-Merrill, 1972.
Sauer, Carl O. »The Agency of Man on the Earth.« In *Man's Role in Changing the Face of the Earth*. Hg. von William L. Thomas jr. Chicago: University of Chicago Press, 1956.
Schwartz, Eugene S. *Overskill: The Decline of Technology in Modern Civilization*. Chicago: Quadrangle, 1971.
Sears, Paul B. »The Processes of Environmental Change by Man.« In *Man's Role in Changing the Face of the Earth*. Hg. von William L. Thomas jr. Chicago: University of Chicago Press, 1956.
Slater, Philip. *The Pursuit of Loneliness: American Culture at the Breaking Point*. Boston: Beacon, 1976.
Spengler, Oswald. *Der Untergang des Abendlandes*. Bd. 1. München, 1972.
Spoehr, Alexander. »Cultural Differences in the Interpretation of Natural Resources.« In *Man's Role in Changing the Face of the Earth*. Hg. von William L. Thomas jr. Chicago: University of Chicago Press, 1956.
Stent, Gunther S. *The Coming of the Golden Age: A View of the End of Progress*. Garden City, N.Y.: Natural History Press, 1969.
Teich, Albert H. *Technology and Man's Future*. New York: St. Martin's Press, 1972.
Toynbee, Arnold. *Der Gang der Weltgeschichte*. Zürich, 1979.
White, Leslie A. »Tools, Techniques and Energy.« In *Cultural and Social Anthropology*. Hg. von P. Hamond. New York: Macmillan, 1964.

White, Lynn jr. »The Historical Roots of Our Ecological Crisis.« *Science* (10. März 1967).

Wilkinson, Richard G. *Poverty and Progress.* New York: Praeger, 1973.

Wittfogel, Earl A. »The Hydraulic Civilizations.« In *Man's Role in Changing the Face of the Earth.* Hg. von William L. Thomas jr. Chicago: University of Chicago Press, 1956.

Teil 4: Nichterneuerbare Energie und der nahende Entropieverzweigungspunkt

Clark, Wilson. *Energy for Survival.* New York: Doubleday/Anchor Books, 1975.

Commoner, Barry. *The Poverty of Power.* New York: Bantam, 1977.

Davis, W. Jackson. *The Seventh Year: Industrial Civilization in Transition.* New York: Norton, 1979.

Hayes, Dennis. *Alternative Energien.* Hamburg, 1979.

Lovins, Amory. *Sanfte Energie. Das Programm für die energie- und industriepolitische Umrüstung unserer Gesellschaft.* Reinbek, 1978.

Lyons, Stephen (Hg.). *Sun: A Handbook for the Solar Decade.* San Francisco: Friends of the Earth, 1978.

Meadows, Donella, Dennis Meadows u. a. *Die Grenzen des Wachstums.* Reinbek, 1974.

Nash, Hugh (Hg.). *Progress As If Survival Mattered.* San Francisco: Friends of the Earth, 1978.

Odum, Howard T., und Elisabeth C. Odum. *Energy Basis for Man and Nature.* New York: McGraw-Hill, 1976.

Ophuls, William. *Ecology and the Politics of Scarcity.* San Francisco: Freeman, 1977.

Teil 5: Entropie und das Industrielle Zeitalter

Adams, Richard Newbold. *Energy and Structure.* Austin, Texas: University of Texas Press, 1975.

Baker, Thelma S. (Hg.). *The Urbanization of Man.* Berkeley, Calif.: McCutchan, 1972.

Barber, William J. *A History of Economic Thought.* New York: Penguin Books, 1967.
Barbour, Ian G. (Hg.). *Finite Resources and the Human Future.* Minneapolis: Augsburg, 1976.
Benoit, Emile. »The Coming Age of Shortages, Part I.« *Bulletin of the Atomic Scientists* (Januar 1976).
Berry, R. Stephen. »Recycling, Thermodynamics and Environmental Thrift.« *Bulletin of the Atomic Scientists* (Mai 1972).
Berry, Wendell. *The Unsettling of America: Culture and Agriculture.* New York: Avon, 1977.
Bookchin, Murray. *The Limits of the City.* New York: Harper & Row, 1974.
Boulding, Kenneth. *Beyond Economics.* Ann Arbor, Mich.: Ann Arbor Paperbacks, 1960.
Broun, Hon. George E. jr. »Transportation and the Energy Crisis.« *Congressional Record* (30. Juli 1973).
Brown, Lester R. *The Twenty-ninth Day.* New York: Norton, 1978.
Caldwell, Malcolm. *The Wealth of Some Nations.* 2. Auflage. London: Zed Press Ltd., 1977.
Clark, Wilson. *Energy for Survival.* Garden City, N.Y.: Doubleday/ Anchor Books, 1975.
Commoner, Barry. *The Poverty of Power.* New York: Bantam Books, 1976.
Daly, Herman E. »On Economics as a Life Science.« *Journal of Political Economy* 76 (Mai–Juni 1968).
Daly, Herman E. *Steady State Economics.* San Francisco: Freeman, 1977.
Davis, W. Jackson. *The Secenth Year: Industrial Civilization in Transition.* New York: Norton, 1979.
Deane, Phyllis. *The Evolution of Economic Ideas.* London: Cambridge University Press, 1978.
Dixon, Bernard. *Beyond the Magic Bullet.* New York: Harper & Row, 1978.
Dubos, René. »Promises and Hazards of Man's Adaptability.« *Environmental Quality in a Growing Economy.* Abhandlung vor dem 6. RFF-Forum. Baltimore: Johns Hopkins Press, 1966.
Eckholm, Erik. »Disappearing Species: The Social Challenge.« *Worldwatch Paper* 22 (Juni 1978).
Environmental Quality Council. Executive Office of the President. *Environmental Quality, Ninth Annual Report.* Washington, D.C.: U.S. Government Printing Office, Dezember 1978.
Farb, Peter. *Humankind.* Boston: Houghton Mifflin, 1978.

Georgescu-Roegen, Nicholas. *Analytical Economics.* Cambridge, Mass.: Harvard University Press, 1966.

Georgescu-Roegen, Nicholas. *Energy and Economic Myths.* Elmsford, N.Y.: Pergamon Press, 1977.

Georgescu-Roegen, Nicholas: »Energy and Economic Myths.« *Southern Economic Journal* 41 (Januar 1975).

Georgescu-Roegen, Nicholas. *The Entropy Law and the Economic Process.* Cambridge, Mass.: Harvard University Press, 1971.

Georgescu-Roegen, Nicholas: »Inequality, Limits and Growth from a Bioeconomic Viewpoint.« *Review of Social Economy* 35 (Dezember 1977).

Georgescu-Roegen, Nicholas. »The Steady State and Ecological Salvation: A Thermodynamic Analysis.« *Bioscience* 27 (April 1977).

Georgescu-Roegen, Nicholas. »Technology Assessment: The Case of the Direct Use of Solar Energy.« *Atlantic Economic Journal* 6 (Dezember 1978).

Goodman, Robert. *After the Planners.* New York: Simon & Schuster, 1971.

Harrington, Michael. *The Twilight of Capitalism.* New York: Simon & Schuster, 1976.

Heilbroner, Robert L. *The Economic Transformation of America.* New York: Harcourt Brace Jovanovich, 1977.

Heilbroner, Robert L. *The Wordly Philosophers.* New York: Simon & Schuster, 1953.

Henderson, Hazel. *Creating Alternative Futures: The End of Economics.* New York: Berkeley-Windhover, 1978.

Hoffer, Abram, und Morton Walker. *Ortho-Molecular Nutrition.* New Canaan, Conn.: Keats, 1978.

Illich, Ivan. *Die Nemesis der Medizin.* Reinbek, 1979.

Ise, John. »The Theory of Value as Applied to Natural Resources.« *American Economic Review* (St. Albans, Vermont) 15 (Juni 1925).

Jacobs, Jane. *The Death and Life of Great American Cities.* New York: Random House/Vintage Books, 1961.

Jegen, Mary Evelyn, und Bruno Manno (Hg.). *The Earth Is the Lord's.* New York: Paulist Press, 1978.

Leavitt, Helen. *Super Highway: Superhoax.* New York: Ballantine Books, 1971.

Lekachman, Robert. *A History of Economic Ideas.* New York: McGraw-Hill, 1959.

McKinlay, John B. und McKinlay, Sonja M. »The Questionable Contribution of Medical Measures to the Decline of Mortality in the U.S. in the Twentieth Century.« *Milbank Memorial Fund Quarterly: Health and Society* (Sommer 1977).

McWhinney, Ian R. »Medical Knowledge and the Rise of Technology.« *Journal of Medicine and Philosophy,* Bd. 3, Nr. 4 (1978).
Meadows, Donella. »The World Food Problem: Growth Models and Nongrowth Solutions.« In *Alternatives to Growth I.* Hg. von Dennis Meadows. Cambridge, Mass.: Ballinger, 1977.
Mesthene, Emmanuel G. *Technological Change.* New York: New American Library, 1970.
Miles, Rufus. *Awakening from the American Dream.* New York: Universe, 1976.
Mishan, Ezra J. *The Costs of Economic Growth.* New York: Praeger, 1969.
Mowbray, A. Q. *Road to Ruin.* Philadelphia: Lippincott, 1969.
National Wildlife Federation. *The End of the Road.* Washington, D.C.: 1977.
Office of Technology Assessment, U.S. Congress. *The Effects of Nuclear War.* Washington, D.C.: U.S. Government Printing Office, 1979.
Oltmans, Willem L. *On Growth.* New York: Capricorn, 1974.
Ophuls, William. *Ecology and the Politics of Scarcity.* San Francisco: Freeman, 1977.
Perelman, Michael. »Energy, Entropy and Economic Value.« *Australian Economic Papers* (Juni 1976).
Powles, John. »The Effect of Health Services on Adult Male Mortality.« In *Ethics in Science and Medicine.* Bd. 5. Elmsford, N.Y.: Pergamon Press, 1978.
Powles, John. »On the Limitations of Modern Medicine.« In *Science, Medicine and Man.* Bd. 1. Elmsford, N.Y.: Pergamon Press, 1973.
Rothschild, Emma. *Paradise Lost: The Decline of the Auto Industrial Age.* New York: Random House, 1973.
Schwartz, Eugene. *Overskill: The Decline of Technology in Modern Civilization.* Chicago: Quadrangle, 1971.
Turvey, Ralph. »Side Effects of Resource Use.« *Environmental Quality in a Growing Economy.* Abhandlung vor dem 6. RFF-Forum. Baltimore: Johns Hopkins Press, 1966.
Ullman, Edward L. »The Role of Transportation and the Basis for Interaction.« In *Man's Role in Changing the Face of the Earth.* Hg. von William L. Thomas jr. Chicago: University of Chicago Press, 1956.
Wade, Nicholas. »Entropy, the Measure of Economic Man.« *Science* 190 (31. Oktober 1975).
Ward, Barbara. *The Home of Man.* New York: Norton, 1976.
Wilkinson, Richard. *Poverty of Power.* New York: Praeger, 1973.
Wogaman, J. Philip. *The Great Economic Debate.* Philadelphia: Westminster Press, 1977.

Teil 6:
Entropie: Ein neues Weltbild

Adams, Henry. »A Letter to American History Teachers.« In *Degradation of the Democratic Dogma.* New York: Peter Smith, 1949.

Adams, Richard N. *Energy and Structure.* Austin: University of Texas Press, 1975.

Ahlstrom, Sydney E. *A Religious History of the American Poeple.* New Haven: Yale University Press, 1972.

Barnett, Henlee H. *The Church and the Ecological Crisis.* Grand Rapids, Mich.: Eerdmans, 1972.

Bell, Daniel. *The Coming of Post Industrial Society.* New York: Basic Books, 1973.

Bellah, Robert N. *The Broken Covenant.* New York: Seabury Press, 1975.

Bellak, Leopold. *Overload: The New Human Condition.* New York: Human Sciences Press, 1975.

Berry, Wendell. *The Unsettling of America: Culture and Agriculture.* New York: Avon Books, 1977.

Bloesch, Donald G. *The Evangelical Renaissance.* Grand Rapids, Mich.: Eerdmans, 1973.

Blum, Harold F. »Order, Negentropy and Evolution.« In *Time's Arrow and Evolution.* Princeton, N.J.: Princeton University Press, 1968.

Boulding, Kenneth. »The Entropy Trap.« In *The Meaning of the Twentieth Century.* New York: Harper & Row, 1965.

Brillouin, L. »Life, Thermodynamics and Cybernetics.« *American Scientist,* Oktober 1949.

Brush, Stephen G. »Thermodynamics and History.« *The Graduate Journal* (1967).

Butler, Samuel. *Erewhon.* Burscheid, 1981.

CBS Reports. »Is Anyone Out There Learning.« Teil I, II, III. CBS television, New York, 22., 23., 24. August 1978.

Callenbach, Ernest. *Ökotopia. Notizen und Reportagen von William Weston aus dem Jahre 1999.* Berlin, 1978.

Capek, Milic. *The Philosophical Impact of Contemporary Physics.* New York: Van Nostrand, 1961.

Davis, W. Jackson. *The Seventh Year: Industrial Civilization in Transition.* New York: Norton, 1979.

Dayton, Donald. *Discovering an Evangelical Heritage.* New York: Harper & Row, 1976.

Eddington, Sir Arthur. *The Nature of the Physical World.* Ann Arbor, Mich.: Ann Arbor Paperbacks, University of Michigan Press, 1958.

Eisenstadt, S. N. *Tradition, Wandel und Modernität.* Frankfurt a.M., 1978.
Ellul, Jacques. *The Technological Society.* New York: Random House/ Vintage Books, 1964.
Esser, Aristide H. »Environment and Mental Health.« *Science, Medicine and Man.* Bd. 1. Elmsford, N.Y.: Pergamon Press, 1973.
Geiser, Robert L. *Behavior Mod and the Managed Society.* Boston: Beacon, 1976.
Henderson, Hazel. *Creating Alternative Futures: The End of Economics.* New York: Berkley-Windhover, 1978.
Henry, Carl. *Contemporary Evangelical Thought: A Survey.* Grand Rapids, Mich.: Baker Book House, 1968.
Hiebert, Erwin N. »The Uses and Abuses of Thermodynamics in Religion.« *Daedalus,* Bd. 95, Nr. 4 (1966).
Holton, Gerald. *Thematische Analyse der Wissenschaft. Die Physik Einsteins und seiner Zeit.* Frankfurt a.M., 1981.
Hudson, Winthrop S. *Religion in America.* New York: Scribner's, 1973.
Huxley, Aldous. *The Perennial Philosophy.* New York: Harper, 1970.
Iyer, Raghavan. *The Moral and Political Thought of Mahatma Gandhi.* New York: Oxford University Press, 1973.
Jaki, Stanley L. *The Relevance of Physics.* Chicago: University of Chicago Press, 1966.
Jegen, Mary, und Bruno Manno. *The Earth Is the Lord's.* New York: Paulist Press, 1978.
Kelley, Hillary Jay. »Entropy of Knowledge.« *Philosophy of Science* 36 (Juni 1969).
Kuhn, Thomas S. *Die Struktur wissenschaftlicher Revolutionen.* Frankfurt a.M., 1973.
Lambert, Frank L. »Ontology of Evil.« *Zygon* 3 (Juni 1968).
Lepowski, Mil. »The Social Thermodynamics of Ilya Prigogine.« *Chemical and Engineering News* (16. April 1979).
Lindsay, Robert B. »Entropy, Consumption and Values.« *American Scientist* 47 (September 1959).
Lindsay, Robert B. »Science and Communication.« In *The Role of Science in Civilization.* New York: Harper & Row, 1963.
Lipowski, Z. J. »Sensory and Information Inputs Overload.« *Comprehensive Psychiatry* 16 (Mai–Juni 1975).
Lovins, Amory B. *Sanfte Energie. Das Programm für die Energie und industriepolitische Umrüstung unserer Gesellschaft.* Reinbek, 1978.
Lukacs, John. *The Passing of the Modern Age.* New York: Harper, 1970.
Marty, Martin E. *A Short History of Christianity.* New York: Collins World, 1959.

Miller, G. Tyler jr. »Entropy, Poetry and Literature.« In *Energetics, Kinetics and Life.* Belmont, Calif.: Wadsworth, 1971.
Morowitz, Harold. »Order, Information and Entropy.« In *Energy Flow in Biology.* New York: Academic Press, 1968.
Morris, David, und Karl Hess. *Nachbarschaftshilfe. Für eine solidarische Gestaltung des Alltags.* Frankfurt, 1980.
Mumford, Lewis. *Technics and Civilization.* New York: Harcourt, Brace, 1934.
O'Manique, John. *Energy in Evolution.* New York: Humanities Press, 1969.
Ostwald, Wilhelm. »Monism as the Goal of Civilization.« Hg. und veröffentlicht vom International Committee of Monism. Hamburg, 1913.
Parsegian, V. L. »Biological Trends within Cosmic Processes.« *Zygon* 8 (September–Dezember 1973).
Perrin, Noel. *Giving Up the Gun.* Boston: Godine, 1975.
Prigogine, Ilya. »Thermodynamics of Evolution.« *Physics Today* 25 (November 1972).
Quebedeaux, Richard. *The Young Evangelicals.* New York: Harper & Row, 1974.
Russell, Bertrand. *The Scientific Outlook.* New York: Norton, 1962.
Schaeffer, Francis A. *Wie können wir denn leben?* Neuhausen, 1977.
Schaeffer, Francis A. *Das programmierte Ende. Umweltschutz aus christlicher Sicht.* Stuttgart, 1973.
Schrag, Peter. *Mind Control.* New York: Pantheon, 1978.
Schumacher, E. F. *Rat für die Ratlosen. Vom sinnerfüllten Leben.* Reinbek, 1979.
Schumacher, E. F. *Good Work.* New York: Harper & Row, 1979.
Schumacher, E. F. *Die Rückkehr zum menschlichen Maß. Alternativen für Wirtschaft und Technik.* Reinbek, 1977.
Schwartz, Eugene. *Overskill: The Decline of Technology in Modern Civilization.* Chicago: Quadrangle, 1971.
Simpson, George G. »The Search for an Ethic.« In *The Meaning of Evolution.* New Haven: Yale University Press, 1949.
Slossen, Edwin E. »Wilhelm Ostwald.« In *Major Prophets of Today.* Freeport, N.Y.: Books for Libraries Press, 1914.
Spillmann, Betty E. *The Logic of Life.* New York: Pantheon, 1973.
Stebbing, L. Susan. »Entropy and Becoming.« In *Philosophy and the Physicists.* New York: Dover, 1958.
Stent, Gunther S. *The Coming of the Golden Age: A View of the End of Progress.* Garden City, N.Y.: Natural History Press, 1969.
Strizenec, Michal. »Information and Mental Processes.« In *Entropy and Information in Science and Philosophy.* Hg. von Libor Kubat und Jiri Zeman. New York: Elsevier, 1975.

Szumilewicz, Irena. »The Entropy Concept in Philosophy.« In *Entropy and Information in Science and Philosophy*. Hg. von Libor Kubat und Jiri Zeman. New York: Elsevier, 1975.

Tawney, R. H. *Religion and the Rise of Capitalism*. New York: Harcourt, Brace, 1926.

Teich, Albert H. (Hg.). *Technology and Man's Future*. New York: St. Martin's Press, 1972.

Tillich, Paul. *Vorlesungen über die Geschichte des christlichen Denkens*. Bd. 1 u. 2. Stuttgart: Evangel. Verlagswerk, 1971/72.

Toynbee, Arnold J. *Der Gang der Weltgeschichte*. Zürich, 1979.

Vanden Broeck, Goldian (Hg.). *Less Is More*. New York: Harper, 1978.

Wade, Nicholas. »Science and Its Contours: Must Rationality Be Rational?« *Science* (13. September 1974).

Wallis, Jim. *Agenda for a Biblical People*. New York: Harper & Row, 1976.

Weber, Max. *Die protestantische Ethik*. 2 Bde. Gütersloh: GTB, 1978/79.

White, Lynn jr. »The Historical Roots of Our Ecological Crisis.« *Science* (10. März 1967).

Zeman, Jiri. »Information, Knowledge and Time.« In *Entropy and Information in Science and Philosophy*. Hg. von Libor Kubat und Jiri Zeman. New York: Elsevier, 1975.

Register